Bosnien-Herzegowina entdecken

Unterwegs zwischen Save und Adria
Aufgezeichnet von Marko Plešnik

Trescher
Reihe Reisen

1. Auflage 2005

Trescher Verlag
Reinhardtstr. 9
10117 Berlin
www.trescherverlag.de
post@trescherverlag.de

ISBN 3-89794-065-5

Trescher Reihe Reisen
Herausgegeben von Sabine Fach
und Bernd Schwenkros
Reihenentwurf: Robert Schumann
Redaktionelle Konzeption:
Detlev von Oppeln
Satz und Bildbearbeitung:
Martina Sailer; Farbteil: Bernd Chill
Lektorat: Alice Gayler,
Hinnerk Dreppenstedt
Redaktionelle Mitarbeit:
Katja Lise Schorch
Stadtpläne und Karten:
Johann Maria Just, Bernd
Schwenkros

Alle Angaben in diesem Buch wurden sorgfältig recherchiert und überprüft, trotzdem kann für die Richtigkeit keine Gewähr übernommen werden. Hinweise und Informationen unserer Leserinnen und Leser nimmt der Verlag gerne entgegen. Bitte schreiben oder mailen Sie unter obiger Adresse.

Gedruckt auf chlorfrei gebleichtem Papier.

Printed in Germany.

HOTEL BOSNA

ER-BU
ERB

Geleitwort

Die Zeit ist gekommen für die Wiederentdeckung von Bosnien und Herzegowina, einem Land, das dramatische Landschaften, eine vielfältige Kultur und kulinarische Traditionen mit seinen Nachbarn teilt, aber auf der anderen Seite ein ganz besonderes Land im Südosten Europas geblieben ist.

Als ich im August 1992 das erste Mal nach Bosnien und Herzegowina kam, war ich zunächst schockiert von dem menschlichen Elend, das der Krieg über das Land gebracht hatte, aber zugleich haben mich die Wärme und Gastfreundschaft, die die Menschen Bosnien-Herzegowinas selbst in den äußerst schwierigen Umständen gezeigt haben, tief beeindruckt. Ich war fasziniert von der außergewöhnlichen landschaftlichen Schönheit, den schroffen Karstlandschaften der Herzegowina, in denen Medjugorje, jetzt eine der wichtigsten Pilgerstätten des katholischen Europas, liegt, den Hochgebirgslandschaften der Landesmitte, die ein Paradies für Bergwanderer ist, aber auch von den Wiesenlandschaften des Nordens, wo die Sava sich durch fruchtbare Ebenen mit kleinen Marktflecken windet.

Auf den Krieg in Bosnien-Herzegowina folgten Jahre des Wiederaufbaus und der Rückkehr von Flüchtlingen in ihre Häuser. Bosnien und Herzegowina macht sich jetzt auf den Weg zur vollständigen Integration in die Europäische Union. Heute ist Bosnien-Herzegowina ein Land, das seine schmerzvolle Vergangenheit mit Entschiedenheit hinter sich gelassen hat und mit Optimismus in die Zukunft blickt. Bosnien und Herzegowina ist für Wanderer, Naturfreunde, Kunst- und Kulturliebhaber aus Deutschland ein im doppelten Sinn naheliegendes Reiseziel. Der vorliegende Reiseführer des Trescher Verlages ist daher besonders wichtig.

Bosnien-Herzegowina ist leicht zu erschließen. Es liegt vor der Haustür Mitteleuropas, und man trifft überall auf Menschen, die Deutsch sprechen. Reisende kommen in ein Land, das Teil der europäischen Kultur ist, aber zugleich auch auf freundliche Art ganz anders, dessen Geschichte und Gesellschaft türkische und österreichische Elemente verschmelzen läßt. Es ist ein Land, in dem Gastfreundschaft ein natürlicher Teil des Lebens ist und der Reisende keiner anonymen Tourismusindustrie gegenüber steht. Dorffeste haben ihre Ursprünglichkeit bewahrt und sind nicht für Touristen inszeniert. Es ist ein Land, in dem jedes Tal seinen eigenen Käse produziert und jeder Berg für den Wanderer und Kletterer seine eigene Belohnung verspricht.

It is the real thing – undiscovered Europe.

Paddy Ashdown
Hoher Repräsentant der Internationalen Gemeinschaft
für Bosnien und Herzegowina

Vorwort

Bosnien-Herzegowina ein Reiseland? Das mag sich ungewöhnlich anhören und den einen oder anderen in Staunen versetzen. Denn die Bilder des Krieges, die während der drei Jahre andauernden Kämpfe in Bosnien-Herzegowina zum medialen Alltag im übrigen Europa gehörten, haben unsere Vorstelllung von diesem Land nachhaltig geprägt.

Seit zehn Jahren schweigen in Bosnien-Herzegowina die Waffen, Spuren des Krieges sind aber auch heute noch sichtbar. Ausgestorbene Dörfer, Hausruinen und zerbombte Fassaden prägen oft das Bild in ländlichen Regionen, besonders dort, wo einst die Front verlief. Auch in Städten wie Mostar, Stolac oder auch Bosansko Grahovo sind die Zerstörungen bis heute nicht zu übersehen.

Das ist die eine Seite des Landes. Daneben existieren aber andere, die nichts mit dem Kriegsgeschehen zu tun haben. Eine Reise nach Bosnien-Herzegowina führt häufig nach Sarajevo und Mostar. Tatsächlich sollte man sich die Besichtigung der bosnischen Hauptstadt mit ihrem berühmten Handwerksviertel, der Baščaršija, den Moscheen, Kirchen und Museen nicht entgehen lassen. In Mostar stürzen sich wieder die Brückenspringer von der wiederaufgebauten Alten Brücke in die Neretva und locken die Besucher in Massen. Aber Bosnien-Herzegowina hat noch sehr viel mehr zu bieten als seine berühmtesten Sehenswürdigkeiten. Viele andere Städte und kleinere Orte erlauben tiefe Einblicke in die wechselvolle und lange Geschichte des Landes und zeigen die unterschiedlichen kulturellen Einflüsse.

Tief im Süden, nur 60 Kilometer von der kroatischen Küste entfernt, bezaubert das mediterrane Trebinje. Das oft als Industriestadt abgewertete Tuzla im Nordosten begeistert mit seinem kleinen sympathischen Stadtzentrum und weiß mit seiner großen Toleranz zu beeindrucken. Da ist Bihać, das westliche Tor Bosniens am vielbesungenen und wunderschönen Fluß Una, der sich wie viele der anderen Flüsse in Bosnien-Herzegowina durch tiefe Schluchten schlängelt und dem Betrachter ein ungewöhnliches Naturereignis bietet. Auch Banja Luka, die Hauptstadt der Serbischen Republik mit ihren langen Alleen, Theatern, Galerien und der Festung am Fluß Vrbas bietet viele Möglichkeiten, Neues zu erkunden. Wer sich auf eine Entdeckungsreise begeben möchte, wird in den vermeintlich kleinen Ortschaften, fernab von Besucherströmen fündig werden, wie beispielsweise in Maglaj mit seiner 400 Jahre alten, bleigedeckten Moschee und seiner Festung oder im wie ein Freiluftmuseum wirkenden Počitelj in der Herzegowina.

Sportlern hat das Land ebenfalls viel zu bieten. Kajak- oder Floßfahrten auf der Una, Neretva oder Drina sind ein eindrucksvolles Erlebnis, und wer es ruhiger mag, findet zahlreiche Plätze zum Angeln. Auf Wanderungen durch einzigartige

Bergwelten läßt sich die faszinierende Natur Bosniens entdecken. Die Nationalparks Kozara und Sutjeska bestechen nicht nur durch ihre Natur, sondern sind zugleich auch geschichtsträchtige Regionen. Hier konnten während des Zweiten Weltkrieges Titos Partisanen dem übermächtigen Feind standhalten. Im Sutjeska-Nationalpark erinnert ein beeindruckendes Denkmal an diese Epoche des Landes, und zugleich findet sich hier einer der letzten Urwälder Europas und der höchste Berg Bosnien-Herzegowinas. Noch heute kann man sich auf die Spuren der Partisanen begeben, wie etwa in Jablanica mit seinem Museum, dem alten Partisanenzug und der in die Neretva gestürzten Brücke, die einst dem berühmten Spielfilm seinen Filmtitel gab.

Die Geschichte Bosnien-Herzegowinas beginnt jedoch nicht mit den Partisanen. Lange vor unserer Zeitrechnung ließen sich Menschen auf dem Gebiet des heutigen Staates nieder, angefangen bei den Illyrern, deren Hinterlassenschaften, wie beispielsweise ihre Grabhügel, die Zeit bis in die Gegenwart überdauert haben. Die Römer bauten Straßen, legten Städte an und nutzten als erste die zahlreichen Thermalquellen. Bereits im Mittelalter gab es den ersten bosnischen Staat. Die überall der Verfolgung ausgesetzten Bogumilen fanden in Bosnien eine große Anhängerschaft; ihre Traditionen wirken bis heute fort. Nicht zu vergessen ist die über 400 Jahre andauernde Herrschaft der Türken und die sehr viel kürzere, aber kaum weniger bedeutsame der Habsburger. Alle Mächte profitierten von Bosnien – wie auch umgekehrt –, und sie alle drückten dem Land gleichzeitig ihren ganz eigenen Stempel auf.

So entstand eine ganz einzigartige Mischung aus Religionen, Kulturen und historischen Einflüssen, die einen beträchtlichen Teil der Faszination Bosnien-Herzegowinas ausmachte und ausmacht. Der letzte Krieg hat versucht, diesen Reichtum zu zerstören, gelungen ist es glücklicherweise nicht.

In Bosnien-Herzegowina trifft der Besucher auf abwechslungsreiche Landschaften, eine überraschende kulturelle Vielfalt und gastfreundliche Menschen – auf ein Reiseland, das zu Entdeckungen einlädt.

Zeichenlegende

- Allgemeine Informationen, Tourismusbüros
- Postamt
- Banken, Wechselstuben
- Internetcafés
- Autovermietungen
- Busverbindungen
- Zugverbindungen
- Flugverbindungen
- Taxistände, Taxifirmen
- Unterkünfte
- Lokalitäten
- Cafés
- Museen und Ausstellungen, Sehenswürdigkeiten
- Festivals, Feste
- Abendunterhaltung
- Angelmöglichkeiten
- Möglichkeiten für Kanu-, Kajak- und Raftingtouren
- Einkaufsmöglichkeiten
- Tankstellen, Werkstätten
- Medizinische Versorgung, Erste Hilfe

Häufig verwendete Bezeichnungen

Crkva	Kirche
Džamija	Moschee
Hamam	türkisches Bad
Han	Karawanserei
Jezero	See
Medresse	Koranschule
Sahat Kula	Uhrturm
Šedrvan (Šadrvan)	überdachter Brunnen
Trg	Platz
Ulica	Straße

Es lohnt sich, Bosnien-Herzegowina wiederzuentdecken. Noch immer begeistert das Land durch seine kulturelle Vielfalt, seine einzigartige Natur und seine kulturhistorischen Sehenswürdigkeiten.

Land und Leute

Geographie

Bosnien-Herzegowina liegt im Nordwesten der Balkanhalbinsel und im Südosten Europas. Im Norden, Westen und teilweise im Süden grenzt es an Kroatien, im Südosten an Montenegro und im Osten an Serbien.

Die Fläche Bosnien-Herzegowinas umfaßt rund 51 000 Quadratkilometer. Damit ist es etwas größer als das Bundesland Niedersachsen, aber immer noch erheblich kleiner als beispielsweise Bayern. Die Staatsgrenze umrahmt das Land auf einer Länge von 1459 Kilometern.

Heute hat Bosnien-Herzegowina fast wieder seine Vorkriegseinwohnerzahl von etwas über vier Millionen Menschen erreicht. Zeitweise lebten während des Kriege und kurz danach nur etwa zweieinhalb Millionen Menschen im Land. Ein großer Teil flüchtete in das benachbarte Ausland nach Serbien, Montenegro und Kroatien, aber auch nach Deutschland und in andere Länder. Die Bevölkerungsdichte beträgt 78 Menschen auf einem Quadratkilometer.

Mit dem Abkommen von Dayton im November 1995 wurde das Land in zwei Teile aufgeteilt. Den bosnischen Moslems und Kroaten wurden 51 Prozent des Landes zugesprochen. Sie bilden gemeinsam die sogenannte Föderation, die große Teile Mittelbosniens, der Herzegowina und im Westen die Gebiete nahe der kroatischen Grenze bis einschließlich der Region von Bihać umfaßt. Die bosnischen Serben erhielten 49 Prozent der Fläche Bosnien-Herzegowinas. Die Serbische Republik umfaßt die Region Banja Luka, den Norden und den Osten des Landes. Hauptstadt der Serbischen Republik ist die größte Stadt Banja Luka.

Unabhängig von dieser ethnischen Aufteilung Bosnien-Herzegowinas besteht das Land aus zwei in ihrer Geschichte oft unabhängig und von unterschiedlichen Herrschern regierten Landesteilen. Die Herzegowina ist mit einer Fläche von rund 9800 Quadratkilometern das kleinere Gebiet. Ihre Hauptstadt ist Mostar, das sich ungefähr in der geographischen Mitte der Herzegowina befindet. Im Norden reicht die Herzegowina bis über die Stadt Prozor hinaus und bis zu den Gebirgen Bjelašica und Treskavica, im Osten bis an die Grenze zu Montenegro und im Westen bis westlich der Ortschaft Posušje. In der Herzegowina befindet sich der einzige Meereszugang des Landes. Wie eine hervorstehende Zunge ragt ein kleiner, nur wenige Kilometer schmaler Landstrich bis ans Meer. Nur etwas mehr als 20 Kilometer breit ist der bosnisch-herzegowinische Küstenstreifen mit der Stadt Neum als Mittelpunkt.

Der Landesteil Bosnien ist mit seinen 42 000 Quadratkilometern sehr viel größer. Dies mag der Grund sein, warum das gesamte Land oft vereinfacht nur Bosnien genannt wird. Neben der Größe gibt es zwei weitere signifikante Unterschiede zwischen den Landesteilen: das Klima und die Landschaft. Während in der Herzegowina aufgrund der Nähe zur Adriaküste ein mediterranes Klima vorherrscht, dominiert in Bosnien ein kontinentales Klima. Die Landschaft in Bosnien ist steinig und karstig, dagegen in der Herzegowina eher eben und fruchtbar.

Sarajevo ist die Hauptstadt Bosnien-Herzegowinas. Sie ist nicht nur die flächenmäßig größte, sondern mit 380 000 Menschen auch einwohnerstärkste Stadt des Landes und zugleich das am dichtesten besiedelte Gebiet. Die zweitgrößte Stadt und zugleich Hauptstadt und wirtschaftliches und kulturelles Zentrum der Serbischen Republik ist Banja Luka mit 240 000 Einwohnern.

Die Oberfläche Bosnien-Herzegowinas ist von einer gebirgigen Landschaft geprägt. Das diesen Teil des Balkans durchziehende Dinarische Gebirge erstreckt sich durch den bosnischen Teil des Landes und weist die charakteristische Verkarstung der Erdoberfläche in weiten Gebieten Bosnien-Herzegowinas auf. Sie ist dafür verantwortlich, daß große Teile des Niederschlags im Boden versickern und nicht genutzt werden können. Auffallend häufig trifft man in Bosnien-Herzegowina auf das Phänomen der unterirdischen Flüsse, die dann plötzlich aus der Erde hervorsprudeln oder auch unbemerkt unter der Erde in die Adria münden. Durch das poröse Kalkgestein dringt Regenwasser durch das Gebirge und wäscht sich über lange Zeiträume ein unterirdisches Flußbett.

Es gibt zwar viele Flüsse und Bäche in Bosnien-Herzegowina, aber durch den starken Verlust des Regenwassers gibt es nur fünf große und relativ wasserreiche Flüsse. Zu ihnen gehört der größte und die natürliche Grenze zu Kroatien darstellende Fluß Save, weiter die Drina, die Bosna, die Vrbas und die Una im Westen

Am Una-Ufer in Bihać

des Landes. Der bekannteste Fluß mag die Neretva sein, die als Schauplatz heftiger Kämpfe zwischen den deutschen Besatzungstruppen und den Partisanen während des Zweiten Weltkriegs in die Geschichte eingegangen ist und in das adriatische Meer mündet.

Bosnien-Herzegowina läßt sich in zwei Natur- und Klimagebiete gliedern. Der schmale Küstenstreifen bei der Stadt Neum und der überwiegende Teil der Herzegowina profitieren von der Nähe zum Meer. Hier herrscht ein mediterranes Klima mit gemäßigten Temperaturen und wenig Niederschlag. Die Landschaft ist ebener, der Boden fruchtbar und sehr viel weniger steinig. Er eignet sich gut als Ackerland und zum Anbau von Gemüse und vor allem Obst.

Im Kontrast dazu steht der größere Teil des Landes. In Bosnien herrscht ein kontinentales Klima mit langen Wintern und kürzeren milden Sommern und Niederschlagsgefahr zu jeder Jahreszeit. Der steinige und karstige Boden Bosniens macht eine landwirtschaftliche Bewirtschaftung sehr mühevoll und wenig ertragreich. Größere Profite verspricht die Holzwirtschaft, da besonders im Norden Bosniens große Flächen dicht bewaldet sind. In den höher gelegenen Regionen Bosniens sind Nadelwälder vorherrschend, während in den tiefer gelegenen Landesteilen Laub- und Mischwälder weit verbreitet sind. Die weiten, oft noch unberührten Waldflächen und Landschaften sind noch heute Heimat für Bären, Wölfe und auch verschiedene Reptilien, darunter mehrere Schlangenarten.

Die Landschaften

Quer durch Bosnien-Herzegowina verläuft der Dinarische Gebirgsblock. Seit Urzeiten beeinflußt er das Leben der dort siedelnden Menschen. Die Region ist von außen nur sehr schwer zugänglich und das Leben dort sehr mühsam und so schwer wie der fruchtlose Boden steinig.

Der Dinarische Gebirgsblock beginnt zunächst harmlos als schmaler Ausläufer der Alpen zwischen der nördlichen Adriaküste und der slowenischen Hauptstadt Ljubljana. Von dort breitet er sich fächerförmig in südöstliche Richtung aus und wird erst von der Flanke der Albanischen Alpen aufgehalten. Kurz hinter der östlichen Landesgrenze Bosnien-Herzegowinas erreicht er seine stärkste Ausbreitung von bis zu 300 Kilometern. In Bosnien prägt das Dinarische Gebirge maßgeblich die Landschaft mit seinen schmalen länglichen Becken und langgestreckten Tälern, die parallel zur Adriaküste verlaufen und gebrochen werden von querenden langen und tiefen Schluchten. An seiner Nordseite fällt das Dinarische Gebirge sanft und flach ab, während es zur Adriaküste hin steil und schroff in das Meer stürzt und meist nur einen schmalen ebenen Landstrich zwischen sich und dem Meer zuläßt.

Diese Landschaft mit ihrer rauhen, verkarsteten und bergigen Erdoberfläche und den plötzlich steil hinabsinkenden Tälern ist nur schwer für den Verkehr zu erschließen. Allein dem Fluß Neretva gelingt es, den Westrand des Gebirgsblocks zu durchbrechen und eine Verbindung mit der Bosna zu schaffen. Die daraus entstandene sogenannte Neretva-Bosna-Furche schafft die wichtigste verkehrsgeographische Verbindung für eine Erschließung des Landes. Dies erkannten bereits die Römer, die das Neretvatal bei ihrem Vormarsch nutzten. Auch den Türken wäre die Eroberung von Počitelj und dem westlichen Teil Bosnien-Herzegowinas nicht möglich gewesen, hätte die Neretva-Bosna-Furche nicht eine überwindbare Verbindung zur Adriaküste geschaffen und das Gebiet so für ganze Armeen zugänglich gemacht. Auch die späteren Machthaber in Bosnien-Herzegowina nutzen diese wichtigste Verkehrsachse, unter den Habsburgern etwa wurde eine Schmalspurbahn von Norden quer durch das Land nach Dubrovnik gebaut. Nach dem Zweiten Weltkrieg wurde eine Normalspurverbindung nach Sarajevo angelegt, die Strecke später durch das Neretvatal bis zur Adriaküste erweitert.

Mittlerweile gibt es ausreichende und gut zu befahrende Straßenverbindungen, die den Dinarischen Gebirgsblock in Bosnien-Herzegowina relativ bequem überwindbar machen, wie beispielsweise auf der Strecke von Banja Luka nach Sarajevo oder von Tuzla nach Mostar. Dabei sind allerdings Pässe zu überwinden wie auch steile Abfahrten, die nur langsam und mit großer Vorsicht zu nehmen sind. Entschädigt wird man dafür mit einzigartigen Ausblicken.

Es ist kein Zufall, daß die wichtigste Straßenverbindung auf dem Balkan, der berühmt-berüchtigte Autoput, nördlich des Dinarischen Gebirges verläuft und die karstige Bergwelt auf diese Weise meidet, um die Städte Zagreb und Belgrad miteinander zu verbinden. Er führt weiter zum Bosporus und nach Griechenland.

Der Dinarische Gebirgsblock nimmt den größten Teil der bosnisch-herzegowinischen Landesfläche ein. Durch seine schwere Zugänglichkeit und seine starken Verkarstung ist der Aufbau einer profitablen Wirtschaft sehr mühevoll. Schon zu jugoslawischen Zeiten gehörte Bosnien-Herzegowina zu den ärmeren Republiken des Tito Staates. Von Regierungsseite wurde damals versucht, durch eine bessere Verkehrsanbindung, die verstärkte Errichtung von Industriebetrieben wie beispielsweise in der mittelbosnischen Stadt Zenica und durch den verstärkten Abbau von Bodenschätzen die Region wirtschaftlich zu beleben. Gelungen ist dies jedoch nur in Ansätzen und mit der widerwillig gezahlten Finanzhilfe der wohlhabenderen Republiken oder durch einen rücksichtslosen Eingriff in die Natur wie beim Bau der Wasserkraftwerke. Der im Vergleich zu den anderen Republiken niedrigere Lebensstandard hatte in den achtziger Jahren eine Abwanderung gerade der jüngeren Menschen zur Folge. Viele zog es an die Küste, um im dort florierenden Tourismusgewerbe ihr Glück zu versuchen, oder ins nahe Ausland, um als Gastarbeiter zu etwas mehr Reichtum zu gelangen.

Trotz aller Bemühungen um eine verstärkte wirtschaftlichen Nutzung ganzer Regionen hat das karstige Dinarische Gebirge seinen ursprünglichen und oft noch unberührten Charakter nicht eingebüßt. Dem Reisenden präsentieren sich einzigartige Landschaften.

Der Karst

Im bosnischen Norden geht die Tiefebene südlich der Save allmählich in eine leichte Hügellandschaft über, die bald bergiger und zerklüfteter wird und bis zu 1000 Meter aufsteigt. Daran schließt sich das bosnische Hochkarstgebirge an. Es ragt 2000 Meter hoch in den Himmel und findet seine mächtigste Erhebung in dem Gipfel des Maglić, dem mit 2386 Metern höchsten Berg des Landes.

Die Karstlandschaften Bosnien-Herzegowinas sind nicht so ausgeprägt und kahl wie an der Küste Kroatiens oder im montenegrinischen Hinterland. Während hier der gänzlich unbewachsene weißgraue Felsen hervorsticht, trifft man in Bosnien-Herzegowina den sogenannten bedeckten Karst mit einer Buchen- und Eichenbewaldung in den weniger hoch gelegenen Regionen und einer deutlich lichter werdenden Bewachsung in größeren Höhen an.

Die Menschen müssen sich mühen, um dem unwirtlichen Boden auch nur geringe landwirtschaftliche Erträge abzuwirtschaften. Jede zum Anbau nutzbare Fläche wird mit oft hunderten von Metern langen aufgeschichteten Steinmauern gegen Tiere und starke Winde geschützt. Nicht selten muß das Wasser zur Bewässerung der Saat erst mühsam herangeschafft werden, da der Niederschlag sofort im porösen Karstboden versackt.

Karst bezeichnete ursprünglich nur eine trockene und steinige Landschaft bei Triest. Nachdem Geologen das Gebiet grundlegend erforscht hatten, fand der Name Anwendung für alle anderen Landschaften mit diesem Phänomen. Das verkarstete Gebirge besteht aus vielen Schichten Massenkalken, die ihren Ursprung in der Jura- und Kreidezeit haben. Die Verkarstung entsteht durch das Regenwasser, das in das Kalkgestein eindringt und zusammen mit dem in der Natur vorhanden Kohlendioxid eine schnelle kalklösende Wirkung erzielt. Zunächst bilden sich nur feine Spalten im Gestein, die durch Abfluß des gelösten Steines zu Klüften erweitert werden. Sie verlaufen in der Regel parallel und können die unterschiedlichsten Formen aufweisen. Wenn ganze Ebenen mit Rissen, Rillen und Spalten durchsetzt sind, ist ein sogenanntes Karrenfeld entstanden.

Das Wasser dringt immer tiefer in das Karstgestein vor und bildet unterirdische Höhlen und Flußläufe aus. Die Fließrichtung des Wassers ist nicht immer nur vom Gefälle abhängig, sondern auch vom sogenannten Druckstau, der das Wasser wider seiner natürlichen Richtung fließen läßt.

Mit zunehmender Fließgeschwindigkeit dringt das Wasser durch Erosion in immer größere Tiefen vor. Wenn die Höhlen austrocknen oder die Menge des durchfließenden Wassers abnimmt, kann es zu einer Tropfsteinbildung kommen. Tropfsteinskulpturen entstehen in Höhlen mit einer guten Luftzufuhr, wenn kalkreiches Wasser aus Gesteinsfugen tropft und anschließend verdunstet. Tropfsteine, die sich an der Höhlendecke bilden, nennt man Stalaktiten. Tropfsteine, die sich durch von der Decke tropfendes Wasser vom Boden her bilden, heißen Stalagmiten. Zapfen, die von der Decke und vom Boden zusammengewachsen sind, sind Stalagnaten.

Es kann vorkommen, daß die unterirdischen Hohlräume einstürzen. Dann entstehen die sogenannten Dolinen. Sie können einen Durchmesser von nur zwei Metern aufweisen, aber auch bis zu einem Kilometer – die sogenannten Riesendolinen – erreichen. Daneben gibt es ähnlich aussehende Trichterdolinen, die jedoch nicht durch Einstürze entstehen, sondern durch die Lösung des Kalkgesteins einen überirdischen Ursprung haben. In den Dolinen sammelt sich häufig sehr fruchtbare Roterde.

Großflächigere Einbrüche lassen oft viele Quadratkilometer weite, nicht selten von hohen Gebirgen umgebene Felder entstehen, die Poljen. Auch auf den Poljen sammelt sich fruchtbare eingeschwemmte Erde. An den Rändern der Poljen sprudeln oft unterirdische Flußläufe an die Erdoberfläche, um sehr bald wieder in der Erde zu verschwinden. Nach starken Regenfällen oder der Schneeschmelze sind die Zugänge zu den unterirdischen Flüssen nicht in der Lage, die Wassermassen

Typische Karstlandschaft

zu bewältigen. Dadurch entstehen Seen, die die Poljebecken ganz ausfüllen. Während der wärmeren Monate geht die Überschwemmung zurück und hinterläßt zunächst einen sumpfigen Grund.

Typisch für die Karstlandschaften ist, daß Flüsse, die den Karst zu überwinden versuchen, mit der Zeit im erweiterten Karstboden versickern. In Bosnien-Herzegowina überwindet alleine die Neretva das karstige Gebirge und erreicht das Meer.

Die Gewässer

Bosnien-Herzegowina wird von zahlreichen Bächen, kleinen Flüssen und größeren Strömen durchzogen. Flüsse wie die Una im Westen, in Mittelbosnien der Vrbas und die Bosna und im Osten die Drina verdanken ihre Existenz den vielen Neben- und Zuflüssen und scheinen nur ein Ziel zu kennen: die Save im Norden Bosniens mit Wasser zu versorgen.

Größere Seen gibt es eine Handvoll, kleine Seen, nicht selten mit einer Fläche von kaum mehr als einem Dutzend Quadratmetern, sind in den Hochgebirgen zu finden – umgeben von schönster Natur, aber zu kalt, um darin zu baden. Im karstigen Kalkstein des Dinarischen Gebirges versickert der reichlich vorhandene Niederschlag ungenutzt. Nur manchmal tritt das Wasser an anderer Stelle als Flußquelle wieder an das Tageslicht. Viele Flüsse und Seen sind mit der Zeit von der porösen Erdoberfläche Bosnien-Herzegowinas verschwunden und haben nur ein leeres, aber noch erkennbares Flußbett zurückgelassen.

Der Berg Vranica gilt als sehr wasserreich. Einige Flüsse entspringen hier, wie zum Beispiel die Neretvica, ein Nebenfluß der grünen Neretva, oder der Fluß Fojnička mit seinen kleinen Nebenflüssen Jezernica, Pavlovac und Borovnica. Nahe der Quelle der Fojnička befindet sich der Prokoškosee. In den Straßen- und Landkarten ist das 350 Meter lange und 250 Meter breite Gewässer nur selten eingezeichnet. Dennoch gilt es als einer der schönsten Gebirgsseen des Landes. Zum Baden ist er jedoch kaum geeignet. Er befindet sich in einer Höhe von 1640 Metern, und selbst in heißen Sommern ist sein Wasser recht frisch, sind die Ufer sumpfig. Dafür ist eine interessante Pflanzenwelt mit Gebirgsorchideen und Wacholderbewachsung zu entdecken. Der See und seine Umgebung sind im Sommer das Ziel von Viehzüchtern, die ihre Herden dort weiden lassen. Eigens für die Sommermonate wurde eine einfache Hüttensiedlung errichtet. Am Fuße des Berges Vranica entspringen auch Mineralquellen. In Kiseljak und Fojnica errichtete man Heilbäder und nutzt so das kostbare Wasser.

Im südlichen Teil Bosnien-Herzegowinas gibt es eine größere Anzahl von natürlichen Seen und auch mehrere Stauseen. Sie sind durchweg klein. Zu den größeren gehört der Jablanicasee mit einer Länge von 27 Kilometern und einer

Wasserfälle finden sich an verschiedenen Orten im Land

Breite von über 2 Kilometern. Der Stausee breitet sich westlich von Konjic wie ein Schlauch aus.

Der Ramskosee befindet sich zwischen Jablanica und Bugojno. Er erstreckt sich auf einer Länge von acht Kilometern und erreicht eine Breite von fünf Kilometern. Der See ist von spärlich bewachsenen Karstgebirgen, aber auch von Wäldern und grünen Ebenen umgeben. Der See ist sehr fischreich, seine Wassertiefe beträgt beachtliche 70 Meter.

Südlich der Stadt Konjic liegt der kleine, je nach Sonnenstand strahlend blaue Boračkosee. Das Gebiet um den See wurde bereits in den achtziger Jahren touristisch erschlossen, beliebt ist er bei Anglern ebenso wie bei Badefreunden. Ungeachtet der Höhenlage kann das Klima in dieser Gegend mild sein. Das Wasser des Sees ist aber auch im Sommer verhältnismäßig frisch.

In der Westherzegowina befindet sich der Blidinjskosee. Er hat eine Fläche von drei Quadratkilometern und liegt in einer Höhe von 1200 Metern. Der See genießt einen großen Bekanntheitsgrad, da in seiner Umgebung zahlreiche Stećci, die Bogumilengrabsteine, zu besichtigen sind.

Der Bilekosee ist ein Stausee. Er befindet sich im Südosten der Herzegowina und erstreckt sich nördlich des Ortes Lastva nahe der Grenze zu Montenegro. Der See ist 15 Kilometer lang, erreicht eine Breite von bis zu 5 Kilometern und eine Tiefe von 100 Metern. Gut zu erreichen ist der Stausee über die Hauptstraße von Trebinje nach Bileća. Sein Wasser erhält der See durch den Fluß Trebišnjica.

Auf dem Berg Treskavica in Mittelbosnien befinden sich mehrere Seen, die ihren Ursprung in der Eiszeit haben. Dazu gehört der Velikosee, der mit einer Länge von 220 Metern und einer Breite von 185 Metern der größte seiner Art im Treskavicagebirge ist. Er befindet sich in einer Höhe von 1548 Metern und erreicht auch im Sommer nur eine Wassertemperatur von nicht mehr als 16 Grad. Im Winter ist er meist mit einer Eisfläche bedeckt. Sein Wasser bekommt der See in erster Linie durch zwei Bäche.

Nicht der größte, aber der höchstgelegene See des Berges Treskavica ist der Bijelosee. Er befindet sich 1691 Meter über dem Meeresspiegel und ist mit einer Länge von 70 und einer Breite von 40 Metern von eher bescheidenen Ausmaßen. Passend dazu beträgt seine Wassertiefe nur einen Meter.

Der Crnosee (Schwarzer See) ist bekannt für seine einsame und stille Eleganz. Er befindet sich 1672 Meter über dem Meeresspiegel und ist etwa 100 Meter lang und fast ebenso breit.

Am Berg Jahorina entspringen einige kleinere Flüsse, die wiederum die größeren Flüsse des Landes mit Wasser versorgen. Einer der größeren Flüsse ist die Prača, die von der Quelle bis zur Mündung in die Drina 61 Kilometer zurücklegt. Die Prača hat zahlreiche kleinere Nebenflüsse, unter anderem die Flüsse Gračanica, Loznički potok und Koranski potok. Die Prača gilt als Fluß, der die schönsten Täler Bosnien durchfließt und auch eine 27 Kilometer lange und 500 Meter tiefe Schlucht.

Aus dem Berg Jahorina sprudelt auch die Quelle der Koluna, die nach 28 Kilometern in die Drina mündet.

Am Balkanasee

Die Neretva ist nicht der längste Fluß Bosnien-Herzegowinas, aber sie gehört zu den bedeutendsten. Nicht erst seit Tito mit seinen Partisanen nach einem wagemutigen Manöver die nächtliche Überquerung des Flusses gelang und er so mit mehreren tausend Verletzten den deutschen Truppen entkommen konnte, wurde der Fluß Teil des Partisanenmythos', verewigt in dem amerikanischen Spielfilm ›Die Schlacht an der Neretva‹.

Die Neretva ist mit rund 220 Kilometern der längste Fluß der Herzegowina. Er entspringt in einer Höhe von 1000 Metern auf dem Berg Jabuka. Die Neretva fließt zunächst in westliche Richtung, passiert die Stadt Konjic und ist wichtigster Wassergeber für den Jablaničko-Stausee. Die Neretva ändert nach dem Verlassen des Stausees ihre Richtung nach Süden und erreicht bald die herzegowinische Hauptstadt Mostar. Der Kombination von smaragdgrüner Neretva und wieder aufgebauter Alter Brücke bildet einen einzigartigen Anblick und ist ein beliebtes Fotomotiv. Die Neretva fließt weiter nach Süden durch die bekannte Neretvaschlucht. Teilweise erheben sich die Berge hier bis zu 1000 Meter über das Flußbett. Zugleich nutzt die wichtigste Verkehrsverbindung vom Meer in das Landesinnere die Schlucht der Neretva, um die bosnische Gebirgswelt durchfahrbar zu machen.

In der Nähe des alten türkischen Städtchens Počitelj wird die Neretva langsam breiter. Seine größte Ausdehnung erreicht der Fluß mit rund 150 Metern, kurz bevor er in das Adriatische Meer mündet. Durch ihre Tiefe von durchschnittlich zehn Metern ist die Neretva in ihrem Unterlauf auch für kleinere Schiffe befahrbar. Auf ihrem langen Weg durch die Herzegowina wird sie von einigen kleineren Flüssen mit Wasser versorgt. Zu den bekannteren Nebenflüssen gehören die Bregava, die Krupe, die Buna und die Neretvica.

Der Vrbas entspringt aus einer kraftvollen Quelle etwas unterhalb des Gipfels des Berges Vranica. Der Vrbas ist ein Nebenfluß der Save. Er fließt durch die Städte Bugojno, Jajce und Banja Luka, um dann nach 240 Kilometern nördlich der Ortschaft Srbac in die Save zu münden. In seinem Oberlauf schiebt sich der Vrbas durch enge Täler. Gespeist wird er durch seine zahlreichen Nebenflüsse.

Die Schönheit der Una ist in Liedern besungen und in Gedichten beschrieben worden. Sie macht einen großen Teil der Attraktivität der westbosnischen Stadt Bihać aus. Die Una, nach der auch Kinder benannt werden, hat eine Länge von 214 Kilometern. Sie ist fischreich und ideal für Kanu- und Raftingtouren. Zwischen Bihać und Bosanska Krupa fließt sie durch kilometerlange Schluchten. An einigen Stellen im Nordwesten Bosniens bildet die Una die natürliche Grenze zu Kroatien, bevor sie im Nordosten in die Save mündet.

Der Fluß Bosna gab dem Land seinen Namen. Er entspringt am Fuße des Berges Igman, nahe der Stadt Sarajevo. Die Quelle, Vrelo Bosna, ist Mittelpunkt eines Naturschutzgebietes und beliebtes Ausflugsziel. Die Bosna fließt 271 Kilometer durch das Land, immer in nördliche Richtung, und mündet bei der Ortschaft

Šamac in die Save. Auch die Bosna lebt von ihren zahlreichen kleineren Zuflüssen. Zu den wichtigsten gehört die 49 Kilometer lange Šeljeznica, die durch Sarajevo fließende Miljacka und der 45 Kilometer lange Fluß Fojnička.

Die aus Montenegro kommenden Flüsse Tara und Piva vereinigen sich und gehen in die Drina über. Die Drina ist 346 Kilometer lang und bildet im Nordosten die natürliche Grenze zu Serbien. Bekannt wurde die Drina unter anderem durch Ivo Andrić. In seinem Buch ›Die Brücke über die Drina‹ spielte der Fluß eine zentrale Rolle. Die Drina durchfließt die Städte Goražde, Višegrad mit seiner berühmten Brücke, Zvornik und mündet weiter nördlich in die Save.

Die Save ist einer der größten und wichtigsten Flüsse Bosnien-Herzegowinas. Er verläuft nördlich der Dinarischen Alpen und bildet die natürliche Grenze zu Kroatien. Die Save entspringt in den Jülischen Alpen im Nordwesten Sloweniens. Sie durchfließt Zagreb, erreicht dann Bosnien und mündet nach 940 Kilometern bei Belgrad in die Donau. Auf 583 Kilometern ist die Save schiffbar. Wichtige Häfen in Bosnien gibt es in den Städten Bosanska Gradiška, Srpski Brod und Brčko. Gespeist wird die Save in erster Linie von Flüssen aus dem Dinarischen Gebirge. Fast alle wichtigen Flüsse Bosnien-Herzegowinas münden in die Save, darunter die Una, die Bosna und die Drina.

Tier- und Pflanzenwelt

Die Tier- und Pflanzenwelt Bosnien-Herzegowinas ist ungewöhnlich artenreich und vielfältig. In weiten Teilen des Landes kann sie sich ohne menschliche Eingriffe entwickeln.

Die Flora und Fauna des Landes profitiert von der geringen Bevölkerungsdichte und den daher weitgehend unbesiedelten und unberührten Landstrichen. Bosnien-Herzegowina hat zwar Industriezentren. Sie sind jedoch bei weitem nicht so ausgeprägt wie in vielen westeuropäischen Ländern. Dies ist einerseits von Nachteil für die Wirtschaft des kleinen Balkanstaates, aber andererseits gut für die dadurch relativ wenig belastete Natur.

Fast 60 Prozent der bosnisch-herzegowinischen Fläche sind bewaldet, besonders die Hochgebirge sind waldreiche Gegenden. Durch die schwere Zugänglichkeit und die schwach ausgeprägte Besiedlung ist die Natur dort weniger bedroht. So konnte bis heute der Lebensraum von Tieren und Pflanzen erhalten werden, die in anderen Regionen Europas bereits ausgestorben sind.

Die Vielfalt der Flora und Fauna wird durch die beiden großen unterschiedlichen Landschaftstypen begünstigt. Der Südwesten ist klimatisch gesehen mediterran geprägt und weist eine entsprechende Pflanzen- und Tierwelt auf. Der sehr fruchtbare Boden eignet sich sehr gut für den Obstanbau und wirft insgesamt recht

In der Ratitnica-Schlucht bei Sarajevo

gute Erträge ab. Ganz andere Bedienungen bestehen im größeren Teil Bosnien-Herzegowinas, der vom Dinarischen Gebirge mit seiner trockenen karstigen Oberfläche bestimmt wird. Je nach Höhe der Lage findet sich eine typische Bewachsung und Tierwelt.

Mancherorts wurden gravierende Eingriffe in die Natur vorgenommen. Zu den am stärksten von Naturschützern kritisierten gehören die Wasserkraftwerke und die Stauseen. Dennoch wird prinzipiell darauf geachtet, die Natur zu schützen und den Tierbestand zu erhalten. Besondere Pflege genießen die Naturschutzgebiete wie etwa der Kozara im Nordwesten und der Sutjeska-Nationalpark im Südosten. Im Sutjeska-Nationalpark befindet sich nicht nur der höchste Berg Bosnien-Herzegowinas, sondern auch der Perućica-Urwald, einer der letzten Europas.

Neben den grundlegenden Unterschieden der Tier- und Pflanzenwelt in den beiden Landschaftsräumen gibt es lokale spezifische Gegebenheiten. Ausschlaggebend hierfür sind Unterschiede des Klimas, der Böden und der Höhenlage. So gelten im Bereich des dinarischen Gebirges die Gebiete in einer Höhe von 500 bis 1000 Metern als Niedrigzone. Kennzeichnend für diesen Bereich ist eine Eichen- und Weißbuchenbewaldung. Diese geht ab 1500 Meter in eine Buchen- und Tannenbewaldung über, Fichten kommen in dieser Höhe ebenfalls vor. Eine Mischung all dieser Baumarten findet man vor, wenn die bewaldeten Bereiche bereits in sehr niedriger Höhe beginnen und sich noch oben fortsetzten. Man spricht dann auch von einem illyrischen Floragebiet.

In allen Bereichen der Hochzone sind die für diese Region des Balkans typischen Gebirgsgewächse wie beispielsweise Windröschen, Katzenkraut und Thymian zu finden, auf allen Bergen Bosnien-Herzegowinas wachsen die Vertreter einer klassischen Alpenflora.

Ein Teil der bosnischen-herzegowinischen Flora hat seinen Ursprung noch in der Eiszeit.

Das größte Tier Bosniens ist der Braunbär (Ursus arctor bosniensis); etwas kleiner, aber nicht weniger gefährlich ist eine vorkommende Untergattung der Kreuzotter sowie die Kreuzotter selbst. Viele in Europa nur noch selten vorkommende Tierarten können in den unberührten und einsamen Wäldern des Landes überleben. Natürliche Lebensräume finden dort beispielsweise Wölfe, Wildkatzen, Steinadler, Steinböcke, und neben Schlangen auch andere Reptilien.

Eine besonders artenreiche Vogelwelt hat sich in den bosnischen Bergen erhalten, ein geschütztes Vogelgebiet befindet sich nahe der Küste im Naturschutzgebiet Hutovo Blato. Über 240 Vogelarten haben dort eine ständige und relativ sichere Heimat gefunden, zugleich ist Hutovo Blato ein interessantes Gebiet für Vogelkundler, die hier vielfältige Forschungsmöglichkeiten vorfinden.

Der schmale Küstenstreifen bietet die in der Adria üblichen Fischarten, interessant ist aber die Fischflora der zahlreichen Flüsse und Gebirgsbäche. Hier läßt sich auch weiteres Wassergetier beobachten, besonders die verschiedenen Krebsarten.

Ein besonders Augenmerk verdient die Vegetation in den Karstgebieten. Oft sind die Hänge und Flächen nur sehr spärlich bewachsen. Anders sieht es aus,

Blumenpracht im Frühling

wenn sich in den Karstfeldern die sogenannte Rote Erde gesammelt hat und gute Voraussetzungen für eine Bewirtschaftung bietet. Eine Besonderheit weisen die nach unterirdischen Höhleneinbrüchen entstandenen Dolinen auf. In den oft großflächigen Dolinen sind die typischen Pflanzen einer kälteren Gebirgslandschaft zu finden, während an den Rändern der Dolinen eine mittelmeertypische Vegetation vorzufinden ist.

Ein gutes Beispiel für die Flora und Fauna des Landes bietet das Gebiet des Berges Bjelašnica. Hier stößt man auf Vegetationsmerkmale, wie sie auch in anderen Hochgebirgsregionen Bosnien-Herzegowinas anzutreffen sind, zugleich bietet der Berg auch einige Besonderheiten. Die Vegetationszeit dauert nur vier Monate: von Ende Mai bis Ende September. Während an den nördlichen Berghängen eine dichte Bewaldung vorherrscht, dominieren an den östlichen Hängen kahle Gebirgslandschaften, die durch einige mit dünnem Gras bewachsene Felder, die für das Vieh als Weideplatz herhalten, aufgelockert werden.

Die Art der Bewaldung am Berg Bjelašnica ändert sich mit zunehmender Höhe. Am Fuße des Berges sind noch verschiedene Laubbaumarten wie Eiche, Wintereiche, Weißdorn und Schwarzbuche beheimatet, in den höheren Regionen trifft man auch einen Mischwald mit Buchen und auch Tannenbäumen. Der Berg Bjelašnica ist auch in sehr großer Höhe noch von Wäldern bedeckt, eine Eigenart, die in den anderen bosnischen Gebirgen nicht anzutreffen ist.

Die Buche ist die am häufigsten vorkommende Baumgattung. Sie ist neben der Fichte und der Tanne auch in einer Höhe von bis zu 1500 Metern anzutreffen. Darüber hinaus wächst nur noch die Buche, allerdings verliert sie in zunehmender Höhe an Kraft und erreicht nicht mehr ihre normale Größe und den geraden Wuchs, wie es in den unteren Zonen normal ist.

Nahe der Berggipfel sind die natürlichen Bedingungen für Bäume und Pflanzen sehr schlecht. Große Temperaturunterschiede und -schwankungen innerhalb von Stunden, lange kalte Winter mit großen Schneefällen und heftige Winde setzten der Tier- und Pflanzenwelt zu. Bäume in dieser höchsten Bergregion scheinen sich gegenseitig mit ihren Ästen schützend umarmen zu wollen. Sie stehen dicht und ineinanderverzweigt beieinander. Neben den Bäumen gedeiht überwiegend Wacholder.

Die südlichen Berghänge des Bjelašnica haben besondere Bedeutung für die Viehzucht. Sie spielt in dieser Gegend eine zentrale wirtschaftliche Rolle, sichert den Lebensunterhalt der Menschen und ist dementsprechend weit verbreitet. Die Viehzucht hat hier eine lange Tradition, die noch auf die Illyrer zurückgeht. Neben großen Flächen mit einer verkümmerten Moosbewachsung gibt es auch großzügige Wiesen, auf denen verschiedene Grasarten vorkommen.

Eine Wanderung auf den Berg Bjelašnica lohnt schon aufgrund seiner vielen prächtig und farbenfroh gedeihenden Blumenwiesen. Der Frühling eignet sich besonders, um die verschiedenen Blütenfarben und -düfte zu erleben. Typische Vertreter in dieser Gegend sind der Enzian, die Narzisse, Veilchen, Stiefmütterchen, die Bitterblume und auch der Bärlauch.

In geringem Maße und wo der Boden die Voraussetzung mitbringt, bauen die Bewohner Gerste und Roggen an, ohne aber sehr große wirtschaftliche Gewinne damit erzielen zu können.

Die Braunbären haben ihr Lebensumfeld meist an den nordöstlichen Hängen des Bjelašnica. Wölfe sind überall anzutreffen und trauen sich manchmal auch in die unteren besiedelten Region. Die Wölfe stellen in Bosnien-Herzegowina noch immer eine Gefahr für das weidende Vieh und Schafherden dar. Schäfer sind nicht selten mit einem Gewehr bewaffnet, um im Notfall die Herde damit vor den Wölfen zu schützen. Beheimatet sind in dieser Region Mittelbosniens auch Rehe und Wildschweine. In den Laubwäldern sind zahlreiche Vogelarten anzutreffen, darunter der Grünspecht. Der Schwarzspecht fühlt sich eher in den bosnischen Nadelbaumwäldern heimisch. Es gibt aber auch Aasgeier auf Bjelašnica. Zu den Raubvögeln gehören Steinadler und Falken. Sie ernähren sich von den dort vorkommenden Schneehasen, Mäusen oder kleineren Vögeln. Schließlich sind hier unzählige Insektenarten ebenso zu finden wie viele Käfergattungen.

Klima und Reisezeit

Das Klima in Bosnien-Herzegowina ist sowohl von mediterranen als auch kontinentalen Einflüssen geprägt. Ein mediterranes Klima herrscht vorwiegend in der Herzegowina, am schmalen Meereszugang des Landes und entlang des Neretvatales bis in die Region von Mostar im herzegowinischen Hinterland. In der herzegowinischen Hauptstadt wurde mit 46 Grad die höchste jemals in Bosnien-Herzegowina festgestellte Temperatur gemessen.

Das Mittelmeerklima ist gekennzeichnet durch warme und niederschlagsarme Sommermonate. Sie umfassen die Periode von Mitte Mai bis Anfang September. Die Lufttemperaturen sind im Mai meist angenehm warm, noch nicht heiß, die Wassertemperatur an der Adria aber noch nicht für jeden ausreichend. Der Mai bietet sich daher für Besichtigungen und Touren durch das Land an. Juli und August sind die heißesten Monate. In dieser Zeit ist es in Neum angenehm, der einzigen Stadt des Landes, die sich unmittelbar am Meer befindet. Vom Meer weht meist eine leichte stetige Brise, die manchen allerdings die Sonne unterschätzen läßt. Um diese Zeit liegt die Wassertemperatur bei 25 Grad; selbst im Winter erreicht das Meerwasser noch Temperaturen um die 10 Grad.

Die Tagesdurchschnittstemperatur im Hochsommer von rund 25 Grad ist eher ein theoretischer Wert und täuscht über die tatsächlich möglichen Temperaturen hinweg. Mittagstemperaturen von weit über 30 Grad, nicht selten auch über 35 Grad, sind durchaus keine Seltenheit im Süden des Landes, besonders an der Küste. In dieser Zeit kann man sich abends und nachts mit leichter Kleidung im Freien aufhalten.

Im September ist die größte Hitze vorbei, die Temperaturen sinken langsam. Das Meer ist noch von der Wärme im Juli und August aufgeheizt und angenehm warm. Plötzliche und andauernde, selbst tagelange Regenfälle kommen aber nicht selten vor.

Während der Wintermonate sinkt die Temperatur nahe der Küste kaum in den Minusbereich, ebensowenig schneit es an der Küste. Es kann jedoch passieren, daß die Wintermonate von wolkenverhangenen Himmeln und sehr viel Regen bestimmt werden. In milden Wintern scheint aber auch schon mal tagelang die Sonne aus einem blauen wolkenlosen Himmel. Die Temperaturen können dann zehn Grad und mehr erreichen.

Außerhalb der Sommermonate drückt der Bura, ein von der Karsthochebene des Dinarischen Gebirges kommender Fallwind, an die Küste und sorgt für niedrige Temperaturen. Der Bura kann sich zu einer Sturmböe ausweiten und dabei leichte Schäden wie beispielsweise die Unterbrechung der Stromversorgung verursachen. Das Autofahren kann bei diesen starken Winden gefährlich sein. In Neum erlebt man im Sommer oft den vom Meer wehenden Mestral. Er sorgt für ein angenehmes Temperaturgefühl.

Der größere Teil Bosnien-Herzegowinas befindet sich in einer kontinentalen Klimazone, die in einigen höheren Regionen sogar in ein Gebirgsklima übergeht.

Auch im Winter ist Bosnien eine Reise wert

Lange kalte Winter und kurze heiße Sommer bestimmen hier das Wetter. Die Luftfeuchtigkeit ist sehr viel geringer, die Temperaturschwankungen sind extremer. In den höher gelegenen Regionen ist mit Schneefall von November bis März zu rechnen. Wer jetzt mit dem Auto in Bosnien-Herzegowina unterwegs ist, sollte an Winterreifen denken, mancherorts ist ohne Schneeketten nicht an ein Fortkommen zu denken. Im Januar werden die kältesten Durchschnittstemperaturen in der kontinentalen Klimazone Bosniens gemessen. Sie liegen im Minusbereich. Der wärmste Monat ist auch hier der Juli mit durchschnittlichen Temperaturen von nahezu 20 Grad. Im August sind die Temperaturen im Durchschnitt nur geringfügig niedriger.

Sarajevo erreicht während der Monate Juli und August eine Durchschnittstemperatur von knapp 20 Grad. Auf dem Berg Bjelašnica wird zur gleichen Zeit eine Temperatur von nicht mehr als zehn Grad gemessen. Etwas wärmer mit rund 13 Grad wird es in den höheren Regionen des Berges Trebević. Im September ist in Sarajevo mit durchschnittlich nur noch 6 Grad zu rechnen. In den darauffolgenden Monaten sinken die Temperaturen kontinuierlich und liegen Ende Dezember und im Januar unter dem Gefrierpunkt.

Im Vergleich dazu herrschen in der mediterranen Klimazone Mostars im Jahresdurchschnitt angenehm warme Temperaturen von 15 Grad. Selbst im Winter sinkt das Thermometer selten unter 5 Grad, während es im Sommer 25 Grad sind. Die Abweichungen von diesem Durchschnittswert können groß ausfallen: Mostar gilt als heißeste Stadt des Landes und erreicht während der Monate Juli und August mitunter Temperaturen von 40 Grad und mehr. Abkühlung findet man in der Neretva, die auch im Sommer eine Wassertemperatur von gleichbleibenden 17 Grad hat.

In der bosnischen Gebirgsregion fallen die größten Mengen Niederschlag im Frühjahr und im Herbst. Auch während der Sommermonate können kürzere Regenperioden das Wetter bestimmen, während im Winter kaum Niederschlag zu verzeichnen ist. Die jährliche Niederschlagsmenge ist im Westen Bosnien-Herzegowinas sehr hoch und nimmt in östlicher Richtung kontinuierlich ab. Beispielsweise fallen in der Stadt Bihać im Westen des Landes jährlich beachtliche 1400 Milliliter Regen, in Banja Luka sind es noch über 1000 Milliliter, in dem etwas weiter südöstlich gelegenen Sarajevo 900 und in Zenica nur noch etwas mehr als 700 Milliliter Niederschlag.

Interessant ist, daß in der Hauptstadt der Serbischen Republik Banja Luka der Februar mit knapp 60 Milliliter der regenärmste Monat ist, der August mit 80 Millilitern kaum mehr aufweist, der Mai mit 130 Millilitern aber der niederschlagsstärkste Monat ist.

In Sarajevo und den Tälern der Gebirgslandschaften ist eine starke Nebelbildung, besonders in den frühen Morgenstunden, nicht untypisch. Wer sich dann in der Frühe aufmacht und einen der umliegenden Berge besteigt, kann aus größerer Höhe den Anblick des in Nebel gehüllten Sarajevos genießen, aus dem nur die Spitzen der höheren Gebäude herausragen.

Auf dem Berg Bjelašnica steht die älteste meteorologische Station des Balkans. Seit 1894 wird von dort das Wetter beobachtet und aufgezeichnet. Der erste dort tätige Meteorologe trug den für Bosnien-Herzegowina sehr untypischen Namen Anton Obermüller. Er wurde später von Josip Schäfer abgelöst, der 20 Jahre in der Wetterwarte arbeitete. Die wenig bosnisch klingenden Namen sind kein Zufall, fällt die Einrichtung der Wetterwarte und der Beginn der meteorologischen Aufzeichnungen auf dem Berg Bjelašnica doch in die Zeit der österreichisch-ungarischen Herrschaft.

Ökologie und Umweltschutz

Fragen des Umweltschutzes stehen in Bosnien-Herzegowina nicht an vorderster Stelle und werden auch in naher Zukunft vermutlich nicht erste Priorität genießen. Das ist nicht verwunderlich. Das Land wurde während des Krieges in weiten Teilen zerstört, und nun ist man vor allem bemüht, den Wiederaufbau zu forcieren, den Menschen ein relativ normales Leben zu ermöglichen und den Lebensstandard zu festigen und zu steigern. Nur mir den finanziellen Hilfen aus dem Ausland ist es überhaupt möglich, Industrieanlagen wieder instandzusetzen und Wohnhäuser zu bauen. Geld für den Schutz der Natur ist dagegen so gut wie nicht vorhanden.

Der Umweltschutz war aber auch schon vor dem Krieg kein wichtiges Thema. Ein Bewußtsein, mit den natürlichen Ressourcen pfleglicher umzugehen, hat es ebenso wenig gegeben wie beispielsweise eine Mülltrennung oder eine Papier- und Glaswiederverwertung. Damals wie heute werden alte Autos einfach irgendwo abgestellt, Altöl in die Natur entsorgt und privater Haus- und Sperrmüll auf wilden Deponien abgelegt. Eine Strafverfolgung zieht ein solches Verhalten kaum einmal nach sich, umweltschädliches Verhalten gilt noch immer als belächeltes Kavaliersdelikt. Selbst die offizielle Müllabfuhr kann man dabei beobachten, wie sie ihre Müllwagen rückwärts an einen Abhang fährt und ihre Tagesausbeute in die Natur kippt. Auch das ist zum Teil eine Folge des Krieges. War die Entsorgung des Mülls bereits zu Friedenszeiten alles andere als vorbildlich, fehlt es nun erst recht an einer ausreichenden Zahl an Deponien. Die vorhandenen sind kaum in der Lage, die Abfallmengen zu bewältigen.

In einigen abgelegenen Gegenden und Dörfern gibt es bis heute keine geregelte Abwasserentsorgung. Die Bewohner entledigen sich ihrer Abwässer, Hausmüll und Schrott kurzerhand in die Natur. Die dabei angerichteten Umweltschäden sind aber vergleichsweise gering, größer sind die Umweltsünden in den Industriezentren. So leiten manche Fabriken ihre Abwässer ungeklärt in die Flüsse, Filter gegen eine Luftverschmutzung kommen ebenfalls kaum zum Einsatz.

Bosnien-Herzegowina war der größte Standort der Metallindustrie im ehemaligen Jugoslawien. Der Abbau von Zink und Erz war ein wichtiger Wirtschaftszweig. Es gab mehrere Raffinerien, die größte in Bosanski Brod, dem heutigen Srpski Brod, in Tuzla hatte sich die chemische Industrie niedergelassen, das größte Aluminiumwerk Bosnien-Herzegowinas befindet sich in Mostar. Der Schutz der Umwelt spielte in all diesen Fabriken kaum eine Rolle.

Die Industriebetriebe befinden sich zur Zeit noch im Wiederaufbau. Erschwert wird die Situation durch einen Übergang von der selbstverwalteten Planwirtschaft zur Marktwirtschaft. Viele Betriebe kämpfen um das eigene Überleben und können oder wollen sich mit Naturschutzfragen nicht beschäftigen.

In der mittelbosnischen Stadt Tuzla entstanden durch den unterirdischen Salzabbau große Schäden für die Natur, aber auch für die Bewohner der Stadt. Gebäude senkten sich plötzlich ab und waren unbewohnbar, wenn die durch den Salzabbau entstandenen Hohlräume in der Erde unter der Stadt einbrachen. Man sagt heute, daß der Boden, auf dem Tuzla gebaut ist, löchrig sein soll wie der berühmte Schweizer Käse.

Auch nach dem Ende der Kämpfe stellen die während des Krieges ausgelegten Landminen eine große Gefahr für die Umwelt und eine oft tödliche für die Menschen dar. Experten schätzen die Zahl der noch heute aktiven Minen auf etwa eine Million. Hinzu kommt noch andere scharfe und explosive Munition sowie Gra-

Warnung vor Landminen

naten. Einhundert Jahre müssen nach Schätzungen von Experten vergehen, bevor die Minen von selbst funktionsunfähig werden. Bis heute wurde nur ein Teil der tatsächlich vorhandenen Minenfelder lokalisiert, auf Karten eingezeichnet und mit Warnhinweisen versehen, und bis zum Jahr 2001 konnte nur ein Zehntel der insgesamt vermuteten Minenmenge tatsächlich vernichtet werden.

Die Zahl der durch Minenexplosion getöteten oder verletzten Menschen ist zwar rückläufig – 1996 starben über 100 Menschen, im Jahr 2001 ›nur‹ 16 –, dennoch ist die Gefahr akut. Die Minengefahr ist im Umfeld der ehemals umkämpften und belagerten Städte wie beispielsweise Sarajevo und Mostar besonders groß wie auch entlang der innerbosnischen Grenzen, die zu Frontlinien wurden. Dazu gehört das Gebiet nördlich von Dubrovnik über Sarajevo bis nach Brčko. Vor der Minengefahr sicher ist man auf asphaltieren Straßen und Wegen, innerhalb von Städten und dort, wo viele Menschen verkehren. Gefährlich kann es werden, wenn man die asphaltierten Wege verläßt und sich in freies Gelände begibt.

Auf der anderen Seite hat sich die Natur Bosnien-Herzegowinas in weiten Teilen ihren ursprünglichen Charakter erhalten können. Trotz aller Eingriffe in die Natur hat ihre Zerstörung nicht die Dimensionen erreicht, wie es bereits in anderen Gegenden Europas der Fall ist.

In dieser Hinsicht profitiert das Land auch von der geringen Bevölkerungsdichte – Bosnien-Herzegowina hat nur wenige Ballungsräume und größere Städte – und dem insgesamt niedrigen Grad der Industrialisierung.

Wenn die Kriegsschäden weitestgehend behoben sind und die Menschen einem normalen Alltagsleben nachgehen können, wird sicherlich auch der Umweltschutz einen bedeutenderen Stellenwert bekommen. Bosnien-Herzegowina möchte sich in Richtung Westeuropa orientieren und hofft, in Zukunft den Tourismus erneut im Land etablieren zu können.

Zudem hat das Land einen nationalen Aktionsplan für den Schutz der Umwelt entwickelt. Erfreulich ist, daß die moslemisch-kroatische Föderation und die Serbische Republik den Aktionsplan gemeinsam umsetzen wollen. Er beinhaltet über 400 Umweltschutzprojekte und umfaßt einen Finanzbedarf von rund zwei Milliarden Euro – eine Summe, die das Land ohne die Hilfe von außen nicht wird aufbringen können.

Bereits jetzt wirbt das Land mit seiner faszinierenden Natur, den Nationalparks und den sehr attraktiven Möglichkeiten für Rafting- und Kanutouren auf den Flüssen, Bergsteigen in einzigartigen Gebirgen und den olympiaerprobten Wintersportgebieten. Den Verantwortlichen ist bewußt, daß das größte Kapital Bosnien-Herzegowinas die Natur selbst ist. So schreibt man sich schon jetzt den Umweltschutz auf die Fahne, die Erfolge einer praktischen Umsetzung lassen aber noch auf sich warten.

Der Staat

Bosnien-Herzegowina ist seit 1992 international als unabhängiger Staat anerkannt. Mit dem – vor allem durch die Intervention der US-amerikanischen Regierung ausgehandelten – Vertrag von Dayton 1995 einigten sich bosnische Moslems (Bosniaken), Kroaten und Serben auf ein demokratisches Bosnien-Herzegowina, das aus zwei weitgehend autonomen Teilstaaten oder auch Entitäten besteht: Die Föderation Bosnien-Herzegowina (Federacija Bosne i Hercegovina) und die Serbische Republik (Republika Srpska).

Die Föderation besteht aus dem Zusammenschluß der bosnischen Moslems und Kroaten – seit den Verfassungszusätzen von 2002 sind Bosniaken, bosnische Koraten und bosnische Serben in beiden Entitäten staatsbildende Völker – und ist in zehn Kantone aufgeteilt. Diese werden bis auf zwei Ausnahmen von einer Ethnie dominiert. So sind beispielsweise im Kanton Unsko-Sanski mit der Stadt Bihać als Zentrum die Moslems vorherrschend, während in der Herzegowina, etwa im Kanton Hercegovaćko-Neretvanski mit Mostar als Mittelpunkt, die bosnischen Kroaten in der Regel die Mehrheit stellen; es gibt dabei aber einzelne serbische Exklaven. Jeder Kanton verfügt über eine eigene Kantonsregierung und -versammlung. Der mit dem Vertrag von Dayton unternommene Versuch, die Macht im Land auf viele Schultern zu verteilen und somit zu dezentralisieren, erinnert an die jugoslawische Verfassungsreform von 1974. Ihr war letztendlich kein Erfolg vergönnt. Die damaligen Bemühungen, mit dieser Reform das Land zu stabilisieren, funktionierten nur, solange die Kommunistische Partei als Klammer wirkte, und verkehrte sich mit dem beginnenden Zerfall des Staates Jugoslawien in das Gegenteil.

Die Föderation wie auch die Republika Srpska haben eigene Parlamente und Regierungen. Darüber steht die Zentralregierung Bosnien-Herzegowinas. Sie wird von einem dreiköpfigen Präsidium geleitet. Das Präsidium wird von jeweils einem Moslem (Bosniaken), einem bosnischen Kroaten und einem bosnischen Serben angeführt. In einem Turnus von acht Monaten stellt jeweils einer von ihnen den Vorsitzenden des Präsidiums. Die Vertreter im Präsidium werden alle vier Jahre durch direkte Wahl bestimmt. Der moslemische und kroatische Vertreter werden in der Föderation, der serbische in der Republika Srpska gewählt.

Die bosnisch-herzegowinische Zentralregierung verfügt über verhältnismäßig geringe Machtbefugnisse. Sie ist beispielsweise zuständig für den Außenhandel, die Außenpolitik, die Telekommunikation und die Zoll- und Währungspolitik. Nach der letzten Ministerratsreform im Jahr 2002 gehören der Gesamtregierung acht Minister an. Es gibt je ein Ministerium für Äußeres, Sicherheit, Außenhandel, Finanzen, Transport und Kommunikation, Inneres, Justiz und für Menschenrechte und Flüchtlinge. Im Frühjahr 2004 kam sogar ein Verteidigungsministerium auf Staatsebene hinzu. Die Ministerposten werden zu zwei Dritteln an Vertreter aus der Föderation und zu einem Drittel an Vertreter aus der Serbischen Republik vergeben. Auf der Ebene der Kantone wird das Schulwesen, das Polizeiwesen und die regionale Verwaltung bestimmt und geregelt.

Das Parlament des Gesamtstaates besteht aus zwei Kammern, dem Abgeordnetenhaus und der Kammer der Völker. Das Abgeordnetenhaus hat 42 Sitze. 28 Sitze stehen den gewählten Vertretern aus der Föderation zu und 14 den gewählten Vertretern aus der Serbischen Republik. Die Wahlen für das Abgeordnetenhaus finden alle vier Jahre statt. Ebenfalls alle vier Jahre werden die Abgeordneten der Kammer der Völker gewählt. Sie verfügt über 15 Sitze. Für bosnische Moslems, Kroaten und Serben sind jeweils fünf Sitze reserviert. Wich-

Administrative Gliederung

tige Funktion dieser Kammer ist die Wahrung und Vertretung der sogenannten vitalen Interessen der ethnischen Gruppen Bosniens.

Die Serbische Republik wie auch die Föderation haben eigene Parlamente. Die Föderation verfügt, ähnlich wie auf der Ebene des Gesamtstaates, über zwei Kammern, zum einen das Abgeordnetenhaus mit seinen 140 Sitzen und zum anderen die Kammer der Völker mit 74 Sitzen. In der Kammer der Völker sind die drei größten Volksgruppen – die Muslime, die Kroaten und Serben – in gleicher Stärke vertreten. Hinzu kommen die Vertreter der Minderheiten in Bosnien-Herzegowina. Sie sind unter der wenig aussagekräftigen Bezeichnung ›Die Anderen‹ in der Kammer vertreten.

Das Abgeordnetenhaus wählt den Präsidenten der Föderation. Ihm zur Seite werden zwei Stellvertreter aus den beiden anderen Volksgruppen gestellt. Die Bürger Bosnien-Herzegowinas werden alle vier Jahre aufgerufen, ihre Vertreter in das Abgeordnetenhaus zu wählen.

In der Serbischen Republik werden 83 Abgeordnete in die Nationalversammlung gewählt. Das Parlament besteht somit nur aus einer Kammer. Auch hier finden die Wahlen alle vier Jahre statt. Mit der vorsichtigen Reformierung der bosnisch-herzegowinischen Verfassung im Jahr 2002 wurde in der Serbischen Republik ein Völkerrat eingerichtet, der der Kammer der Völker in der muslimisch-kroatischen Föderation und des Gesamtstaates ähnelt. Der Völkerrat soll sein Augenmerk auf die Interessen der verschiedenen Volksgruppen richten, zu denen

Willkommen in Bosnien

auch die unter dem Begriff ›Die Anderen‹ zusammengefaßten Minderheiten gehören.

Die bosnischen Serben hatten bereits im April 1992, unmittelbar nach der Unabhängigkeitserklärung Bosnien-Herzegowinas, ihrerseits die unabhängige Serbische Republik Bosnien-Herzegowina ausgerufen. Sie gründeten ein eigenes Parlament mit Sitz in Banja Luka und verabschiedeten eine eigene Verfassung. Im Herbst des gleichen Jahres wurde daraus die Serbische Republik mit Regierungssitz in Pale. Banja Luka, die Hauptstadt der Serbischen Republik, wurde erst 1998 zu Lasten von Pale Regierungssitz.

Die bosnische Flagge

Der Vertrag von Dayton hat Bosnien-Herzegowina zwar den Frieden gebracht, aber bis heute nicht die Spaltung des Landes überwinden können. Kritiker der bosnisch-herzegowinischen Verfassung und des Friedensvertrags sehen das Land als ein internationales Protektorat mit einem politischen System, das für die Bürger kaum zu durchschauen, geschweige zu erfassen ist. Bei vielen Bosniern hat sich bereits nach den ersten Wahlen eine Abstimmungsmüdigkeit gezeigt, da der Glaube an die eigenen demokratischen Mitgestaltungsmöglichkeiten schnell verloren wurde. Die regelmäßig sehr geringe Wahlbeteiligung zeigt dies überdeutlich.

Untersuchungen haben gezeigt, daß die Bürger sich nur sehr begrenzt mit dem Staat Bosnien-Herzegowina identifizieren. Das hat zum einen mit dessen begrenzten Machtbefugnissen zu tun, zum anderen mit der zunehmenden Identifikation der Bürger mit der eigenen Volksgruppe.

Sowohl die Föderation als auch die Serbische Republik haben annähernd den Status eines Staates im Staate; andererseits wird versucht, die Kompetenzen nach und nach der gesamtstaatlichen Ebene zuzuordnen. Jede Entität hat ihre eigene Armee, die Föderation sogar zwei, eine eigene Justiz und darüber hinaus noch eine spezifische Nationalität neben der bosnisch-herzegowinischen Staatsangehörigkeit. Derzeit ist man jedoch dabei, die Armeen zusammenzufügen und unter das Kommando des neu eingerichteten Verteidigungsministeriums zu stellen. Erste gemeinsame Manöver wurden bereits abgehalten. Ebenso werden mittlerweile die Außengrenzen durch einen gesamtstaatlichen Grenzschutz kontrolliert und überwacht.

Erschwert wird die Überwindung der innerstaatlichen Gräben durch die Anlehnung der bosnischen Serben und Kroaten an ihre jeweiligen ›Mutterrepubliken‹, also die Nachbarstaaten Kroatien und Serbien. Neben einer bosnisch-herzegowinischen Staatsangehörigkeit wurde den bosnischen Kroaten von Kroatien ein Anspruch auf die kroatische Staatsangehörigkeit eingeräumt, was zu einer Benachteiligung der anderen bosnischen Volksgruppen führte, die mit ihrem bosnischen Reisepaß ohne Visum kaum in das Ausland reisen können.

Allein die komplizierte und alle Ebenen durchdringende staatliche Struktur mit ihren zwei Entitäten und zehn Kantonen schwächt die Position der gesamtstaatlichen Regierung. Das relativ kleine Land leistet sich insgesamt sechs Präsidenten, drei Regierungen – de facto gibt es 13 Regierungen: 10 in den Kantonen, zwei in den Entitäten und die Staatregierung – und 13 (!) Erziehungs- und Sozialministerien – eine Zahl, die nicht nur im Verhältnis zu den rund vier Millionen Einwohnern des Landes absurd anmutet, sondern kaum zu einem gemeinsamen gesamtstaatlichen politischen Vorgehen führt. Zudem müssen für die komplizierte Verwaltung rund zwei Drittel der öffentlichen Gelder aufgewendet werden. Im Alltagsleben bedeutet dies beispielsweise, daß keine einheitlichen Schulbücher in Gebrauch sind, aber die Inhalte oft die andere Volksgruppe anfeinden. Die politischen Institutionen blockieren sich gegenseitig und sind nicht in der Lage, die notwendigen Entscheidungen zu fällen oder gar eine alle Volksgruppen berücksichtigende Politik zu gestalten. Daher sieht sich die internationale Gemeinschaft mit ihrem Hohen Repräsentanten immer wieder zum Eingreifen gezwungen.

Eine Bedrohung für den Erhalt Bosnien-Herzegowinas sind die gegensätzlichen nationalen Interessen, die bis heute die Innenpolitik bestimmen. Kaum jemand hegt Vertrauen in den Gesamtstaat, da seine Bedeutung gering ist und seine Zukunft ungewiß. Die internationale Gemeinschaft versucht mit der Unterstützung nicht national orientierter Parteien, Politiker und Organisationen, diesen Teufelskreis zu durchbrechen, bisher aber nur mit punktuellen Erfolgen und ohne dabei eine grundlegende Veränderung im Denken der Menschen und im Handeln der Politiker bewirkt zu haben. So war es fast vorhersehbar, daß bei den von Bosnien-Herzegowina selbst durchgeführten Wahlen im Herbst 2002 erneut die nationalistischen Parteien als Wahlsieger aus der Abstimmung hervorgingen. Seitdem regiert eine Koalition aus der Partei der Demokratischen Aktion (SDA), der Partei für Bosnien und Herzegowina (S-BiH), der Kroatischen Demokratischen Gemeinschaft (HDZ) und der Partei des Demokratischen Fortschritts (PDP).

Die internationale Gemeinschaft ist bemüht, eine den Gesamtstaat Bosnien-Herzegowina stärkende Politik zu betreiben. Bereits unter der Führung von Carlos Westendorp, dem das Image anhaftete, eine Politik der zaghaften Schritte zu betreiben, einigten sich die Volksgruppen auf gemeinsame nationale Symbole. Für die Menschen von unmittelbarer Bedeutung war die Einführung von einheitlichen neutralen Autonummernschildern. Sie lassen keine Rückschlüsse auf die Nationalität zu und ermöglichen es, sich im ganzen Land gefahrlos zu bewegen. Mit der Einführung der Konvertiblen Mark (K-Mark) wurde eine stabile, an die Deutsche Mark angelehnte Währung geschaffen. Sie konnte sich sowohl in der Föderation wie auch in der Serbischen Republik durchsetzten.

Mit der Ablösung Westendorps durch den ehemaligen österreichischen Botschafter in Belgrad, Wolfgang Petrisch, kam ein Mann nach Bosnien, dem die balkanische Mentalität nicht fremd ist und der die bosnische Sprache gut beherrscht. Seine Bemühungen zielten auf eine weitere Stärkung des Gesamtstaates, wogegen die beiden Entitäten Kompetenzen abgeben mußten. Besonders unter den nationalistisch orientierten Kroaten in der Herzegowina und den Politikern in der Serbischen Republik wurde dies nur widerwillig hingenommen. Die Regierung auf der Gesamtstaatsebene bekam ein Finanzministerium und eine beide Entitäten umfassende Zollbestimmung. Als Meilenstein erwies sich neben der Schaffung einer gemeinsamen Grenzpolizei die Einrichtung einer gemischtnationalen Administration für die heftig umstrittene Region Brčko. Als großer Erfolg ist zu werten, daß eine Eigentumsgesetzgebung erlassen wurde. So konnte das illegal besetzte Eigentum an die rechtmäßigen Besitzer zurückgegeben werden, dieser Prozeß wurde von den heimischen Gerichten begleitet. Ein weiterer wichtiger Aspekt war die Schaffung einer unabhängigen Justizkommission, die das Justizsystem des Landes reformierte.

Der Eingang zum Finanzministerium

Die politische Lähmung des Landes wird provoziert durch die nationalistischen Strömungen, die schon aus Prinzip keine übernationale Einigkeit erlauben. So konnte Bosnien-Herzegowina zunächst nicht Mitglied des Europarates werden, da die nationalen Politiker nicht willens waren, sich auf ein Wahlgesetz zu einigen. Eine Annäherung an Europa rückte somit erneut in weite Ferne.

Eine Stabilisierung der politischen Verhältnisse wird auch durch die wirtschaftliche Situation erschwert; weit über die Hälfte der Bosnier lebt unterhalb der Armutsgrenze. So ist der Nährboden für einfache, nämlich nationalistische Lösungen gegeben. Nur sehr zaghaft setzt sich das Bewußtsein in der Bevölkerung durch, daß eine nationalistische Politik keine Lösungen für die tatsächlichen Probleme des Landes bietet.

Bosnien-Herzegowina ist bis in die Gegenwart ein empfindliches, nicht in sich gefestigtes Staatengebilde, das von den nationalistischen Kräften auf allen Seiten an einem Zusammenwachsen gehindert wird. Ohne die Oberaufsicht der internationalen Gemeinschaft wäre die Gefahr eines Zerfalls des Landes wahrscheinlich. Heute läßt sich noch nicht abschätzen, wann sich die Verhältnisse soweit stabilisiert haben, daß die lebenserhaltenden Maßnahmen der internationalen Gemeinschaft eingestellt werden können und sich das Land selbst trägt.

Das Bildungswesen

In Bosnien-Herzegowina besteht für alle Kinder von 6 bis 15 Jahren Schulpflicht. Vor dem Krieg besuchten nach offiziellen Angaben 98 Prozent aller Kinder eine Bildungseinrichtung. Auch noch während des Krieges fanden Bemühungen statt, einen Schulunterricht anzubieten, wenn auch der Unterricht teilweise unter denkbar schlechtesten Bedingungen in privaten Wohnungen abgehalten werden mußte. Die gegenwärtige Bildungssituation ist mit der in den achtziger Jahren kaum noch zu vergleichen. Kaum mehr als 60 Prozent der Schulpflichtigen besuchen im Durchschnitt den Unterricht, mit Folgen: Die Analphabetenrate liegt heute in den Städten bei bis zu 20 Prozent, auf dem Land sogar teils über 40 Prozent. Frauen sind von dieser Entwicklung besonders betroffen.

Das gegenwärtige Bildungssystem in Bosnien-Herzegowina hat seinen Ursprung im kommunistischen Jugoslawien. Es erlebte seine letzte Reform im Jahr 1987. Damals bewegte sich das Land auf einem ähnlich hohen Bildungsniveau wie Westeuropa. Das ist bemerkenswert, denn zu Beginn des 20. Jahrhunderts konnte nur ein kleiner Teil der Bevölkerung in Bosnien lesen und schreiben. In den folgenden Jahrzehnten erfolgte eine rasante Entwicklung des Bildungssystems, die ihren Höhepunkt nach dem Zweiten Weltkrieg erfuhr, jetzt aber dringender Reformen bedarf.

Den Kindern im Vorschulalter stehen in Bosnien-Herzegowina verschiedene Betreuungsmöglichkeiten offen. Die jüngsten können bis zum Alter von drei Jahren die Krippe besuchen, den Vier- bis Siebenjährigen stehen Kindergärten zur Verfügung. Vor dem Krieg stellte die Versorgung mit Krippen und Kindergartenplätzen kein Problem dar. Durch die Zerstörungen während des Krieges ist die Situation nun erheblich schlechter.

Die Rechtswissenschaftliche Fakultät in Sarajevo

Die Grundschule (bosnisch: Osnovna škola) umfaßt acht Pflichtschuljahre. Der Unterricht wird in der Grundschule nach einem vorgeschriebenen Lehrplan mit feststehenden Fächern erteilt. Er findet weitgehend im Klassenverband statt, darüber hinaus wird auch fachspezifisch unterrichtet und die Möglichkeit geboten, eine Parallelschule zu besuchen. Dies kann zum Beispiel eine Musikschule sein. Anders als in Deutschland wird die Musikschule nicht privat betrieben, sondern ist Teil des regulären Bildungssystems.

Normalerweise sollen die Kinder wohnortnah beschult werden. Durch die Zerstörung von Schulgebäuden während des Krieges sind die Schüler nun oft gezwungen, lange Schulwege auf sich zu nehmen. Es verkehren zwar Schulbusse, aber viele Eltern sind nicht in der Lage, das Fahrgeld aufzubringen.

Nach der achtjährigen Grundschulzeit ist die Schulpflicht erfüllt. Nun können sich die bosnischen Jugendlichen für eine Arbeit, eine dreijährige Berufsausbildung oder eine weiterführende Schule entscheiden. In Bosnien-Herzegowina stehen vier Sekundarschultypen zur Auswahl. Zum einen das Gymnasium, zum anderen die Mittelschule mit einem berufsbildenden Schwerpunkt. Sie schließt mit einer Art Fachabitur im technischen, künstlerischen oder pädagogischen Bereich ab. In der Praxis bedeutet das, daß beispielsweise ein Absolvent der Mittelschule für Musik die Voraussetzung für den Besuch einer Musikakademie erfüllt. Allerdings steht vor der Aufnahme an einer Hochschule meist noch die Aufnahmeprüfung.

Bosnien-Herzegowina verfügt derzeit über insgesamt vier Universitäten. Universitätsstädte sind Sarajevo, Banja Luka, Tuzla und Mostar. Am Beispiel Mostars

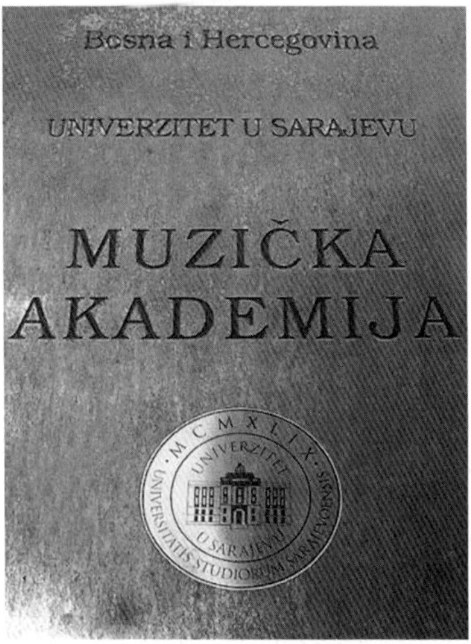

Am Eingang der Musikakademie

wird deutlich, welche Probleme sich im Nachkriegsbosnien auftun. Die Stadt ist in einen kroatischen und in einen moslemischen Teil separiert und hat faktisch zwei Universitäten. Die Kroaten besuchen die Hochschule im Westteil der Stadt, während die Hochschule im moslemisch dominierten Ostmostar ausschließlich von Moslems genutzt und mit Geldern aus islamischen Ländern finanziert wird.

Die Universitäten Bosnien-Herzegowinas haben zusammen 30 Fakultäten. Die Hochschulausbildung umfaßt vier bis sechs Jahre; es ist aber auch möglich, nach zwei bis drei Jahren einen Abschluß zu erreichen, der mit dem auch in Deutschland bekannten Bachelor vergleichbar ist. Nach einem erfolgreichen vierjährigen Studium erhält der Student das Diplom, nach einem einjährigen Postgraduiertenstudium wird der Magister verliehen. Der höchste akademische Grad ist der Doktortitel.

Das gegenwärtige Bildungssystem bedarf der dringenden Vereinheitlichung. Drei verschiedene Bildungssysteme – in der Föderation, in der Serbischen Republik und auf Ebene der Kantone – bestehen nebeneinander. Es gibt 13 Bildungsminister und gravierende Unterschiede in den Lerninhalten, die besonders darauf abzielen, die andere Nationalität anzufeinden, manchmal aber auch nur in der Bezeichnung variieren. Am deutlichsten zeigt sich dies am Beispiel der Sprache, die in der Herzegowina Kroatisch, in der Serbischen Republik Serbisch und in Mittelbosnien Bosnisch genannt wird, aber überall die gleiche ist.

Das bosnisch-herzegowinische Schulsystem ist stark veraltet. Die Schüler erleben fast ausschließlich einen nicht mehr zeitgemäßen Frontalunterricht. Vermittelt wird ihnen eine übergroße Menge an Lerninhalten, die nur durch stures für den Moment verinnerlichendes Lernen bewältigt werden kann. Als ein weiteres gravierendes Problem erwies sich die Integration von Heimkehrerkindern in das bosnische Schulsystem. So gab es nur unzureichende Regelungen zur Anerkennung von Zeugnissen und zu den Fortsetzungsmöglichkeiten einer im Ausland begonnen Schulbildung.

Während des Krieges verließen viele der gut ausgebildeten Fachkräfte, Hochschulabsolventen und Professoren das Land. Weit über die Hälfte der bosnischen

Jugendlichen sieht für sich keine Perspektive in der Heimat und würde Bosnien-Herzegowina lieber heute als morgen verlassen.

Erst vier Jahre nach Beendigung des Krieges wurde langsam damit begonnen, an einer Reformierung des Schulsystems zu arbeiten. Allerdings war dazu der Druck der internationalen Gemeinschaft nötig. Als Druckmittel diente der Beitrittswunsch Bosnien-Herzegowina zum Europarat, dem ein Entwicklungsplan zur Erneuerung des Schulsystems vorausgehen sollte. Im Frühjahr 2002 legte ein mit allen drei Nationalitäten besetztes Gremium ein Strategiepapier vor, das auch die Zustimmung der OSZE fand. Im Mittelpunkt der Reform stehen ein entpolitisiertes Bildungssystem, ein gleichberechtigter Zugang zu den Bildungsmöglichkeiten, die Integration und Förderung der Rückkehrerkinder sowie eine Verbesserung der Lehrpläne und der Wissensvermittlung.

Auch im Bezug auf das Bildungssystem wird deutlich, daß Bosnien-Herzegowina nur dann eine Zukunft hat, wenn die drei größten Volksgruppen gemeinsam handeln, Lehrinhalte angleichen und Abschlüsse schaffen, die im ganzen Land Anerkennung finden und so der jungen Generation eine Perspektive in der Heimat geben, aber zugleich auch eine Konkurrenzfähigkeit mit den Bildungsabschlüssen der westeuropäischen Länder schaffen. Langsam setzt sich diese Erkenntnis durch, dennoch ist der bereits richtig eingeschlagene Weg gespickt mit nationalistischen Schlaglöchern, die es noch zu überwinden gilt.

Die Bevölkerung

Bosnien-Herzegowina hat heute fast wieder seine Vorkriegseinwohnerzahl von über vier Millionen erreicht. So wie Jugoslawien ein Vielvölkerstaat war, ist Bosnien-Herzegowina ein Land mit Bürgern vieler Nationalitäten, aber ohne eine bosnische Nation im klassischen Wortsinn.

Die Muslime stellen mit 48 Prozent die größte ethnische Gruppe dar. Sie werden oft auch Bosnier oder auch Bosniaken genannt. Den Status einer Nation erhielten sie zu Beginn der siebziger Jahre, als Tito per Verfassungsdekret den einzelnen Republiken mehr Autonomie zugestand und den Muslimen den gleichen Status gab wie den Serben oder Kroaten. Die Muslime in Bosnien-Herzegowina haben slawische Wurzeln, die auf die Besiedlung des Balkans durch die Slawen im 7. Jahrhundert zurückgehen, und konvertierten zum Islam, als die Türken das Land beherrschten. Während der türkischen Herrschaft genossen sie eine bevorzugte Stellung gegenüber den bosnischen Serben und Kroaten und den verschiedenen Minderheiten. Mit dem Machtverlust der Türken verloren die Muslime ihre mächtigen Glaubensbrüder und sahen sich nun in einer geschwächten Position.

Die zweitgrößte ethnische Gruppe sind die Serben. Sie stellen 37 Prozent der bosnisch-herzegowinischen Bevölkerung. Vor dem Krieg lebte ein großer Teil der bosnischen Serben auf dem Land. Sie stellen die größte Bevölkerungsgruppe im Nordwesten und Osten Bosnien-Herzegowinas.

Mit einem Anteil von 14 Prozent sind die bosnischen Kroaten die drittgrößte Bevölkerungsgruppe. Sie siedeln mehrheitlich in der Herzegowina und sind besonders stark in den Grenzgebieten zu Kroatien vertreten. Weitere Siedlungsgebiete befinden sich auch südlich von Bihać und im Nordwesten des Landes.

Darüber hinaus gibt es verschiedene Minderheiten, die sogenannten ›Anderen‹. Sie sind nur in sehr geringer Prozentzahl vertreten. Zu ihnen gehören die Roma und Juden, aber auch Montenegriner, Slowenen, Ungarn, Ukrainer, Albaner und Mazedonier.

Die letzte Volkszählung vor dem Krieg fand im Jahr 1991 statt. Damals lebten 4,4 Millionen Menschen in Bosnien-Herzegowina. Die Muslime stellten mit 43 Prozent wie heute die größte ethnische Gruppe, gefolgt von den bosnischen Serben mit 31 Prozent und den bosnischen Kroaten mit 17 Prozent. Nur etwas weniger als acht Prozent bezeichneten sich zu dieser Zeit als Jugoslawen, zumeist kamen sie aus gemischtnationalen Familien.

Der Krieg in Bosnien-Herzegowina forderte geschätzte 200000 Tote. Zeitweise befanden sich bis zu zwei Millionen Menschen auf der Flucht. Davon waren ungefähr die Hälfte Binnenflüchtlinge, eine Million Menschen suchte im Ausland Schutz. Die meisten Flüchtlinge nahmen Serbien und Montenegro auf, viele flüchteten auch nach Kroatien, in die Länder der EU, in die USA und nach Kanada, aber auch nach Pakistan. Seitdem sich die Lage in Bosnien-Herzegowina stabilisiert hat, kehren auch die Flüchtlinge in großer Zahl in ihre Heimat zurück.

Im Zuge des Krieges kam es zu großen Umsiedlungen der Bevölkerung. Viele Menschen flüchteten in Regionen, die von ihrer Volksgruppe dominiert wurden. Lebte vor dem Krieg nur ein Drittel der Bevölkerung in Städten und zwei Drittel auf dem Land, ist das Verhältnis heute nahezu ausgeglichen. In Sarajevo lebt nur noch ein Teil der Alteingesessenen, dafür sind viele Menschen aus ländlichen Regionen in die bosnische Hauptstadt gezogen, wodurch sich der Charakter und die Atmosphäre der Stadt verändert haben. Vergleichbares passierte in Banja Luka und anderen Städten.

Die Bevölkerung wächst jährlich um gut ein Prozent. Statistisch gesehen bekommt jede Frau 1,3 Kinder; den jährlich rund 50000 Geburten stehen ungefähr 33000 Sterbefälle gegenüber. Die Lebenserwartung der Männer liegt im statistischen Mittel bei 69 Jahren, die der Frauen bei 75 Jahren. An den Universitäten Bosnien-Herzegowinas sind rund 40000 Studenten eingeschrieben. Die vier Millionen Einwohner des Landes werden von knapp 6000 Ärzten betreut und nutzen über eine Million Fernsehgeräte und halb so viele Telefonanschlüsse.

Konfessionen

In vergleichbarer Größenordnung wie die Volkszugehörigkeit gestaltet sich die Religionszugehörigkeit. Die größte Gruppe stellen die Muslime mit 45 Prozent der Gesamtbevölkerung, zum orthodoxen Christentum bekennen sich 40 Prozent, fast ausschließlich Serben; 10 Prozent bezeichnen sich als Katholiken. Bis zum Zweiten Weltkrieg spielte das Judentum mit seinen verschiedenen jüdischen Gemeinden in Bosnien-Herzegowina eine nicht unerhebliche Rolle im religiösen Leben. Die Juden waren zumeist aus Ost- und Mitteleuropa nach Bosnien-Herzegowina eingewandert. Während des Zweiten Weltkriegs wurden die Juden verfolgt und in Vernichtungslager deportiert, kaum ein Zehntel der Juden überlebte diese Zeit. Nach dem Zweiten Weltkrieg gab es in Sarajevo eine jüdische Gemeinde. Sie war bereits im 16. Jahrhundert aus Spanien geflüchtet und hatte eine neue Heimat in Sarajevo gefunden und errichtete dort eine Synagoge. Das jüdische Museum zeigt die über 400 Jahre alte Geschichte der Juden in der bosnischen Hauptstadt.

Es gibt einen Staat Bosnien-Herzegowina, aber keine bosnische Nation. Eine Identifikation findet über die Religionszugehörigkeit statt, die zugleich Aufschluß über die Volkszugehörigkeit gibt. Die Serben gehören dem orthodoxen, die Kroaten dem katholischen Glauben an. Die Muslime verstehen sich als ethnische Gruppe, ihre religiöse Gesinnung ist gleichbedeutend mit der Zugehörigkeit zur Nationalität der Muslime.

Mit Rücksicht auf die bosnischen Serben und Kroaten wollte Tito den bosnischen Muslimen nicht den alleinigen Status einer staatstragenden bosnischen Nation geben. Anfang der sechziger Jahre erhielten sie zunächst die offizielle Bezeichnung ethnische Muslime, zehn Jahre später wurden sie von Tito als ›Nation‹ anerkannt. Im ehemaligen Jugoslawien wurde der Begriff Muslime mit einem großen ›M‹ geschrieben, wenn er die Nation meinte, und mit einem kleinen ›m‹, um die Religion zu bezeichnen. So war es nicht selten, daß sich viele als Muslime im Sinne einer Nation verstehen, aber die Religion nur ansatzweise praktizierten. Der Islam wurde bis zum Beginn des letzten Krieges in einer eher gemäßigten Form gelebt. Der Name einer Person ließ zwar Rückschlüsse auf seine Religions- und Volkszugehörigkeit zu, nicht aber sein äußeres Erscheinungsbild. Vor dem Krieg traf man nur vereinzelt auf kopftuchtragende – meist ältere – Frauen. Unter den jungen Leuten dagegen war es nicht üblich, sichtbare religiöse Symbole zu tragen. Nach dem Krieg hat sich dies etwas verändert, aber noch immer wird man beispielsweise in Berlin auf mehr verschleierte Frauen im Straßenbild treffen als in Sarajevo.

Das Christentum in Bosnien-Herzegowina hat seinen Ursprung in frühchristlicher Zeit. Von sehr großer Bedeutung war die Tatsache, daß durch Bosnien über einen langen Zeitraum die Grenze zwischen dem Römischen und dem Byzantinischen Reich verlief. Dadurch konnten sich sowohl das orthodoxe als auch das katholische Christentum in Bosnien etablieren.

Eine wichtige Rolle im religiösen Leben Bosniens spielten die Bogumilen. Ursprünglich aus Kleinasien stammend, kamen sie im 12. Jahrhundert aus Bulgarien zunächst nach Serbien, mußten dann aber weiter nach Bosnien fliehen. Überall sahen sie sich der Verfolgung ausgesetzt. In Bosnien fanden sie schnell Anhänger und regen Zulauf, besonders in den oberen Schichten. Aber auch in Bosnien wurden sie als Ketzer beschimpft und verfolgt. Selbst der Papst versuchte sie zu bekämpfen und organisierte Kreuzzüge gegen die Andersgläubigen. Die Bogumilen gingen mit der Eroberung Bosniens durch die Osmanen in der Mitte des 15. Jahrhunderts unter.

Zwischen dem 13. und 15. Jahrhundert entstand die bosnische Kirche. Sie wurde die wichtigste Glaubensrichtung ihrer Zeit und hatte nahezu die Rolle einer Staatskirche inne. Vermutlich hatte sie ihren Ursprung im Bogumilentum, zeigte sich aber im Gegensatz dazu erheblich liberaler. Auch sie wurde von der katholischen Kirche angefeindet und sah sich Verfolgungen ausgesetzt. Auch das Ende der bosnischen Kirche war mit dem Einmarsch der islamischen Türken gekommen.

Türme christlicher Kirchen …

Bis zur Türkenzeit in Bosnien-Herzegowina waren die Katholiken sehr stark im Land vertreten. Franziskanermönche wurden noch im Mittelalter nach Bosnien geschickt und missionierten bis in die Mitte des 15. Jahrhunderts mit Erfolg Teile der Bevölkerung.

Große Teile der Bevölkerung konvertierten nach der Eroberung durch die Türken zum Islam. Dies geschah vermutlich ohne die Ausübung von direktem Zwang, wurde aber durch zahlreiche Privilegien für Muslime schmackhaft gemacht. Feudalherren und Bauern durften ihren Besitz behalten, blieben von der sogenannten Kopfsteuer verschont und waren besser gestellt als orthodoxe und katholische Christen. Allerdings wird angenommen, daß die Islamisierung nicht unmittelbar nach Beginn der türkischen Herrschaft einsetzte, sondern erst im 17. und 18. Jahrhundert stattfand. Mit dem zunehmenden Machtverlust der Türken nahm der Islamisierungsprozeß ab, mit der Annektierung Bosnien-Herzegowinas durch Österreich-Ungarn fand er sein Ende.

In Bosnien spielte ein neuerwachtes nationales Bewußtsein eine immer größere Rolle. Orthodoxe Christen sahen sich nun zuerst als Serben, Katholiken als Kroaten. Die Religionszugehörigkeit war plötzlich entscheidendes Identifikationsmerkmal mit einer Volksgruppe. Die Muslime sahen sich als Teil des Osmanischen Reiches und standen nun verlassen zwischen Serben und Kroaten, die beide versuchten, die Muslime ihrem Volk zuzuordnen.

Nach der Gründung des ersten serbisch dominierten Königreichs Jugoslawien im Jahr 1918 flüchteten viele Muslime in die Türkei. Die Mehrheit blieb im Land und besann sich auf ihre slawische Herkunft. Die Muslime fanden ihren Platz im politischen Leben Bosnien-Herzegowinas, bildeten aber ein Volk ohne nationale Identität. Daran änderte sich zunächst auch nichts im kommunistischen Jugoslawien. Bosnien-Herzegowina wurde nicht, wie zunächst von den Muslimen befürchtet, zwischen Serben und Kroaten aufgeteilt, sondern erhielt den Status einer Republik innerhalb Jugoslawiens. Die Muslime definierten sich zunächst ausschließlich über ihre Religion. Auch von den anderen Volksgruppen wurden sie so wahrgenommen. Dies änderte sich, als Tito die bosnischen Muslime zu einer Nation erklärte.

Im kommunistischen Jugoslawien rückte das religiöse Leben in den Hintergrund. Die verschiedenen Religionen wurden mehr oder weniger toleriert, solange sie keine Gefahr für die kommunistischen Machthaber darstellten. Ein nationales und auch religiöses Bewußtsein war vorhanden, wurde aber überlagert vom Mythos des Partisanenkampfes und der Befreiung vom Faschismus, der quasi als Metareligion das Land einigen und die Völker ver-

... und Minarette prägen gleichermaßen das Land

binden sollte. Das gelang weitgehend, solange der Kommunismus Bestand hatte, entwickelte sich aber zu einer Tragödie, als das alte System abdankte und immense Probleme zurückließ. Lösungen für die am Boden befindliche Wirtschaft hatte keine politische Kraft zu bieten, dafür besann man sich auf die eigene Volks- und Glaubensgemeinschaft und gab die Schuld für alles Ungemach den jeweils anderen. Die Religionsangehörigkeit war gleichbedeutend mit der Volkszugehörigkeit, und diese Identifikation bestimmt nun auch die Politik. Anfang der neunziger Jahre gewannen die drei nationalen Parteien in der Reihenfolge ihres Bevölkerungsanteils die Wahlen. Noch in den achtziger Jahren, nach Titos Tod, hatte in vielen Wohnzimmern das gerahmte Bild Titos gehangen. Mit Beginn des staatlichen Zerfalls wurde Titos Portrait oft gegen das Bild des Familienheiligen, einer Ikone oder andere religiöse Symbole ausgetauscht.

Die Kirchen und Moscheen sind heute oft kaum in der Lage, alle Gläubigen aufzunehmen. Noch vor wenigen Jahren interessierten sich zumeist nur Touristen auf Besichtigungstour für die Sakralbauten. Der plötzlich erwachte religiöse Glaube wird kräftig von höchster Stelle geschürt. Gelder fließen in großen Mengen, um zerstörte Gotteshäuser wieder aufzubauen, nicht selten gewaltiger und beeindruckender als zuvor. Der Papst besuchte die überwiegend von katholischen Kroaten bewohnte Herzegowina, aus arabischen Ländern kommen Finanzhilfen für die Errichtung neuer Moscheen, aus der Türkei stammt das Geld für den Wiederaufbau der Alten Brücke in Mostar. Die orthodoxen bosnischen Serben finden Unterstützung aus Serbien, dem orthodoxen Rußland oder Griechenland. Die Hilfe ist sinnvoll, da Zerstörtes wieder aufgebaut werden kann, aber zugleich ist die Spannung in Bosnien-Herzegowina noch immer so groß, daß sie bedrohlich auf die jeweils Andersgläubigen wirkt.

Sprachen

In Bosnien-Herzegowina gibt es drei Amtsprachen: Bosnisch, Serbisch und Kroatisch. Der unbedarfte Reisende mag daher ein babylonisches Sprachgewirr erwarten, tatsächlich gibt es nur geringfügige Unterschiede zwischen den drei Sprachen, die unter dem Begriff Serbokroatisch firmierten, als Bosnien-Herzegowina noch Teilrepublik Jugoslawiens war.

Serbisch, Kroatisch und Bosnisch gehören zum südlichen Zweig der slawischen Sprachen. Serbisch spricht man in der Serbischen Republik, Kroatisch überwiegend in der Herzegowina und in den Landesteilen Bosnien-Herzegowinas, in denen die Kroaten die Bevölkerungsmehrheit stellen. Die bosnische Muslime sprechen Bosnisch, eine Sprache, die in der Region Bihać und in Mittelbosnien zu hören ist.

Straßenschilder in Banja Luka

Die augenscheinlichsten Unterschiede zwischen der serbischen Sprache auf der einen und der kroatischen und bosnischen Sprache auf der anderen Seite sind die unterschiedlichen Alphabete. In der Serbischen Republik findet fast ausschließlich das kyrillische Alphabet Anwendung, während in der moslemisch-kroatischen Föderation die lateinische Schrift bevorzugt wird. Die Grenzen für die verschiedenen Schriftsprachen folgen nicht der geographischen Trennung, sondern sind identisch mit der Religionszugehörigkeit: Die Orthodoxen nutzen die kyrillische Schrift, die Katholiken und Muslime die lateinische.

In Bosnien-Herzegowina wird sich der Besucher überall mit Englisch gut verständigen können. Überraschend oft trifft man auf Einheimische, die gut Deutsch sprechen. Früher lag es fast ausschließlich daran, daß sie einige Jahre als Gastarbeiter im deutschsprachigen Raum tätig waren. Heute sind es oft zurückgekehrte Kriegsflüchtlinge, die während des Krieges nach Deutschland flüchteten und dort mit der deutschen Sprache vertraut wurden.

Sprachwissenschaftler streiten seit Jahrhunderten und bis heute, ob Serbisch und Kroatisch dieselbe Sprache sind. Es herrscht weitgehende Einigkeit, daß es Dialektunterschiede gibt, die den nationalen Grenzen entsprechen. Die bosnischen Kroaten in der Herzegowina sprechen den štokavischen Dialekt, während in Kroatien zwei weitere Dialekte gesprochen werden: der mit dem Slowenischen verwandte kajkavische und der akavische, der überwiegend an der Küste gesprochen wird.

Der štokavische ist der am weitesten verbreitete Dialekt. Neben den bosnischen Kroaten sprechen ihn auch die bosnischen Serben. Der štokavische Dialekt weist aber in sich noch einmal größere Unterschiede auf. Sprachwissenschaftler ordnen den štokavischen Dialekt der serbischen Sprache zu. Das Kajkavische und das Akavische werden als typische Dialekte der kroatischen Sprache zugeordnet.

Die verschiedenen Machthaber auf dem Gebiet Bosnien-Herzegowinas haben auch ihre Spuren in der Sprache hinterlassen. Aus der Zeit der türkischen Herrschaft stammen zahlreiche Turzismen, die vor dem letzten Krieg von allen Bevölkerungsgruppen in Bosnien-Herzegowina gleichermaßen benutzt wurden. Mit Beginn des Krieges änderte sich dies. Auf kroatischer und serbischer Seite vermied man sie, die Muslime benutzten sie verstärkt.

In der Zeit der österreichischen Herrschaft haben zahlreiche deutsche Begriffe Aufnahme in die Sprache gefunden, wie beispielsweise Kindergarten, Bademantel und Esceg als Begriff für Eßzeug, was so viel bedeutet wie Besteck.

Im Jahr 1850 wurde in Wien der sogenannte Sprachvertrag geschlossen, das Serbokroatische damit zur Standardsprache. Besonders auf kroatischer Seite konnte man sich nur schwer mit dieser Vereinbarung abfinden und verwies auf eine eigenständige kroatische Sprache. Auch während der Zeit des kommunistischen Jugoslawiens verstummte der Streit über jeweils eigenständige Sprachen nicht vollständig.

Mit dem aufkommenden Nationalismus gegen Ende der achtziger Jahre nahm das Bemühen der Kroaten und Serben, die Eigenständigkeit ihrer Sprache zu demonstrieren, fast groteske Züge an. Um die Verschiedenartigkeit der Sprachen zu demonstrieren, fanden neue Begriffe Einzug in die jeweilige Sprache, was dazu führte, daß die Bevölkerung die eigene Sprache stellenweise nicht verstand. Im Kroatischen wurden Worte serbischen Ursprungs gestrichen und ebenso internationale Begriffe aus dem Wörterbuch verbannt.

Auch in Serbien wurde der Begriff Serbokroatisch gegen Serbisch ausgetauscht. In Serbien wurde die ekavische Variante des štokavischen Dialekts als Merkmal der serbischen Sprache angesehen. Die bosnischen Serben in der serbischen Republik sprechen jedoch die ijekavische Form des štokavischen, ebenso wie die bosnischen Kroaten und Muslime.

Die bosnischen Serben und Kroaten orientierten sich auch in sprachlicher Hinsicht an ihren Nationalstaaten, die bosnischen Muslime fanden sich plötzlich zwischen allen Stühlen wieder. Mit den Nationalitätenkonflikten in Bosnien-Herzegowina und der Besinnung der bosnischen Serben und Kroaten auf eine eigene Sprache waren auch die bosnischen Muslime nicht mehr bereit, das Serbokroatische als Bezeichnung für die von ihnen gesprochene Sprache zu akzeptieren und führten den Begriff der bosnischen Sprache ein. Eine Identität versuchten sie ihrer Sprache durch eine neue Schriftsprache und die verstärkte Übernahme türkischstämmiger Begriffe zu geben. Noch zu jugoslawischen Zeiten benutzen die bosnischen Muslime Turzismen, die jedoch in Zusammenhang mit ihrer islamischen Religion standen und erst später mit der Konzentration auf die eigene Nation eine zentrale Bedeutung als deutliches Unterscheidungsmerkmal von einer kroatischen oder serbischen Sprache bekamen.

Alle Bemühungen, sich auf eine eigene Sprache zu berufen und diese durch Wortstreichungen und Hinzufügungen neuer Worte von der Sprache der anderen Nationalitäten abzugrenzen, sind mit großen Anstrengungen verbunden und können dennoch nicht darüber hinwegtäuschen, daß in Bosnien-Herzegowina zumindest sprachlich jeder jeden versteht.

Die Wirtschaft

Die Wirtschaft in Bosnien-Herzegowina befindet sich noch im Wiederaufbau. Während der Kämpfe wurden etwa 80 Prozent der Industrieanlagen zerstört, so daß sie in internationalen Wirtschaftsfachkreisen als ›grundlegend zerstört‹ eingestuft wurde. Es bedarf geraumer Zeit, bevor die Industriebetriebe des Landes wieder vollständig hergestellt sind. So ist zum Beispiel die Landwirtschaft bis heute von den überall im Land unkontrolliert ausgelegten Minen betroffen und kommt nur sehr zaghaft in Gang.

Überhaupt ist die Agrarwirtschaft immer noch eines der wichtigsten wirtschaftlichen Standbeine, und ein großer Teil der Bevölkerung lebt auf dem Land. In den ländlicheren Gebieten ist der private Anbau von Obst, Gemüse und Salat auch heute noch üblich. Zum einen dient er der eigenen gesunden Ernährung, aber noch viel wichtiger ist der Aspekt der Eigenversorgung und der möglichen Einnahmequelle. Die Städter nutzen gern und oft die Einkaufsmöglichkeiten auf dem Land, um dort unbehandeltes Obst, Gemüse, Saft und Honig einzukaufen.

Die Weltbank schätzt, daß fünf Milliarden US-Dollar notwendig wären, um die Wirtschaftsstrukturen wiedererstehen zu lassen. Vierzig Länder haben sich nach dem Abkommen von Dayton (1995) zusammengeschlossen, darunter auch Deutschland und die USA, um Gelder für den Wiederaufbau der bosnisch-herzegowinischen Wirtschaft zur Verfügung zu stellen.

Allmählich fand eine Wiederbelebung der industriellen Produktion statt. Bereits 1996 setzte eine spürbare Reaktivierung der Wirtschaft ein, bis 1997 wuchs sie um 40 Prozent. Das ist eine beachtliche Größenordnung, die sich jedoch relativiert, wenn man bedenkt, daß das Ausgangsniveau bei nahezu Null lag. Das Wirtschaftswachstum sank in den folgenden Jahren in dem Maße, wie die internationalen Hilfsgelder weniger wurden. Die Wirtschaftsleistung nahm und nimmt bis heute zwar immer noch zu, die Wachstumsraten sind jedoch deutlich geringer. Im Jahr 2001 belief sich das Wachstum auf knapp sechs Prozent. Und so hat die Industrieproduktion bis jetzt lediglich 30 Prozent ihres Vorkriegsniveaus erreicht.

Die kroatisch-muslimische Föderation zeigte sich von Anfang an kooperativer bei der Zusammenarbeit mit der westlichen Welt und wurde großzügiger bei der Vergabe der Wiederaufbaugelder berücksichtigt. In der Serbischen Republik stockte lange Zeit die Entwicklung. Hilfsgelder wurden zurückgehalten und an Bedingungen für eine Zusammenarbeit geknüpft.

Die Infrastruktur des Landes nahm während des Krieges großen Schaden. Ein Drittel aller Landstraßen wurde schwer beschädigt, fast jede zweite Brücke zerstört. Auch das Schienennetz nahm großen Schaden. Durch die Teilung des Landes wird es von nunmehr drei Eisenbahngesellschaften verwaltet.

Nach Beendigung des Krieges in Bosnien-Herzegowina übernahmen internationale Hilfsorganisationen zu großen Teilen nicht nur die Versorgung der Bevölkerung mit Lebensmitteln, sondern leisteten auch Hilfe beim Aufbau der Infrastruktur. Zu den Schwerpunkten gehörte der Wiederaufbau von Straßen, Stromnetzen, Schulen und Krankenhäusern und die Förderung der Lebensmittelproduktion.

Die bosnisch-herzegowinische Wirtschaft kämpft nicht nur mit den Folgen des Krieges, sondern ist durch die Umwandlung des ehemaligen sozialistischen Wirtschaftsystems in eine Marktwirtschaft zusätzlichen Belastungen unterworfen. Bedingt durch den Krieg, begann im Vergleich zu anderen ehemaligen kommunistischen Ländern Bosnien-Herzegowina erst viel später mit dem Aufbau einer freien Marktwirtschaft. Diese Transformation wurde erschwert durch einen noch während des Krieges etablierten Schwarzmarkt, Korruption und illegale Strukturen.

Noch im Jahr 2002 wies Bosnien-Herzegowina im Vergleich mit anderen ehemaligen kommunistischen Ländern des Balkans wie zum Beispiel Bulgarien und Mazedonien mit 1430 Euro das niedrigste Bruttoinlandsprodukt pro Kopf auf.

Daß Bosnien-Herzegowina sich dennoch besser wirtschaftlich entwickelte als zunächst vorausgesagt, lag im wesentlichen an dem Reformdruck der internationalen Gemeinschaft, der Weltbank und diversen Umschuldungsabkommen.

Ein wichtiger Schritt für die Wirtschaft des Landes war die Gründung der Zentralbank im August 1997. Ein Jahr darauf wurde die Konvertible Mark als Zahlungsmittel eingeführt. Die K-Mark ist im Verhältnis eins zu eins an die Deutsche Mark und seit 2002 entsprechend an den Euro angelehnt. Die Währung erwies sich auch in den folgenden Jahren als sehr stabil und bietet Investoren große Sicherheit. Die K-Mark konnte sich gegenüber anderen in Bosnien-Herzegowina kursierenden Währungen durchsetzen, wenn auch in der Herzegowina inoffiziell die kroatische Kuna und in ganz Bosnien der Euro akzeptiert wird. Die K-Mark wird international akzeptiert. Das zeigt sich daran, daß einige Geschäftsbanken in Deutschland, Österreich, Slowenien oder der Türkei die K-Mark wechseln und in ihre Kurstafeln aufgenommen haben.

Ein weiterer wichtiger Schritt beim Wiederaufbau der Wirtschaft ist die Privatisierung der Banken und Staatsbetriebe. Der Verkauf der ehemaligen Volkseigenen Betriebe sollte nicht nur Kapital nach Bosnien-Herzegowina bringen, sondern zugleich auch moderne Produktionstechniken. Die Erfolge beim Versuch der Privatisierung fielen sehr unterschiedlich aus. Kleinere Betriebe fanden relativ schnell einen Käufer. In der Föderation konnten 80 Prozent der Kleinbetriebe privatisiert werden, in der Serbischen Republik immerhin weit über 50 Prozent. Enttäuschend war das Interesse an den Mittel- und Großbetrieben. In der Föderation konnte bis 2003 nur ein Drittel der Betriebe privatisiert werden. In der Serbischen Republik lassen sich die Interessenten für die dortigen Großbetriebe an einer Hand abzählen, während noch nahezu 50 der früher sogenannten Strategischen Großbetriebe auf Investoren warten.

Bei der Privatisierung der Banken wurde eine Dreiteilung vorgenommen. In der ersten Gruppe befanden sich Banken, die für ausländische Investoren als in hohem Maße attraktiv angesehen wurden. Die zweite Gruppe stellten Banken dar, die ein geringes und dennoch interessantes Potential mitbrachten. Sie wurden mit anderen Banken verschmolzen. In der dritten Gruppe befanden sich Banken, die allein kaum lebensfähig gewesen und für potentielle Investoren uninteressant wären. Sie wurden geschlossen. Im Jahr 2002 gab es über 50 Banken in Bosnien-Herzegowina, davon vier Fünftel in privater Hand. Das Bankwesen war eines der am umfangreichsten privatisierten Wirtschaftszweige des Landes. Die Bevölkerung hat in den vergangenen Jahren wieder deutlich mehr Vertrauen in die Geldhäuser gefaßt und vertraute beispielweise 2001 fast 1,5 Milliarden K-Mark als Spareinlage den Banken an. Dabei hatten sie bittere Erfahrungen machen müssen. Mit Beginn der Kämpfe in Bosnien-Herzegowina zahlten viele Banken ihren Kunden keine Guthaben mehr aus. Die Menschen verloren ihre Sparguthaben, ohne daß dafür auf Seiten der Banken jemand zur Rechenschaft gezogen wurde.

Im Zuge der wirtschaftlichen Reformen und des Privatisierungsprozesses entstanden Wertpapierbörsen in der Hauptstadt Sarajevo und in der Serbischen Republik in Banja Luka.

Die Außenwirtschaft

Die in Bosnien-Herzegowina produzierten Produkte können auf dem internationalen Markt kaum konkurrieren, da die Qualität noch nicht gut genug ist. Bis heute muß der größte Teil der Waren und Güter importiert werden, wodurch der bosnisch-herzegowinische Außenhandel regelmäßig ein Defizit ausweist. Bis zum Jahr 2003 hatte das Land Auslandsschulden von 2,8 Milliarden US-Dollar angehäuft.

Die Ausgaben für den Staatshaushalt überstiegen die Einnahmen um 300 Millionen US-Dollar. Den Einnahmen durch exportierte Güter und Waren standen Ausgaben für Importe von zwei Millionen US-Dollar gegenüber. Zugleich erhielt das Land internationale Finanzhilfe von rund 800 Millionen US-Dollar. Bosnien-Herzegowina schiebt seit Beginn des wirtschaftlichen Wiederaufbaus ein hohes Handelsbilanzdefizit vor sich her. 2001 betrug das Defizit immer noch drei Milliarden Euro. In den folgenden Jahren entspannte sich die Situation etwas und das Leistungsdefizit wurde, wenn auch nur in kleinen Schritten, so doch geringer.

Bezogen auf ganz Bosnien-Herzegowina, war Italien im Jahr 2001 mit über 20 Prozent der bosnischen Exporte der größte Abnehmer. In fast gleicher Größenordnung wurde nach Serbien und Montenegro exportiert. Deutschland folgte auf dem dritten Platz mit rund 14 Prozent, gefolgt von Kroatien mit knapp 10 Prozent. Ein differenzierteres Bild ergibt sich bei der Betrachtung des Außenhandels der beiden Entitäten. Stärkster Außenhandelspartner der Serbischen Republik ist Serbien und Montenegro, während sich der Handel der moslemisch-kroatischen Föderation auf Kroatien konzentriert.

Im November 2000 beschloß die EU den zollfreien Warenexport für Bosnien-Herzegowina in die Länder der Europäischen Union. Im darauffolgenden Jahr sah auch Kroatien von Einfuhrzöllen für bosnische Waren ab. Im Gegenzug senkte Bosnien-Herzegowina die Einfuhrzölle für kroatische Waren kontinuierlich, um sie schließlich völlig abzuschaffen. Vergleichbare Vereinbarungen über Freihandelszonen bestehen mit Slowenien sowie Serbien und Montenegro. Entsprechende Zollvereinbarungen sollen auch mit den Mitgliedern des sogenannten Balkan-Stabilitätspakts geschossen werden. Teil einer Freihandelszone wären dann auch Albanien, Mazedonien, Bulgarien und Rumänien.

Arbeitslosigkeit und soziale Lage

Ein sozialer Unsicherheitsfaktor ist die noch immer sehr hohe Arbeitslosigkeit. Nach dem Friedensschluß von Dayton 1995 lag sie bei 75 Prozent, im Jahr 2001 betrug sie immerhin noch 41 Prozent. Die Arbeitslosigkeit in der Serbischen Republik ist um rund fünf Prozent höher als in der Föderation. Die größte Gruppe unter den Arbeitslosen stellen die ungelernten Arbeiter. Allerdings spiegelt die offizielle Arbeitslosenstatistik nur bedingt die tatsächliche Situation auf dem Arbeitsmarkt wider, da sich eine weit verbreitete Schattenwirtschaft etabliert hat. Betriebe geben zudem ihre neueingestellten Mitarbeiter oft nicht den Behörden an, um Steuern zu sparen.

Die hohe Arbeitslosigkeit und die schwierige soziale und wirtschaftliche Lage Bosnien-Herzegowinas mögen den Ausschlag für viele Bürger gegeben haben,

2002 erneut die nationalistischen Parteien zu wählen und ihnen die Regierungsverantwortung zu übertragen. Die zuvor regierenden Sozialdemokraten hatten die hohen – nicht unbedingt realistischen – Erwartungen der Menschen nach einer schnellen und deutlichen Erhöhung des Lebensstandards, Verringerung der Arbeitslosigkeit und einem schnellen wirtschaftlichen Aufschwung nicht erfüllen können.

Trotz aller ökonomischen Schwierigkeiten stiegen die Löhne immer kontinuierlich an. In der Föderation lag das Durchschnittseinkommen im Jahr 2000 bei 460 K-Mark und damit deutlich über dem Durchschnittsverdienst von 350 K-Mark in der Serbischen Republik. Immer deutlicher zeichnet sich jedoch ein Trend zu einer Angleichung der Löhne ab. So lag die prozentuelle Lohnsteigerung in der Serbischen Republik im zweistelligen Bereich, in der Föderation stieg das Einkommen ›nur‹ um acht Prozent.

Einen schweren Stand haben die Rentner und Pensionäre. In den ersten Jahren nach dem Krieg wurden die Renten oft verspätet und nicht selten auch überhaupt nicht ausgezahlt. Das war der angespannten Finanzsituation des Staates geschuldet, die auch durch neue Kredite nur vorübergehend entspannnt werden konnnte. Zwar wurden daher um die Jahrtausendwende die Renten erheblich gekürzt, aber wenigstens finden die Auszahlungen nun verläßlicher statt. Die Durchschnittsrente erreicht etwa ein Drittel des Nettolohnes. Wie das Lohngefüge, so sind auch die Renten in der Föderation erheblich höher. 2002 bekam dort ein Rentner im Durchschnitt 180 K-Mark, in der Serbischen Republik 115 K-Mark ausgezahlt. Aber auch im Bereich der Renten gleichen sich die Auszahlungsbeträge an. Trotz aller Stabilisierung in der Wirtschaft sind die Renten sehr niedrig und reichen kaum aus, um den Lebensunterhalt zu bestreiten.

In beiden Entitäten wurde das Militär um jeweils 10 000 Soldaten verringert. Der Zusammenschluß aller drei bosnisch-herzegowinischen Armeen zu einer Einheit, der erhebliche finanzielle Einsparungen bringen würde, wird immer intensiver diskutiert, bislang wurde aber keine Einigkeit erzielt.

Um die Staatseinnahmen zu erhöhen, ist das Steuersystem drastisch vereinfacht worden. Hohe Steuersätze wurden ebenso abgeschafft wie zahlreiche Ausnahmeregelungen, die Steuersätze einheitlich auf 20 Prozent festgelegt. Von der Steuer ausgenommen sind alle Nahrungsmittel. Die direkten Steuern und Sozialabgaben sind in der Serbischen Republik erheblich niedriger als in der Föderation.

Die jugoslawische Wirtschaft

Ökonomisch gesehen gehörte Bosnien-Herzegowina zu jugoslawischer Zeit zu einer der am wenigsten entwickelten Republiken. Damals wies die jugoslawische

Wirtschaft ein deutliches Nord-Süd-Gefälle auf. Slowenien im Nordwesten profitierte von seiner geographischen Nähe zu Westeuropa, den Traditionen aus der Habsburgerzeit, guten Bedingungen für die Landwirtschaft und auch seiner fleißigen Bevölkerung. Bosnien-Herzegowina hatte dagegen in der Zeit der türkischen Herrschaft kaum eine Weiterentwicklung und Modernisierung in wirtschaftlicher Hinsicht erlebt. Der Aufbau einer Industrie wurde erst mit der österreichisch-ungarischen Machtübernahme initiiert und mußte gegen die islamisch-religiöse Tradition, die den Neuerungen nicht aufgeschlossen gegenüber stand, mühsam durchgesetzt werden. Erschwert wurde der Aufbau wirtschaftlicher Strukturen durch die unwegsame und steinig-gebirgige Landschaft. Das Bosnien durchziehende Dinarische Gebirge erschwerte allein eine verkehrstechnische Erschießung erheblich.

Im kommunistischen Jugoslawien wurde die Industrialisierung in Bosnien-Herzegowina vorangetrieben. Es wurden Entwicklungsförderprogramme ins Leben gerufen, mit der finanziellen Hilfe der anderen Republiken entstanden große Industriebetriebe, gerade im Bereich der Schwerindustrie. Das Wasser der Neretva wurde nördlich von Mostar zum Jablanićko-See gestaut und ein Wasserkraftwerk gebaut.

Die Menschen in Bosnien-Herzegowina nahmen zwar am wirtschaftlichen Aufschwung nach dem Zweiten Weltkrieg teil und profitierten auch vom relativ hohen Lebensstandard in Jugoslawien. Bosnien blieb aber neben Mazedonien und Montenegro eine der rückständigen Republiken.

Nach dem Zweiten Weltkrieg fand in Jugoslawien, wie in den anderen Staaten Osteuropas auch, eine Transformation des gesamten Wirtschaftssystems statt. Die Menschen verloren auf Grundlage des Verstaatlichungsgesetzes von 1946 weitgehend ihre privaten Betriebe, ein Jahr darauf wurde der erste Fünfjahresplan verabschiedet. Der landwirtschaftlich nutzbare Boden wurde neu verteilt, erste Agrargenossenschaften entstanden. Privater Grundbesitz wurde zunächst verboten, später immerhin noch in einer Größenordnung von bis zu 20 Hektar erlaubt.

Tito sorgte mit seinem Anfang der 50er Jahre eingeführten Wirtschaftssystem der Arbeiterselbstverwaltung für großes Aufsehen unter den sogenannten blockfreien Ländern und fand auch viele Bewunderer in der westlichen Welt. Das System unterschied sich grundlegend von der sowjetischen Planwirtschaft. Tragendes Element der Selbstverwaltung war die Dezentralisierung. Die Betriebe bekamen die Bezeichnung ›Arbeitsorganisationen‹. Sie sollten über ihre Produktionsmittel in Eigenverantwortung verfügen und die Produktion selbständig am Bedarf orientiert planen. Entscheidungsgremium war die Arbeitervollversammlung, in größeren Betrieben der Arbeiterrat. Er entschied über alle den Betrieb oder die Produktion betreffenden Fragen und bestimmte den Direktor – und wenn nötig über dessen Absetzung.

Produkte

Zehn Prozent der bosnisch-herzegowinischen Fläche werden landwirtschaftlich genutzt. Die wichtigsten Anbaugebiete befinden sich im Norden, in der Save-Ebene sowie in der Herzegowina. Zu den wichtigsten landwirtschaftlichen Produkten gehören Obst, Tabak, Mais, Kartoffeln, Zuckerrüben, Weizen und auch Wein. Die Viehzucht befindet sich nach den Rückschlägen während des Krieges noch im Aufbaustadium. Von besonderer Bedeutung ist dabei die Schaf- und Rinderzucht. Ein weiterer wichtiger Wirtschaftzweig ist die Holzverarbeitung. 23 000 Quadratkilometer des Landes sind bewaldet. So ist leicht verständlich, daß Holz und Möbel zu den wichtigsten Exportgütern zählen.

Das Land ist reich an Bodenschätzen. Gewonnen werden Braunkohle, Eisenerze und Bauxit. Mittelbosnien mit seinen Bodenschätzen wurde noch zur jugoslawischen Zeit zum Zentrum der Schwerindustrie aufgebaut. In Zenica entstand das größte Eisenwerk des Landes, in dem in den achtziger Jahren bis zu 20 000 Menschen arbeiteten. In der Region Zenica gibt es die größten Braunkohlevorkommen des Landes. Geschätzte 40 Prozent der gesamten bosnischen Braunkohle liegen dort im Boden, große Braunkohlevorkommen gibt es auch in Kakanji, Bila und Breza. Zenica hat eine lange Tradition in der Braunkohleförderung. Bereits 1880 entstand dort das älteste Bergwerk Bosnien-Herzegowinas.

Eisenerzwerke gibt es in der Ortschaft Vareš und Ljubija. In Vareš wird bereits seit dem Mittelalter Eisenerz gewonnen und weiterverarbeitet. Zu Beginn des 19. Jahrhunderts gab es 40 mit Wasserkraft angetriebene Schmieden in Vareš und der Umgebung.

Zu jugoslawischen Zeiten kam rund die Hälfte der Stahl- und Roheisenproduktion des Landes aus Bosnien-Herzegowina, zusätzlich noch bis zu 70 Prozent der Walz- und Schmiedeprodukte. In Mostar entstand der größte Industriebetrieb zur Herstellung von Aluminium, die Stadt entwickelte sich über die Jahre zum Mittelpunkt der Aluminiumindustrie im ehemaligen Jugoslawien.

Bosnien-Herzegowina machte sich auch einen Namen bei Abbau und der Gewinnung von Kupfer, Mangan, Gold, Silber und Zink. Silber wurde im größeren Stil etwa in Kreševo gefunden, Gold und Silber auch in Fojnica.

Geschichte

Die Geschichte des Landes wurde weitgehend von unterschiedlichen fremden Machthabern bestimmt. Sie alle hinterließen ihre Einflüsse und gaben dem Land eine interessante und unvergleichliche kulturelle Vielfalt. Nur zwei mal bestimmten die Bosnier selbst die Geschicke ihres Landes.

Erste Besiedlung im Altertum

Bereits im 8. und 7. Jahrhundert vor unserer Zeitrechnung siedelten die ersten Menschen auf dem Gebiet des heutigen Bosnien. Das Volk der Illyrer hatte sich auch auf diesem Teil des Balkans niedergelassen. Zu dieser Zeit lebten drei große Völker auf dem Balkan: im Westen die Illyrer, im Osten die Thraker und im Süden die Griechen.

Die Illyrer waren bereits damals ein sehr hoch entwickeltes Volk. Historiker vergleichen heute nicht selten die kulturellen Errungenschaften der Illyrer mit denen der Griechen oder der Römer. Die Siedlungsfläche der Illyrer war gemäß den zahlreichen verschiedenen Stämmen aufgeteilt. Erst deutlich später, um 400 vor unserer Zeitrechnung, entstand das sogenannte Taulanttierreich, das einen Höhepunkt illyrischer Staatsbildung markierte. Später entwickelte sich das Illyrische Reich mit seinem Zentrum auf dem Gebiet des heutigen Albanien. Diese Tatsache hat zu der These geführt, daß die Albaner Nachkommen der Illyrer seien. Das Illyrische Reich umfaßte den gesamten Balkan nordöstlich der Adria.

Feinde konnten den Illyrern zunächst wenig anhaben. Im 3. Jahrhundert versuchten die einwandernden Kelten erfolglos, die Illyrer zu bezwingen. Im Jahr 168, nachdem die Illyrer über Jahrhunderte diesen Teil Europas beherrscht und geprägt hatten, mußten sie den übermächtig gewordenen Römern die Herrschaft über ihre Gebiete überlassen und sich, wenn auch erst sehr viel später und nach heftigem Widerstand, endgültig geschlagen geben. Bis dahin hatten sie mehrmals Versuche unternommen, die vollständige Unabhängigkeit wieder zurückzuerlangen. Zu den bekanntesten Schlachten gehört der Krieg gegen den Römischen Kaiser Augustus in den Jahren 35 bis 33 vor unserer Zeitrechnung. Die Kriege gegen Rom hatten kaum den gewünschten Erfolg, ganz im Gegenteil hatte jede kriegerische Auseinandersetzung eine Festigung des römischen Einflusses zur Folge. Ein letzter illyrischer Aufstand in den Jahren 9 bis 6 endete mit einer so deutlichen Niederlage für die Illyrer, daß die Römer seitdem uneingeschränkt über das Gebiet herrschten. Kaiser Augustus zeigte sich gnädig und gestand den Illyrern einen eigenen Landstrich zu. So entstand die Provinz ›Illyricum superius‹ auf dem

Gebiet des heutigen Dalmatien. Dennoch konnte dies nicht den Verlust der eigenen Identität verhindern, die Illyrer wurden romanisiert. Nach der Teilung des Römischen Reiches 395 gehörten die Illyrer zunächst zum Westreich, später durch Grenzverschiebungen zum Byzantinischen Reich.

Heute finden sich nur noch wenige Spuren der Illyrer in Bosnien. Aber die Bezeichnung Bosnien hat, so wird vermutet, ihren Ursprung aus der Zeit der Illyrer. In der Sprache der Illyrer war Bos die Bezeichnung für fließendes Wasser. So bekam der Fluß im Norden Bosniens den Namen Bosna. Später wurde der Landesname daraus abgeleitet.

Besiedlung durch die Slawen

Im 6. und 7. Jahrhundert verließen slawische Stämme ihr ursprüngliches Siedlungsgebiet nördlich der Karparten zwischen Weichsel und Dnepr und drangen langsam, aber stetig nach Westen vor. Bosnien erreichten sie über die Gebiete des heutigen Kroatien und Serbien.

Das Gebiet Bosnien konzentrierte sich damals auf den Norden des heutigen Staatsgebietes, nahe dem Oberlauf der Bosna. Ansatzweise begann man damals, Bosnien als zusammenhängendes Gebiet wahrzunehmen. Die Menschen sollen damals erste zaghafte Vorstellungen einer nationalen Identität entwickelt haben, durchsetzen konnte sich diese Idee zum damaligen Zeitpunkt noch nicht. In den folgenden Jahren wechselten sich verschiedene Mächte ab. Bis zum 8. Jahrhundert wurde das Gebiet kurzzeitig und nacheinander von Kroaten, Serben, Ungarn und Byzanz beherrscht. Die Serben konnten für kurze Zeit ihr Fürstentum Zeta um das Gebiet Bosnien erweitern. Für König Konstantin Bodin sollte Bosnien das Zentrum seines großserbischen Reiches sein. Die Pläne des Königs konnten kaum reifen, da hatte Ungarn die Macht in Bosnien an sich gerissen und konnte sie bis weit in das 14. Jahrhundert verteidigen. Dennoch gelang in dieser Zeit die erste Gründung eines bosnischen Staates.

Der erste bosnische Staat

Ban Kulin (1180–1204) ist der erste bosnische Herrscher, der in die Geschichte des Landes eingegangen ist. Als legendäre Figur ist er bis in die Gegenwart im Bewußtsein der Bosnier verankert. Sein Reich reichte bis zu den Gebieten östlich von Sarajevo, im Westen bis nach Jajce, im Norden bis nach Srebrenica und den natürlichen Grenzen, den Flüssen Drina und Save. Der erste bosnische Staat umfaßte somit nur einen Teil des heutigen Staatsgebietes. An einen Staat, zu dem auch die Gebiete der Herzegowina gehören, war damals noch nicht zu denken. Hum, wie die Herzegowina damals hieß, fiel erst hundert Jahre später zum ersten Mal in den Machtbereich Bosniens.

Obwohl Ban Kulin der Herrscher Bosniens war, stand er in Abhängigkeit zu Ungarn, die bis ins 14. Jahrhundert dauerte. Umso erstaunlicher ist es, daß die Herrschaft Kulis Bosnien einen raschen Aufschwung und die Verbesserung der Lebensverhältnisse brachte. Er initiierte einen regen Handel mit der Adriaküste und pflegte einen intensiven Warenaustausch mit dem Stadtstaat Ragusa, dem heutigen Dubrovnik. Der Kontakt mit den Kaufleuten aus Ragusa beflügelte auch die Handwerkskunst. Sie erfuhr eine neue Blüte und wurde als wichtiger Wirtschaftszweig wiederentdeckt. Die Entwicklung des Landes ließ auch Menschen aus anderen Teilen Europas nach Bosnien kommen. Darunter befanden sich Franziskanermönche und Bergleute aus Sachsen, die dem Land weitere Impulse gaben.

Einwanderung der Bogumilen

Der positiven wirtschaftlichen und kulturellen Entwicklung standen jedoch die sich anbahnenden kirchlichen und religiösen Konflikte gegenüber. Quer durch das Land verlief die Grenze zwischen katholischer und orthodoxer Kirche. Der Konflikt verschärfte sich erheblich, als die religiöse Gruppe der Bogumilen nach Bosnien flüchtete und dort auf reges Interesse in allen Schichten der Bevölkerung stieß.

Die Bogumilen als religiöse Kraft traten bereits im 10. Jahrhundert in Bulgarien in Erscheinung. Ihr Name geht auf den Priester Bogumil (zu deutsch etwa Gottlieb) zurück. Die Bogumilen gingen aus einer Strömung des Neumanichismus hervor, der in seiner Lehre verschiedene christliche, persische und buddhistische Elemente vereinte. Die Bogumilen gründeten zunächst eine bulgarische Kirche und predigten eine liberalere Form des Dualismus, in deren Mittelpunkt die gegensätzlichen Grundprinzipien des Seins stehen wie etwa der Widerspruch zwischen Geist und Materie. Die Bogumilen waren ohne Hierarchien organisiert. Sie unterschieden jedoch zwischen Auserwählten und Gläubigen. In der Lehre der Bogumilen vereinigten sich die Auserwählten – dazu gehörten durchaus auch Frauen – nach dem Tode mit Gott, während die einfachen Gläubigen wiedergeboren wurden.

In Bulgarien sahen sich die Bogumilen seit ihrer Gründung der Verfolgung ausgesetzt. Sie flohen zunächst nach Serbien und stießen dort erneut auf wenig Gegenliebe. Ihre Flucht trieb sie weiter nach Bosnien. Hier erfuhren sie erstmals eine positive Resonanz. Ihre Lehre fand Anhänger in allen Bevölkerungsgruppen, stieß gerade auch auf großes Interesse der herrschenden Schicht.

Der bosnische Herrscher Ban Kuli ließ die Sekte nicht nur gewähren, sondern war selbst, so wird jedenfalls angenommen, Anhänger der Bogumilen und lebte nach ihren Glaubensrichtlinien. Die Annahme des bogumilischen Glaubens hatte für die Bosnier auch eine Stärkung der eigenen Identität und eine deutliche Abgrenzung vom katholischen Ungarn zur Folge.

Für die katholische Kirche bedeuteten die Bogumilen eine zunehmende Bedrohung ihrer Macht. Papst Innozenz III. versuchte noch auf diplomatischem Weg der Abwendung vom Katholizismus Einhalt zu gebieten. Doch seine Forderung an den ungarischen König Emmerich (1196–1204), Ban Kulin vom bosnischen Herrscherthron zu stoßen, verhallte ungehört. Etwas später engagierte Papst Honorius (1216–1227) Fürst von Sirmium; dieser sollte gegen gute Bezahlung die Bogumilen ermorden.

Der Fürst nahm das Geld, verschwand aber und wurde nicht mehr gesehen.

In der Folge schreckten auch die Gottesmänner selbst vor Gewalt nicht zurück. Mit Wissen und der heimlichen Zustimmung des Papstes marschierte 1245 ein Herr von Kreuzrittern gegen Bosnien. Aber erst fast hundert Jahre und zahlreiche weitere Kreuzzüge später mußten die Bogumilen dezimiert und geschwächt den Rückzug ins Gebirge antreten. Ihr Niedergang hatte zu diesem Zeitpunkt bereits eingesetzt, auch weil sie in den Landesfürsten keine Unterstützer mehr fanden. Viele traten aus Angst um Leib und Leben zum katholischen Glauben über. Die, die ihrem Glauben treu blieben, sahen sich gezwungen, in die bosnischen Berge zu flüchten. Dort lebten sie weit verstreut, als kleine lose Gruppen und von der völligen Auflösung bedroht.

Überall im Land finden sich die Stećci

Bis in die Gegenwart geblieben sind aus dieser Zeit die Bogumilensteine. Sie markieren die Friedhöfe und Grabstätten der Bogumilen, die sogenannten Stećcaks. Der bekannteste Bogumilenfriedhof befindet sich in der Nähe der Stadt Mostar. Bei den Bogumilensteinen handelt es sich um schwere Monolithe, in die unterschiedliche Motive eingemeißelt sind, wie beispielsweise Krieger, verschiedene Tiere oder Ornamente. Die Motive lassen keinen eigenen Stil erkennen, sind oft ungelenk und machen deutlich, daß die Entwicklung dieser Kunstform noch in den Anfängen steckte. Ehe sie sich vollständig ausbilden konnte, war die Zeit der Bogumilen bereits vorbei. Etwa 60 000 dieser Grabsteine sind heute in Bosnien zu finden. Sie sind eine der beeindrucksten kulturhistorischen Hinterlassenschaften im Land.

Die bosnische Kirche

Es wird angenommen, daß die bosnische Kirche aus dem Bogumilentum hervorgegangen ist. Stichhaltige wissenschaftliche Beweise fehlen, aber die bosnische Kirche zeigt viele Übereinstimmungen und Ähnlichkeiten mit dem Bogumilentum. Beide verkünden die dualistische Lehre und lehnen den Papst als religiöses Oberhaupt ab.

Allerdings gibt es auch Unterschiede. Anders als die Bogumilen hat die bosnische Kirche eine hierarchische Struktur eingeführt und spricht sich strikt gegen die Askese aus. Ähnlich wie die Bogumilen fand die bosnische Kirche viele Anhänger in den oberen Gesellschaftsschichten, besonders bei den Feudalherren. Dadurch entwickelte sich schnell eine große Akzeptanz und Verbreitung in weiten Teilen der Bevölkerung.

Im 13. Jahrhundert wurde die bosnische Kirche Staatskirche und rief sofort die Feindschaft der katholischen Kirche hervor, die um ihren Einfluß fürchtete. Wie die Bogumilen sahen sich auch die Gläubigen der bosnischen Kirche der Verfolgung ausgesetzt. Sie wurden der Ketzerei bezichtigt und sollten durch Inquisition und Missionierung auf Kurs gebracht werden.

Daß die bosnische Kirche abhängig von einem starken und eigenständigen bosnischen Königreich war, zeigte sich später. Als Bosnien nach dem Tod von König Tvrtko immer stärker werdende Auflösungstendenzen zeigte, schwächte dies auch die bosnische Kirche. Mit der Besetzung Bosniens durch die Osmanen verschwand die bosnische Kirche bis zum Jahre 1463 vollends. Viele Bosnier traten aus Furcht vor Repressalien zum islamischen Glauben der neuen Machthaber über. Die hohen Würdenträger der bosnischen Kirche mußten fliehen, einige fanden eine neue Heimat im Venezianischen Reich, ohne dort aber eine religiöse Rolle zu spielen.

Neuer Herrscher und Ausbreitung der Macht

Mit der Herrschaft Banus Stjepan Kotromanić (1314–1354) begannen die bis dahin erfolgreichsten hundert Jahre für den Staat Bosnien. Unter Kotromanić wurde das damalig Hum, die heutige Herzegowina, erstmalig Teil eines gemeinsamen Staates. Er konnte seinen Einflußbereich und die Fläche Bosniens um das Doppelte vergrößern und verschaffte dem Land einen – wenn auch kleinen – Zugang zum Meer.

Kotromanić bekannte sich zum Katholizismus und wurde deshalb von den damals noch einflußreichen Bogumilen sehr kritisch beäugt. Während seiner Regentschaft öffnete er die Grenzen für Franziskanermönche. Sie ließen sich in Bosnien nieder, bauten Klöster und spielten eine wichtige Rolle bei der Entwicklung der bosnischen Kultur. In dieser Zeit praktizierten die bosnische, die katholische und die orthodoxe Kirche in Bosnien und legten den Grundstein für eine multireligiöse Staatsordnung, wie sie bis heute besteht.

Nach dem Tode Kotromanićs trat sein Neffe Stevan Tvrtko in die kriegerischen Fußstapfen seines Onkels. Er eroberte serbische Gebiete und betrieb eine geschickte Expansionspolitik, indem er sich die Tochter des bulgarischen Königs zur Frau nahm und von dieser Seite keine Bedrohung mehr zu fürchten hatte. Zugleich eroberte er die Küste Dalmatiens. Ihm schwebte schon ein neugeschaffenes Byzanz vor, als er sich 1377 zum bosnischen, später auch zum serbischen und kroatischen König ausrufen ließ.

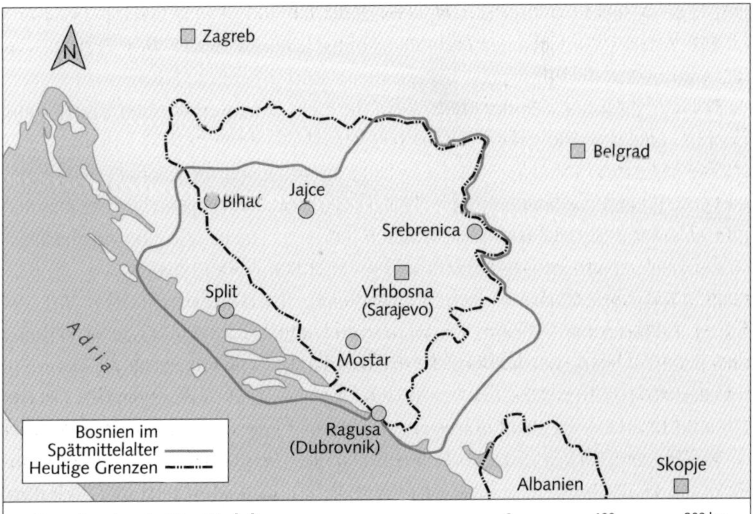

Bosnien im Spätmittelalter

Nachdem die Serben die Schlacht gegen die Osmanen auf dem Amselfeld verloren hatten (1389), wurde Bosnien zum machtvollsten und wichtigsten Staat auf dem Balkan. Die Bosnier erlebten eine Zeit des recht hohen Wohlstandes. Mit dem Stadtstaat Ragusa (heute Dubrovnik) florierte der Handel, die wichtigsten Einnahmequellen entstanden durch den Abbau von Silber, Blei und Salz.

Als König Tvrtko im Jahr 1391 starb, hinterließ er ein Bosnien auf dem Höhepunkt seiner Glanzzeit. Doch mit dem Tod des Königs begann auch der langsame Zerfall des Landes. Uneinigkeit in der Bevölkerung und der Druck durch äußere Feinde beschleunigten diesen Prozeß. Unter diesen Umständen dauerte es nicht lange, und Bosnien verlor Dalmatien an das erstarkte Venedig, während aus dem Osten die Türken ihrerseits den Druck erhöhten. Sie bezwangen zunächst die Serben und hatten dann keinen Widerstand auf dem Weg nach Bosnien zu erwarten.

Der letzte bosnische König Stjepan Tomanović mußte seine nur zwei Jahre dauernde Regentschaft 1463 mit dem Tod bezahlen. Die Osmanen übernahmen die Herrschaft in Bosnien.

400 Jahre Herrschaft der Osmanen

Die Osmanen nahmen zunächst nur langsam Besitz von Bosnien. Nachdem sie den bosnischen König Tomanović mit seinem Heer 1463 in der Schlacht von Jajce besiegt hatten, waren sie jedoch für 400 Jahre uneingeschränkt die Herrscher in Bosnien. Für die Osmanen hatte Bosnien nun, durch seine Grenze zu Österreich und Venedig, eine wichtige strategische Bedeutung.

Die Art der osmanischen Machtausübung schärfte in der Bevölkerung das Bewußtsein für die ethnischen Unterschiede ganz erheblich. Historiker glauben, daß bereits in dieser Zeit der Grundstein für die späteren ethnischen Konflikte in Bosnien gelegt wurde.

Die Machtergreifung der Osmanen hatte die benachbarten Länder in Lähmung versetzt. Weder Ungarn noch Venedig oder die anderen europäischen Staaten reagierten auf die Besetzung Bosniens durch türkische Heere. Viele bosnische Christen ergriffen panikartig die Flucht und suchten Schutz in Kroatien, Ungarn oder auch in Rom. Die Christen, die geblieben waren, litten unter zahlreichen Repressalien und Benachteiligungen. Sie waren von wichtigen Positionen in Verwaltung und Politik ausgeschlossen und sahen sich gezwungen, ihren Lebensunterhalt meist in der Landwirtschaft zu verdienen, oft als rechtlose Leibeigene, da sie ihre Höfe und Ländereien durch Enteignung verloren hatten.

Die Bogumilen hatten die Osmanen mit großer Freude und vielen Erwartungen empfangen. Sie hofften nun der Verfolgung durch die katholische und die orthodoxe Kirche entkommen zu sein. Sie konvertierten größtenteils zum Islam und durften so, im Gegensatz zu den bosnischen Christen, ihre Höfe und Ländereien behalten.

Das Land wurde rasch islamisiert, besonders die bosnischen Feudalherren traten in großer Zahl zum Islam über. Nicht immer waren die Beweggründe religiöser Natur, wurden den bosnischen Moslems doch zahlreiche Privilegien gewährt. Nur ihnen war es möglich, hohe politische Ämter zu erlangen und in der Hierarchie des Militärs aufzusteigen. Vor der Islamisierung stellten die Katholiken die größte konfessionelle Gruppe dar. Nach der Machtübernahme durch die Osmanen dauerte es nicht lange, bis sie von den Muslimen abgelöst wurden.

Die Osmanen beherrschten zwar das Land, vermieden es aber, sich auf lokaler Ebene in die Belange der Bürger direkt einzumischen. Die lokale Politik wurde, ebenso wie die wirtschaftlichen Geschicke, von den slawischen Moslems bestimmt.

Das Osmanische Reich im 17. Jahrhundert

In Bosnien entwickelte sich eine ganz eigene Form der orientalischen Kultur. So behielten die bosnischen Muslime die slawische Sprache bei und entwickelten eine eigenständige Literatur und orientalisch geprägte Musik. In der bosnischen Sprache tauchten zunehmend Worte türkischen Ursprungs auf, und es entwickelte sich eine eigene bosnische Schrift, die sogenannte Bosančica, eine Art kyrillische Schreibschrift.

Das 16. und 17. Jahrhundert war für die Menschen in Bosnien eine verhältnismäßig friedliche Zeit. So war es möglich, die Entwicklung und dringend benötigte Modernisierung des Landes voranzutreiben. Daneben wurden verschiedene soziale Einrichtungen für die in großen Teilen noch immer sehr arme Bevölkerung ins Leben gerufen. Erstmals entstanden in Bosnien Suppenküchen, wurden Armenspeisungen organisiert.

Die Landesfürsten initiierten zahlreiche neue Bauwerke. Die meisten spiegelten die vorherrschende und einzigartige orientalische Kultur dieser Zeit wider. Es entstanden Moscheen, aber auch Schulen und öffentliche Bäder. Berühmt waren die Brücken, die später zu Anziehungspunkten für Besucher wurden. Der Literaturnobelpreisträger Ivo Andrić beschrieb in seinem Buch ›Die Brücke über die Drina‹ auf sehr eindrucksvolle Weise den Bau der Brücke bei Višegrad und das Leben in Bosnien unter der Fremdherrschaft. Neben der Brücke über die Drina gehörte und gehört die Brücke in Mostar zu den bekanntesten Bauwerken in Bosnien.

Für die Bosnier bedeutete die Zeit der osmanischen Herrschaft die Isolation vom nördlich und westlich angrenzenden Europa. Die Grenze zu Kroatien war gleichzeitig die Trennlinie zweier unterschiedlicher Kulturen, die orientalisch geprägte der Osmanen und die des Abendlandes. Viele fortschrittliche Entwicklungen in Europa konnten keinen Einzug in Bosnien halten. Das Land trat über Jahrhunderte auf der Stelle und litt unter großer Armut. Besonders die serbische und kroatische Landbevölkerung war davon betroffen.

Die orthodoxen Serben hatten unter den Türken einen etwas besseren Status als die katholischen Kroaten. Mit dem Versprechen, ihre Siedlungsgebiete selbstverwaltet führen zu dürfen, wurden sie nach Bosnien gelockt. Die Osmanen gaben den Serben Land an der Grenze zum Habsburgerreich. Dort sollten sie als Wehrbauern die Grenze des Osmanischen Reiches schützen.

Die relativ kurze Zeit des Aufbaus und des Fortschritts zu Beginn des 19. Jahrhunderts während der friedlicheren Periode in Bosnien ging mit einem schleichenden Machtverfall des Osmanischen Reiches einher. Die Machthaber in Konstantinopel versuchten mit vorsichtigen Reformen den sich langsam abzeichnenden Machteinbußen entgegenzuwirken, erreichten aber letztlich genau das Gegenteil. Die Unzufriedenheit in der Bevölkerung wuchs, die innenpolitische Situation wurde instabiler. Die bosnischen Muslime gingen vorsichtig auf Distanz zu den Osmanen – ein bemerkenswerter Vorgang, da die bosnischen Muslime bis dahin die von den Türken begünstigte Gruppe gewesen waren. Die Lage spitzte sich weiter zu, als die Osmanen den Bosniern die bis dahin gewährte Selbstverwaltung nahmen. Parallel zu der angespannten Situation in Bosnien begannen in Serbien erste Aufstände gegen die türkischen Machthaber. Inspiriert von den Brüdern in Serbien begannen auch die Serben Bosniens gegen die Osmanen aufzubegehren. Dies wiederum schürte den Argwohn der bosnischen Muslime. In dieser Zeit verlor die konfessionelle Zugehörigkeit immer mehr an Bedeutung und wurde verdrängt von einer neuaufkommenden Konzentration auf die nationale Zugehörigkeit. Die bosnischen Moslems mußten dadurch um ihre über die Religionszugehörigkeit definierte Identität fürchten. Serben wie Kroaten beanspruchten die Moslems für sich und bezeichneten sie als lediglich islamisiert.

Einen Wendepunkt in den politischen Verhältnissen bildete das Jahr 1683. Vor den Toren Wiens erlitten die Osmanen eine schwere Niederlage gegen die Allianz aus christlichen Streitkräften unter der Führung der polnischen Armee. Der Vormarsch der Osmanen war nicht nur gestoppt, mit diesem Ereignis war der langsame Zerfall ihres Reiches eingeleitet, der sein Ende erst 1919 in der Nachkriegsordnung von Versailles fand.

Österreich-Ungarn ging gestärkt aus dieser Schlacht hervor und konnte am Ende des 17. Jahrhunderts den Türken einige militärische Siege abringen, Teile Bosniens zeitweise besetzen und bis zum Fluß Save im Norden Bosniens vorrücken. Bis zu Beginn des 19. Jahrhunderts kam es immer wieder zu militärischen Auseinandersetzungen zwischen Österreich-Ungarn und den Osmanen.

In der bosnischen Bevölkerung löste die unsichere Lage Unruhe, Unzufriedenheit und auch zunehmende Widerstandsbestrebungen gegen die osmanische Herrschaft aus. Die bosnischen Muslime zeigten sich in dieser Situation uneins. Es bildeten sich mehrere Gruppen, die sich gegenseitig bekämpften. Die schlechte wirtschaftliche Lage und der willkürliche Herrschaftsstil der Türken taten ein übriges, um den Unmut der Bevölkerung weiter anwachsen zu lassen.

Die Türken versuchten erneut mit Reformen, die Erosion ihrer Macht zu stoppen. So wurde der Einfluß der Zentralmacht in Konstantinopel vergrößert. Die bosnische Aristokratie fürchtete nun um ihren Einfluß und rief zum Aufstand gegen den Sultan auf. Die osmanische Armee konnte den Aufstand niederschlagen, errang aber nur einen vorübergehenden Sieg. Denn aus den einstmals engen Verbündeten waren mittlerweile sich belauernde und mißtrauische Gegner geworden, die beide um Einfluß und Macht fürchteten. So blieb die Lage instabil.

Die Lebensbedingungen der Bosnier katholischen und orthodoxen Glaubens waren noch immer katastrophal. Bosnien gehörte damals zu den ärmsten und unterentwickeltsten Ländern auf dem Balkan. Unter den christlichen Bauern wuchs die Unzufriedenheit, gleichzeitig wurde auch ihnen bewußt, daß die Herrschaft der Osmanen nicht mehr als unabänderlich angesehen werden mußte. In Serbien hatte die Bevölkerung erfolgreich gegen die Türken aufbegehrt, die Griechen taten es den Serben einige Jahre später nach. Österreich-Ungarn beobachtete die sich abzeichnende Veränderung auf dem Balkan aufmerksam aus der Ferne und wartete auf den richtigen Zeitpunkt zur Intervention.

Das wiedererstarkte Serbien schickte bereits Kundschafter nach Bosnien, um unter der orthodoxen Bevölkerung eine Vereinigung mit Bosnien zu propagieren. Die Kroaten suchten ebenfalls den Kontakt zu ihren Gleichgesinnten, um deren Nationalbewußtsein zu wecken und sie an sich zu binden. Unterstützung fanden sie bei den in Bosnien einflußreichen Franziskanermönchen.

Diese Versuche waren erfolgreich, entzweiten die Bevölkerung und ließen die Konfessionszugehörigkeit in den Vordergrund rücken. Die aufkommenden Unruhen unter der christlichen Bevölkerung schlugen die türkischen Machthaber mit brutaler Gewalt nieder. Trotz dieser angespannten Lage hielten die moslemischen Landbesitzer ihre oft serbischen Arbeiter wie Leibeigene. Ein Gesetz versprach den Völkern in Bosnien zwar Gleichberechtigung, fand in der Realität aber kaum Umsetzung. Das war für Serbien und Montenegro Grund genug, den Osmanen den Krieg zu erklären. Zum einen wollte man den unterprivilegierten Serben in Bosnien zu Hilfe kommen, zum anderen hoffte man aber zugleich, Bosnien nach einem militärischen Sieg für sich beanspruchen zu können.

Wenig später probte auch Bulgarien den Aufstand. Zwei Jahre nach Serbien und Montenegro erklärte zudem Rußland den Türken den Krieg, nicht aber ohne zuvor mit Österreich-Ungarn dessen Neutralität vereinbart zu haben. Als Gegenleistung sollten die Habsburger Bosnien-Herzegowina nach einem Sieg für sich beanspruchen können.

Die Russen trugen einen grandiosen Sieg davon, der sie fast bis vor die Tore Konstantinopels vordringen ließ. Das Osmanische Reich war damit zusammengebrochen. Nach dem Waffenstillstandsabkommen von San Stefano im März 1878 mußten sich die Türken vom Balkan zurückziehen. Rußland schien nun die Geschicke des Balkans zu bestimmen und rief das Mißtrauen Österreich-Ungarns hervor. Gemeinsam mit Frankreich und Großbritannien versuchten die Habsburger den vermeintlichen Plänen Rußlands entgegenzuwirken; ein Krieg drohte. Um ihn zu verhindern, beriefen Österreich-Ungarn, Frankreich, Großbritannien, Rußland, Italien und das Deutsche Reich den ›Berliner Kongreß‹ ein. Im Sommer 1878 verhandelten die Staatsführer zunächst vergeblich, mit Hilfe des selbsternannten Vermittlers Reichskanzler Otto von Bismarck fanden die Konferenzteilnehmer einen Kompromiß. Bemerkenswert ist, daß die betroffenen Balkanstaaten nicht zur Konferenz geladen waren. Rumänien, Serbien und Montenegro wurden selbständig, Bulgarien jedoch nicht. Österreich-Ungarn wurde das Recht zur Verwaltung Bosniens und der Herzegowina zugesprochen; offiziell sollte Bosnien aber weiterhin Teil des Osmanischen Reiches sein. Da man aber den Türken die Fähigkeit absprach, das Land zu verwalten und wirtschaftlich voranzubringen, sollte Österreich-Ungarn den wirtschaftlichen Aufbau unter seine Ägide nehmen, die Administration reformieren und Bosnien-Herzegowina auch kulturell an Europa heranführen. Diese Pläne stießen nicht nur auf Gegenliebe. Die Serben fühlten sich übergangen und sahen sich gezwungen, ihren Anspruch auf Bosnien zunächst zurückzustellen.

Unter Österreich-Ungarn

Der Einmarsch des Habsburger Militärs löste große Skepsis in der gesamten bosnischen Bevölkerung aus. Unter den Serben und Muslimen mündete das anfängliche Mißtrauen gegenüber der neuen Verwaltung schnell in handfestem Widerstand. Die Serben in Bosnien sahen nun die Möglichkeit, sich mit dem Mutterland Serbien zu vereinen, in weite Ferne gerückt. Die bosnischen Kroaten erhofften sich dagegen aufgrund ihrer Religionszugehörigkeit Vorteile unter den neuen Machthabern und eine festere Anbindung an Kroatien.

Die bosnischen Muslime waren zwar faktisch, wie alle Einwohner Bosniens, Bürger des Osmanischen Reiches, tatsächlich waren sie jedoch – nun ohne die Unterstützung ihrer islamischen Brüder – auf sich allein gestellt. Die Muslime fürchteten um ihren wirtschaftlichen und politischen Einfluß in Bosnien und beobachteten das Vorgehen der Habsburger sehr genau und abwartend. Diese versuchten der angespannten Lage mit Toleranz zu begegnen. Eine wichtige Funktion im Prozeß der gegenseitigen Verständigung hatten bosnische Intellektuelle, die in Wien, Graz und Budapest die Universität besuchen konnten. Sie verbreiteten mit ihrer Rückkehr das europäische Denken und die abendländische Kultur in Bosnien. Mit Hilfe dieser Einflüsse entwickelte sich im Laufe der Zeit eine eigene europäische Form des Islam, die orientalische mit westeuropäischen Anteilen vermischte.

Die Situation in Bosnien blieb angespannt. Die bosnische Bevölkerung driftete immer weiter auseinander und suchte die Identifikation mit der eigenen Nationalität. Die bosnischen Muslime fanden sich zwischen einem erwachenden kroatischen und serbischen Nationalismus wieder. Sowohl Serben wie auch Kroaten stellten den Muslimen eine eigene Nationalität in Abrede und unterstellten eine Zugehörigkeit zur eigenen Volksgruppe.

Ein nationales Bewußtsein hatte sich bei den bosnischen Muslimen bis dahin kaum ausgeprägt. Unter den Osmanen war die Religionszugehörigkeit von entscheidender Bedeutung gewesen, die nationale Zugehörigkeit dagegen unwichtig.

Die Habsburger Monarchie fürchtete, daß der aufkommende Nationalismus die eigene Macht untergraben und aushöhlen könnte. So propagierte sie das Bosniakentum unter Einbeziehung aller Ethnien und Konfessionen und versuchte gleichzeitig, einen Ablösungsprozeß der bosnischen Muslime von den Osmanen voranzutreiben. Die Gründung der bosnisch-muslimischen Gesellschaft mit einem eigenen islamischen Oberhaupt sollte den Muslimen eine neue Identifikationsmöglichkeit geben. Tatsächlich entwickelte sich das muslimische Selbstbewußtsein. Es entstand eine nationale muslimische Bewegung, die einen eigenen, liberalen kulturellen Stil hervorbrachte. Die Muslime Bosniens sahen sich von da an als kulturelle Vermittler zwischen Okzident und Orient.

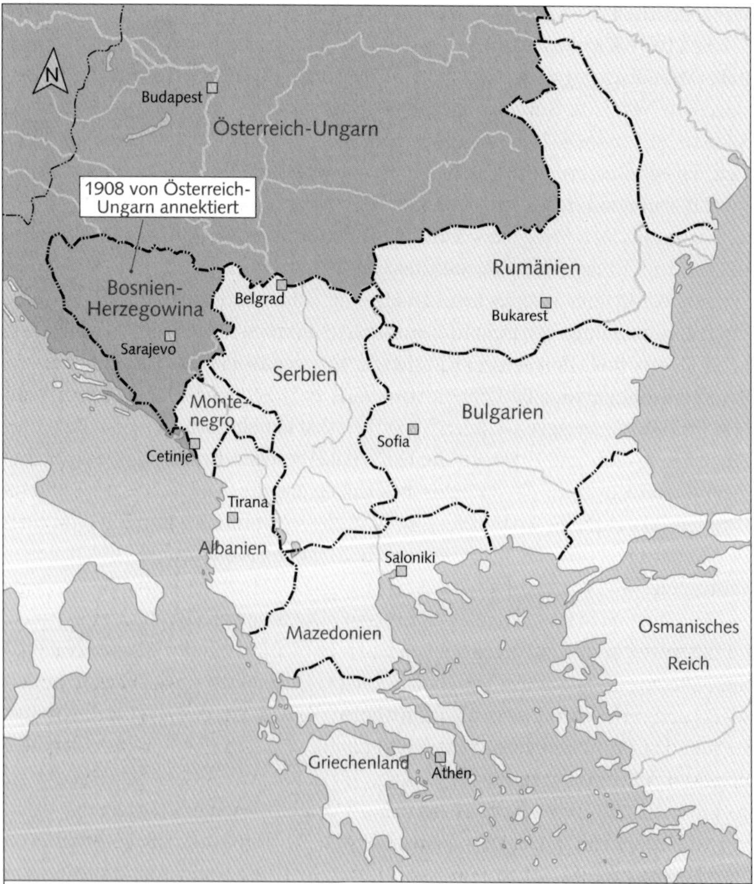

Der Balkan 1915

Die Ermordung Franz Ferdinands in Sarajevo am 28. Juni 1914, Zeitgenössische Zeichnung

Ein Bosniakentum, wie es im Bosnischen Königreich bestanden hatte, konnten die Österreicher nicht etablieren. Damals war die südslawische Herkunft der Muslime in Bosnien das ausschlaggebende und verbindende Element gewesen. Seitdem die Osmanen ihre Glaubenbrüder bevorzugt und versucht hatten, die Christen zu islamisieren, war dieses einigende Band zerrissen. Nun differenzierte man zwischen katholischen und orthodoxen Christen.

Gleichzeitig drängten die bosnischen Serben auf einen Zusammenschluß mit Serbien; langsam begann die Idee eines Panslawismus immer deutlichere Konturen anzunehmen, und die Habsburger fürchteten, die Kontrolle im Land zu verlieren. Bereits seit geraumer Zeit hegte man den Gedanken, Bosnien-Herzegowina – faktisch noch immer Teil des Osmanischen Reiches – solle offizieller Bestandteil von Österreich-Ungarn werden. Im Jahr 1908 annektierte die Donaumonarchie Bosnien-Herzegowina. Dieser eigenmächtige Vorstoß ließ Serbien und Rußland zu den Waffen greifen. Sie sahen ihre Pläne, die auf einen Zusammenschluß aller slawischen Staaten abzielten, gefährdet. Nach Vermittlung durch Deutschland wurde ein Krieg zunächst verhindert, der Konflikt schwelte aber weiter. Die Siege Serbiens in den Balkankriegen ließen auf serbischer Seite die Forderungen nach einem Anschluß Bosnien-Herzegowinas an Serbien lauter werden.

Am 28. Juni 1914 erschoß Gavrilo Princip – Mitglied der Organisation ›Junges Bosnien‹, die einen solchen Zusammenschluß propagierte – den österreichischen Thronfolger Franz Ferdinand und dessen Frau auf offener Straße. Der Erzherzog hatte sich am serbischen Nationalfeiertag, dem Vidov Dan, nach Sarajevo begeben, um eine Militärparade abzunehmen. Dieser Tag erinnert an die für die Serben so wichtige Schlacht auf dem Amselfeld. Wissend, daß seine Anwesenheit an diesem Tag eine unerhörte Provokation für die Serben bedeutete, hatte er sich trotz Warnungen nicht abhalten lassen, nach Sarajevo zu kommen.

Die Österreicher machten die Regierung in Serbien für das Attentat auf den Thronfolger verantwortlich und stellten ihr ein Ultimatum. Serbien wies alle Anschuldigungen von sich und lehnte die völlig überzogenen österreichischen

Forderungen ab. Österreich zog daraufhin mit der Hoffnung gegen Serbien in den Krieg, einen schnellen Sieg davontragen und Serbien so zum Verstummen bringen zu können. Die österreichische Kriegserklärung gegen Serbien löste eine Kettenreaktion von unterschiedlichsten Beistandsverpflichtungen und Mobilmachungen aus, die zum Ersten Weltkrieg führten.

Die Serben konnten sich nur kurzzeitig gegen die angreifende Übermacht von Österreich-Ungarn, Deutschem Reich und Bulgarien behaupten. Bosnien-Herzegowina war nur zu Beginn des Krieges von Kämpfen auf seinem Gebiet betroffen. Im Habsburger Heer kämpften auch bosnische Muslime und Kroaten, darunter auch der spätere jugoslawische Staatspräsident Tito. Die Verluste auf serbischer Seite waren gewaltig: Fast 20 Prozent der serbischen Bevölkerung fiel den Kämpfen zum Opfer. Die serbischen Truppen mußten vor der Übermacht zurückweichen und formierten sich auf der griechischen Insel Korfu neu, mit Hilfe Rußlands, Großbritanniens und Frankreichs konnte sich Serbien halten. Das Ziel, die serbischen Gebiete in Bosnien zu erobern, war aber spätestens, als Rußland 1917 aufgrund des Sonderfriedens mit den Mittelmächten aus der Allianz ausschied, nicht mehr zu realisieren.

Der Erste Weltkrieg belebte die panslawische Idee, bereits 1917 beschloß man auf Korfu die Gründung eines gemeinsamen südslawischen Staates.

Der erste südslawische Staat

Der Ausgang des Ersten Weltkriegs veränderte die Machtverhältnisse in weiten Teilen Europas grundlegend. Die Habsburger Doppelmonarchie wie auch das Osmanische Reich verschwanden von der politischen Landkarte. In Mitteleuropa entstand ein Gürtel von selbständigen kleineren Staaten, auch auf dem Balkan änderten sich die Grenzziehungen und Herrschaftsverhältnisse tiefgreifend.

Am 1. Dezember 1918 rief Prinzregent Alexandar Karađorđević das ›Königreich der Serben, Kroaten und Slowenen‹ aus. Erstmals lebten die Slawen auf dem Balkan in einem gemeinsamen Staat. Was für manche Beobachter wie eine spontane Reaktion auf die Veränderungen nach dem Ersten Weltkrieg aussah, war tatsächlich das Ergebnis einer Idee, die bereits Jahre vor Ausbruch des Kriegs geboren worden war. Schon zu Beginn des 19. Jahrhunderts hatte man in Kroatien über einen jugoslawischen (deutsch: südslawischen) Staat diskutiert, zu dieser Zeit aber noch ohne große Resonanz. Fast einhundert Jahre später, nachdem sich die Serben erfolgreich den Osmanen widersetzt hatten, erlebte die südslawische Idee ihre Wiedergeburt. Die erstarkten Serben genossen große Popularität unter den Slawen, waren sie es doch, mit deren Hilfe man den ungeliebten Habsburgern Paroli bieten konnte. Ein eigener südslawischer Staat schien unter den damaligen

Umständen eine Utopie. Die Slawen hegten zunächst bescheidenere Vorstellungen und hofften auf eine Autonomie innerhalb des Habsburger Reiches.

Die völlig veränderten Machtverhältnisse in ganz Europa nach Ende des Ersten Weltkrieges ließen plötzlich die vormals kühnsten Vorstellungen Realität werden. Österreich-Ungarn und auch das Osmanische Reich waren zusammengebrochen, die Grenzen auf dem Balkan mußten neu gezogen werden.

Noch während des Krieges, am 20. Juli 1917, unterzeichneten die Vertreter Serbiens, Kroatiens und Sloweniens die Deklaration von Korfu und schufen so eine vertragliche Basis für einen gemeinsamen Staat. Bestandteil der Deklaration war die Gleichstellung von lateinischem und kyrillischem Alphabet sowie die Gleichstellung dreier Religionen, wozu neben der Orthodoxie und dem Katholizismus auch der Islam gehörte. Betont wurde die Gleichheit aller Südslawen und deren Sprache. Alle Beteuerungen der Gleichheit konnten jedoch nicht darüber hinwegtäuschen, daß sich die Serben in der stärksten und einflußreichsten Position befanden. So schien es keine Frage zu sein, daß sie den König stellten.

Der Balkan 1920

Die Kroaten befürchteten bei Kriegsende territoriale Ansprüche der Italiener und hofften durch einen Beitritt zum Königreich starke Partner zu finden, mit denen zusammen derartige Ansprüche abgewehrt werden konnten. Ähnlich ging es den Slowenen, die fürchteten, von Österreich geschluckt zu werden.

Das Staatsgebiet umfaßte neben Serbien und Montenegro die Gebiete der österreichisch-ungarischen Monarchie; dazu gehörte auch Bosnien-Herzegowina. Die Serben waren die zahlenmäßig stärkste Ethnie in dem neuen Staat und hatten ihr Ziel, alle Serben in einem Staat zu vereinen, erreicht.

Daß man bei der Ausrufung des Königreiches überhastet vorgegangen war, zeigte sich rasch. Zwischen serbischen und kroatischen Politikern entbrandte heftiger Streit über den künftigen Staatsaufbau. Die Serben bevorzugten einen vom serbischen König zentralistisch geführten Staat, während die Kroaten einen föderativen Staatsaufbau durchsetzen wollten.

Die Situation in Bosnien-Herzegowina spiegelte diese Problematik auf kleinerer Ebene wider. Die Serben in Bosnien unterstützten ihre nationale Partei, während die bosnischen Kroaten fast geschlossen für die kroatische Partei votierten. Die Muslime fanden sich zwischen allen Stühlen wieder und sahen sich großen Anfeindungen und Übergriffen ausgesetzt. Besonders von serbischer Seite wurden Vorwürfe verbreitet, die Muslime hätten im Krieg mit dem Feind kollaboriert. Um ihre Position zu stärken, gründeten die Muslime die ›Jugoslavenska muslimanska organizacija‹ – kurz JMO –, die auch als Partei zu Wahlen antrat und die Unterstützung eines großen Teils der Muslime fand.

Bosnien-Herzegowina unterschied sich in seiner ethnischen Zusammensetzung erheblich von den anderen Provinzen des Königreiches: Sie war die einzige, die von keiner Volksgruppe zahlenmäßig dominiert wurde.

Am 28. Juni 1921, drei Jahre nach der Ausrufung des Königreiches, wurde die erste Verfassung des Landes verabschiedet. Der 28. Juni war zum Gedenken an die Schlacht auf dem Amselfeld Nationalfeiertag in Serbien und zugleich der Tag der Schüsse von Sarajevo. Die Verfassung trug vor allem die Handschrift der Serben. Sie konnten eine zentralistische Regierungsform mit ihrem König an der Staatsspitze durchsetzten.

Die Muslime in Bosnien-Herzegowina trugen zunächst die neue Verfassung mit, mußten aber bald einsehen, daß die serbischen Versprechungen vor der Staatsgründung nur teilweise eingehalten wurden. Die Muslime kamen zwar in den Genuß einer relativen religiösen und kulturellen Autonomie, auf der anderen Seite mußte Bosnien-Herzegowina den immer größer werdenden Einfluß der Serben hinnehmen. Die eigennützige serbische Politik ließ Kroaten und Muslime näher zusammenrücken. Die innenpolitische Situation drohte zu eskalieren, als in einer Parlamentssitzung der Vertreter der kroatischen Bauernpartei erschossen wurde.

König Alexandar Karađorđević rief daraufhin 1929 die Königsdiktatur aus, setzte die Verfassung außer Kraft und löste die Parteien auf. Mit diesem Schritt versuchte er den drohenden Zerfall des Landes zu verhindern. Er gab dem Land die neue Bezeichnung Königreich Jugoslawien und teile es in neun Banate (Bannschaften). Die Gebiete orientierten sich nicht an der bisherigen Grenzziehung. Der König versuchte so der Bildung einer jugoslawischen Identität Vorschub zu leisten.

1931 änderte der König die Verfassung. Offiziell gab es ein Zweikammersystem, tatsächlich waren Wahlen zum Parlament wegen des Einheitslistensystems aber eine Farce. Diese Verfassungsänderung war nicht geeignet, die Zufriedenheit im Volk zu erhöhen. Am 9. Oktober 1934 wurde König Alexandar in Marseille erschossen. Initiiert wurde das Attentat von der kroatischen Ustaša unter der Führung von Pavelić. Der Attentäter konnte untertauchen, wurde in Abwesenheit aber zum Tode verurteilt.

Nachfolger Alexandars wurde sein Vetter Pavle. Er hatte in Oxford studiert, stand demokratischen Vorstellungen offener gegenüber als sein Vorgänger und versuchte die Spannungen zwischen Kroaten und Serben abzubauen. Am 23. August 1939 kam es zu einer Einigung. Der sogenannte ›Sporazum‹ gestand den Kroaten eine Autonomie zu. Daraufhin zogen die kroatischen Vertreter wieder in die Nationalversammlung ein, nachdem sie zuvor zehn Jahre das Parlament boykottiert hatten. Die Einigung schuf dennoch kaum Zufriedenheit unter Serben und Kroaten. Beide Gruppen sahen ihre jeweiligen Interessen nicht ausreichend berücksichtigt.

Bosnien-Herzegowina war der Verlierer der Einigung zwischen Serben und Kroaten. Der größte Teil der Herzegowina wurde der kroatischen Bannschaft zugesprochen, die übrigen Gebiete kamen zum serbischen Machtbereich.

Der Zweite Weltkrieg

Mit dem Überfall auf Polen zettelte das Deutsche Reich am 1. September 1939 den Zweiten Weltkrieg an. Das jugoslawische Königreich verhielt sich zunächst neutral, trat aber im März 1941 dem Dreimächtepakt von Deutschland, Italien und Japan bei. Die königliche Unterschrift unter diesem Abkommen löste im Land heftige Protestkundgebungen aus; besonders groß war die Empörung in Serbien. Serbische Offiziere putschten gegen den König, erklärten ihn für abgesetzt und hievten den noch jugendlichen Petar auf den Thron. Die neuen Machthaber in Belgrad schlossen nun ihrerseits einen Freundschaftsvertrag und Nichtangriffspakt mit Russland und weigerten sich, deutschen Truppen den Transit nach Griechenland zu gestatten. Deutschland reagierte darauf mit militärischen Mitteln.

Am 6. April 1941 bombardierten Verbände der deutschen Luftwaffe die Hauptstadt, Bodentruppen rückten vor. Die königliche Armee hatte dem nichts entgegenzusetzen und kapitulierte nach wenigen Tagen. Der König flüchtete ins Ausland, das Land zerfiel. Einen großen Teil des jugoslawischen Königreiches teilten Deutschland, Italien, Ungarn und Bulgarien untereinander auf. In Kroatien riefen die Ustaša einen unabhängigen kroatischen Staat aus. Das faschistische Regime in Kroatien wurde von den Deutschen gestützt und war von deren Gnade abhängig. Zu diesem kroatischen Staat gehörte Dalmatien und der größte Teil von Bosnien-Herzegowina.

Für die Bevölkerung Bosnien-Herzegowinas hatte der Ustaša-Staat teilweise verheerende Folgen. Zunächst regte sich unter den bosnischen Kroaten Widerstand gegen das Ustaša-Regime, den Ante Pavelić, der Führer der Ustaša, gewaltsam niederschlagen ließ. Die bosnischen Muslime hofften auf eine neue Schutzmacht und wurden von den Kroaten als muslimische Kroaten hofiert. Muslimische Politiker machten unter dem neuen Regime Karriere bis zum stellvertretenden Ministerpräsidenten. Anders erging es den Serben, Juden und Roma. Sie verfolgte das Regime in Kroatien ebenso wie in Bosnien-Herzegowina. Wer nicht zum Katholizismus konvertieren wollte, wurde vertrieben oder umgebracht.

Bereits wenige Wochen nach der Besetzung Jugoslawiens regte sich Widerstand. Zum einen operierten die Četniks, königstreue Serben unter der Führung von Draža Mihailović, in erster Linie in und von Serbien aus, zum anderen die kommunistischen Partisanenverbände unter Tito. Sie kämpften anfangs hauptsächlich in Montenegro und Bosnien-Herzegowina. Ziel der Četniks war die Befreiung des Landes und eine anschließende Vormachtstellung der Serben. In diesem Konzept sollte Bosnien-Herzegowina Teil Serbiens werden. Titos Partisanen dagegen hatten ein sozialistisches Land mit gleichberechtigten Volksgruppen im Sinn.

Die Alliierten unterstützen zunächst die Četnik-Verbände, später auch die Partisanen. Als deutlich wurde, daß die Četniks mit den Deutschen zusammenarbeiteten, rückte man von ihnen ab und setzte auf Tito und seine Partisanen.

Der Krieg in Jugoslawien war nicht nur ein Befreiungsversuch gegen die Besatzer, sondern auch ein Bürgerkrieg, in dem sich die verschiedenen Volks- und Interessengruppen bekämpften. Četniks und Partisanen kämpften, wenn auch nicht vereint, gegen die Deutschen und ihre Verbündeten. Zugleich bekämpften Četniks und Partisanen sich aber auch gegenseitig.

In Bosnien-Herzegowina sahen sich die Muslime besonders brutal von den Četniks verfolgt. Ihnen wurden unterstellt, auf der Seite des kroatischen Ustaša-Regimes zu stehen. Die bosnischen Muslime fanden sich einmal mehr zwischen allen Fronten wieder. Die Kroaten unterbanden die weitere Unterstützung, da sie glaubten, den Muslimen nicht mehr trauen zu können. Es kam zu Übergriffen der Kroaten auf die Muslime. Ein Teil der Muslime suchte Hilfe bei den Deutschen, um eigene militärische Gruppen zum Selbstschutz gründen zu dürfen. 1943 wurde die sogenannte Division Handschar ins Leben gerufen. Unter der Führung von deutschen Offizieren wurde die Division besonders in den Gebieten eingesetzt, wo viele Muslime zu den Partisanen überliefen.

100 000 Reichsmark auf Titos Kopf – Fahndungsplakat der deutschen Besetzer

Den Partisanen gelang es, immer größere Gebiete zu befreien. Die Kommunisten verstanden es, ihre politische Gesinnung in den Hintergrund treten zu lassen und die Einheit und Gleichheit der Völker Jugoslawiens zu beschwören. Nach schweren Greultaten der Ustaša und der Četniks an der Bevölkerung liefen immer mehr Menschen zu Titos Truppen über. Mit erbeuteten italienischen Waffen und der Unterstützung der Alliierten konnten die Četniks geschlagen und die deutschen Truppen immer weiter zurückgedrängt werden. Im Oktober 1944 zogen die Truppen Titos in Belgrad ein.

Während des Zweiten Weltkriegs war Bosnien-Herzegowina der wichtigste Standort der Partisanen. Seine zentrale Lage in Jugoslawien und seine nur schwer zugänglichen Gebirge boten Titos Kämpfern ideale Bedingungen für ihre Vorstöße.

Über vier Monate war die bosnische Stadt Bihać Titos Hauptquartier. Am 26. November 1942 berief Tito erstmalig alle am Volksbefreiungskampf beteiligten Gruppen nach Bihać ein. Über 50 Delegierte kamen nach Bosnien, darunter auch viele Nichtkommunisten. In dieser ersten Sitzung konstituierte sich der ›Antifaschistische Rat der Volksbefreiung Jugoslawiens‹, kurz AVNOJ. Alle Delegierten sprachen sich für die Gleichheit aller jugoslawischen Völker aus. Dies zu erreichen, sollte eines der wichtigsten Ziele in der Zukunft sein.

Das zweite Treffen fand in der bosnischen Stadt Jajce statt. Diesmal versammelten sich 142 Delegierte aus allen Republiken mit Ausnahme von Serbien und Montenegro. Dort war die kommunistische Partei nur sehr schwach vertreten. Erneut wurde die Gleichheit aller Völker Jugoslawiens betont. Allen Minderheiten wurden die vollen Rechte zugesichert. Auf der zweiten Sitzung des AVNOJ wurden bereits die Grundsätze für den Aufbau eines föderativen sozialistischen Nachkriegsjugoslawien festgelegt. Die Delegierten wählten eine provisorische Regierung mit dem parteilosen und hochangesehen Ivan Ribar als Präsidenten. Über dem Präsidenten stand nur noch Tito. Ihm wurde von den Delegierten der Titel eines Marschalls verliehen.

Jugoslawien unter Tito

Nach Ende des Zweiten Weltkriegs begann man rasch mit der Umsetzung der Beschlüsse von Jajce. Bereits im Sommer 1945 fanden die ersten Wahlen zur Verfassungsgebenden Versammlung statt. Wie erwartet und mangels Alternativen ging die ›Volksfront‹ als Sieger aus der Abstimmung hervor.

Am 29. November 1945 wurde die Föderative Volksrepublik Jugoslawien ausgerufen und zugleich die Monarchie offiziell für abgeschafft erklärt. Im Januar des darauffolgenden Jahres wurde die Verfassung des neuen Staates verabschiedet. Die Gleichberechtigung aller Völker Jugoslawiens, das Einparteiensystem und der föderative Aufbau des Landes waren die zentralen Eckpfeiler der Verfassung. Jugoslawien bestand jetzt aus sechs Republiken – Serbien, Kroatien, Slowenien, Bosnien-Herzegowina, Montenegro und Makedonien – und den beiden autonomen Provinzen Vojvodina und Kosovo. Die Grenzen der Republiken wurden von der kommunistischen Partei neu gezogen, wobei vor allem die historischen Grenzen als Kriterium dienten und erst an zweiter Stelle die ethnischen Verhältnisse. Die Grenze zwischen Bosnien-Herzegowina und Kroatien war also mit der identisch, die bereits 200 Jahre zuvor das Osmanische und das Habsburger Reich getrennt hatte. So fand sich ein großer Teil der serbischen Minderheit in Kroatien wieder, während Landstriche, die überwiegend von Kroaten besiedelt waren, Bosnien-Herzegowina zugesprochen wurden.

Bosnien-Herzegowina bekam wie die fünf anderen Republiken auch die Bezeichnung Volksrepublik und eine eigene Verfassung, die sich von der des Bundes kaum unterschied. Sarajevo wurde Republikhauptstadt, Parlaments- und Präsidentssitz. Bosnien-Herzegowina unterschied sich von den anderen Republiken, da es zunächst keine eigene bosnische Nation vorzuweisen hatte. Die Frage einer nationalen bosnischen Identität blieb bis in die Gegenwart ungelöst. Problematisch war dies insbesondere für die bosnischen Muslime. Bei der ersten Volkszählung nach dem Krieg waren sie die einzigen, die keine Nationalität angeben konnten. Bei einer zweiten Volkszählung in den fünfziger Jahren firmierten die Muslime als ›Jugoslawen‹. Erst in den sechziger Jahren begann sich zur Lösung dieses Problems langsam eine Idee durchzusetzen, die bereits seit geraumer Zeit in der

Kommunistischen Partei diskutiert worden war: Bevor die Muslime 1968 als Nation anerkannt wurden, erhielten sie die Bezeichnung ›Ethnische Muslime‹. 1971 konnten sie erstmals ihre Nationalität mit muslimisch angeben. Bosnien-Herzegowina hatte somit drei staatstragende Nationen: Serben, Kroaten, Muslime.

Die Muslime gewannen ein neues Selbstbewußtsein und konnten ihren Einfluß im Land stetig ausbauen. Unterstützung fanden sie durch die finanziellen Hilfen anderer islamischer Länder. Tito nutzte die jugoslawischen Muslime, um sehr enge Kontakte zu arabischen Staaten zu pflegen. Zum Teil gehörten sie auch zu den sogenannten blockfreien Ländern, eine Bezeichnung, die ebenfalls auf Tito zurückging.

Die Anerkennung der Muslime als Nation sollte ein Gleichgewicht zwischen Serben, Kroaten und Muslimen in Bosnien-Herzegowina herstellen und den Streit zwischen Serben und Kroaten um die Zugehörigkeit der Muslime beenden. Ziel Titos war es, die nationalen Gegensätze zu überwinden und eine übergreifende jugoslawische Nation zu etablieren. Dazu sollte auch die Überwindung des deutlichen wirtschaftlichen Gefälles zwischen den einzelnen Republiken beitragen. Bosnien-Herzegowina hatte aufgrund seiner Rückständigkeit einen deutlich niedrigeren Lebensstandard als etwa Kroatien und war wie die anderen ärmeren

Jugoslawien nach 1945

Republiken auch auf Ausgleichszahlungen der wohlhabenderen Nachbarn angewiesen. So kam es in Bosnien-Herzegowina nach dem Krieg zu einem intensiven Aufbau der Industrie. Die Republik profitierte ganz erheblich von seinen Bodenschätzen. Vor dem Krieg waren fast 80 Prozent der Bosnier in der Landwirtschaft tätig. Im Zuge von Industrialisierung und Urbanisierung kehrte sich dieses Verhältnis nahezu um.

1963 wurde die dritte Verfassung im Nachkriegsjugoslawien verabschiedet. Aus der ›Volksrepublik‹ wurde die ›Sozialistische Föderative Republik Jugoslawien‹, Bosnien-Herzegowina bekam den Zusatz ›Sozialistische Republik‹. Die fünfziger und sechziger Jahre standen im Zeichen einer Liberalisierung und Dezentralisierung. In den Betrieben wurde beispielsweise die Arbeiterselbstverwaltung eingeführt – ein Vorstoß, der auch in der kapitalistischen Welt Anhänger fand. Tatsächlich bestimmten jedoch die vom Staat eingesetzten Direktoren über die Belange des Betriebes. Der anhaltende wirtschaftliche Aufschwung und der steigende Lebensstandard ließ die Verfechter einer nationalen Politik stiller werden, und die nachrückende Generation entwickelte erstmalig eine vorsichtige jugoslawische Identität.

Das Land genoß großes Ansehen in der Welt. Der Partisanenkampf während des Zweiten Weltkriegs, die Loslösung von der Sowjetunion und die von Tito initiierte Bewegung der Blockfreien hatten dem Land Sympathien eingebracht. Viele Westeuropäer verbrachten ihren Urlaub in Jugoslawien: die Einreisebestimmungen waren gerade im Vergleich mit den Staaten des Warschauer Paktes liberal, das politische Klima entpannt. Auch die jugoslawischen Gastarbeiter hatten im Ausland einen sehr guten Ruf. Das Land profitierte ganz erheblich vom Kalten Krieg. Nachdem man vom ›Großen Bruder‹ Sowjetunion abgerückt war, vergab der Westen großzügige Kredite an Jugoslawien. Sie spielten eine wichtige Rolle bei der Steigerung des Lebensstandards.

Daß die Nationalitätenkonflikte ungelöst geblieben waren, zeigte sich erst, als der wirtschaftliche Aufschwung ins Stocken geriet. In Kroatien mehrten sich die Stimmen für ein unabhängigeres Kroatien, kroatische Politiker sprachen sich für eine eigene Nationalbank, eine eigene Währung und Armee aus. Sogar eine kroatische Mitgliedschaft in der Europäischen Gemeinschaft wurde diskutiert. Begleitet wurden die Forderungen von heftigen Protesten kroatischer Studenten. Nun wurde auch Bosnien-Herzegowina wieder zum Streitpunkt. Die Kroaten sahen ihre Landsleute in Bosnien-Herzegowina unterdrückt und forderten, daß die zu großen Teilen von Kroaten besiedelte Herzegowina in Kroatien eingegliedert

In einer Konditorei in Banja Luka
Frauen in traditioneller Tracht in Mostar; Auf dem Markt in Zenica

LIMUNADA
BOZA

Coca-Cola

werden solle. Tito konnte der Entwicklung in Kroatien nicht tatenlos zusehen, bedrohte sie doch die jugoslawische Einheit. Er ließ 1972 das Militär in Zagreb aufmarschieren und die Demonstrationen niederschlagen.

Die Anführer der Bewegung wurden verhaftet, darunter auch Franjo Tuđman und Stipe Mesić, die in den neunziger Jahren wieder politisch in Erscheinung traten.

Die Proteste in Kroatien zogen eine erneute Verfassungsreform nach sich, 1974 trat die neue Verfassung in Kraft. Die Dezentralisierung wurde weiter vorangetrieben, die einzelnen Republiken erhielten eine fast völlige Selbständigkeit. Der Staatspräsident wurde abgelöst und durch jeweils einen Vertreter aus jeder Republik ersetzt, die nun ein Staatspräsidium bildeten.

Die Eigenverantwortlichkeit der Republiken und ihr Mitspracherecht auf nationaler Ebene wurden gestärkt. In Bosnien-Herzegowina wurden alle öffentlichen Ämter gleichmäßig auf Serben, Kroaten und Muslime verteilt, ein Vorgehen, das den Unmut der Muslime schürte. Denn sie stellten den größten Teil der Bevölkerung, waren aber nur im gleichen Verhältnis wie die bosnischen Kroaten vertreten, die einen erheblich geringeren Anteil an der Gesamtbevölkerung in Bosnien hatten.

Dennoch konnten die Muslime ihre Stellung gegenüber Serben und Kroaten behaupten. Bei der Volkszählung 1971 wurden sie als staatstragende Nation anerkannt und somit Serben und Kroaten in Bosnien-Herzegowina gleichgestellt. Die Unterstützung aus den arabischen und islamischen Ländern erreichte in dieser Zeit einen vorläufigen Höhepunkt. Finanzielle Mittel flossen großzügig und machten den Ausbau von Moscheen möglich. Das Erstarken des islamischen Bewußtseins in Bosnien-Herzegowina wurde von Serben und Kroaten sehr skeptisch beobachtet. Die jugoslawische Führung befürchtete einen islamischen Fundamentalismus in Bosnien-Herzegowina und verhaftete muslimische Intellektuelle. Unter ihnen war auch Alija Izetbegović, der zu einer mehrjährigen Haftstrafe verurteilt wurde.

Nach Titos Tod

Als Tito am 4. Mai 1980 nach langer Krankheit starb, war die Trauer in der ganzen Welt groß. Zu seiner Beerdigung kamen die Repräsentanten aller wichtigen Staaten. Zunächst schien es, als funktioniere der Übergang in eine titolose Zeit. Tito selbst hatte keinen Nachfolger aufgebaut, stattdessen ein Rotations-

Verkäufer auf dem Markt in Zenica
In der Baščaršija in Sarajevo

Josip Broz Tito (1892–1980) in den siebziger Jahren

prinzip für den Vorsitz des Präsidiums entwickelt. Zugleich sollte der jeweilige Vorsitzende das Amt des Präsidenten innehaben, jede Republik im einjährigen Wechsel den Vorsitzenden stellen. Bereits kurz nach Titos Tod zeigten sich erste Spannungen zwischen den kommunistischen Parteien der einzelnen Republiken, die jedoch nicht nach außen drangen. Der Mythos Tito lebte weiter, wurde jedes Jahr am 25. Mai – dem offiziellen Geburtstag Titos – zelebriert und einte das Volk.

Die innenpolitischen Konflikte verschärften sich mit der zunehmenden Wirtschaftkrise. Die Auslandsverschuldung Jugoslawiens lag 1980 bereits bei 20 Milliarden Dollar. Die Inflation geriet ebenso außer Kontrolle wie die Arbeitslosenzahlen. Uneinigkeit innerhalb der Partei- und Staatsführung verhinderte, daß konkrete Maßnahmen zur Verbesserung der wirtschaftlichen Situation beschlossen werden konnten. Ende der achtziger Jahre erreichte die ökonomische Krise einen vorläufigen Höhepunkt. Die Inflation erreichte besorgniserregende Ausmaße, die Renten konnten nicht mehr verläßlich ausgezahlt werden, der allgemeine Lebensstandard sank rapide ohne Aussicht auf eine Erholung. Erst jetzt gelangte man zu der einhelligen Meinung, daß die Verfassung von 1974 zu reformieren sei. Maßnahmen zur Belebung der Wirtschaft wurden verabschiedet, so die zunehmende Privatisierung, die Reform des Bankwesens und eine stärkere Öffnung der Wirtschaft nach außen. Diese Maßnahmen reichten jedoch nicht aus, die Inflation zu stoppen. Eine Lösung der ökonomischen Probleme war nicht auszumachen, gleichzeitig wurden nationalistische Stimmen immer lauter.

Bosnien-Herzegowina sah sich in dieser angespannten Situation dem Unmut Sloweniens und Kroatiens ausgesetzt. Die beiden wirtschaftlich stärksten Republiken wollten den schwächeren finanziell nicht mehr unter die Arme greifen, Bosnien-Herzegowina suchte daher die Hilfe Belgrads.

Auf dem Höhepunkt der jugoslawischen Krise standen auf der einen Seite Slowenien und Kroatien, die sich für mehr Demokratie und Marktwirtschaft und ein föderatives Jugoslawien einsetzten. Auf der anderen Seite verfolgte Serbien die Idee eines zentralistischen Staates mit einem starken Serbien. Bosnien-Herzegowina bezog keine klare Stellung zwischen beiden Gruppen, sondern versuchte sich als Vermittler.

Der Zerfall Jugoslawiens

Der Januar des Jahres 1990 markierte den Beginn eines fortschreitenden Auflösungsprozesses. Der 14. Kongreß des Bundes der Kommunisten fand in einer sehr angespannten Atmosphäre statt. Die slowenischen Delegierten machten zahlreiche Vorschläge für den Umbau Jugoslawiens in eine demokratische Konföderation. Im Mittelpunkt ihrer Reformideen standen freie Wahlen und demokratische Strukturen für das Land. Serbiens Vertreter Milošević lehnte alle grundlegenden Änderungen ab und zeigte sich einmal mehr als Vertreter einer zentralistischen Politik. Die slowenische Delegation konnte sich mit ihren Vorschlägen nicht ansatzweise durchsetzen und verließ unter Protest den Kongreß, der anschließend abgebrochen wurde. Dieses Scheitern bedeutete das Ende der Kommunistischen Partei Jugoslawiens. Somit war nach dem Tod Titos eine weitere wichtige Klammer für den Zusammenhalt Jugoslawiens weggebrochen. Nur drei Monate später wurden die ersten freien Wahlen in Slowenien abgehalten, aus denen die Kommunisten als Verlierer hervorgingen.

Der Zerfall der Kommunistischen Partei Jugoslawiens hatte in Bosnien-Herzegowina ähnliche Auswirkungen wie in Jugoslawien insgesamt. Die bosnische KP regierte mit harter Hand in Bosnien-Herzegowina und versuchte das Aufkommen von nationalistischen Tendenzen zu unterbinden. Besonders die Muslime wurden sehr kritisch beobachtet.

Im Jahr 1990 fanden in allen jugoslawischen Republiken Mehrparteienwahlen statt, in Bosnien-Herzegowina im November. Noch kurz vor den ersten freien Wahlen wurde eine Vielzahl von Parteien gegründet. Die meisten hatten keine realistische Chance, ins Parlament einzuziehen. Zu den wichtigsten Parteien gehörte die ›Stranka Demokratska Akcija‹ – Demokratische Aktion – von Alija Izetbegović, die ›Srpska Demokratska Stranka‹ – Serbische Demokratische Partei – von Radovan Karadžić sowie die ›Hrvatska Demokratska Zajednica‹ – Kroatische Demokratische Gemeinschaft – von Stjepan Kljujić. Die serbische Partei lehnte sich in ihren politischen Ansichten stark an die Sozialistische Partei Serbiens von Slobodan Milošević an.

Die kroatische Partei in Bosnien-Herzegowina stand unter dem direkten Einfluß der HDZ in Kroatien. Die Kommunistische Partei Bosnien-Herzegowinas trat unter dem neuen Namen Sozialistische Demokratische Partei zu den Wahlen an. Eine der wenigen gesamtjugoslawisch ausgerichteten Parteien war der Bund der

Reformkräfte Jugoslawiens von Ante Marković. Sie setzte sich für ein gemeinsames und demokratisch reformiertes Jugoslawien ein.

Aus den Wahlen gingen die sogenannten ethnischen Parteien als Sieger hervor. Fast proportional zum Bevölkerungsanteil hatten die Muslime, Serben und Kroaten jeweils ihre nationale Partei gewählt. Das Interesse an einem gemeinsamen jugoslawischen Staat war denkbar gering, dafür rückten nationale Belange immer mehr in den Vordergrund. Die Partei der Demokratischen Aktion von Izetbegović erhielt 86 Mandate, die Serbische Demokratische Partei 72 und die Kroatische Demokratische Gemeinschaft 44 Mandate. Die ehemaligen Kommunisten konnten lediglich 14 Mandate für sich verbuchen, der Bund der Reformkräfte Jugoslawiens von Ante Marković wurde mit 11 Sitzen nur fünfstärkste Kraft. Bei den parallel durchgeführten Wahlen zum siebenköpfigen Staatspräsidium hatten ebenfalls die nationalen Parteien die Nase vorn. Izetbegović wurde für zwei Jahre zum Vorsitzenden des Staatspräsidiums gewählt, der Serbe Momčilo Krajišnik wurde Präsident der Nationalversammlung, der Kroate Jure Pelivan Ministerpräsident.

Bosnien-Herzegowina behielt auch während des Krieges in Slowenien und Kroatien seine Vermittlerrolle. Durch die multiethnische Bevölkerungsstruktur in Bosnien schien es zunächst auch keine Alternative zu einem gemeinsamen, wenn auch reformierten Jugoslawien zu geben, wenn das Auseinanderbrechen Bosnien-Herzegowinas vermieden werden sollte.

Gemeinsam mit dem makedonischen Präsidenten Kiro Gligorov entwickelte Izetbegović das Konzept für einen jugoslawischen Staatenbund. Es kam jedoch zu spät, da sich Slowenien und Kroatien bereits für eigene Staaten entschieden hatten. Serbien pochte weiter auf seinen Führungsanspruch und ein zentralistisches System. Zu diesem Zeitpunkt wurde im Hintergrund und nur inoffiziell bereits über eine Aufteilung Bosnien-Herzegowinas nachgedacht. Milošević und Tuđman trafen sich mehrfach, konnten sich aber über die Aufteilung nicht einig werden.

Serben und Kroaten entwickelten die Idee einer Gliederung Bosnien-Herzegowinas in Kantone, deren Zugehörigkeit sich nach der ethnischen Mehrheit richten sollte. Die Muslime lehnten diesen Vorschlag ab, befürchteten sie doch, daß Kroatien und Serbien die Kantone mit ihrer Bevölkerungsmehrheit später für sich beanspruchen würden. Die Serbische Partei von Radovan Karadžić machte sich für eine bosnische Konföderation stark, die Teil einer jugoslawischen Föderation sein sollte. Durchsetzen konnte er sich damit nicht.

Eine politische Lösung, die alle drei Volksgruppen mittragen konnten, war nicht auszumachen. Die Situation verschärfte sich immer mehr. Bereits jetzt wurde versucht, Fakten zu schaffen und Gebiete zu kontrollieren. So erklärten die Serben das Gebiet um Banja Luka zur ›Serbisch Autonomen Region‹. In einer Volksabstimmung unter den Serben sprachen sich über 80 Prozent für eine eigene serbische Republik für den Fall der Loslösung Bosnien-Herzegowinas von Jugoslawien und der Unabhängigkeit aus. Die Kroaten ihrerseits erklärten zwei Gebiete mit kroatischer Bevölkerungsmehrheit in der Herzegowina für autonom. Bald darauf sprachen sich die Serben erneut für eine Konföderation der drei staatstragenden Nationen in Bosnien-Herzegowina aus, andernfalls würde man eine serbische Republik ausrufen. Alle diese Machtspiele und Drohungen waren von häufiger werdenden gewalttätigen Übergriffen unter den drei Volksgruppen begleitet. Die politische Führung sah dieser Entwicklung hilflos zu.

Muslime und Kroaten hatten bei der Europäischen Gemeinschaft bereits um die Anerkennung Bosnien-Herzegowinas ersucht. Die EG wollte über diesen Antrag jedoch ohne ein Votum des Volkes nicht entscheiden und empfahl ein Referendum. Am 1. März 1992 wurde die Volksbefragung zur Unabhängigkeit Bosnien-Herzegowinas durchgeführt. Tatsächlich stimmten nur Muslime und Kroaten ab. Die Serben boykottierten die Wahl, fürchteten sie doch nicht zu Unrecht, von Muslimen und Kroaten überstimmt zu werden. Von den abgegebenen Stimmen votierten 99 Prozent für eine Loslösung von Jugoslawien, Izetbegović erklärte daraufhin die Unabhängigkeit Bosnien-Herzegowinas. Daraufhin eskalierten die Auseinandersetzungen. Serbische Scharfschützen schossen auf Demonstranten in Sarajevo und töteten mehrere Menschen, serbische paramilitärische Einheiten besetzten bosnische Städte an der Grenze zu Serbien und verübten erste Massaker an der muslimischen Zivilbevölkerung.

Am 7. April 1992 wurde Bosnien-Herzegowina von der Europäischen Gemeinschaft völkerrechtlich anerkannt. Unmittelbar darauf zogen sich die Serben aus der Regierung zurück und erklärten die Serbische Republik Bosnien-Herzegowina für unabhängig. Um die Serben zu isolieren, wurde Bosnien-Herzegowina in die KSZE und wenig später in die UNO aufgenommen. Allerdings hatte die bosnische Regierung zu diesem Zeitpunkt kaum noch Einfluß auf das Geschehen im Land. Noch unübersichtlicher gestaltete sich die Situation, als die Kroaten einen eigenen Staat ausriefen, Herceg Bosna

Der Krieg in Bosnien-Herzegowina

Gab es vor dem Referendum über die Unabhängigkeit Bosnien-Herzegowinas nur einzelne gewalttätige Ausschreitungen, so eskalierte nach der Anerkennung durch die Europäische Gemeinschaft die Situation in allen Landesteilen. Eine nicht unerhebliche Rolle dabei spielte die jugoslawische Armee. Sie lehnte einen Abzug aus Bosnien-Herzegowina ab und unterstützte die serbische Seite. Erst im Mai 1992 gab Milošević den Befehl zum Abzug. Das Militär zog sich zwar zurück, ließ jedoch einen großen Teil seiner schweren Waffen und zahlreiche Soldaten in Bosnien-Herzegowina zur Unterstützung der Serben zurück.

Die muslimische Seite verfügte zu Beginn der Kämpfe über keine eigenen organisierten Truppen. Erst im Mai 1992 wurde mit dem Aufbau einer sogenannten bosnischen Armee begonnen. Die Einheiten bestanden überwiegend aus Angehörigen der bosnischen Territorialverteidigung. Diese stammte noch aus jugoslawischen Zeiten und war eingerichtet worden, um im Kriegsfall die Heimat zu verteidigen. Hinzu kamen noch etwa 30 000 Freiwillige, darunter ab 1993 auch einige Mudjahedin und mehrere Polizeieinheiten. Neben den Muslimen kämpften auch Kroaten und einige wenige Serben in der bosnischen Armee. Sie war den bosnisch-serbischen Einheiten zahlenmäßig unterlegen und verfügte nicht annähernd über eine ähnlich starke Bewaffnung. Daher brachten die Serben schnell große Gebiete unter ihre Kontrolle. Dazu gehörten Regionen mit serbischer Bevölkerungsmehrheit wie im Osten Bosniens und in der Region um Banja Luka, aber auch Regionen und Gemeinden mit bosniakischer Bevölkerungsmehrheit. Die Serben besetzten einen Landkorridor, der durch den Norden Bosniens führte und Serbien mit den serbisch besiedelten Gebieten der Krajina verband. Sarajevo wurde ebenso wie Goražde, Žepa und Srebrenica von den Serben eingekesselt. Von großer symbolischer Bedeutung war die Eroberung der Gebiete am Westufer der Drina, da die Serben die natürliche Grenzziehung entlang des Flusses ignorierten. Beim Vormarsch der Serben kam es zu zahlreichen Massakern an der Zivilbevölkerung.

Muslime und Kroaten kämpften zunächst gemeinsam in der bosnischen Armee, da Izetbegović und Tuđman zuvor ein entsprechendes Abkommen geschlossen hatten. Das Bündnis zerbrach jedoch, als die Kroaten auch in der Herzegowina in Gebiete vordrangen, die mehrheitlich muslimisch besiedelt waren. Gemäß des Abkommens von Karadjordjevo von 1991 entschieden Tuđman und Milošević, Bosnien-Herzegowina unter sich aufzuteilen. Der Zerfall der – erfolgreichen – bosniakisch-kroatischen Allianz wurde mit dem Mord am HOS-Führer Blaz Kraljevic eingeleitet. Danach übernahm der Kroatische Verteidigungsrat (HVO) sämltliche bosnisch-kroatischen Militärverbände und bereitete sich auf die Konfrontation mit der bosnischen Armee vor. Erste Zusammenstöße gab es im September 1992 in Prozor Rama. Die Allianz zerbrach vollständig mit dem Massaker des HVO an Bosniaken im mittelbosnischen Ahmici bei Vitez im April 1993 und kulminierte dann in die Eskalation in Mostar.

Der Krieg in Bosnien-Herzegowina ließ die internationale Politik in rege Geschäftigkeit verfallen, ohne aber konkrete Beschlüsse zu verabschieden. Man sah allgemein in Serbien den Aggressor, suchte den politischen Druck zu erhöhen und drohte mit der Isolierung des Staates, war zunächst jedoch nicht konsequent in der Umsetzung der angedrohten Folgen. Erst im Mai 1992 beschloß der Sicherheitsrat der UNO Wirtschaftssanktionen gegen Restjugoslawien. Für Serbien und Montenegro bedeutete das Embargo den fast völligen Zusammenbruch der Wirtschaft. Die Bevölkerung litt unter dem Embargo, während sich einige Mächtige durch Schwarzhandel bereicherten. Auf das Kampfgeschehen in Bosnien-Herzegowina hatten die Sanktionen jedoch keine spürbaren Auswirkungen.

Die Muslime sahen sich weiter der serbischen Übermacht ausgesetzt und forderten vergeblich die militärische Intervention Europas und der USA. Die Serben hatten ein halbes Jahr nach Kriegsbeginn zwei Drittel Bosnien-Herzegowinas unter ihre Kontrolle gebracht, während die Muslime sich nur in Mittelbosnien und in der Region Bihać behaupten konnten. Die Kroaten kontrollierten die südliche, an Kroatien grenzende Herzegowina.

Sehr bald zeigte sich, daß der Krieg nicht nur zwischen den Armeen stattfand, sondern sich in extremer Weise auch gegen die Zivilbevölkerung richtete. Alle Kriegsparteien richteten Internierungslager ein; die Vertreibung von Menschen war Teil der Kriegsstrategie. Die Weltöffentlichkeit erfuhr von den Grausamkeiten gegen die Bevölkerung durch Berichte in den Medien. Sehr bald sprach man von einem ›Genozid‹ an den Muslimen in Bosnien-Herzegowina – ein Begriff, der bald von allen Kriegsparteien inflationär verwendet wurde. Die Vernichtungswut richtete sich nicht nur gegen die Menschen der jeweils anderen Volksgruppe, sondern auch gegen kulturelle und historische Vermächtnisse. So wurden zahlreiche Moscheen, aber auch katholische und orthodoxe Kirchen zerstört. Ein besonderer Verlust bedeutete die niedergebrannte Nationalbibliothek von Sarajevo und die nach Beschuß eingestürzte Alte Brücke von Mostar.

Der bosnische Präsident Izetbegović befürchtete eine Einigung zwischen Serben und Kroaten und die Aufteilung des Landes über die Köpfe der Muslime hin-

Spuren des Krieges

weg und gab sich weiter als Verfechter eines gemeinsamen Staates Bosnien-Herzegowina. Seine Befürchtungen waren nicht unbegründet: Tatsächlich gab es entsprechende Absprachen zwischen Kroaten und Serben. Der kroatische Präsident Tuđman traf sich mit dem restjugoslawischen Präsidenten Ćosić. Beide waren Anhänger der Idee eines Bevölkerungsaustausches.

Die Muslime versuchten ihre Position zu stärken, indem sie mit den Kroaten Verträge über eine Zusammenarbeit abschlossen, um den Vormarsch der Serben stoppen zu können. Die Verträge wurden jedoch nur eingehalten, wenn es der punktuellen Interessenlage entsprach.

Derweil rückte das belagerte Sarajevo in das Blickfeld der Weltöffentlichkeit. Die Medien berichteten über die Leiden der eingeschlossenen Bevölkerung, die teilweise ohne Wasser und Strom und unter Beschuß dort ausharrte. Die Bilder zeigten mit einiger Verspätung Wirkung: Die UNO forderte die serbischen Belagerer ultimativ auf, alle Kampfhandlungen zu beenden, andernfalls wolle man sich nicht näher definierte Konsequenzen vorbehalten. Die internationale Politik hatte nun ihre Handlungsunfähigkeit gezeigt. Bereits im Juni 1992 gab der UN-Sicherheitsrat grünes Licht für die Stationierung von Blauhelmsoldaten in der bosnischen Hauptstadt. Der Flughafen von Sarajevo wurde für Hilfstransporte geöffnet, die Menschen konnten so, wenn auch nur eingeschränkt, über eine Luftbrücke versorgt werden. Die Hilfsflüge mußten immer wieder ausgesetzt werden, wenn der Flughafen unter Beschuß genommen wurde.

Die UNO beschränkte sich zunächst darauf, Hilfstransporte für die notleidende Bevölkerung zu organisieren. Auf politischer Ebene sprach man sich dafür aus, die Serben weiter zu isolieren. Der Sicherheitsrat verabschiedete zahlreiche Resolutionen, die die ›ethnischen Säuberungen‹ verurteilten und die Kriegsparteien davor warnten, Kriegsverbrechen zu begehen – ohne Wirkung.

Die Muslime erhielten mittlerweile verstärkt finanzielle Hilfe aus der Türkei und anderen islamischen Staaten. Besonders die Türkei sah sich als ehemaliger Machthaber auf dem Balkan in der Pflicht, den Glaubensbrüdern beizustehen.

Friedensbemühungen

Noch vor Ausbruch der Kampfhandlungen in Bosnien-Herzegowina versuchte sich die Europäische Gemeinschaft in der Rolle des Vermittlers. Die Vorschläge stießen bei den verfeindeten Parteien jedoch durchweg auf Ablehnung. Der Krieg konnte durch die diplomatischen Initiativen nicht verhindert werden, im Gegenteil wurde der Vorwurf immer lauter, die europäische Annerkennungspolitik habe den Konflikt erst eskalieren lassen.

Hoffnung auf Frieden löste die Einberufung der ersten internationalen Jugoslawienkonferenz aus, die im August 1992 in London stattfand. Zahlreiche Länder der Europäischen Gemeinschaft, Vertreter der UNO und die verschiedenen Konfliktparteien aus dem ehemaligen Jugoslawien nahmen an ihr teil. Das Ergebnis der Konferenz war alles andere als hoffnungsvoll. Eine Deklaration forderte alle Kriegsparteien auf, sämtliche Kriegshandlungen einzustellen. Dieser Appell zeigte wenig Wirkung bei den verfeindeten Parteien, die nicht einmal bereit gewesen waren, in London gemeinsam am Verhandlungstisch Platz zu nehmen. Anlaß zur Hoffnung gab die Vereinbarung über eine ständige Friedenskonferenz, die in Genf abgehalten werden sollte. Während der Konferenz wies Milošević jedoch alle Vorschläge zurück.

In Bosnien-Herzegowina verschlimmerte sich die Situation zunehmend. Nach dem Abschuß eines Transportflugzeuges, das Hilfsgüter nach Sarajevo bringen sollte, wurde die Luftbrücke für längere Zeit eingestellt. Erst als sich eine Hungerkatastrophe in der belagerten Hauptstadt anbahnte, wurden die Flüge wieder aufgenommen. Den Serben gelang es, weitere Städte im Nordosten Bosniens und später auch die Stadt Jajce einzunehmen.

Als erstes konkretes Ergebnis der ständigen Friedenskonferenz in Genf legten die Sondervermittler Cyrus Vance und David Owen einen Friedensplan für Bosnien-Herzegowina vor. Er sah die Aufteilung des Landes in zehn Kantone vor. Jede Volksgruppe sollte drei Kantone zugesprochen bekommen, Sarajevo neutrale Hauptstadt bleiben.

Die Kroaten waren sofort zur Unterschrift bereit, die Muslime beugten sich dem internationalen Druck und willigten ebenfalls ein, auch die Serben unterschrieben zunächst, zogen aber später ihre Zustimmung zurück. Sie waren mit einer Kantonisierung einverstanden, nicht aber mit der vorgeschlagenen Grenzziehung. Auch eine mehrfache Überarbeitung des Planes brachte keine Annäherung, er scheiterte letztlich.

Im August 1992 wurde ein neuer Friedensplan vorgelegt, der große Ähnlichkeit mit den kurz zuvor von den Serben eingebrachten Vorschlägen aufwies. Aus einem gemeinsamen Staat sollte nun eine Union mit drei selbständigen Republiken werden. Die Serben zeigten sich begeistert, für die Muslime war der Plan unannehmbar. Ihnen sollte nur ein kleiner Teil Bosnien-Herzegowinas zufallen, zusätzlich hätten sie mehrere nur durch Korridore miteinander verbundene Enklaven akzeptieren müssen. Auch dieser Plan fand keine Zustimmung. Parallel zu den Verhandlungen waren zahlreiche Waffenstillstände vereinbart worden, die aber nie über längere Zeit eingehalten worden waren.

Seit 1992 war die Gebietsaufteilung bis auf geringfügige, oft nur kurzzeitige Verschiebungen gleichbleibend. Die bosnischen Serben kontrollierten 70 Prozent, Muslime und bosnische Kroaten den Rest des Landes. Grundlegende Veränderungen der Machtverhältnisse traten allmählich ein, als sich bosnische Kroaten und Muslime im März 1994 auf eine gemeinsame Föderation einigten. Die bosnischen Serben sahen sich somit einer gestärkten Gegnerschaft gegenüber. Sie lehnten kurze Zeit später den Vance-Owen-Plan ab und manövrierten sich in die Isolation. Milošević wandte sich – allerdings nur offiziell – von den bosnischen Serben ab, um weitere Sanktionen der internationalen Gemeinschaft, wie die Verschärfung des Embargos, gegen Serbien zu verhindern. Tatsächlich erhielten die bosnischen Serben weiterhin Nachschub und Unterstützung.

Die Pläne der Kontaktgruppe sahen eine Aufteilung Bosnien-Herzegowinas vor. Den Serben sollten 49 Prozent, der Föderation aus Moslems und Kroaten 51 Prozent zugesprochen werden. Die bosnischen Serben kontrollierten zum damaligen Zeitpunkt ein erheblich größeres Gebiet und wiesen den Plan zurück. Sie beanspruchten die bereits von ihnen besetzten Gebiete in Bosnien und zusätzlich die von einer deutlichen serbischen Mehrheit bewohnte Region der Krajina in Kroatien. Die bosnischen Kroaten und Muslime empfanden eine derartige Aufteilung des Landes als eine Wiedergutmachung für die ›ethnischen Säuberungen‹ der Serben. In einem Referendum lehnten die bosnischen Serben den Plan der Kontaktgruppe ab.

Im Mai 1995 eroberte die kroatische Armee die von einer serbischen Mehrheit bewohnten Gebiete in Westslawonien zurück. Zuvor hatten die serbischen Besatzer alle Kroaten von dort vertrieben. Die Serben flüchteten zu Zehntausenden nach Bosnien und nach Serbien. Die internationale Politik reagierte darauf ebensowenig wie die UNO. Eine weitere Niederlage bahnte sich für die bosnischen Serben mit der Bombardierung ihrer Munitionslager durch Flugzeuge der NATO an, die zur Geiselnahme von 400 UN-Soldaten führte.

Im August des gleichen Jahres starteten kroatische Einheiten die Offensive ›Sturm‹, um die seit Jahrhunderten in der Krajina lebende serbische Mehrheit unter ihre Kontrolle zu bekommen. Der Angriff trieb 200 000 Serben in die Flucht. Es kam zu kroatischen Übergriffen, Mißhandlungen und Ermordungen an der serbischen Zivilbevölkerung. Der Protest der Internationalen Gemeinschaft fiel auffällig zurückhaltend aus.

Der gestärkten Koalition der muslimisch-kroatischen Streitkräfte gelangen immer größere Geländegewinne, und erstmals seit Kriegsbeginn gerieten die bosnischen Serben deutlich in die Defensive. Ihnen drohte zeitweise der Verlust ihrer Hauptstadt Banja Luka. Das Massaker, das die serbische Armee in der Nähe des kleinen Ortes Srebenica an Zivilisten verübte, führte letztlich zur Intervention der NATO, der ersten seit ihrer Gründung.

Die veränderte Situation zwang die bosnischen Serben an den Verhandlungstisch in Dayton. Veranschlagt war für die Konferenz eine Woche, tatsächlich verging fast ein Monat, bis die Präsidenten Bosnien-Herzegowinas, Kroatiens und

Jugoslawiens – Izetbegović, Tuđman und Milošević – nach starkem Druck der Amerikaner eine Einigung in Dayton erzielten und den Vertrag am 10. Dezember 1995 in Paris feierlich unterzeichneten.

Der Friedensvertrag von Dayton

Der Vertrag von Dayton besteht aus elf Artikeln und ebenso vielen Anhängen, den sogenannten Annexen. Er umfaßt 170 Seiten und ist in einen kürzeren militärischen und einen umfangreicheren zivilen Teil gegliedert.

In Annex 1 wird die Beendigung der Feindseligkeiten und die Trennung der Kriegsparteien vereinbart. Die IFOR überwacht die Einhaltung des Waffenstillstandes. Waffenstillstandslinien werden bestimmt und eine zwei Kilometer breite Schutzzone eingerichtet. Das Militär wird im Vertrag verpflichtet, sich hinter diese Linie zurückzuziehen. Eine zentrale Rolle bei der Überwachung der Vertragsvereinbarungen kommt der IFOR/SFOR zu. Sie steht unter dem Kommando der NATO, hat aber auch Einheiten neutraler Staaten in ihren Reihen. Die IFOR wird beauftragt, freie und demokratische Wahlen zu unterstützen.

In weiteren Annexen wird der Grenzverlauf zwischen den Entitäten und eine Vereinbarung über die Abhaltung von freien Wahlen innerhalb von neun Monaten getroffen. Die OSZE soll die Wahlen durchführen und überwachen. Von besonderer Bedeutung ist Annex 4. Er enthält die Verfassung Bosnien-Herzegowinas. Darin sind Rechtsstaatlichkeit, Demokratie, Frieden, Toleranz, Menschenrechte und Wohlstand für alle als Leitlinien festgeschrieben.

Der Vertrag von Dayton legt fest, daß Bosnien-Herzegowina aus zwei Entitäten besteht, der kroatisch-moslemischen Föderation und der Serbischen Republik. Bosnien-Herzegowina bleibt dennoch ein souveräner Staat in seinen zuvor schon gültigen Außengrenzen. Die Menschen erhalten die bosnisch-herzegowinische Staatsangehörigkeit und zusätzlich die moslemische, serbische oder kroatische Nationalität.

Die bosnisch-herzegowinische Zentralregierung erhält bestimmte Zuständigkeitsbereiche wie zum Beispiel Außenwirtschaft, Außenpolitik, Währungs- und Zollpolitik. Neben der Zentralregierung gibt es ein Zweikammernparlament und ein Präsidium mit drei Mitgliedern. Jede der drei staatstragenden Volksgruppen stellt ein Präsidiumsmitglied. Ein wichtiger Punkt des Vertrags ist Annex 7. Allen Flüchtlingen und Vertriebenen garantiert er die Rückkehr in die Heimat und volle Freizügigkeit. Der Vertrag verspricht Bosnien-Herzegowina aber auch umfangreiche Hilfsprogramme und Kredite für den Wiederaufbau.

Höchste zivile Autorität in Bosnien-Herzegowina ist der Hohe Repräsentant. Zu seinen Aufgaben gehört ebenfalls die Überwachung des Friedensvertrages und auch der humanitären Hilfe, des Aufbaus von Wirtschaft und Infrastruktur sowie politischer Institutionen, die Kontrolle und Durchführung von Wahlen und die Überwachung der Rückkehr von Flüchtlingen. Seine Kompetenz geht soweit, daß er politische Parteien und gewählte Mandatsträger absetzten kann, wenn diese gegen den Vertrag von Dayton verstoßen. Er besitzt nahezu allumfassende Vollmacht. Allein die SFOR ist ihm nicht unterstellt.

Nach der Unterzeichnung des Vertrags von Dayton schwiegen die Waffen, die Truppen zogen sich vereinbarungsgemäß hinter die Waffenstillstandslinien zurück. Die Feindschaft zwischen den Volksgruppen war natürlich mit dem Abkommen nicht beendet und wird auch in absehbarer Zeit nicht überwunden sein. Durch die Aufteilung des Landes in zwei Entitäten befanden sich plötzlich viele Bürger im ›falschen Teilstaat‹, packten ihr Hab und Gut freiwillig oder nach Aufforderung ihrer politischen Führer zusammen, zündeten ihre Häuser und Wohnungen an und flüchteten erneut, viele zum zweiten oder dritten Mal. Die Bilder von Serben, die den serbischen Teil Sarajevos verlassen, nachdem feststand, daß die Stadt zur moslemisch-kroatischen Föderation gehören würde, gingen durch die Medien. Ähnliches geschah auch in der Serbischen Republik in der Stadt Mrkonić Grad. Die bosnischen Kroaten verließen die Gegend mit allem, was sie mitnehmen konnten, zerstörten ihre Häuser und flüchteten in die Föderation, um dort einen Neuanfang zu versuchen.

Unmittelbar nach Unterzeichnung des Vertrages rückten 60 000 Soldaten der IFOR nach Bosnien-Herzegowina ein. Gemeinsam mit dem Militär kamen bis zu 30 000 zusätzliche zivile Helfer verschiedener Organisationen und Institutionen ins Land, beispielsweise die OSZE. Sie alle sind nicht nur beim Wiederaufbau eine wichtige Kraft, sondern zugleich auch ein bedeutender Wirtschaftsfaktor. Sie bieten den Einheimischen Arbeitsplätze als Dolmetscher, Fahrer, Dienstpersonal, in der Verwaltung und anderes mehr, mieten Büros und Wohnungen und verfügen über eine beachtliche Kaufkraft.

Im September 1996 fanden, wie im Friedensvertrag festgeschrieben, die ersten Nachkriegswahlen statt. Trotz allen Unheils, das der Nationalismus und der auch daraus resultierende Krieg gebracht hatten, errangen die nationalistisch orientierten Parteien die Mehrheit. Die meisten Stimmen und damit den Vorsitz des dreiköpfigen Staatspräsidiums erhielt Alija Izetbegović. Der Serbe Momčilo Krajišnik und der Kroate Krešimir Zubak standen ihm zur Seite.

Trotz aller Friedens- und Wiederaufbaubemühungen der internationalen Gemeinschaft blieben die Spannungen zwischen den ethnischen Gruppen bestehen, Auseinandersetzungen zunächst an der Tagesordnung, es kam sogar, wie beispielsweise im kroatischen Teil Mostars, zu erneuten Vertreibungen; Patrouillen der SFOR wurden von Extremisten beschossen. Der brachliegenden Wirtschaft konnte nur sehr stockend Leben eingehaucht werden. Vor allem junge Menschen

Karikatur aus der Kleinen Zeitung, 20. Juni 1996

sahen für sich keine Zukunftsperspektive und ihr vorrangiges Ziel in der Auswanderung.

Spürbare Verbesserungen erlebten die Menschen in Bosnien-Herzegowina mit der Einführung neutraler Nummernschilder – scheinbar eine Kleinigkeit. Diese Maßnahme ermöglichte aber eine Bewegungsfreiheit, die sich nicht auf die eigene Entität beschränkte, sondern das ganze Land umfaßte. Eine weitere wichtige Maßnahme war die Schaffung einer stabilen Währung. Dies gelang mit der Einführung der an die D-Mark – heute an den Euro – angelehnten Konvertiblen Mark. Ein weiterer Schritt von großer Bedeutung für die Stärkung des Gesamtstaates war eine Entscheidung des Obersten Bosnischen Gerichts im Jahr 2002. Es erklarte, daß es in Bosnien-Herzegowina mit den Muslimen, den Serben und den Kroaten drei staatstragende Völker gibt, denen die volle Gleichberechtigung in allen Entitäten zusteht.

Einen Hoffnungsschimmer brachten die Wahlen im Jahr 2000. In beiden Landesteilen wurden die Parlamente bestimmt, in der Serbischen Republik zugleich die Präsidentschaftswahlen abgehalten. Der gemäßigte Präsidentschaftskandidat Milorad Dodik konnte nur 26 Prozent der Stimmen auf sich vereinen, seine Sozialdemokratische Partei mußte sich mit nur 11 Prozent Stimmenanteil in der Republik Srpska zufrieden geben. In der Föderation konnten sich die Sozialdemokraten noch vor Izetbegovićs SDA als stärkste Kraft etablieren, aber dennoch nicht allein die Regierung stellen. So bildete sich eine Koalition aus gemäßigten Parteien. Unter Führung der Sozialdemokraten gründeten sie die ›Allianz für den Wandel‹. Die Hoffnungen der Wähler in die Allianz war zu groß und in einer Legislaturperiode von nur zwei Jahren nicht zu realisieren. Die Enttäuschung der Wähler zeigte sich bei den darauffolgenden Wahlen im Jahr 2002 deutlich in dem großen Maß an Wahlenthaltung.

Zum ersten Mal organisierte die bosnische Wahlkommission die Wahl in Eigenverantwortung. Die bis dahin organisierende OSZE schickte lediglich Beobachter. Seit 1996 hatte jedes Jahr in Bosnien-Herzegowina mindestens eine Wahl stattgefunden. Die Bürger waren wahlmüde und hatten zu großen Teilen kein Vertrauen in die Politik. Daher machten nur 55 Prozent der 2,6 Millionen Wahlberechtigten von ihrem Stimmrecht Gebrauch. Die Sozialdemokraten mußten Verluste von bis zu zehn Prozent hinnehmen, als Sieger gingen einmal mehr die nationalistischen Parteien hervor. Stärkste Kraft wurde die ›Partei der Demokratischen Aktion‹ von Alija Izetbegović. Die kroatische HDZ erreichte wie zwei Jahre zuvor 18 Prozent, während in der Serbischen Republik die Partei von Radovan Karadžić deutlich siegte.

Auch fast genau ein Jahrzehnt nach der Unterzeichnung des Vertrags von Dayton ist Bosnien-Herzegowina weithin ein noch immer gespaltenes Land. Die Umsetzung des Vertrages erfolgt nur sehr allmählich. Die nationalistischen Kräfte haben führende Rollen inne. Es scheint, als ob sie ihre ganze Kraft darauf verwendeten, den jeweils anderen Volksgruppen Steine in den Weg zu legen oder in die eigenen Taschen zu arbeiten, nicht aber um den Wiederaufbau Bosnien-Herzegowinas voranzubringen. So sollte das Land beispielsweise bei der Aufteilung des jugoslawischen Vermögens mit über 15 Millionen Dollar bedacht werden. Die Auszahlung konnte jedoch nicht vorgenommen werden, da es den verschiedenen Entitäten und Parteien nicht gelang, sich über die Verteilung einig zu werden. Ein Zusammenwachsen des Landes ist unter diesen Umständen kaum zu erwarten. Bosnien-Herzegowina ist bis heute nicht in eigener Verantwortung überlebensfähig und bedarf weiterhin der Präsenz der EUFOR-Truppen.

Es hat in den vergangenen zehn Jahren unbestreitbar Fortschritte gegeben: Flüchtlinge sind zurückgekehrt, Eigentum wurde zurückgegeben, die Infrastruktur ist zu großen Teilen wieder hergestellt, die Institutionen des Staates wurden gestärkt. Dennoch ist Bosnien-Herzegowina von einer Normalität noch weit entfernt.

In der Vergangenheit versuchte die internationale Gemeinschaft die auf Zusammenarbeit bedachten Politiker und Parteien zu unterstützen und so die Stärkung des Gesamtstaates zu fördern. Erfolge zeigten sich jedoch nur in Ansätzen und waren von kurzer Dauer. Solange nationalgesinnte Politiker und Parteien aus der Vorkriegs- und Kriegszeit wichtige Posten bekleiden, wird sich die Stimmung im Land kaum ändern und ein deutlicher Aufschwung auf sich warten lassen.

Kunst und Kultur

Die bosnisch-herzegowinische Kulturgeschichte entwickelte sich über Jahrhunderte und profitierte von den unterschiedlichen Völkern, Religionen und Machthabern, die nach Bosnien-Herzegowina kamen. Alle hinterließen ihre Spuren und Einflüsse. Daraus entstand eine facettenreiche und in ihrer Vielseitigkeit einzigartige Kunst und Kultur auf einem relativ kleinflächigen Gebiet. Das Aufeinandertreffen verschiedener Kulturkreise führte jedoch nicht nur in der jüngeren Vergangenheit zu Konflikten zwischen den Völkern Bosnien-Herzegowinas. Viele der kulturhistorischen Hinterlassenschaften aus früheren Jahrhunderten wurden im letzten Krieg zerstört, einige, wie etwa die Alte Brücke in Mostar, wurden rekonstruiert, andere bleiben für immer verloren, wie beispielsweise die wertvollen alten Schriften und Bücher aus der ausgebrannten Nationalbibliothek in Sarajevo.

Die ältesten kulturgeschichtlichen Funde stellten bei ihrer Entdeckung in den siebziger Jahren eine Sensation dar: In einer Höhle nahe der herzegowinischen Stadt Stolac wurden bearbeitete Steinplatten mit aufgezeichneten Figuren gefunden, häufigstes Motiv sind von einem Pfeil getroffene Pferde. Diese frühesten Kunstobjekte stammen aus der neolithischen Epoche, die etwa 12 000 Jahre vor unserer Zeitrechnung einzuordnen ist. In der Grünen Höhle (Zelena pećina) oberhalb der Buna-Quellen wurden Tierknochen gefunden, ebenfalls aus der neolithischen Zeit – ganz offenbar Reste der Jagdbeute. Diese frühesten Entdeckungen sind im Landesmuseum in Sarajevo ausgestellt.

Während der Bronzezeit nutzten Illyrer und Kelten das Gebiet Bosniens als Lebensraum. Aus dieser Epoche stammen aufwendig gearbeitete Schwerter und Gefäße. Kulturelles und urbanes Zentrum war die illyrische Stadt Daorson. Die Illyrer lebten in Stämme aufgeteilt und verfügten bereits damals über eine sehr weit entwickelte Kultur. Archäologische Funde der Illyrer zeugen bis heute davon und werden in vielen Museen des Landes gezeigt.

Etwa 200 Jahre vor unserer Zeitrechnung kamen die Römer auf den Balkan. Sie bauten Straßen, Brücken und legten Städte an, nach Ideen, die ursprünglich von den Griechen entwickelt, aber nicht in die Tat umgesetzt wurden. Zu den bekanntesten Hinterlassenschaften der Römer gehören zahlreiche Thermalbäder, aber zum Beispiel auch die sogenannte ›Villa Rustica‹ mit ihren Mosaiken im Ort Mogorjelo in der Herzegowina.

Bis zum Beginn des Mittelalters blieben die kulturellen und künstlerischen Errungenschaften in Bosnien-Herzegowina bescheiden. Eine eigenständige charakteristische Kunstform entwickelte sich bis dahin nur in Ansätzen. Von Bedeutung sind einige, bis heute teilweise als Ruinen erhalten gebliebene Festungsanlagen. Mittelpunkt war damals die Stadt Blagaj mit ihrer Festung auf der Bergspitze über den Buna-Quellen. Aus dieser Zeit stammt auch die zur Abwehr der Türken errichtete Festung in Počitelj.

Einen Höhepunkt in der Kunstgeschichte Bosnien-Herzegowinas stellen die Stećci dar, die im Spätmittelalter – in der Zeit vom 13. bis ins 16. Jahrhundert – entstandenen stehenden Grabmäler. Im ganzen Land gibt es rund 60 000 dieser Grabsteine. Sie werden der religiösen Glaubensgemeinschaft der Bogumilen zugeschrieben, es gibt aber auch Wissenschaftler, die keine Zusammenhänge zwischen den Bogumilen und den kunstvollen Steinen sehen. Grundlegend erforscht sind die Stećci bis heute noch nicht. Die Grabsteine sind von unterschiedlicher Größe und Form. Sie können bis zu mehrere Tonnen schwer sein und gleichen oft Sarkophagen oder Truhen, verziert sind sie mit eingemeißelten Motiven. Wiederkehrende Figuren sind Hirsche, Bären, Wildschweine und Jäger zu Pferde mit Pfeil und Bogen. Daneben finden sich einzelne, zumeist männliche Gestalten und verschiedene Symbole und Ornamente. Größter Fundort der stehenden Grabsteine ist die Ebene von Radimlja unweit des Ortes Stolac. Einige der dort stehenden Stećci haben Inschriften in alter bosnischer Schrift, der ›Bosančica‹. Die Inschriften nennen den Verstorbenen und die Art seines Todes. Erwähnung finden aber auch Ereignisse von besonderer Bedeutung. Einige der schönsten Grabsteine sind im Museum von Sarajevo ausgestellt.

Die Besetzung Bosnien-Herzegowinas durch die Türken im 15. Jahrhundert brachte islamisch-orientalische Einflüsse in diese Region des Balkans, die sich auch in der Kunst und der Architektur zeigen. Während der 400 Jahre währenden Herrschaft entstanden einige der schönsten kulturhistorischen Denkmäler des Landes. Zu den eindrucksvollsten sakralen Bauten gehören die Gazi-Husrev-Beg-Moschee, die Ali-Paša-Moschee und die Kaiser-Moschee in Sarajevo sowie die Ferhad-Paša-Moschee in Banja Luka. Die Ferhadija, wie sie im Volk genannt wird, wurde im letzten Krieg zerstört, soll aber wieder aufgebaut werden. Das gleiche Schicksal erfuhr die Alte Brücke von Mostar. Sie wurde vom genialen Baumeister Hairudin mit primitivsten Mitteln erbaut und stellte fast 500 Jahre lang ein unvergleichliches Denkmal türkischer Baukunst dar. Neben der Brücke von Mostar gehören die 1574 erbaute Arslanagić-Brücke in Trebinje und die durch den Roman von Ivo Andrić weltberühmt gewordene Brücke über die Drina zu den eindrucksvollsten Brückenbauwerken der türkischen Epoche.

Die orientalischen Einflüsse sind in Städten wie Sarajevo, Mostar, Travnik und vielen anderen nicht wegzudenken. Im ganzen Land finden sich türkische Bäder (Hamam), überdachte Märkte (Bezistan), Uhrtürme (Sahat kula) und türkische Häuser mit ihrer charakteristischen orientalischen Einrichtung.

Sarajevo mit seinen Museen, seinen Festivals, dem Theater, dem Sinfonieorchester und seinen kulturhistorischen Bauten gilt als die Kulturhauptstadt des

Landes. Das kulturelle Angebot ist hier am vielfältigsten und umfangreichsten. Aber auch Städte wie Banja Luka bieten viel für den Kulturinteressierten. Das kulturelle Leben ist dort weniger üppig, aber dennoch erlebenswert. Banja Luka hat ein kleines, sehr feines Theater, ein Kulturzentrum, in dem Konzerte, Ausstellungen und Lesungen veranstaltet werden, und eine sehenswerte Kunstgalerie.

Jede mittelgroße Stadt in Bosnien-Herzegowina bietet dem Besucher ein kulturelles Angebot, das Einblicke in das künstlerische Schaffen gibt und über die Geschichte informiert. Oft stammen Museen und Kulturhäuser noch aus kommunistischer Zeit, zu der viel mehr Geld in die Kultur investiert wurde, als es heute nach dem Krieg der Fall ist. Ganz besonders der kulturelle Bereich leidet unter den knappen Geldmitteln. Vom Staat ist in dieser Beziehung wenig Unterstützung zu erwarten, private Förderer sind ebenfalls rar, und so ist Eigeninitiative gefragt. Die Mitarbeiter des Landesmuseums der Herzegowina in Trebinje beispielsweise betreiben ihr Museum mit geringsten Geldmitteln und organisieren Ausstellungen von Künstlern, die ihre Werke dem Museum überlassen.

Literatur

Gerade in der jüngeren Vergangenheit wird oft diskutiert, ob es eine spezifische bosnische Literatur gibt. Wird über Autoren gesprochen, die ihre Wurzeln in Bosnien haben und dort lange Zeit ihren künstlerischen Mittelpunkt hatten, bleibt zumeist nicht unerwähnt, welche Nationalität der Autor hat. Für eine von der Nationalität losgelöste Literatur scheint jetzt, relativ kurze Zeit nach dem Krieg, noch kein Platz vorhanden zu sein.

Aber auch als Bosnien-Herzegowina jugoslawische Teilrepublik und an ein Auseinanderfallen des Landes noch nicht zu denken war, wurden im Schulunterricht fast ausschließlich die Schriftsteller besprochen, die der Nationalität der Lehrerin entsprachen. Handelte es sich um eine bosnische Kroatin, kamen die Schüler in den Genuß von Miroslav Krleža, war sie bosnische Serbin, stand meist Ivo Andrić auf dem Lehrplan.

Vor dem Krieg verband man insbesondere zwei Autoren mit einer bosnischen Literatur: Ivo Andrić und Meša Selimović. Zu den bekanntesten Werken Ivo Andrićs, der 1961 den Nobelpreis für Literatur erhielt, gehören die auch ins Deutsche übersetzten Romane ›Die Brücke über die Drina‹ und ›Travniker Chronik‹. Andrić war katholisch getauft und hatte kroatische Wurzeln, fühlte sich aber als Serbe. Die meiste Zeit seines Lebens verbrachte er in Belgrad; eine der wenigen Städte, in denen er sich heimisch fühlte. Milovan Đilas beschrieb Andrić als einen sehr zurückhaltenden und in jeder Situation ausgesucht höflichen Menschen, der jedoch am liebsten allein in seinem Arbeitszimmer saß und an seinen Manu-

Meša Selimović

skripten arbeitete. Als in Bosnien-Herzegowina die Spannungen zwischen den Nationalitäten spürbar zunahmen, warf man Ivo Andrić vor, er habe die Muslime in seinen Büchern zu Gunsten der Serben negativ dargestellt – ein Vorwurf, der bei vielen auf Unverständnis stieß.

Meša Selimović hat die innere Zerrissenheit der Muslime in Bezug auf die eigene Nationalität mit besonders großer Intensität beschrieben. Selimović wurde 1910 geboren und arbeitete als Professor und Schriftsteller. Sein größter Erfolg, der Roman ›Der Derwisch und der Tod‹, wurde in zahlreiche Sprachen übersetzt, 1994 erschien im deutschsprachigen Raum eine Neuübersetzung. Das Werk ist nicht leicht zu lesen. Die Handlung hat nur eine untergeordnete Rolle inne und ist nicht in erster Linie darauf ausgelegt, Spannung zu erzeugen. Das Buch erzielt seine Faszination aus dem inneren Monolog des Derwischs, der tiefe Einblicke in die Gedankenwelt der Moslems erlaubt und die Zerrissenheit zwischen der Religion und der Staatsmacht widerspiegelt.

Ein weiterer Autor, der aus der bosnischen Literaturgeschichte nicht wegzudenken ist, ist Humo Hamza. Sein bekanntestes Buch, ›Grozdanin kikat‹ (Grozdanas Kichern), entstand 1926. Es wurde in zahlreiche Sprachen übersetzt und erschien im deutschsprachigen Raum teilweise auch unter dem Titel ›Der trunkene Sommer‹.

Geboren wurde Humo Hamza in der herzegowinischen Hauptstadt Mostar. In Belgrad, Zagreb und Wien besuchte er die Universität. Vor dem Zweiten Weltkrieg lebte er abwechselnd in Belgrad und Sarajevo und während des Krieges mit seiner Familie in der Herzegowina. Nach dem Krieg zog er nach Sarajevo und blieb dort bis zu seinem Tod im Jahr 1970. Er veröffentlichte zahlreiche Romane, Erzählungen und Gedichte. Neben ›Grozdanas Kichern‹ gehören ›Ein Gebäude auf Ruinen‹ von 1939 und ›Adam Čabrić‹, 1947 in Sarajevo erschienen, zu seinen bekannteren Romanen. ›Die Liebe des Perišić‹ und ›Hadžijas Schwert‹ wurden in den fünfziger Jahren in Sarajevo veröffentlicht und zählen zu seinen besten Erzählungen.

Zeitgenössische Autoren

In den Fokus einer literarisch interessierten Öffentlichkeit rückten Bücher aus Bosnien-Herzegowina erst nach Ausbruch des Krieges. Die jüngere Generation bosnischer Schriftsteller hat den Krieg unmittelbar erlebt. Einige konnten fliehen und beobachteten aus der Ferne das Geschehen in der Heimat. Ihre Bücher beschäftigen sich fast alle mit dem Krieg in Bosnien. Während Bosnien-Herzegowina faktisch ein geteiltes Land ist, wird in der Literatur die Hoffnung auf die Überwindung der Gegensätze zum Ausdruck gebracht und die Einheit beschworen.

Nicht nur die Inhalte der Literatur haben sich verändert, auch die Leser sind andere geworden und stellen oft national geprägte Erwartungen an die Autoren. Neue Bücher erscheinen zumeist nur in geringer Auflage. Bücher sind teuer und stellen einen unerschwinglichen Luxus dar, wenn das Einkommen kaum ausreicht, den Lebensunterhalt zu bestreiten. Während der Zeit des Krieges war das Interesse im Ausland dagegen recht groß. Bücher aus Bosnien, die sich mit der Belagerung Sarajevos, dem Krieg und dem Nationalismus beschäftigten, stießen auf große Resonanz in den Medien und bei den Lesern. Mit dem Ende des Krieges ebbte das Interesse an Büchern aus Bosnien merklich ab.

Eines der ersten im Ausland publizierten Bücher aus Bosnien, ›Sarajevo Blues‹ von Semezdin Mehmedinović, erschien kurz nach Kriegsbeginn zunächst im Zagreber Duriex-Verlag und dann in vielen anderen Ländern, darunter auch in Deutschland. Besonders erfolgreich war es in den USA, was auch daran lag, daß Paul Auster das Buch protegierte.

Dževad Karahasan gehört zu den populären jüngeren Autoren Bosnien-Herzegowinas. Sein ›Tagebuch einer Aussiedlung‹, in dem er die Belagerung Sarajevos thematisiert, wurde in zehn Sprachen übersetzt. Geboren wurde Karahasan 1953 im bosnischen Duvno. Er studierte in Sarajevo Literatur- und Theaterwissenschaften und arbeitete später als Redakteur verschiedener Literaturzeitschriften. Am Nationaltheater in Sarajevo war er als Dramaturg tätig. Für seine literarische Arbeit wurde er mehrfach mit Preisen ausgezeichnet, darunter mit dem Charles-Veillon-Preis. Sein erster Roman, ›Der östliche Diwan‹, erschien 1989 im ehemaligen Jugoslawien. In Deutschland brachte das Buch der Wieser Verlag heraus, ebenso das ›Tagebuch der Aussiedlung‹. Im Rowohlt Verlag erschienen 1997 ›Schahrijars Ring‹ und im Jahr 2000 ›Sara und Sarefina‹. Karahasan war 1997 Stadtschreiber in Graz.

Der Schriftsteller Stevan Tontić verließ ein Jahr nach Kriegsbeginn die bosnische Hauptstadt. Er kämpfte, so lange es ihm möglich war, gegen den Nationalismus und den Krieg und wurde angefeindet, weil er sich für keine der national gesinnten Gruppen engagieren wollte. Zuflucht fand er acht Jahre lang in Berlin. Erst im Jahr 2000 kehrte er nach Sarajevo zurück. Geboren wurde Tontić 1946 in

Sanski Most, einer kleinen Stadt im Nordwesten Bosniens. In den achtziger Jahren erhielt Tontić im ehemaligen Jugoslawien und auch in Deutschland zahlreiche Literaturpreise. Er veröffentlichte mehrere Gedichtbände und gilt als bedeutender Lyriker des ehemaligen Jugoslawien. Im deutschsprachigen Raum erschien 1998 sein Buch ›Handschrift aus Sarajevo‹, eine Sammlung von Gedichten, die er während der Belagerung schrieb. Tontić war Cheflektor in einem bekannten bosnischen Verlag und hat sich auch als Übersetzter von Hans Magnus Enzensberger, Christa Wolf und anderen einen Namen gemacht.

Der 1966 geborene Miljenko Jergović berichtete bis 1993 für verschiedene Zeitungen aus dem belagerten Sarajevo. Vor dem Krieg arbeitete er als Kolumnist mehrerer Zeitschriften und war bereits mit 20 Jahren Moderator einer Kultursendung. 1990 wurde er als bester politischer Kolumnist Jugoslawiens ausgezeichnet. Drei Jahre später verließ er Sarajevo und lebte fortan in Zagreb. Dort machte er mit seinen kritischen Kolumnen zu Tuđman auf sich aufmerksam. In Deutschland erschien 1996 sein Buch ›Sarajevo Marlboro‹, das bei Kritik und Lesern sehr viel positive Resonanz erhielt. Seine Bücher ›Karivani‹ und ›Mama Leone‹ liegen auch in deutscher Übersetzung vor. Miljenko Jergović lebt heute in Zagreb und Sarajevo. Er schreibt für mehrere Zeitungen, darunter auch ausländische wie ›Die Zeit‹. 1995 erhielt er in Osnabrück den Erich-Maria-Remarque-Friedenspreis.

Safeta Obhodjas wuchs in Pale auf. Literarische Ambitionen zeigte sie bereits als Jugendliche, mit 13 Jahren gewann sie einen Literaturpreis in Sarajevo. Sie studierte in Sarajevo Journalistik, veröffentlichte Erzählungen und schrieb zahlreiche Hörspiele. Ihre Arbeit wurde mehrfach ausgezeichnet, unter anderem 1987 mit dem Preis der Republik Bosnien-Herzegowina für ihre Erzählung ›Der australische Fink‹. 1992 verließ Safeta Obhodjas Pale und flüchtete nach Deutschland. Im deutschsprachigen Raum erschienen von der Autorin ›Hana‹, ›Rache und Illusion‹, ›Scheherezade im Winterland‹, ›Legenden und Staub‹ und der Erzählband ›Das Geheimnis – die Frau‹.

Marko Vesović ist im deutschsprachigen Raum noch keine bekannte Größe, in Bosnien-Herzegowina gehört er aber zu den populären Autoren. Ein Grund für seine Bekanntheit ist die Tatsache, daß er sich dem Krieg verweigerte. Er kam in Montenegro zur Welt, lebte aber lange Zeit in Sarajevo. Neben seinen Gedichten und Essays verfaßte er mehrere Romane und machte sich einen Namen als Übersetzer. Für seine Bücher wurde er mehrfach ausgezeichnet.

Nenad Velićković ist einer der wenigen bosnischen Serben, die Sarajevo während der Belagerung nicht verließen. Er verweigert sich jedem nationalen Denken und bezeichnet die Sprache seiner Bücher als jugoslawisch. Velićković schreibt Hörspiele, Theaterstücke, Erzählungen und hat bisher drei Romane veröffentlicht. Sein bekanntestes Buch ist der Roman ›Sahib‹.

Ivo Andrić

Ivo Andrić kam am 9. Oktober 1892 als Ivan Andrić in Travnik zur Welt und wurde römisch-katholisch getauft. Er war ein kränklicher Junge, der bis zu zwölf Stunden am Tag schlafen konnte, und auch danach fiel es ihm schwer aufzustehen. Nur einige Monate verbrachte er in Travnik, der Stadt, der er später in seiner ›Travniker Chronik‹ ein literarisches Denkmal setzen sollte, dann nahm ihn seine Mutter mit nach Sarajevo, wo sein Vater arbeitete.

Eingeschult wurde er in Višegrad und lebte dort bei Pflegeeltern, während seine Eltern in der bosnischen Hauptstadt blieben. Nach Beendigung der achtjährigen Grundschulzeit besuchte er das Gymnasium in Sarajevo. Gemeinsam mit seiner Mutter lebte er in einer Wohnung in Blickweite zur Altstadt von Sarajevo. Der Vater spielte in dieser Zeit nur eine untergeordnete Rolle, die Mutter scheint die Geschicke der Familie und des jungen Sohnes allein gelenkt zu haben. Nebenbei sicherte sie den Familienunterhalt durch die Arbeit in einer Teppichfabrik. Die Schule bereitete Andrić keine Schwierigkeiten, nur Mathematik ließ ihn wiederholt straucheln und schließlich ein Schuljahr wiederholen.

Früh erwachte sein Interesse an der Literatur. Seine eigene literarische Begabung wurde von seinem Lehrer Dr. Tugomir Alaupović erkannt und fortan gefördert. Während seiner Schulzeit in Sarajevo gehörte Andrić zu den Gründern der national gesinnten Vereinigung ›Junges Bosnien‹, zu deren Zielen eine Vereinigung mit Serbien und die Gründung eines gemeinsames jugoslawischen Staates gehörte.

Schon früh zeigte sich Andrićs sprachliches Talent. Mühelos lernte er fremde Sprachen und übersetzte bereits in jungen Jahren slowenische Dichter, sprach fließend Deutsch und las die Werke englischer Autoren im Original. Die Sarajevoer Literaturzeitschrift ›Bosanska vila‹ druckte 1911 sein Gedicht ›In der Dämmerung‹ – Andrićs erste Veröffentlichung.

Im Sommer 1912 beendete er das Gymnasium mit dem Abitur und immatrikulierte sich an der Fakultät für Geisteswissenschaften an der Universität in Zagreb. Ermöglicht wurde ihm sein Studium unter anderem durch ein Stipendium einer kroatischen Organisation, die sich die Unterstützung der Bildung und Kultur auf die Fahnen geschrieben hatte. Bereits zwei Jahre später setzte er sein Studium in Wien fort. Er hörte Vorlesungen in Philosophie und zur Geschichte des Balkans und seiner Völker. Da das Wiener Klima seiner Gesundheit nicht bekam, konnte er eine Rückkehr nach Bosnien jedoch kaum abwarten. Er bat seinen Förderer Alaupović um Unterstützung, sein Studium in einem anderen Land fortsetzten zu können – mit Erfolg. Andrić besuchte fortan die Vorlesungen der Fakultät für Geschichte an der Universität von Krakau. Glücklich wurde er auch hier nicht. Seine Lungenkrankheit setzte ihm weiter zu, außerdem lastete eine tiefe Schwermut auf ihm. In seiner Umgebung galt er als Sonderling mit einem empfindsamen Gemüt, verletzlich und kränkelnd.

Als Andrić vom Attentat auf den österreichisch-ungarischen Thronfolger hörte, reiste er über Zagreb und Rijeka nach Split. Nach einem kurzen Aufenthalt in der kroatischen Hafenstadt wurde er als ehemaliges Mitglied der Organisation ›Junges Bosnien‹ erkannt und verhaftet. Fast ein Jahr verbrachte er in den Gefängnissen von Šibenik und dem slowenischen Maribor. Entlassen wurde er aufgrund seines schlechten Gesundheitszustandes, allerdings mit der Auflage, sich in ein Dorf nahe Travnik zu begeben und sich dort regelmäßig bei der Polizei zu melden. Später brachte man ihn in das mittelbosnische Zenica.

Erst 1917 wurde von weiteren Sanktionen gegen Andrić abgesehen, er wurde begnadigt. Er hielt sich eine Zeitlang in Višegrad auf und mußte sich dann zu einem längeren Krankenhausaufenthalt nach Zagreb begeben.

Sein Aufenthalt in Zagreb brachte ihn mit einigen Literaturinteressierten zusammen. Gemeinsam entwickelten sie die Idee, eine Literaturzeitschrift herauszubringen, und tatsächlich erschien am Neujahrstag 1918 die erste Ausgabe in Zagreb. Die Freude darüber währte jedoch nur kurz, Andrić mußte mit einer Lungenentzündung erneut ins Krankenhaus. Während seines anschließenden Aufenthalts in einem Kurort nahe der kroatischen Hauptstadt beendete er seinen ersten Roman ›Ex Ponto‹. Den größten Teil des Buches hatte er während seines Gefängnisaufenthalts in Maribor geschrieben.

Andrić lebte zu dieser Zeit in Zagreb und haderte mit sich und der Stadt. Er dachte an eine räumliche Veränderung, an einen Umzug nach Split oder vielleicht wieder nach Sarajevo. Als sein Förderer und ehemaliger Lehrer Alaupović als Minister des neugegründeten Königreiches der Serben, Kroaten und Slowenen nach Belgrad ging, beschloß Andrić, ihm zu folgen und fand dort eine Anstellung als Beamter im Ministerium des väterlichen Freundes. Das Klima bekam seiner angeschlagenen Gesundheit sehr viel besser als in Zagreb. Seine Krankheitssymptome klangen ab und sein Beamtengehalt reichte aus, um sein Leben relativ großzügig gestalten zu können. Schnell fand er Kontakt zur Belgrader Literaturszene.

Andrić entwickelte den Ehrgeiz, seinen beruflichen Aufstieg voranzutreiben. Der ließ nicht lange auf sich warten. Im Frühjahr 1920 wurde Andrić zum Vizekonsul in New York berufen. Allerdings fand diese Entscheidung bereits nach wenigen Tagen eine Änderung, die ihn zur Botschaft des Jugoslawischen Königreichs im Vatikan führte. Das Arbeitsaufkommen dort hielt sich in überschaubaren Grenzen und erlaubte Andrić, in das kulturelle Leben Roms einzutauchen. Neue Freunde fand der in sich gekehrte Andrić in Rom nicht, dafür aber reichlich Zeit zu schreiben. In Belgrad wurde seine Erzählung ›Der Weg des Alija Djerzelez‹ veröffentlicht, und sein Zagreber Verleger brachte einen Erzählband mit dem Titel ›Unruhen‹ heraus, der schnell auf ein sehr positives Echo stieß.

Ivo Andrić (1892–1975)

Im Oktober 1920 erfuhr Andrić von seiner Versetzung als Beamter des Generalkonsulats nach Rumänien. In Bukarest fand er Unterkunft bei einer deutschstämmigen Familie. Das Leben in der rumänischen Hauptstadt beschreibt er als laut und luxuriös. Geplagt vom Heimweh suchte er nach Gründen und Möglichkeiten, zurück nach Belgrad zu reisen, doch reichte es nur zu einem Urlaub von wenigen Wochen, die Andrić nutzte, um nach Belgrad und zu seiner kranken Mutter nach Sarajevo zu reisen.

Im Herbst 1922 wurde Andrić nach Triest versetzt. Aber auch hier litt seine Gesundheit unter dem Klima. Sein Aufenthalt in Triest war nur von kurzer Dauer, kurz darauf wurde er Vizekonsul im österreichischen Graz. Eine Heimat, wenn auch nur vorübergehend, fand er auch dort nicht. Ihm mißfiel die Atmosphäre der Stadt. Aber er nutzte seine Zeit in Österreich und besuchte die Philosophische Fakultät in Graz. 1924 beendete er sein Studium mit einer Dissertation über die Entwicklung des geistigen Lebens während der türkischen Herrschaft in Bosnien.

Nach dem Tod seines Pflegevaters ließ sich Andrić nach Belgrad versetzen. Ein weiterer Band mit Erzählungen erschien. Zu diesem Zeitpunkt galt der Autor bereits als einer der führenden Vertreter der neuen jugoslawischen Literatur.

Als Vizekonsul wurde er nach Marseille berufen, einer Stadt, die sein Wohlgefallen fand. Er nutzte die Zeit in Frankreich, um die Sprache zu lernen und in den Archiven zu forschen. 1928, nur kurze Zeit nach seinem Amtsantritt in Marseille, wurde er als Vizekonsul nach Madrid geschickt, doch auch hier blieb er nur kurze Zeit, dann führte ihn seine Arbeit nach Genf. ›Eine langweilige Stadt‹, schrieb Andrić in Briefen an Freunde. Von Genf unternahm er Ausflüge nach Frankfurt und Weimar.

1933 kehrte er nach Belgrad zurück, wo er 1935 zum Leiter der politischen Abteilung im Außenministerium ernannt wurde. Der Literat Andrić fand Anerkennung und Auszeichnungen in Polen und Frankreich. Dort waren Übersetzungen seiner Bücher erschienen. Arbeitsfreie Wochen nutzte er für Reisen nach Wien. Interessiert recherchierte er in den Archiven Wiens, immer auf der Suche nach Berichten der ehemaligen österreichischen Gesandten in Bosnien.

Cover der deutschen Ausgabe

Am 12. April 1939 traf Andrić in Berlin ein. Kurz zuvor war er zum Hauptgesandten Jugoslawiens in Deutschland ernannt worden. In Deutschland war bis dahin erst ein Buch mit Erzählungen erschienen, sein Ansehen als Schriftsteller aber dennoch sehr groß.

Nach dem Überfall Polens durch Deutschland versuchte Andrić, internierten polnischen Schriftstellern, Wissenschaftlern und Künstlern beizustehen und für sie eine Ausreise nach Jugoslawien zu erwirken. Als er feststellen mußte, daß die jugoslawische Regierung unter der Hand gemeinsame Sache mit Hitler machte, reichte er seine Versetzung ein.

Nach kurzen Zwischenstationen in Belgrad und Wien war Andrić erneut in Berlin, als die Deutschen am 6. April 1941 Belgrad aus der Luft bombardierten. Ende Mai kehrte Andrić zurück in das von den Deutschen besetzte Belgrad. Nur knapp entging er einer Verhaftung bei seiner Ankunft am Belgrader Bahnhof. Unterkunft fand er zunächst nur provisorisch bei einem Freund, dem Belgrader Anwalt Brana Milenković. In dieser Wohnung schrieb er während des Krieges seine beiden berühmtesten Bücher.

Nach seiner Ankunft in Belgrad lebte Andrić zurückgezogen. Offiziell war er aus dem Staatsdienst ausgeschieden und in den Ruhestand versetzt worden. Er widmete sich ganz seiner literarischen Arbeit. Im Frühjahr 1942 beendete er das Buch ›Travniker Chronik‹, bereits zwei Jahre später war sein Buch ›Die Brücke über die Drina‹ fertig. Zur Veröffentlichung übergab Andrić seine Manuskripte jedoch erst nach dem Krieg. Während der Besetzung Belgrads lehnte er jede Veröffentlichung seiner Werke mit Hinweis auf die Lebensumstände ab.

›Die Brücke über die Drina‹ erschien im März 1945 mit einer Startauflage von lediglich 5000 Exemplaren. Nun begann für Andrić die intensivste Zeit seines Lebens als Literat. Noch im gleichen Jahr veröffentlichte der Staatsverlag Jugoslawiens die ›Travniker Chronik‹, Ende des gleichen Jahres erschienen in Sarajevo der Roman ›Das Fräulein‹ und ein Band mit Erzählungen. Andrić wurde stellvertretender Präsident des jugoslawischen Schriftstellerverbandes. Zu dieser Zeit lebte er abwechselnd in Belgrad und Sarajevo und reiste nach Moskau und Leningrad. Gesellschaftliche Verpflichtungen, Lesungen und zahlreiche Einladungen zu den verschiedensten Anlässen ließen ihm kaum Zeit zu schreiben. Andrić hielt Vorträge und Vorlesungen in Novi Sad und in Paris, nachdem sein Buch ›Travniker Chronik‹ in französischer Übersetzung erschienen war. Er wurde mit Preisen überhäuft, unter anderem mit der Auszeichnung für sein Lebenswerk vom Jugoslawischen Schriftstellerverband.

Eng verbunden blieb er Višegrad, der Stadt seiner ersten Erinnerung. Er unterstützte die kulturellen Einrichtungen der Stadt, ließ Bücher für die Bibliothek anschaffen und leistete finanzielle Hilfe für verschiedene kulturelle Organisationen.

Am 27. September 1958 heiratete Andrić in Belgrad Milica Babić-Jovanović. Die Öffentlichkeit erfuhr von der Hochzeit erst sehr viel später. Die Trauung beschränkte sich nur auf die Hochzeitszeremonie und verlief ohne große Feierlichkeiten. Andrićs Frau arbeitete als Kostümbildnerin am Belgrader Nationaltheater. Andrić war bereits seit der Vorkriegszeit mit Milica und ihrem ersten Ehemann befreundet. Nach dem Tod des Ehemannes intensivierten sie ihre Freundschaft und heirateten dann in fortgeschrittenem Alter.

Am 26. Oktober 1961 erhielt Ivo Andrić den Nobelpreis für Literatur; er nahm ihn am 10. Dezember entgegen. Andrić hattte sich gegen fünfzig andere Autoren, darunter John Steinbeck und Graham Greene, durchgesetzt. Neben Andrić hatte der jugoslawische Schriftstellerverband auch Miroslav Krleža vorgeschlagen. Nach der für den zurückhaltenden Andrić wohl auch etwas unangenehmen Aufregung um seine Person reiste er mit seiner Frau für einige Tage in die Schweiz. Anfang Januar 1962 traf er unter großer Anteilnahme der Bevölkerung in Belgrad ein. Trotz der großen Ehrung, die er in Schweden erfahren habe, zeige er sich hocherfreut, wieder zu Hause zu sein, berichtete er den wartenden Journalisten auf dem Bahnsteig.

Als einer der meistübersetzten Autoren weltweit war Andrić nun auf der Höhe seiner Popularität angekommen. In Jugoslawien wurden ihm zu Ehren mehrere Festveranstaltungen abgehalten. Auch in Griechenland erfuhr er Anerkennung und wurde von höchster Stelle für sein literarisches Schaffen ausgezeichnet. Die Griechen freute es, daß einem Autor vom Balkan die Ehre des Nobelpreises zuteil wurde. Andrić schenkte der Republik Bosnien-Herzegowina die Hälfte seines Preisgeldes. Der Kulturrat der Republik sollte es verwenden, um den Aufbau der Volksbibliotheken voranzutreiben.

Im montenegrinischen Herceg Novi kaufte er sich ein Sommerhaus. Die Zeit an der Adriaküste nutzte er für lange Spaziergänge und zum Lesen. Herceg Novi entwickelte sich so langsam zum Treffpunkt für Literaten aus Belgrad und Titograd, dem heutigen Podgorica.

Im Herbst des gleichen Jahres empfing ihn der jugoslawische Staatspräsident Tito. Im Beisein von hochrangigen Politikern und Schriftstellerkollegen wurde Andrić mit einem Orden für seine Verdienste um die Literatur und Kultur ausgezeichnet.

Der polnische Filmregisseur Andrzej Wajda plante eine Verfilmung eines von Andrićs Werken, die Pläne wurden jedoch nie in die Tat umgesetzt. Weitere Angebote, seine Bücher zu verfilmen, die aus dem Ausland und auch von einheimischen Filmemachern kamen, lehnte Andrić ab, da er die Zeit dafür noch nicht für gekommen hielt.

1964 erhielt Andrić die Ehrendoktorwürde der Universität Krakau, an der er vor dem Ersten Weltkrieg für kurze Zeit studiert hatte. Mittlerweile über siebzig Jahre alt, mußte Andrić viele seiner zahlreichen Einladungen absagen. Sein Gesundheitszustand verhinderte immer öfter seine Teilnahme.

Am 24. März 1968 starb während des gemeinsamen Urlaubs in ihrem Haus in Herceg Novi völlig unerwartet Andrićs Ehefrau Milica Babić. Sein eigener schlechter Gesundheitszustand setzte Andrić immer mehr zu. Er klagte über Schlaflosigkeit und bezeichnete die Nacht als seinen Feind. Immer intensiver beschäftigte er sich mit dem eigenen Tod. Zu Beginn des Jahres 1974 mußte er sich in ärztliche Behandlung begeben. Sein Gesundheitszustand verbesserte sich so weit, daß er die während des Sommers geplante Reise in die Herzegowina und anschließend nach Sarajevo unternehmen konnte. Während dieser Zeit war er oft mit Meša Selimović zusammen, dem Autor von ›Der Derwisch und der Tod‹.

Im Dezember des gleichen Jahres begab sich Andrić in die Klinik für innere Medizin in Belgrad, da er über Unwohlsein klagte. Andrić fiel am darauffolgenden Tag in ein dreimonatiges Koma und starb am 13. März 1975 in den frühen Morgenstunden. Zehntausende Menschen säumten den Trauerzug auf seinem letzten Weg zum Belgrader Heldenfriedhof. Ein schlichter Grabstein schmückt sein Urnengrab.

Film

Bosnien-Herzegowina hat mehrere Regisseure hervorgebracht, deren Filme mit den wichtigsten Filmpreisen ausgezeichnet wurden. In der jüngeren Vergangenheit sorgte der Regisseur und Drehbuchautor Danis Tanović mit seinem Film ›No Man's Land‹ (Originaltitel: Nićija Zemlja) für Furore. Der Film wurde mit Preisen geradezu überhäuft. Er gewann so viele Auszeichnungen wie noch keine bosnischer Film vor ihm: In Cannes bekam er 2001 die Goldene Palme, es folgte Auszeichnung auf Auszeichnung bis hin zum Golden Globe und als Höhepunkt der Oscar als bester ausländischer Film.

›No Man's Land‹ ist der erste Spielfilm des 1969 im mittelbosnischen Zenica geborenen Regisseurs Danis Tanović. Gelernt hatte der leidenschaftliche Kinobesucher sein Handwerk an der Filmakademie in Sarajevo. Als der Krieg ausbrach, ging er zur bosnischen Armee und dann an die Front, um den Krieg zu dokumentieren. Sehr bald erkannte man die Bedeutung des aufgenommenen Filmmaterials. Nicht nur Tanović, auch andere Filmemacher waren mit dem Ziel an der Front, das Geschehen dort festzuhalten. Um die Filme für die Nachkriegszeit zu erhalten, auszuwerten und zu ordnen, wurde das ›Filmarchiv der bosnischen Streitkräfte‹ ins Leben gerufen. Danis Tanović übernahm die Leitung des Archivs. Während des Krieges drehte er mehrere Dokumentarfilme, Reportagen und lieferte Bildmaterial für Nachrichtensendungen. Die Filme wurden auf Video aufgenommen, was zu Schwierigkeiten führte, da es oft an Videokassetten mangelte und die Batterien nicht aufgeladen werden konnten, wenn tagelang der Strom ausfiel.

Im Frühjahr 1994 verließ Tanović körperlich und psychisch erschöpft Sarajevo und kam bei einem Bekannten in Belgien unter. Dort besuchte er die Abschlußklasse der belgischen Filmhochschule und erhielt neben der bosnischen auch die belgische Staatsbürgerschaft. Vor diesem Hintergrund scheint es wie eine natürliche Folge, daß Tanovićs erster Spielfilm den Krieg in Bosnien zum Thema hat, wenn auch auf ganz eigene Art. Der Film erzählt die Geschichte zweier Soldaten, eines moslemischen und eines serbischen, die sich plötzlich in einem Schützengraben zwischen den Frontlinien gegenüberstehen und zusammenarbeiten müssen, um mit dem Leben davonzukommen.

Die bosnische Filmproduktion leidet unter der Knappheit der vorhandenen finanziellen Mittel. Das Geld wird für den Wiederaufbau benötigt. Filme zu produzieren, kommt unter den gegenwärtigen Umständen einem Luxus gleich. Dennoch schaffen es die Produzenten, Geld für neue Filme aufzutreiben, nicht selten mit der Unterstützung ausländischer Produzenten und Geldgeber. Die bosnischen Filmemacher haben aus der Not eine Tugend gemacht. Abendfüllende Spielfilme entstehen mit nur wenigen tausend Euro Budget. Einer der teuersten bosnischen Filme der letzten Jahren kostete nur zwei Millionen Euro, eine im internationalen Vergleich geradezu lächerlich niedrige Summe.

Nach dem letzten Krieg gab es auch Jahre ohne eine einzige bosnische Filmproduktion. Das Filmfestival in Sarajevo behalf sich mit bosnischen Filmen aus den siebziger und achtziger Jahren, die im Nebenprogramm gezeigt wurden. Im Jahr 2003 entstanden drei bosnische Spielfilme. Sie alle thematisieren den Krieg, den Nationalismus und die multiethnische Bevölkerungszusammensetzung in Bosnien-Herzegowina. Während des Krieges gründete sich die ›Sarajevoer Autorengruppe‹. Sie produzierte während der Belagerung der Hauptstadt Filme, die in der ganzen Welt gezeigt wurden. Neben Danis Tanovićs ›No Man's Land‹ schuf Ademir Kenović mit ›Der perfekte Kreis‹ einen beeindruckenden Film, der sich mit dem Leben im belagerten Sarajevo beschäftigt.

Auch außerhalb Bosnien-Herzegowinas war ›Gori Vatra‹ von Regisseur Pjer Zalica sehr erfolgreich. Der Film war der bosnische Beitrag auf dem Filmfest in Locarno. Im Mittelpunkt der Handlung steht ein kleiner Ort an der Grenze zwischen der Föderation und der Serbischen Republik. Die Menschen dort leben vom Schmuggel mit Zigaretten und Flüchtlingen und von der Prostitution. Als der amerikanische Präsident seinen Besuch ankündigt, sind die Geschäfte der Bewohner gefährdet, und zusätzlich sollen sie mit ihren serbischen Nachbarn auf der anderen Seite der Grenze eine gemeinsame Patrouille aufbauen. So werden die verfeindeten Parteien gezwungen, an einem Strick zu ziehen. Im Film gelingt die Versöhnung.

Fast alle bosnischen Filme verzichten auf Schuldzuweisungen. So ist es möglich, daß im Rahmen von Filmproduktionen Muslime, Serben und Kroaten wieder miteinander arbeiten. Im Film ›Der Sommer im goldenen Tal‹ von Srdjan Vuletićs spielt mit Svetozar Cvetković einer der bekanntesten serbischen Schauspieler die Hauptrolle, während in der serbischen Komödie ›Kleine Welt‹ der Bosnier Branko Djurić mitspielt.

Seit 1995 strömen jedes Jahr im Sommer zahlreiche Besucher zum Filmfest von Sarajevo. Die Premiere fand noch während des Krieges statt. Dennoch kamen auch Regisseure aus Kroatien und Makedonien, um auf dem Festival ihre Werke vorzustellen und Rede und Antwort zu stehen. Auch der mit einer Retrospektive geehrte Filmemacher Leos Carax ließ es sich nicht nehmen, persönlich in das belagerte Sarajevo zu kommen. Das erste Filmfestival lockte die nach Abwechslung und Kultur hungrigen Menschen in großen Massen an, der Eintritt wurde mit einer Zigarette beglichen. Aufgrund des großen Erfolges wurde das Festival zu einer ständigen Einrichtung, die jedes Jahr im August den kulturellen Höhepunkt in Sarajevo darstellt. Ein wichtiger, auch für ausländische Besucher sehr interessanter Bestandteil des Festivals ist der Programmschwerpunkt mit Filmen aus den Balkanländern.

Emir Kusturica

Der aus Bosnien stammende Filmemacher Emir Kusturica genießt weltweit große Popularität. Gemessen an seinen Auszeichnungen ist er sicherlich der erfolgreichste Filmregisseur, den Sarajevo hervorgebracht hat.

Kusturica wurde 1954 in Sarajevo geboren und besuchte dort die Schule. Zum Studium ging er an die Filmhochschule in Prag. Bereits sein erster Kurzfilm wurde beim Studentenfilmfestival in Karlovy Vary ausgezeichnet. Internationales

Szenenfoto aus dem Film ›Zeit der Zigeuner‹

Aufsehen erregte er mit seinem ersten Kinofilm ›Erinnerst du dich an Dolly Bell?‹. Kusturica erhielt für den Film in Cannes die Goldene Palme für den besten Erstlingsfilm. Vier Jahre später, 1985, gewann Kusturica erneut die höchste Auszeichnung beim Festival in Cannes, diesmal für seinen zweiten Spielfilm ›Papa ist auf Dienstreise‹. 1988 war er erneut in Cannes erfolgreich. Für den Film ›Zeit der Zigeuner‹ erhielt er den Preis für die beste Regie.

Kusturica ging anschließend in die USA, lehrte an der Columbia Universität in New York im Fach Regie und drehte seinen ersten amerikanischen Film ›Arizona Dream‹ mit Johnny Depp, Faye Dunaway und Jerry Lewis in den Hauptrollen. Die Filmmusik von Goran Bregović wurde mit der eindringlichen Gesangsstimme von Iggy Pop ebenso erfolgreich wie der Film, der auf der Berlinale 1993 den Silbernen Bären erhielt.

Schon zwei Jahre später kam Kusturicas neuer Film ›Underground‹ in die Kinos und spaltete die Kritiker. Man warf Kusturica vor, sich mit dem Film auf die Seite Miloševićs geschlagen zu haben und dessen Politik zu unterstützen. Kusturica zeigte sich erbost und kündigte an, keine Filme mehr drehen zu wollen. Glücklicherweise besann er sich eines Besseren. 1998 erschien ›Schwarzer Kater, weiße Katze‹ und wurde sogleich mit den Silbernen Löwen in Venedig ausgezeichnet. Drei Jahre später zeigte Kusturica auf der Berlinale in Berlin außer Konkurrenz seinen Dokumentarfilm ›Super 8 Stories‹.

Emir Kusturica lebte bis zu seinem 36. Lebensjahr in Sarajevo, spielte erfolgreich Fußball und war Bassist der Band ›Zabranjenog Pušanje‹ (Rauchen verboten). Mit Beginn des Krieges in Bosnien-Herzegowina verließ er Sarajevo und ging nach Belgrad. Er übte heftige Kritik an der moslemischen Politik im Nationalitätenkonflikt und wurde daraufhin in Sarajevo zur unerwünschten Person erklärt. Kusturica lebt heute überwiegend in Belgrad, in Sarajevo war er seit mehr als einem Jahrzehnt nicht mehr.

Musik

Während des Krieges in Bosnien-Herzegowina ging das Bild des in den Trümmern sitzenden Cellisten des Sarajevoers Sinfonieorchesters Vedran Smailovic um die Welt. Unbeeindruckt vom Beschuß der Stadt und den einschlagenden Salven spielte er jeden Tag im Zentrum von Sarajevo aus Protest gegen die Belagerung und zur Demonstration seiner Unbeugsamkeit.

Sarajevo war schon vor dem Krieg das Herz der bosnisch-herzegowinischen Musikszene. Die Hauptstadt hat ein eigenes Sinfonieorchester und eine Oper. Die bekanntesten Musiker und Komponisten der klassischen Musik Bosniens wirkten in Sarajevo. Im Bereich der Klassik ist der Komponist Vlado Milošević einer der bosnischen Künstler, die auch über die Grenzen des Landes hinaus Berühmtheit erlangten. Milošević wurde 1901 in Banja Luka geboren. Er studierte an den Musikakademien in Zagreb, in Wien und in Belgrad, noch vor dem Zweiten Weltkrieg wurde er Direktor der Musikschule in Banja Luka. Er begann unmittelbar nach dem Studium mit eigenen Kompositionen. In seinem Werk ist der Einfluß bosnischer Folklore und traditioneller Musik deutlich spürbar. Er veröffentlichte zwei Standardwerke zu diesen Themen. Sehr bekannt wurden seine Kompositionen für Chöre wie ›Krvava bajke‹ (Blutiges Märchen) und ›Pjesme sa Zmijanja i Jama‹ (Lieder aus Zmijanja und Jama). Zu seinen wichtigsten Werken gehört das Konzert für Oboe und Gudača (1950) und das Konzert für Violine und Orchester.

Zu den Größen der klassischen bosnischen Musik gehören auch Avdo Smailović, Nada Ludvig-Pečar und Gabrijel Jakšević. Avdo Smailović kam er sehr spät mit der Musik in Berührung. Er wurde 1917 in Visoko geboren. Seine Eltern waren einfache Arbeiter und mittellos, seine Schulausbildung war nach der Grundschule zunächst beendet. Zur Musik kam er erst später durch Bekannte und lernte verschiedene Instrumente.

Nach dem Zweiten Weltkrieg dirigierte er Amateurorchester und Chöre. Die Musikakademie in Sarajevo brach er nach dem fünften Semester ab, seinen Unterhalt verdiente er als Lehrer an einer Musikschule in Sarajevo. Er komponierte Sinfonien, aber auch Stücke für Chöre und Lieder für Klavier und Gesang.

Nada Ludvig-Pečar wurde 1929 in Sarajevo geboren und blieb ihrer Heimatstadt auch später im Berufsleben treu. Sie lernte das Klavierspielen an der Musikschule und studierte später an der Musikakademie. Noch vor Aufnahme des Studiums komponierte sie erste Stücke. Sie hat über 20 Kompositionen für Klavier geschrieben, darunter 1953 die Sonate für Klavier und Lieder für Klavier und Gesang. Sie unterrichtete als Professorin an der Musikakademie in Sarajevo im Fach Klavier.

Gabrijel Jakšević gilt als wichtige Größe im klassischen Musikleben Sarajevos. Er arbeitete zunächst als Musikpädagoge und machte sich später als Komponist einen Namen. Jakšević wurde 1911 in einem Dorf bei Jajce geboren. Er begann als Schüler mit dem Klavierspiel und ließ sich in der Musiktheorie ausbilden, an der Musikakademie in Ljubljana studierte er Komposition. Jakšević hat über 45 Klavierkompositionen und auch Stücke für Orchester geschrieben. Unüberhörbar sind die Barockeinflüsse in seiner Musik.

Der Einfluß der klassischen Musik Bosniens war jedoch nicht von solchgroßer Bedeutung, wie sie die Bands und Solokünstler der Pop- und Rockmusik im ehemaligen Jugoslawien und dem gesamten Ostblock erreichten. Gruppen wie Bijelo Dugme, Crvena Jabuka, Plavi Orkestar oder Sänger wie Hari Mata Hari und Vajta, um nur einige wenige zu nennen, bestimmten das Lebensgefühl in den siebziger und achtziger Jahren.

Zu Beginn der achtziger Jahre formierte sich in Sarajevo eine Szene, die sich ›Neue Primitive‹ nannte. Im Mittelpunkt der Bewegung standen Bands wie ›Zabranjenog Pušanje‹ mit dem später sehr erfolgreichen Filmregisseur Emir Kusturica am Baß, aber auch die Gruppen ›Plavi Orkestar‹ (Blaues Orchester) und ›Znak Srce‹ (Herzzeichen). Die Musiker standen in abgerissener Kleidung auf der Bühne und bedienten sich in ihren Songtexten einer ausgesucht primitiven Sprache. Ihr Äußeres und ihr Auftreten waren angelehnt an die in Westeuropa gerade sehr populare Punkbewegung. In westeuropäischen Ländern sorgten die Punker mindestens für Irritationen, im kommunistischen Jugoslawien der damaligen Zeit hatte diese Haltung der Bands nahezu eine politische Dimension. Ein großer Teil der Bands ist auch heute noch aktiv, die punkige Attitüde spielt dabei keine Rolle mehr.

Die Band ›Zabranjenog Pušanje‹ hat sich nach Streitigkeiten geteilt. Heute geben zwei verschiedene Bands mit dem gleichen Namen von Zeit zu Zeit Konzerte. Die Formation mit Emir Kusturica ist dabei erfolgreicher, lebt aber auch von der Popularität des Filmemachers. Die Band steuerte den Soundtrack zu Kusturicas letzten Filmen bei und ging mit Kusturica in ganz Europa auf Tournee. Bei Live-Auftritten hält sich Kusturica auffallend zurück, während der unter dem Künstlernamen Dr. Nelle Karajlić auftretende Frontman der Band für die Performance zuständig ist.

Goran Bregović

Der 1950 in Sarajevo geborene Goran Bregović war Gründer und Kopf der Gruppe ›Bijelo Dugme‹ (Weißer Knopf) und wurde noch zu Lebzeiten eine musikalische Legende in Bosnien-Herzegowina und im ehemaligen Jugoslawien.

Bregović wuchs in Sarajevo auf. Seine Eltern sind serbischer und kroatischer Abstammung. Als Jugendlicher besuchte er die Mittelschule für Musik und spielte Violine. Seine Eltern hätten gerne gesehen, daß ihr musikalischer Sohn erfolgreich die Musikakademie abgeschlossen hätte, doch sein Ehrgeiz hielt sich in dieser Beziehung in Grenzen. Er wurde nicht oft im Unterricht angetroffen und irgendwann geschaßt. Er versuchte sich anschließend noch als Student der Philosophie, aber ebenso halbherzig wie zuvor. Seine große Leidenschaft war die Rockmusik. Noch als Jugendlicher gründete er seine erste eigene Band ›Jutro‹ (Morgen), die mit dem Song ›Kad bih bio Bijelo Dugme‹ (Wenn ich ein weißer Knopf wäre) einen ersten lokalen Hit hatte. Bei Konzerten forderte das Publikum immer diesen einen Hit und skandierte lauthals die Kurzform des Songtitels: ›Bijelo Dugme‹. Der Bandname wurde daraufhin in ›Bijelo Dugme‹ geändert. Die Band trat fortan einen musikalischen Siegeszug durch ganz Osteuropa an. Bregović komponierte die Songs der Gruppe und war ihr musikalischer Kopf. In seiner Musik vermischte Bregović Rockelemente mit traditioneller bosnischer beziehungsweise jugoslawischer Musik im weitesten Sinne.

›Bijelo Dugme‹ trennten sich Ende der achtziger Jahre. Bregović zog sich für einige Zeit zurück, bis 1989 die Zusammenarbeit mit dem ebenfalls aus Sarajevo stammenden Filmregisseur Emir Kusturica begann. Bregović schrieb die Musik zu Kusturicas Filmen ›Zeit der Zigeuner‹, ›Arizona Dream‹ und ›Underground‹. Die Filmmusiken fanden große Beachtung und machten den Musiker auch im Westen bekannt. Nach Streitigkeiten beendeten die beiden Künstler ihre Zusammenarbeit. Bregović wandte sich anderen Projekten zu. Er komponierte die Filmmusik zu ›27 Missing Kisses‹ und schrieb Musik für das Theater, unter anderem auch für eine Hamlet-Aufführung am Hamburger Thalia-Theater.

Mitte der neunziger Jahre zog es Bregović wieder auf die Bühne. Auftritte mit der überschaubaren Zahl von Musikern einer Band schienen nicht mehr seine Sache zu sein. Er ging mit einem Sinfonieorchester und einem fünfzigköpfigen Chor auf Tournee durch ganz Europa und feierte große Erfolge. 2002 erschien sein Album ›Tales and Songs from Weddings und Funerals‹, auf dem Bregović erneut traditionelle Klänge mit moderner Musik zu einem ganz eigenen Stil verbindet.

Zwei CDs mit den polnischen Sängern Kris Krawczk und Kayah machten Bregović auch in Polen zu einem Star. Die CDs sind auch in Deutschland erschienen und sehr erfolgreich. Bregović lebt heute mit seiner Familie in Paris und in Belgrad.

Die Band Bijelo Dugme

›Bijelo Dugme‹ war in den siebziger und achtziger Jahren die erfolgreichste und populärste Band in Bosnien und dem ehemaligen Jugoslawien. Sie schrieben Musikgeschichte, gaben Konzerte vor zehntausenden von Zuschauern, verkauften Platten wie keine jugoslawische Band vor ihnen, spielten vor Tito und waren in der Sowjetunion, Bulgarien und anderen Ländern des Ostblocks erfolgreich. Noch heute wird ihre Musik von Slowenien bis Mazedonien gehört und die serbokroatischen Texte mitgesungen. ›Bijelo Dugme‹ sind heute eine Legende und genießen Kultstatus.

Die von Goran Bregović gegründete Formation nannte sich zunächst ›Jutro‹. Seit dem Neujahrstag 1974 trat die Band unter dem Namen ›Bijelo Dugme‹ auf. Noch im Frühjahr des gleichen Jahres erhielten die Musiker einen Vertrag der staatlichen Plattenfirma ›Jugoton‹. Sänger Željko Bebek gab seine sichere Arbeit in der Verwaltung einer Versicherung trotz seiner Verantwortung für Frau und Kind auf und schloß sich ›Bijelo‹ Dugme an.

Die Gruppe tourte anfangs noch durch kleine Städte und veröffentlichte erste Singles. Ein erster Erfolg stellte sich beim Festival in Ljubljana ein, auf dem sie als beste Nachwuchsband gefeiert wurden. Die Texte zu der Musik von Goran Bregović schrieb Vlado Dijak. Die Band absolvierte erfolgreiche Auftritte bei Festivals in Skopje und erneut in Ljubljana.

Im Oktober 1974 nahmen sie in nur 20 Tagen ihre erste Langspielplatte ›Kad bih bio bijelo dugme‹ auf. Sie kam bereits einen Monat später in den Handel und verkaufte sich überraschend gut. Im Frühjahr 1975 ging die Band auf ihre erste große Tournee, die sie durch das ganze ehemalige Jugoslawien führte.

Der Erfolg des ersten Albums hatte die Band im ganzen Land populär gemacht. Ihr zweites Album ›Šta bi dao da si na mom mjestu‹ nahmen sie bereits in einem Studio in London auf. Die Texte zu der Musik von Goran Bregović schrieb mittlerweile Duško Trijunović. Zu den Hits der Platte gehören ›Tako ti je mala moja, kad ljubi Bosanac‹ (frei übersetzt etwa: So ist das meine Kleine, wenn ein Bosnier küßt) und auch der Song ›Ne gledaj me tako i ne ljubi me više‹ (etwa: Sieh mich nicht so an und küß mich nicht mehr). Das Album wurde mit 200 000 Exemplaren die bis dahin meistverkaufte Platte im ehemaligen Jugoslawien.

Die Band ging unmittelbar nach Erscheinen des neuen Albums erneut auf Tournee und spielte unter anderem im Kosovo und in Makedonien. Mit anderen bekannten Bands gaben sie ein großes Silvesterkonzert in Belgrad und spielten im Zagreber Volkstheater vor Tito. In Sarajevo spielten sie vor 15 000 begeisterten Fans. In Anlehnung an die Beatles sprach man in Jugoslawien von einer ›Dugmemanij‹.

1976 brach ›Bijelo Dugme‹ erstmalig zu einer Tournee in die USA auf, um dort vor jugoslawischen Emigranten zu spielen. Sie gaben in den USA nicht nur

Konzerte, sondern spielten auch einige neue Songs in amerikanischen Studios ein. Wieder zurück in der Heimat, wurde der Vorwurf laut, die Band sei prowestlich – eine im kommunistischen Jugoslawien damals trotz der politischen Öffnung zum Westen gefährliche Verdächtigung, die im schlimmsten Fall das Ende der Band hätte bedeuten können. Um die Vorwürfen zu entkräften, nahmen Goran Bregović, Sänger Željko Bebek und Bassist Zoran Račić an den damals üblichen freiwilligen Arbeitseinsätzen teil.

Die Besetzung der Gruppe änderte sich laufend. Die Musiker waren sehr jung und wurden der Reihe nach zum Militärdienst eingezogen. Auch das dritte Album wurde in London aufgenommen; es erschien im Dezember 1976. Mit dem ursprünglichen Albumtitel war ›Jugoton‹ nicht einverstanden. Man einigte sich auf ›Eto baš hoću‹ (etwa: Sieh, jetzt will ich). Željko Bebek singt auf der neuen Platte nicht nur, sondern spielt auch Baß. Das neue Album verkaufte sich nicht schlecht, war aber nicht der erhoffte große Erfolg. Auch die anschließende Tournee hatte nicht den Glanz der vorangegangenen, die Band mußte sich Kritik anhören. Technische Probleme während der Konzerte sorgten für Unruhe, und die Stimmung in der Band verschlechterte sich. Geplante Konzerte in Zagreb und Ljubljana wurden abgesagt, ebenso wie die Aufnahmen zu einem geplanten Live-Album. Erstmals war von einer Auflösung der Gruppe die Rede.

Den Weg aus der Krise machte ein Open-Air-Konzert in Belgrad möglich. Das heute legendäre Konzert fand am 28. August 1977 vor 100 000 Zuschauern statt. Im Vorprogramm spielten bekannte Bands wie ›Leb i sol‹ und ›Tako‹. Das Konzert wurde ein großer Triumph, nie zuvor hatte eine Band in Jugoslawien vor so vielen Fans gespielt. Ein Mitschnitt des Konzertes wurde auf dem Album ›Koncert kod Hajdućke ćesme‹ veröffentlicht. Allerdings war die Aufnahmequalität nicht optimal. Bei einem zusätzlichen Konzert in Sarajevo mußte ein Teil des Konzertes neu eingespielt werden, um die nötige Qualität für eine Veröffentlichung zu erreichen. Anschließend mußte Bandleader Bregović zum Militärdienst. Für die anderen Musiker bedeutete dies eine längere Pause. Sänger Željko Bebek nutzte die Zeit für sein erstes Soloalbum ›Skoro da smo isti‹. Laza Ristovski nahm gemeinsam mit Ipe Ivandić in England das Album ›Stižemo‹ auf. Ein Schock für die Band bedeutete die Verurteilung von Ipe Ivandić zu einer dreijährigen Gefängnisstrafe wegen Drogenbesitzes. Ein Ersatzmusiker sprang für den Inhaftierten ein.

Die Arbeiten an der neuen Platte verzögerten sich, da die Vorgesetzten Bregović nicht vorzeitig aus dem Militärdienst entlassen wollten. Im November 1978 war es soweit. Bereits im darauffolgenden Januar ging die Band mit neuem Material ins Studio. ›Bitanga i princeza‹ sorgte noch vor der Veröffentlichung für Unfrieden. Die Plattenfirma ›Jugoton‹ war mit dem Cover nicht einverstanden und beauftragte einen Hausgraphiker mit einer Überarbeitung. Auch einige der

Lieder stießen auf den Widerstand der Zensur und mußten verändert werden. Der Erfolg des Albums wurde dadurch nicht geschmälert. Die Platte erschien im März 1979 und war einmal mehr ein Renner.

Ende 1980 erschien das Album ›Doživjeti stotu‹. Die Platte wurde erstmalig von Bregović selbst produziert. Die anschließende Tournee dauerte von Februar bis April und führte die Band erneut durch das ganze ehemalige Jugoslawien. In Zagreb beschlossen sie die Tournee mit den Aufnahmen zu ihrem zweiten Live-Album. Es folgten Konzerte in Österreich und eine große Tournee mit über 40 Konzerten in Bulgarien. Ipe Ivandić stieß wieder zur Band, nachdem er seine Gefängnisstrafe abgesessen hatte.

Cover der CD aus dem Jahr 1996

Das anschließende Album ›Uspavanka za Radmilu‹ sollte nach Bregovićs Plänen eine längere kreative Pause einläuten. Vor dem Hintergrund der politischen Probleme im Kosovo bedeutete der in albanischer Sprache gesungene Song ›Kosovka‹ eine Provokation auf dem neuen Album. Nach der obligatorischen Konzerttournee folgt die angekündigte Pause. Bregović verabschiedet sich für längere Zeit auf eine Weltreise. Željko Bebek veröffentlichte sein zweites Solo-Album und verließ die Gruppe endgültig im April 1984. Neuer Sänger der Band wurde der erst 1960 in Sarajevo geborene Mladen Vojičić, genannt Tifa. Das Album Bijelo Dugme sollte das erste und einzige mit Tifa als Sänger sein. Er verließ die Gruppe nach der Tournee und dem letzten Konzert in Moskau.

Alen Islamović wurde der dritte und zugleich letzte Sänger von ›Bijelo Dugme‹.

Das Cover der ersten Platte mit Islamović als Sänger ziert ein chinesisches Propagandabild. Bregović hegte ursprünglich den Plan, ein Bild der Dissidentin und Malerin Mica Popović für das Plattencover zu verwenden. Die Idee war jedoch politisch zu heikel und konnte nicht verwirklicht werden. Das Album wurde nach dem ersten Song ›Pljuni i zapjevaj moja Jugoslavijo‹ benannt. Eröffnet wurde die Platte mit der ersten Strophe des alten Partisanenliedes ›Padaj silo i nepravdo‹ (etwa: Falle Gewalt und Ungerechtigkeit), das von Bregović, einem Kinderchor aus Sarajevo und von dem jugoslawischen Partisanen und Volkshelden Svetozar Vukmanović-Tempo gesungen wurde. Die Hits des Albums waren ›Hajdemo u planine‹, ›Nočas je k'o lubenica pun mjesec iznad Bosne‹ und die Ballade ›Ružica si bila, sada više nisi‹.

Im Laufe der darauffolgenden Tournee entstand das Album ›Mramor, Kameni i željezo‹. Die 16 Songs auf dem Live-Album umfassen die gesamte Karriere der Band, zusätzlich wurde ein Hit der Zagreber Gruppe ›Roboti‹ aufgenommen.

Ende 1988 erschien mit ›Čiribiribela‹ das letzte offizielle Album von ›Bijelo Dugme‹. Auf der Platte sind zahlreiche Gastmusiker vertreten. Für Aufsehen sorgte die Vermischung der kroatischen Hymne mit der serbischen in dem Song ›Lijepa naša‹. Zu jener Zeit hatte der Nationalismus in Jugoslawien bereits von den Menschen Besitz ergriffen. Die größten Hits der Platte waren die Songs ›Đurdev dan‹, ›Što ima novo‹ und ›Napile se ulice‹.

Im Frühjahr ging die Gruppe auf eine zweimonatige Tournee, die eigentlich im April beendet sein sollte. Nach dem Konzert im bosnischen Drventa am 15. März mußte die Tournee unterbrochen werden. Sänger Alen Islamović mußte sich in seiner Heimatstadt Bihać im Krankenhaus behandeln lassen. Die restlichen Tournee und Konzerte in China und der Sowjetunion wurden abgesagt. Damals ahnte man noch nicht, daß dies das letzte Konzert der Gruppe sein sollte. Die Band kam anschließend nicht mehr zusammen.

Alen Islamović veröffentlichte 1990 ein Solo-Album und tritt bis heute als Sänger auf. Der erste Sänger der Gruppe, Željko Bebek, den viele für den besten halten, lebt heute in Zagreb und tritt mit einer eigenen Band auf. Zoran Radžić lebt in Finnland. Mladen Voičić alias Tifa lebte bis 1995 in Sarajevo und ging dann nach Deutschland. Ipe Ivandić starb 1994 in Belgrad. Der Kopf der Gruppe, Goran Bregović, ist heute so erfolgreich wie eh im Musikgeschäft tätig.

Sport

Nicht erst seit den Olympischen Winterspielen 1984 in Sarajevo spielt der Sport eine große Rolle in Bosnien-Herzegowina. Sportler aus Bosnien gewannen mit der jugoslawischen Nationalmannschaft etliche Medaillen bei Welt- und Europameisterschaften, den Olympischen Spielen und vielen anderen internationalen Wettbewerben. Einen der größten Erfolge einer bosnischen Vereinsmannschaft erkämpften sich die Spieler der Basketballmannschaft ›Bosna‹ aus Sarajevo, als sie 1979 Europameister wurden. Ein Jahr zuvor wurden die Handballer des Clubs ›Borac‹ aus Banja Luka Europameister in ihrer Disziplin.

Die meisten Sportler in Bosnien-Herzegowina sind Amateure, allein die Fußballer der ersten Liga verdienen sich ihren Lebensunterhalt mit dem Sport. Die besten bosnischen Sportler zieht es ins Ausland, da die Verdienstmöglichkeiten dort sehr viel attraktiver sind als in der Heimat. Der für Bayern München spielende

Fußballer Hasan Salihamidžić ist nur ein Beispiel für einen erfolgreichen bosnischen Sportler im Ausland.

Bosnien-Herzegowina hat sich gemeinsam mit Kroatien um die Ausrichtung der Fußballeuropameisterschaft 2008 beworben, jedoch nicht den Zuschlag erhalten. Auch die Bewerbung für die Ausrichtung der Olympischen Winterspiele im Jahr 2010 war nicht von Erfolg gekrönt. Dafür ist der olympische Geist der Spiele von 1984 bis heute in Sarajevo präsent, die damals vom Vorsitzenden des Olympischen Komitees als die bis dahin bestorganisierten Spiele bezeichnet wurden.

Was die beliebtesten Sportarten betrifft, wartet auch Bosnien-Herzegowina nicht mit Überraschungen auf. An erster Stelle steht der Fußball, gefolgt von anderen Ballsportarten wie Basketball, Volleyball und Handball. Da Bosnien-Herzegowina beste Bedingungen für den Wintersport bietet, sind auch diese Sportarten als Freizeitsport sehr beliebt. Aufgrund der zahlreichen Flüsse gibt es außerdem in vielen Orten Kanuvereine.

Nach dem Krieg machten insbesondere die Behindertenbasketballer durch den Gewinn der Europameisterschaft im Jahr 2000 und der Weltmeisterschaft 2002 auf sich aufmerksam. International sehr erfolgreich sind auch die bosnischen Karatekämpfer. Vermutlich wichtiger als Medaillenplätze und Siege bei internationalen Wettbewerben ist die Funktion, die der Sport beim Zusammenwachsen des Landes übernimmt. So spielen die Fußballer der moslemisch-kroatischen Föderation in einer gemeinsamen Liga mit denen der serbischen Republik. Zu internationalen Wettkämpfen fahren Sportler aus dem ganzen Land – egal ob bosnische Serben, bosnische Kroaten oder bosnische Moslems – unter einer Flagge. Zu den Olympischen Spielen nach Athen reisten im Sommer 2004 immerhin neun Athleten aus Bosnien-Herzegowina.

Die Küche

Ähnlich wie die Geschichte und die Kultur Bosnien-Herzegowinas ist auch die Küche stark beeinflußt von den über die Jahrhunderte wechselnden Machthabern des Landes. Die vielfältige Auswahl an Speisen und Gerichten spannt einen Bogen von orientalischen Süßigkeiten und Gerichten mit arabischen Einflüssen, über Kartoffeln und Mehlspeisen, die von den österreichisch-ungarischen Machthabern im 19. Jahrhundert mitgebracht wurden, bis hin zu schweren und sehr deftigen, zumeist auf dem Rost gegarten Fleischgerichten. Trotz westlicher Einflüsse sind die bosnischen Gerichte mit denen in weiter östlich gelegenen Landstrichen und Regionen vergleichbar. So erinnert die bosnische Küche in vielen Bereichen an die Küche Makedoniens, Serbiens und der Türkei. Ihnen allen gemein ist, daß Fleisch im Mittelpunkt der Koch- und vor allem der Grillkunst

Bosnisches Frühstück

steht. Fleischgerichte gibt es in zahlreichen Variationen, gegrillt, gekocht, gebacken oder auch einfach luftgetrocknet. Eine besondere Spezialität ist über dem offenen Feuer gegartes Ziegen- oder Lammfleisch. Reisende werden immer wieder auf Restaurants am Straßenrand stoßen, die diese Spezialität anbieten.

Zu den bekanntesten Fleischgerichten gehören ohne Zweifel Ražnjići und Čevapčići. Ražnjići, kleine aufgespießte und am Rost gebratene Schweinefleischstücke, kann man in fast jedem Restaurant bekommen, außer natürlich in moslemischen Gegenden. Dort erhält man dafür aber sehr viele andere und ebenso leckere Gerichte wie Čevapčići oder gehacktes Rind- oder Lammfleisch, das am Rost gebraten und mit Zwiebeln serviert wird. Čevapčići werden nur aus wenigen Zutaten hergestellt und können dennoch große geschmackliche Unterschiede aufweisen. Legenden ranken sich um die einzig wahre Rezeptur. Manche Köche würden fast alles verraten, nicht aber den seit Generationen überlieferten Kniff bei der Zubereitung. Manch einer behauptet, eine Nacht im Kühlschrank mache die Fleischröllchen saftig, ein anderer schlägt bei diesem Gedanken die Hände über den Kopf zusammen, müsse das Fleisch doch nach der Verarbeitung umgehend auf den Rost. Einig ist man sich, daß die Čevapčići auf dem Rost immer wieder mit Olivenöl bestrichen werden – und auch daraus läßt sich eine Kunst machen.

Bestellt man in einem bosnischen Restaurant Fleisch, bekommt man gewaltige und deftige Portionen, die reichlich mit Gewürzen bearbeitet wurden. Die Beilage hat nur eine Funktion im Wortsinn. Sattmacher sind nicht die wenigen, dekorativen Kartoffelstückchen, sondern allein das gegrillte oder gebratene Fleisch. Manchem Reisenden können die üppigen Portionen auch Stunden später noch schwer im Magen liegen, bereuen wird er das Essen dennoch nicht.

Sehr zu empfehlen ist der Besuch einer Čevabdžinica, einem kleinen, nur auf Čevapčići spezialisierten Restaurant. Zum Fleischgericht wird Wasser oder Joghurt gereicht, nicht aber Bier oder andere alkoholische Getränke. Wählen kann man mindestens zwischen einer großen und einer kleinen Portion, dabei ist die große so preiswert, wie man es von der kleinen erwartet hätte. Wer in der Čevabdžinica einkehrt, erlebt gutes Essen in einem einfach eingerichteten Ambiente.

Mittlerweile gibt es allerorten Fast food; neben dem konventionellen Hamburger und der allgegenwärtigen Pizza hat auch der Döner Kebap Einzug gehalten. Dem Reisenden, der schnell und preiswert seinen Hunger stillen möchte, sei aber etwas anderes empfohlen: Pita und Burek. In jeder Stadt gibt es kleine Läden, die für wenig Geld Pita und Burek mit vielen verschiedenen Füllungen – Hackfleisch Spinat, Käse oder Kartoffeln – frisch zubereitet und noch warm anbieten.

Ein besonderer Genuß sind die bosnischen Süßspeisen. Sie wurden von den Türken im 15. Jahrhundert nach Bosnien mitgebracht. In jedem Restaurant und besonders in den zahlreichen Slastičanas werden sie häufig von Hand hergestellt und verkauft. Neben diesen kleinen, in dickflüssigen Sirup getränkten Gebäckteilen gibt es bosnische süße Kuchen, von denen ein oder zwei Stücke ausreichen, um die Lust auf Zuckerhaltiges für längere Zeit zu stillen. Ein Muß für jeden Bosnienbesucher ist das Probieren von Hurmašice und Baklava. Allein der Genuß von Baklava macht eine Reise nach Bosnien lohnenswert. Dazu trinkt man am besten den in kleinen Tassen servierten, sehr starken und ebenso schwarzen türkischen Kaffee. Gekocht wird der Bosanska kava nach alter Tradition und einer feststehenden Prozedur in der Džezma, einem kleinen langstieligen Messingkännchen. Zum Kaffe gereicht werden einige Zuckerstücke und immer ein Glas Wasser.

Kaffee wird in Bosnien zu jeder Gelegenheit getrunken. ›Komm' auf einen Kaffee vorbei‹, ist ein geflügeltes Wort, täglich ungezählte Male ausgesprochen. Der Kaffee gibt den Anlaß, sich auf einen Plausch niederzulassen, Nachbarn und Bekannte einzuladen und Neuigkeiten auszutauschen.

In der Herzegowina werden einige sehr beliebte Weine hergestellt. Zu den über die Grenzen des Landes hinaus bekannten Weinen gehört der Rotwein Blatina, der dem Bordeaux nicht unähnlich ist, der Venčačko, der Župsko, aber auch der Weißwein Žilevka. Denjenigen, die es alkoholfrei mögen, sei das bosnische Mineralwasser Kriseljak empfohlen.

Das bosnische Obst und Gemüse stammt meist aus privatem Anbau. Ungespritzt und unbehandelt wird es ebenso wie die selbstgemachten Käsesorten wochentags auf dem Markt verkauft. Zu den bekanntesten gehört der Käse aus Travnik und der im ganzen Land verbreitete Frischkäse Mladi sir. Gereicht wird er als Vorspeise, häufig mit verschiedenen Wurstsorten, Oliven und Brot. Wer nicht maßvoll genießt, hat schon nach der Vorspeise Probleme mit dem Hauptgericht und wird kaum noch Platz für die Nachspeise finden.

Rezepte

Đuveč-Reis

Zutaten:
200 g Reis, eine Prise Salz,
etwa 1 l Wasser, 50-80 g Fett,
2 zerkleinerte Zwiebeln,
1 zerkleinerte Paprikaschote.

Reis, Zwiebeln und Paprikaschote vorsichtig im Fett garen. Das zuvor erhitzte Wasser dazugeben, umrühren und bei geringer Temperatur köcheln lassen, etwas Salz hinzugeben.

Bosanske ćufte – bosnische Fleischklöße

Zutaten:
600 g gehacktes Rinder- oder Hammelfleisch
(je nach Geschmack ist auch eine Mischung möglich oder die Verwendung von Schweinefleisch),
5 EL Mehl, 1 Ei, Salz, 400 g Fett.

Überzug:
200 ml Schmand, 3 Eier,
1 EL gehackter Kümmel, 30 g Butter.

Das Hackfleisch mit Mehl, Salz und Eiern vermengen und aus der Masse kleine Klöße formen. Die Butter in eine Auflaufform geben und mit Mehl leicht bestäuben. Die Klöße darin etwa 30 Minuten im Ofen backen. In einem zweiten Topf werden die Eier mit der Milch, Kümmel und einer Prise Salz verrührt, anschließend über die Klöße gegeben und diese 15 Minuten abgedeckt stehen gelassen.

Bosanski Lonac – bosnischer Eintopf

Zutaten:
1 kg Rind-, Schwein- oder Hammelfleisch,
125 g geräucherter Speck,
ein Kalbsfuß (falls vorhanden),
200 ml Weißwein, 2 EL Weinessig,
6 Knoblauchzehen, 200 g Zwiebeln,
750 g Kartoffeln,
100 g kleingeschnittene Möhren,
Petersilie, Dill, Salz, Pfeffer,
Pastinakenwurzel.

Ist kein geräucherter Speck zur Hand, kann man sich auch mit 80 g Butter aushelfen. Je nach Geschmack läßt sich der Eintopf auch mit grünen Bohnen, Erbsen, Tomaten, Paprikaschoten oder Weißkohl anreichern.

Das Fleisch und der Speck werden in kleine Würfel geschnitten und unter ständigem Rühren leicht angebräunt. Auch das Gemüse wird kleingeschnitten. In einen ausreichend großen Topf nun in abwechselnden Schichten das Fleisch und das Gemüse geben. Jede Schicht nach Geschmack mit Salz und Pfeffer würzen und das Ganze mit dem Wein und Wasser übergießen. Bei einer Temperatur von zunächst 175 Grad in den vorgeheizten Backofen stellen. Nach einer Stunde die Temperatur auf 150 Grad senken und den Eintopf noch eine Stunde schmoren lassen.

Čevapčići aus Rind- und Hammelfleisch

Zutaten:
500 g gemischtes Rind- und Hammelfleisch,
2 bis 3 Zwiebeln, 1 Knoblauchzehe,
1 TL Salz, 1 EL Paprika Edelsüß,
etwas Öl.

Die Zwiebeln und der Knoblauch werden feingehackt und mit dem durch den Wolf gedrehten Fleisch vermengt und gesalzen. Es wird empfohlen, das Fleisch jetzt ein zweites und möglicherweise auch drittes Mal durch den Fleischwolf zu drehen. Anschließend kleine, etwa 5 Zentimeter lange Fleischröllchen daraus formen.

Čevapčiči

Um den besonderen Geschmack zu erzielen, sollten die Čevapčiči auf einem Holzkohlegrill gegart werden. Zur Not geht es auch in der Bratpfanne auf einer gewöhnlichen Herdplatte. Wichtig ist es, die Fleischröllchen währenddessen mit Olivenöl zu bestreichen.

Bosanske hurmašice

Zutaten:
250 g Butter, 250 g Mehl,
100 ml Schmand, 1 Eigelb.
Für den Sirup:
375 g Zucker, 200 g Wasser,
1 zerkleinerte Vanillestange
oder 3 Päckchen Vanillezucker,
1 EL Zitronensaft.

Die Butter schaumig rühren, dann mit der Milch, dem Eigelb und dem Mehl zu einem Teig verrühren. Den Teig ausrollen und in etwa daumengroße Stücke schneiden. Ein Backblech mit Butter einfetten und mit Mehl bestäuben. Die Teigstücke darauf verteilen und bei 230 Grad etwa 20 Minuten backen.
In der Zwischenzeit kann man aus Wasser, Zucker und Vanillezucker den Sirup anrühren, kochen und mit Zitronensaft abschmecken. Die gebackenen Hurmašice nur einige wenige Minuten abkühlen lassen, um sie dann mit dem heißen Sirup zu übergießen.

Der Westen begeistert vor allem durch seine Naturschönheiten wie den Fluß Una mit seinen Schluchten und zahlreichen Möglichkeiten zum Wassersport. Auch Banja Luka, die zweitgrößte Stadt des Landes, und Bihać, das sogenannte Tor zum Westen, laden zu Besichtigungen ein.

Der Westen

Eine Annäherung

Eine Annäherung an Bosnien-Herzegowina ist aus westlicher Richtung kommend über Slowenien und Kroatien wohl die schnellste und am bequemsten zu reisende Strecke. Einen großen Teil legt man über mautpflichtige, aber sehr gut ausgebaute Autobahnen zurück.

Die Autobahngebühr hält sich mit zwei beziehungsweise vier Euro in einem überschaubaren Rahmen. Zwischen der slowenischen Stadt Maribor und der kroatischen Hauptstadt Zagreb führt die Strecke über eine sehr stark befahrene zweispurige Landstraße. Slowenen und Kroaten sind zügige, aber disziplinierte Fahrer, so ist ein schnelles Vorankommen durchaus an der Tagesordnung. Während der Sommermonate ist die Route nach Zagreb und weiter zu den Plitvicer Seen in Kroatien zu jeder Tages- und Nachtzeit sehr stark frequentiert. Gelegenheiten Pause zu machen oder auch zu übernachten, bieten sich zahlreiche. Restaurants, die auch Zimmer vermieten, Motels und viele private Zimmerangebote säumen die von Touristen gerne genutzte Strecke. Wer nachts dort entlang fahren möchte, sollte bedenken, daß die Straße nicht beleuchtet ist. Nur die eigenen Autoscheinwerfer leuchten 20 Meter weit die Straße aus. Weniger anstrengend ist die Fahrt durch die Dunkelheit, fährt man im ›Windschatten‹ eines Autos mit einheimischem Kennzeichnen. Der Fahrer wird besser mit der Strecke und den Gegebenheiten vertraut sein, und auch das rechtzeitige Erkennen und Einschätzen der zahlreichen Kurven fällt dem Ortskundigen erheblich leichter.

Westlich der kroatischen Hauptstadt Zagreb erreicht man erneut die Autobahn. Sie führt zunächst in Richtung Belgrad, bietet aber schon sehr bald die Abzweigung nach Karlovac an. Zuvor ist aber noch links der Autobahn in der Ferne die Silhouette Zagrebs auszumachen. Besonders eindrucksvoll ist der Ausblick in der Nacht, wenn nur die Lichter der Hauptstadt zu erkennen sind und Lust auf einen Besuch machen.

Von Karlovac führt die gut und neu ausgebaute Landstraße zu den Plitvicer Seen mit ihren Wasserfällen. Rechts und links der Landstraße befinden sich einige wenige Häuser und das ein oder andere Dorf, bis der Ort Slunj erreicht ist. Hinweisschilder informieren über die kürzer werdende Entfernung zu den Seen, bis plötzlich ein Schild die Abzweigung nach Bihać, die erste bosnische Stadt hinter der Grenze, anzeigt. Eine gewisse Unsicherheit kann sich breit machen, da kaum ein Auto hier abbiegen möchte. Alle fahren weiter, als wüßten sie um den Scherz, den sich an dieser Stelle jemand erlaubt hat, als er das Schild aufstellte, um den Unwissenden irre zu führen. Wer die Abzweigung in der Nacht erreicht, mag von ähnlichen Zweifeln befallen werden. Allein die Aussicht, die stark befahrene und an dieser Stelle hell erleuchtete Straße mit seinem großen Motel in die ungewisse Dunkelheit nach Bihać verlassen zu müssen, könnte Unbehagen hervorrufen.

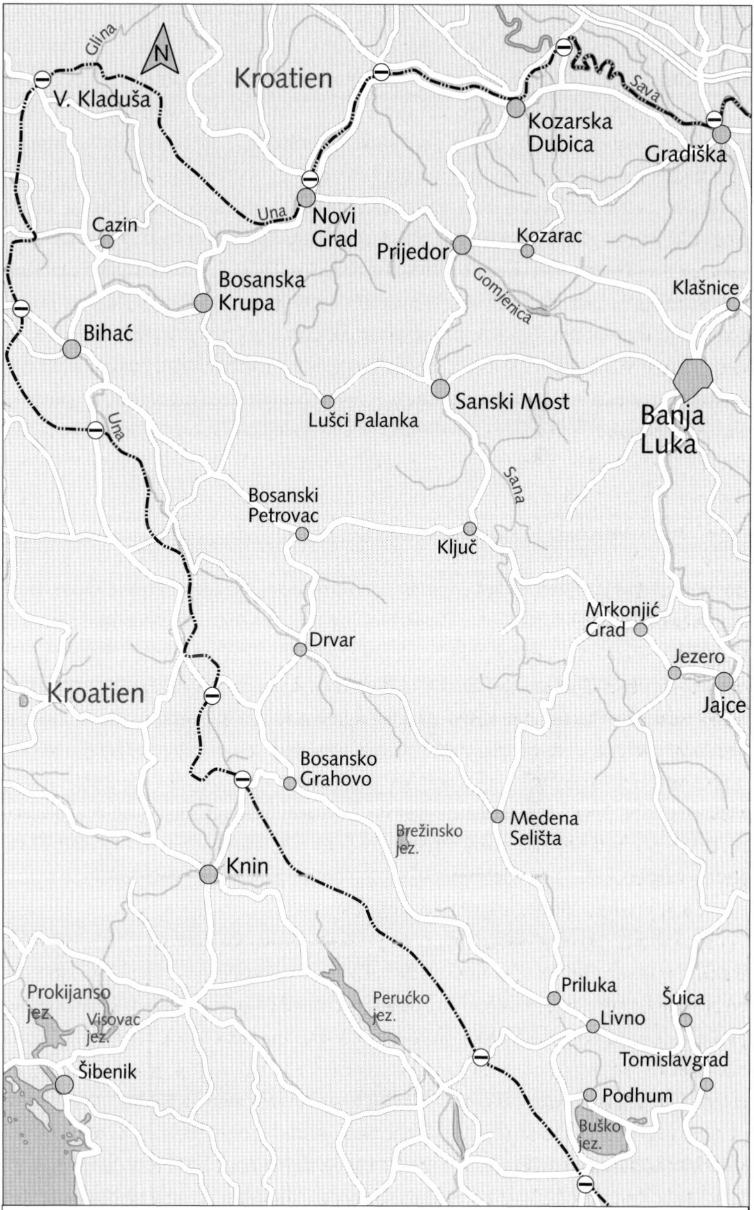

Westbosnien

Wer es dennoch wagt, wird zunächst keine Erleichterung finden, alles bleibt dunkel, die Straße schmal und die Gegend einsam. Auf andere Autos trifft man nur von Zeit zu Zeit. Dies, so zeigt sich bald, kann aber durchaus auch von großem Vorteil sein. Die Warteschlange vor der kleinen Grenzstation wird nur kurz sein, und die wartenden LKW lassen sich links überholen. Die kroatischen Grenzer geben sich bei der Ausreise in der Regel mit einem oberflächlichen Blick in den Reisepaß zufrieden, wenn man ganz offensichtlich als harmloser Tourist unterwegs ist. Weiter geht es ein kurzes Stück durch das Niemandsland, bevor die bosnisch-herzegowinische Grenzkontrolle erreicht ist. Mit Sicherheit wird der Reisende gefragt, ob er etwas zu verzollen habe, nicht ohne dem Satz mit einem strengen pflichtbewußten Blick eine gewisse Bedeutung zu verleihen. ›Nichts zu verzollen?‹, wird sicherlich noch gespielt ungläubig nachgefragt, bevor die Reisedokumente nach einer theatralischen Pause zurück ins Wageninnere gereicht werden und gute Weiterfahrt gewünscht wird. Bosnien-Herzegowina ist erreicht.

Velika Kladuša

Im äußersten Nordwesten des Landes, am Fuße des Gebirges Petrova Gora, liegt die Grenzstadt Velika Kladuša. Besucher, die aus Kroatien anreisen und sich aus westlicher Richtung nähern, bleiben immer auf der überregionalen Straße E 71. Von ihr zweigt bei dem Dorf Budacka Rijeka eine unscheinbare Straße nach Bosnien-Herzegowina ab, die leicht zu übersehen wäre, hätte nicht jemand vor der Straßengabelung einen Aufkleber mit der Beschriftung ›Bosnien-Herzegowina‹ inklusive Richtungspfeil auf einen Wegweiser geklebt. Die Straße zum Grenzübergang ist schmal und nicht im besten Zustand, Schlaglöcher und der Gegenverkehr auf der kurvenreichen Strecke fordern eine vorsichtige Fahrweise. Dennoch lohnt eine Pause an der einen oder anderen Haltebucht: Von dort bieten sich Ausblicke in die schöne, ursprüngliche Landschaft.

Sehr bald ist der Grenzübergang nach Bosnien-Herzegowina erreicht. Zunächst ist die kroatische und nach kurzer Fahrt durch das Niemandsland die bosnische Grenze zu passieren. Anschließend macht die Straße noch einen kleiner Schlenker, und schon befindet sich der Reisende inmitten der Ortschaft Velika Kladuša.

Im Ort herrscht reges Treiben. Kleine Geschäfte reihen sich längs der Hauptstraße aneinander, dazwischen einfache Restaurants – eher Imbisse –, und überall sind Menschen, die geschäftig Waren transportieren und durch die Stadt hasten. Alles scheint unaufhörlich in Bewegung, selbst die Männer in den Straßencafés wirken, als warteten sie nur auf eine Gelegenheit und einen Grund, sich erneut in den Strom der Vorbeiziehenden einreihen zu können.

In all dieser Geschäftigkeit steht an der Hauptstraße die kleine katholische Kirche und stimmt auf die hinter der ersten Kurve des Ortes auftauchenden Sehenswürdigkeiten ein. Unmittelbar im Ortszentrum steht die Moschee mit einem schlanken und sehr hohem Minarett und einem Balkon für den Ausrufer, der jedoch von moderner Technik abgelöst wurde: Die Gläubigen werden von einer metallisch scheppernden Stimme aus Lautsprechern zum Gebet gerufen.

An der unmittelbar vorbeiführenden Straße ist zwar keine Parkmöglichkeit ausgewiesen, man kann hier dennoch gegen eine geringe Gebühr das Auto abstellen. Von dieser zentralen Stelle aus läßt gut und schnell die Stadt erkunden.

Unterhalb der Moschee befindet sich der hübsche und auffallend gepflegte Stadtpark, der bei schönem Wetter gut besucht ist. Viele Einheimische treffen sich dort auf ein Schwätzchen. Der rechteckig angelegt Park wird mittig durch einen von Bäumen und Parkbänken gesäumten Spazierweg geteilt, der zu einem oberhalb von Stufen thronenden Partisanendenkmal führt. Es hat nicht nur den letzten Krieg unbeschadet überstanden, sondern strahlt sogar wie neu.

Gegenüber von Moschee und Stadtpark steht ein großes mehrstöckiges Warenhaus mit dem an der Front angebrachten Schriftzug ›Agrokomerc‹. Die Firma ›Agrokomerc‹ war der größte Arbeitgeber in Velika Kladuša und der wichtigste für die Region. In den achtziger Jahren war die Firma mit ihrem Direktor Fikret Adbić in den größten Finanzskandal im ehemaligen Jugoslawien verwickelt.

Während des letzten Krieges in Bosnien-Herzegowina kontrollierte Abdić mit seinen Anhängern den gesamten Nordwesten Bosniens. Der Moslem Abdić unterhielt zu Kroaten und Serben gute Beziehungen und konnte so die Region zunächst aus dem Krieg heraushalten. Zu Kämpfen kam es, als die Anhänger Izetbegovićs das Gebiet für sich beanspruchten. Als es dann zum offenen Krieg zwischen Moslems und Moslems kam, war das undurchschaubare Feindesgeflecht Bosniens für westliche Beobachter komplett. Die Kriegsspuren in Velika Kladuša sind dennoch sehr viel gerin-

Eines der zahlreichen Partisanendenkmäler in Bosnien-Herzegowina

ger als in anderen Regionen des Landes. Den Fabrikgebäuden der ›Agrokomerc‹ vor den Toren der Stadt sieht man allerdings deutlich an, daß sie in der Vergangenheit sehr viel bessere Zeiten erlebt haben müssen.

Die Stadt ist von viel grüner Natur umgeben. Auf einer Erhebung über dem Fluß Graborska befindet sich die Festung Velika Kladuša (Groß Kladuša), die der Stadt ihren Namen gab. Innerhalb der Festungsmauern thront ein großer mächtiger Wehrturm. Wie ein Beschützer übersieht er die Stadt und die gesamte Ebene.

Die Festung wurde bereits im Mittelalter errichtet, ihre erste offizielle Erwähnung stammt aus dem Jahr 1280. Zuerst trug die Festung den Namen Donja Kladuša, auf Deutsch etwa ›Unter Kladuša‹. 1558 wurde die Festung von dem zu seiner Zeit gefürchteten Malkoč Beg niedergebrannt und dabei erheblich beschädigt. Fast hundert Jahre später nutzten die Türken die Burg, um die von ihnen besetzte Stadt besser gegen Angreifer verteidigen zu können. Sie bauten einen zweiten Mauergürtel, erweiterten die Anlage um einen Festungshof und errichteten innerhalb der Festungsmauern eine Moschee. Über die Jahrhunderte mußte die Festung immer wieder als Schutz gegen Angreifer herhalten und erlitt daher Schäden, dennoch ist eine Besichtigung auch heute noch lohnenswert.

In der Umgebung

Im kleinen Ort Vrnograč, östlich von Velika Kladuša und nicht weit vom Flüßchen Glinica entfernt, befindet sich ein 1456 von der wohlhabenden Familie Kreščić errichtetes schloßähnliches Gebäude, das in seiner Mitte von einem großen Wehrturm dominiert wird. Eine Gedenkstätte erinnert an die 2500 Bewohner, die die Region im Zweiten Weltkrieg verloren hat.

In Jabučar, rund 22 Kilometer von Velika Kladuša entfernt, steht ein Denkmal für die 295 gefallenen Partisanen und die fast 2000 zivilen Kriegsopfer des Zweiten Weltkriegs.

Mala Kladuša erreicht man von Velika Kladuša über die nach Süden führende überregionale Hauptstraße. Dabei handelt es sich um eine zweispurige, schmale Überlandstraße, die kurvenreich durch die Landschaft führt, aber recht gut zu befahren ist. Mala Kladuša ist ein kleiner Ort mit sehr vielen Einfamilienhäusern, die zumeist ganz offensichtlich in der jüngeren Vergangenheit gebaut worden sind. Auffällig unpassend wirkt im Gegensatz dazu die nach dem letzten Krieg errichtete, überdimensionierte Moschee. In Mala Kladuša wurde ebenfalls im Mittelalter eine Festung errichtet. Sie trug zunächst den Namen Gornja Kladuša (etwa: Ober Kladuša). Genutzt wurde sie bis in die erste Hälfte des 19. Jahrhunderts. Danach setzte sehr schnell der Verfall ein. Heute lassen nur wenige noch erhaltene Grundmauerreste die ehemalige Festung erahnen.

Vorwahl: 037.
PLZ: 77230.
Hotel ›Konak‹, Izeta Nanića 1, Tel. 77 30 80.
›Stari Grad‹, Zagrad bb, Tel./Fax 77 01 33. Direkt bei der Burg Velika Kladuša, 30 Betten, EZ, DZ, Apartments, Restaurant mit 80 Plätzen, erst auf den zweiten Blick als Hotel zu erkennen, besteht aus mehreren kleineren Häusern, die gemeinsam an ein kleines Dorf erinnern.

Cazin und Ostrožac

Die Entstehung der Ortschaft Cazin geht bis in vorgeschichtliche Zeit zurück. Wie archäologische Funde zeigen, wurde eine Siedlung zu dieser Zeit durch einen langen und sehr massiven Wall aus Stein und Erde vor Angreifern geschützt.

Der Bischof aus Knin bekam im Mittelalter das Gebiet Cazin als Geschenk des Königs von Ungarn und Kroatien. Als er aus Knin flüchten mußte, fand er dort Schutz und erklärte den Ort 1522 sogar offiziell zu seinem Bischofssitz.

Auf einer Anhöhe in der Mitte des Ortes stand damals die Burg von Cazin. Sie wurde 1584 grundlegend renoviert, erweitert und für Angreifer unzugänglich gemacht. Die Festung wachte fast 300 Jahre über dem Ort. Ab Mitte des 19. Jahrhunderts wurde sie nicht mehr gebraucht und war bald ruinös. Inmitten der

Die Burg Ostrožac blickt auf eine 700jährige Geschichte zurück

Festungsmauern errichteten die Türken im 16. Jahrhundert eine großzügige Moschee.

Den Ort erreicht man über eine Abzweigung von der Hauptstraße. Sehr bald befindet man sich in seiner Mitte. Hier befindet sich der obligatorische kleine Stadtpark, gegenüber das Gebäude der Stadtverwaltung und davor ein Partisanendenkmal. Zusammengehalten wird das Ortszentrum von einer Straßenkreuzung, die als Kreisverkehr ausgeschildert ist und zum Falschabbiegen verführt. Die örtliche Polizei ist an dieser Stelle besonders wachsam.

Passiert man die zentrale Kreuzung und läßt Stadtpark und Denkmal rechts liegen, steigt die Straße an und führt, sich stark verengend, an sehr alten Gebäuden vorbei, die zum Teil in typisch islamischer Bauweise errichtet wurden. Rechts der Straße stehen eine Moschee und ein größeres islamisches Gebäude, das vermutlich früher eine Medresse war. Die Gebäude sind verfallen und scheinen auf eine grundlegende Renovierung zu warten.

Oberhalb des Ortes befindet sich der große Hotelkomplex ›Sedra‹. Auch an diesem Gebäude sind die Spuren der letzten Jahre deutlich auszumachen. In einer Nebenstraße nahe des Ortseingangs befindet sich ein Platz, der von zahlreichen Verkaufsständen gesäumt wird. Hier ist von der Gummidichtung bis zu elektronischen Geräten so gut wie alles erhältlich.

Die berühmte Burg Ostrožac liegt am linken Ufer der Una. Sie wurde bereits im Mittelalter errichtet und offiziell in Dokumenten im Jahr 1286 erstmalig genannt. Die Burg, so wie sie heute noch vorzufinden ist, entwickelte sich über Jahrhunderte. Die verschiedenen Herrscher der Region bauten die Festung aus und nutzten sie für sich. 1577 wurde sie von den Türken eingenommen. Aus dieser Zeit ist im nördlichen Festungskomplex der Kerker erhalten geblieben. Im Jahr 1700 wurden die mittleren und südlichen Burgteile angebaut. Erst zu Beginn des 20. Jahrhunderts, während der Zeit der österreichischen Herrschaft, entstand das neugotische Schloß. Ritter von Berx, der damalige Oberkommandierende der Region um Bihać, ließ die Festung renovieren und befahl die Errichtung des Schlosses. Im Zweiten Weltkrieg richteten die Partisanen um Tito für ein Jahr dort ihr Hauptquartier ein.

Vorwahl: 037.
PLZ: 77220.

›Sedra‹, Ostrožac na Uni-Cazin, Tel. 532 10, 532 16, 532 17, Fax 532 18. Nordwestlich von Bihać, an der Straße nach Velika Kladuša am Unaufer, 180 Betten, 2 Restaurants, TV-Salon, Bar, verschiedene Sportmöglichkeiten werden angeboten, darunter Tennis, Minigolf, Schießen, zahlreiche Spazierwege in der nahen Umgebung. Auf der Una kann man Boot und Kajak fahren.

Bihać

Bihać liegt im Westen Bosniens, nahe der Grenze zu Kroatien, und bezeichnet sich selbst zu Recht als ›westliches Tor nach Bosnien-Herzegowina‹. Zagreb erreicht man nach neunzigminütiger Autofahrt, die kroatische Adriaküste ist nur wenig weiter entfernt. Die Plitvicer Seen in Kroatien sind für die Einwohner der Stadt und der Region ein beliebtes Ausflugsziel.

Bihać ist ein idealer Ausgangspunkt für eine Reise durch das Land, gleichzeitig lohnt sich ein Aufenthalt wegen der Stadt selbst. Sie breitet sich an beiden Ufern des Flusses Una aus und wird von einer großen funktionalen Brücke über die Una zusammengehalten, die das Stadtzentrum mit den Stadtteilen Gornje und Donje Prekounje verbindet. Beide Viertel bieten nicht die touristischen und historischen Höhepunkte in Bihać, dennoch lohnt ein Spaziergang dorthin, um dem Alltagsleben der Einwohner näherzukommen. Von der Brücke bietet sich ein sehr schöner Ausblick auf die Una und das Stadtzentrum, aus dem der sogenannte Hauptmannsturm ragt, etwas dahinter ist das Minarett der Fethi-Moschee zu erkennen.

Reizvoll ist Bihać vor allem in seinem übersichtlichen, auf nur eine Handvoll Straßen verteilten, aber sehr sympathischen Stadtzentrum. Hier finden sich die wichtigsten, buchstäblich herausragenden kulturhistorischen Schätze, eine kleine Geschäftsstraße und zahlreiche Cafés. Von hier aus sind es nur wenige Schritte bis zum Ufer der Una. Ein Verlaufen ist selbst für Besucher mit einem wenig ausgeprägten Orientierungssinn kaum möglich.

Die Bewohner Bihaćs wirken gelassen und unaufgeregt. Man bleibt gerne für einen kurzen Plausch mit einem Bekannten auf der Straße stehen oder besucht eines der zahlreichen Cafés im Stadtzentrum und am Una-Ufer, um von dort das übrige Treiben zu verfolgen.

Daß die Cafés schon am frühen Vormittag gut besucht sind, hat nicht nur mit der Geselligkeit der Menschen in Bihać zu tun, sondern vielmehr mit der hohen Arbeitslosigkeit, die noch immer in Bihać – wie auch im übrigen Bosnien und der Herzegowina – herrscht.

Der letzte Krieg hat auch in Bihać für einen Bevölkerungsaustausch gesorgt. Viele der gegenwärtigen Einwohner der Stadt kamen erst im Zuge des Kriegs hierher. Auf der anderen Seite verließ eine große Zahl der Alteingesessenen die Stadt und fand in anderen Landesteilen eine neue Heimat. In Bihać stellen die Moslems die mit Abstand größte Bevölkerungsgruppe. Bei einem Spaziergang durch die Stadt ist davon äußerlich nichts zu merken: Kopftuchtragende Frauen sind kaum zu finden, die Jugend trägt Jeans, und die jungen Frauen zeigen sich wie überall in Europa gern bauchfrei.

Geschichte

Die Region um Bihać war bereits zur Eiszeit besiedelt. Archäologische Ausgrabungen haben Überreste einer Pfahlsiedlung ans Tageslicht gebracht, die etwa aus dem Jahr 500 vor unserer Zeitrechnung stammen. Später siedelte der Illyrerstamm der Japoda in diesem Gebiet. Ihre Opferstätten und fast 900 Grabstellen wurden entdeckt und sind bis heute erhalten geblieben. Die Illyrer bestatteten die Asche ihrer Verstorbenen in rechteckigen, steinernen Urnen mit aufwendigen, eingemeißelten Verzierungen. Die meisten Funde wurden im Ort Rabić gemacht, etwa zehn Kilometer südöstlich von Bihać.

Die Stadt Bihać findet ihre erste offizielle Erwähnung bereits im Jahr 1260. Die Stadt war zu dieser Zeit eine der wichtigsten Befestigungen der Region. Zahlreiche Burgen und Festungen waren bereits kurz nach der Besiedlung durch die Slawen erbaut worden und verdeutlichen die große Bedeutung dieser Region, die ihren vorläufigen Höhepunkt im Mittelalter erreichte. Bis in die Gegenwart sind jedoch nur 30 Ruinen erhalten geblieben.

Zwei Jahre nach der ersten Erwähnung bekam Bihać den Status einer freien königlichen Stadt. Sie wurde Sitz der kroatisch-ungarischen Könige von Bosnien, die die Stadt befestigen ließen. Als die Türken im 15. Jahrhundert nach Bosnien vorrückten, konnte Bihać sich noch über hundert Jahre einer Einnahme durch die Türken widersetzen. Mehrfache Angriffe der Türken wurden erfolgreich abgewehrt, erst im Juni 1592 war ihre Übermacht zu groß. Die neuen Herrscher nutzten nun ihrerseits die Stadt als einen wichtigen militärischen Stützpunkt für weitere Expansionen. Um der Gefahr eines weiteren türkischen Vormarsches gegen Westen Einhalt zu gebieten, griffen die Österreicher bis 1667 die Stadt viele Male vergebens an.

Die Stadt war damals der wichtigste Standort für die Erzeugung von Schießpulver und eines der größten Munitionslager in Bosnien. Nach einer Explosion im Munitionslager im Jahr 1974 fiel die Befestigung der Stadt einem Brand zum Opfer. Die militärische Bedeutung verblaßte jedoch auch nach dem verheerenden Brand nicht. Ranghohe Militärs bezogen immer wieder in Bihać Quartier, die Österreicher schickten gar einen Konsul in die Stadt. Auch als nach dem Beschluß des Berliner Kongresses ganz Bosnien-Herzegowina unter österreich-ungarische Verwaltung gestellt wurde, mußte das österreichische Heer anrücken und die Stadt in seine Gewalt bringen.

Bihać machte während des Zweiten Weltkriegs erneut auf sich aufmerksam und ging in die Geschichte des zweiten Jugoslawien ein, als die erste Tagung der AVNOJ (Antifaschistischer Volksbefreiungsrat Jugoslawiens) am 26./27. November 1942 in Bihać abgehalten wurde. Die AVNOJ wurde hier gegründet und der Weg zur Bildung eines neuen, sozialistischen Jugoslawien eingeschlagen.

Dieser ersten und historischen Sitzung war die sogenannte Operation Bihać vorausgegangen. Partisanenverbände befreiten weite Gebiete in der Region. In der Bevölkerung bekam die befreite Region den Namen ›Republik Bihać‹, bei der deutschen Wehrmacht, die sie kurz vor Ende des Krieges nochmals für wenige Monate besetzen konnte, die abfällige Bezeichnung ›Titos Staat‹. Sehr bald nach der Befreiung bauten die Partisanen eine recht gut funktionierende Administration auf. Volkshochschulen wurden gegründet, der Post- und Schienenverkehr reanimiert, sogar ein Volksbefreiungstheater ins Leben gerufen. Während des Zweiten Weltkriegs wurde jeder vierte Bewohner in der Region Bihać Opfer des Krieges. Die Stadt selbst wurde über fünfzig mal bombardiert, fast 80 Prozent aller Gebäude dabei zerstört.

Während des letzten Krieges war die mehrheitlich von Moslems bewohnte Region um Bihać als Moslemexlave bekannt. Fikret Abdić kontrollierte die Region, der mit Unterstützung der Bevölkerung eine autonome Republik ausrief und sich damit von der moslemischen Regierung in Sarajevo distanzierte. Abdić war in den achtziger Jahren Direktor des bis dahin am Abgrund dümpelnden Unternehmens ›Agrokomerc‹ geworden und hatte daraus ein florierendes Unternehmen mit zehntausenden von Mitarbeitern aufgebaut. Abdić wurde politisch sehr einflußreich und erhielt bei den ersten postkommunistischen Wahlen mehr Stimmen als sein damaliger Parteifreund und Glaubensbruder Alija Izetbegović. Er trat jedoch sein Amt als Präsident Bosnien-Herzegowinas nicht an, da er die

Auch als Ruine ist die Kirche des heiligen Ante eindrucksvoll

zunehmend nationale Politik seiner Partei nicht mittragen wollte. Nach Kriegsbeginn konzentrierte er sich auf den unter seinem Einfluß stehenden Nordwesten des Landes. Er rief die Autonome Region Bihać aus und schaffte es, das Gebiet weitgehend aus Kampfhandlungen herauszuhalten. Sowohl mit Serbien als auch dem angrenzenden Kroatien schloß er Friedensvereinbarungen. Den moslemischen Machthabern in Sarajevo paßte nicht in ihre Politik, daß der Moslem Abdić mit Serben und Kroaten erfolgreich verhandeln konnte. Die Regierung in Sarajevo bezeichnete ihn als Abtrünnigen und Verräter, den man ausschalten müsse. Die moslemische Armee stieß in die Region Bihać vor und brachte sie unter ihre Kontrolle, es kam zu Kämpfen zwischen Moslems und Moslems. Tausende flohen vor der moslemischen Armee in die nahe Krajina, die zu Kroatien gehörte, aber von Serben kontrolliert wurde. Abdićs Truppen versuchten später gemeinsam mit den Serben, die Region Bihać zurückzuerobern. Für alle Seiten spielte es keine Rolle, daß Bihać zuvor von der UNO zur Schutzzone erklärt worden war.

Ein Stadtrundgang

Als Ausgangspunkt für einen Stadtrundgang bietet sich das Touristeninformationsbüro an. Es liegt direkt im Stadtzentrum und zugleich unmittelbar an der Hauptstraße, so daß man früher oder später fast zwangsläufig daran vorbeikommt. Bei der freundlichen Mitarbeiterin der Touristeninformation sind einige Broschüren – zum Teil auch in deutscher Übersetzung – zur Stadt und den Ausflugsmöglichkeiten in der Umgebung und ganz besonders an der Una zu bekommen. Vom Tourismusbüro überquert man die Hauptstraße und erreicht so nach wenigen Schritten die kleine Fußgängerzone Bosanka. Hier gibt es die städtische Galerie, einige Geschäfte, Banken und Boutiquen sowie ein Warenhaus, das vor dem Krieg den Namen ›Beograd‹ trug und heute den der Stadt. Aber vor allem und ganz besonders am Beginn der Fußgängerzone finden sich die vielen Cafés.

Die Bosanska ist nicht sehr lang. An ihrem Ende, dort wo sich die Straße mit der parallel verlaufenden Gazi Husrev-begova vereint, befindet sich die Fethi-Moschee (Džamija Fethija). Eine Kirche wurde bereits im 14. Jahrhundert an dieser Stelle errichtet, zwei Jahrhunderte später in gotischen Formen umgestaltet. Aus dieser Zeit stammen die Spitzbogenfenster. Damals war es eine römisch-katholische Kirche, die den Namen des heiligen Antonius trug. Als die Türken 1592 auch Bihać erreichten und die Stadt eroberten, wurde die Kirche zur Moschee umfunktioniert. Ihr Inneres wurde umgestaltet und außen das Minarett angefügt. Den Eingangsbereich der Moschee verziert eine arabische Inschrift, auch über der Eingangstür ist eine in Stein gearbeitete Inschrift zu finden. Neben der Kirche befinden sich zwei moslemische Gräber.

Nur wenige Meter neben der Moschee steht das ehemalige Kino von Bihać. Noch prangt ein kleines Neonschild an der Gebäudewand. Leider widerfuhr ihm das gleiche Schicksal wie vielen anderen Kinos im Zeitalter von Fernsehen, Video und Computer: Die Räume beherbergen heute einen Textilmarkt, und die Stadt verlor eine kleine Attraktion. Es herrschte eine ganz besondere Atmosphäre, wenn auf recht harten Kinostühlen amerikanische Filme im Original und mit damals noch serbokroatischen Untertiteln angesehen werden konnten.

Von der Fethi-Moschee führt die Gazi Husrev-begova zum Kapitänsturm (Kapetanova Kula). Der Turm wurde im 16. Jahrhundert errichtet und diente eine Zeitlang als Gefängnis. Zur jugoslawischen Zeit beherbergte er das Heimatmuseum mit einer ethnographischen und einer archäologischen Sammlung. Das neuangebrachte Schild am Turm verrät, daß nun eine ständige Ausstellung über den Una-Sana-Kanton gezeigt wird.

In unmittelbarer Nachbarschaft befinden sich die Überreste der Kirche des heiligen Ante. Der Glockenturm ist trotz der Zerstörungen noch recht gut erhalten. Die Einschußlöcher stammen zum großen Teil noch aus dem Zweiten Weltkrieg. Hinter dem Kirchturm sind die Ruinen des Kirchenschiffs zu erkennen. Die Zerstörungen stammen ebenfalls aus dem Zweiten Weltkrieg.

Vom Kapitänsturm erreicht man in südlicher Richtung wieder das Tourismusbüro. Erneut kann es als Ausgangspunkt dienen, diesmal für einen Spaziergang in südlicher Richtung. Die Entfernungen sind auch hier nicht besonders groß, alles Sehenswerte liegt in Laufnähe. Dazu zählt auch auf der linken Straßenseite das Gebäude der städtischen Musikschule. Als solche ist sie zuerst kaum zu erkennen, da sich im Parterre eine Galerie befindet, die Musikschule hat ihre Räume im zweiten Stock. Ursprünglich befand sich in diesem Gebäude ein Kloster. In direkter Nachbarschaft zur Musikschule befindet sich ein historisch weitaus bedeutsameres Gebäude. Hier wurde die erste Sitzung des AVNOJ im von

Der Kapitänsturm

Titos Partisanen befreiten Bihać abgehalten, die den Grundstein für das spätere Jugoslawien legte. In Erinnerung daran wurde nach dem Krieg das Museum des Volksbefreiungsrates eingerichtet. 1966 kam Tito persönlich nach Bihać und nahm im Museum noch einmal in dem Sessel Platz, in dem er während dieser ersten Sitzung gesessen hatte.

Bihać war während des Zweiten Weltkrieges eines der wichtigsten Zentren der Partisanenbewegung in Bosnien-Herzegowina, daher fanden die Besuche Titos immer unter großer Anteilnahme der Bevölkerung statt. Der letzte Krieg hat diese Spuren zu großen Teil ausgelöscht: Das Museum ist völlig zerstört, das Gebäude der historischen Sitzung gleicht einer Ruine. Die dort ausgestellten Exponate, darunter auch Titos Sessel, sind verschwunden. Geblieben sind nur zwei Partisanenkanonen, die vor dem Gebäude stehen.

Auf der gegenüberliegenden Straßenseite stößt man auf den zentral gelegenen kostenlosen Parkplatz und das ebenso zentral gelegene Hotel ›Park‹. Von hier gelangt man in einen Park, der auch im Sommer und bei großer Hitze angenehm kühl und schattig ist. Eine kurze Pause auf einer Parkbank bietet sich an, bevor man den Weg zum Ufer der Una fortsetzt. In das Flußbett wurde ein langer betonierter Steg gebaut. Von dessen Ende hat man einen sehr schönen Ausblick auf Bihać und die Brücke im Vordergrund.

Auf dem Weg zurück in das Stadtzentrum ist in Sichtweite der Aufgang zur Brücke zu erkennen. Hier befinden sich Cafés und ein moderner Kinderspielplatz. Auf der gegenüberliegenden Straßenseite ist unterhalb des Kirchturms an einer Wand ein Partisanendenkmal angebracht.

Um zum Ausgangspunkt zu gelangen, folgt man einfach der Hauptstraße – Patriotska Liga – in entgegengesetzter Richtung zur Una.

Etwa drei Kilometer südöstlich von Bihać befindet sich die Burg Sokolac. Sie entstand im 14. Jahrhundert. Bis heute ist sie recht gut erhalten geblieben. Auffällig ist der 16,5 Meter hohe Rundturm mit einem Durchmesser von 10 Metern. Die Festung befindet sich auf einer Anhöhe und ist bereits von weitem gut auszumachen.

Vorwahl: 037.
PLZ: 770 00.
Touristische Gemeinschaft der Gemeinde Bihać, Ul. 5. Korpusa 1, Tel./Fax 32 20 79, Stadtzentrum. Touristische Informationen bekommt der Reisende auch in der Reiseagentur ›Sport Tours‹, Ul. Harmanski sokak, Tel. 32 07 80. Hier lassen sich auch Flüge, Hotels oder Reisen buchen. Die Mitarbeiter der Agentur sprechen alle sehr gut englisch.

Auskunft der Post, Tel. 11 82.

Busbahnhof, Armije BiH, Tel. 33 25 90.

Bahnhof, im Nordosten etwas außerhalb der Stadt, Tel. 33 14 81.

Tel. 33 34 44. Taxihalteplätze gibt es beim Busbahnhof, beim Bahnhof und im Stadtzentrum, Bosanske državnosti.

Hotel ›Park‹, Ul. 5. korpusa, Tel. 33 18 83, 33 17 45, Fax 33 15 56. Im Stadtzentrum, B-Kategorie, ca. 60 Zimmer, Parkplatz direkt vor dem Haus.
›MB Lipovača‹, Ul. Dr. Irfana Ljubijankića, Tel. 35 16 20. Einfach eingerichtetes Hotel, ca. 60 Betten, Parkplatz vor dem Haus, Salon, Sommergarten.
›Sedra‹, siehe Ostrožac.
Motel ›ADA-S‹, Ul. Husrefa Redžića, Tel. 31 15 70. Am anderen Flußufer gegenüber dem Stadtzentrum, Parkplatz vor dem Haus.

›Gurman‹, Bosanske državnosti, Tel./Fax 31 14 46. Dieses Restaurant ist ein echter Tip. Zahlreiche Besucher zeigten sich begeistert vom bosnischen Eintopf ›bosanski lonac‹.
›Bosna‹, Tel. 22 99 75, im Stadtzentrum beim Hotelpark.
›Čardak Na Uni‹, Ul. 502.viteške brigade, Tel. 33 18 22, am Unaufer.
Pizzeria ›Bodeno‹, Ul. Bosanska.
›gradska pivnica‹, Bosanske državnosti, Tel. 32 37 84, städtisches Bierhaus.

Städtische Galerie, Bosanska 15, Tel. 32 30 83. Das Museum des Una-Sana-Kantons im Kapitänsturm, Tel. 22 32 31.

Bihać bietet optimale Voraussetzungen für die Jagd und den Fischfang. Bereits 1932 wurde in Bihać der Fischfang als organisierter Sport betrieben. Mittlerweile gibt es 9000 aktive Sportfischer in der Region. Wer selbst die Angel auswerfen möchte, muß jedoch zunächst eine Angellizenz erwerben. Die Fischgebiete erstrecken sich entlang der Una.
Gemeinschaft der Sportfischer ›Una‹, Ul. Bihaćkih branilaca bb, Tel./Fax 33 34 88.
Ein erster Jagdverein gründete sich nach dem Zweiten Weltkrieg. Gejagt werden können beispielsweise Hasen, Wölfe, Füchse und Braunbären. Das Jagdgebiet erstreckt sich zu beiden Seiten der Una.
Lovačko Društvo ›Tetrijeb‹, Bihaćkih branilaca 5, Tel./Fax 31 08 65.

Die Una bietet tolle Möglichkeiten für Wassersport. Etwa fünf Kilometer außerhalb Bihaćs befinden sich zwei Gasthäuser und ein Autocamp. Dort läßt sich angeln, aber auch an organisierten Kanu-, Kajak- und Raftingtouren teilnehmen. Es gibt verschiedene Strecken, die nach Schwierigkeitsgraden und Länge gegliedert sind.
Una-Kiro-Rafting, M. Ćazima Ćatića 1, Tel./Fax 32 37 60.

Städtische Apotheke, Tel. 32 37 33.
Krankenhaus, Tel. 32 33 30.

Die Una-Schlucht

In der Una-Schlucht

Von Bosanska Krupa bis Bihać fließt die Una nördlich der Straß durch eine 22 Kilometer lange, tiefe und beeindruckende Schlucht. Dieser Flußabschnitt eignet sich besonders gut für Kajak- und Raftingtouren. Hier werden auch offizielle Wettkämpfe ausgetragen.

Die Straße hat die Breite einer einspurigen Fahrbahn, ist sehr kurvenreich und daher nur vorsichtig zu befahren. An vielen Stellen überdachen Felsvorsprünge die Fahrbahn, bei Regen löst sich manchmal Gestein und fällt auf die Straße.

Kurz vor Bosanska Krupa, unmittelbar hinter einer kleinen schmucklosen Brücke, ereignete sich während des Zweiten Weltkriegs ein schreckliches Geschehen. Deutsche Soldaten trieben gefangene Partisanen in eine kleine Schlucht. Von der Brücke schossen sie auf die Hilflosen, die dort elend zu Tode kamen. Heute erinnert eine an den Fels angebrachte Steintafel an das Massaker. Gegenüber auf der anderen Straßenseite steht noch der Sockel, auf dem bis in die neunziger Jahre ein Denkmal in Form einer schwarzen Hand die Vorbeifahrenden an die getöteten Partisanen erinnerte.

Bosanska Krupa

Bosanska Krupa liegt 30 Kilometer nordöstlich von Bihać, auf halber Strecke nach Novi Grad. Die Stadt breitet sich an den Ufern der Una aus. Bosanska Krupa ist ein kleines nettes Städtchen, das es dem Besucher einfach macht, sich zurechtzufinden. Im kleinen Ortszentrum befindet sich vor dem Hotel ›Stari Grad‹ ein großer Parkplatz, unmittelbar gegenüber der Hauptpost. Interessant ist die nur wenige Schritte entfernte Festung von Bosanska Krupa.

Das im 13. Jahrhundert erbaute Gemäuer gab der Stadt ihren Namen. Erbauen ließ sie Babonić, ein Fürst mit Stammsitz in Blagaj. Ursprünglich war die Burg mit drei Wehrtürmen ausgestattet. Die Türken erweiterten sie während ihrer Herrschaft erheblich. Sie erhielt zunächst Wehrmauern und einen neuen Zugang, der durch neu errichtete Wachtürme gesichert war. Zu Beginn des 19. Jahrhunderts renovierten die Türken die Befestigungsanlage. Nach dem Zweiten Weltkrieg wurde sie als historisches Gebäude erhalten und zur Besichtigung freigegeben.

Ein schmaler Fußweg führt die wenigen Meter nach oben in die Festung, die in zwei Ebenen gegliedert ist. Die untere Ebene ist breiter und wird von Geschützen aus dem Zweiten Weltkrieg flankiert. Von dort führt ein weiterer kleiner Weg in den oberen Festungsbereich. Die Burg ist hier enger und aufgeteilt in verschiedene, heute nur noch als Ruinen erhaltene Räume. Von den breiten, aber ungesicherten Festungsmauern bietet sich dem Besucher ein sehr schöner Ausblick auf Bosanska Krupa, die Una und die Umgebung.

Im Schatten der Festung befindet sich die serbisch-orthodoxe Kirche. Der Kirchturm ist mit Einschlußlöchern übersät, auch das Innere der Kirche wurde während des letzten Krieges beschädigt. Nur einen Steinwurf von der Kirche entfernt steht die Gradska džamija, die Stadtmoschee. Wie die steinerne Tafel am Eingang der Moschee verrät, wurde sie im April 1992 in Brand gesteckt und erheblich zerstört. Ein Wiederaufbau war 1997 mit ausländischer Finanzhilfe möglich.

Unterhalb der Festung befindet sich eine kleine Straße mit einigen kleinen Geschäften und Cafés. Folgt man ihr und biegt bei der nächsten Gelegenheit rechts ab, ist nach wenigen Schritten das Eingangsportal der Moschee erreicht. Im kleinen Vorhof steht ein moderner Brunnen für die rituellen Waschungen der Gläubigen, bevor sie zum Gebet die Moschee betreten. Neben dem Brunnen sind zwei alte islamische Gräber erhalten geblieben.

Nachbarn: Moschee und serbisch-orthodoxe Kirche

Zwischen Bosanska Krupa und Otoka fließt die Una links der Straße und bildet einige Kilometer darauf die natürliche Grenze zu Kroatien. Früher gab es eine Eisenbahnverbindung von Bihać über Bosanska Krupa und weiter in den Norden Bosniens. Seit dem Krieg ist nur das Teilstück von Bosanska Krupa wieder in Betrieb. Eine

Lokomotive mit einem Abteilwagen befährt mit lautem Getöse die Strecke. Vor dem Krieg gab es an jedem Bahnübergang – und davon gibt es zwischen Bosanska Krupa und Novi Grad viele – einen Schrankenwärter, der die Schranke mit einer Kurbel von Hand bediente. Heute stehen die Schranken durchweg offen, die kleinen Bahnwärterhäuschen stehen verlassen und verfallen. Die Sicherheitsmaßnahmen an den Übergängen beschränken sich auf das Warnsignal des Zuges, aber noch mehr auf das Schnauben und Röcheln der Lokomotive. Dennoch sollte man die vielen Bahnübergänge mit äußerster Vorsicht passieren.

In Bosanska Krupa und der Umgebung ist die Una besonders fischreich und bietet beste Voraussetzungen zum Angeln. Es gibt einige sehr schöne Strandabschnitte, die zum Sonnen oder einfach nur zum Verweilen einladen.

In der Umgebung von Bosanska Krupa befinden sich mehrere Festungen, beispielsweise in Otoka. Leider sind von der mittelalterlichen Burg nur noch einige wenige Ruinenüberreste zu sehen. In Bužim, nordwestlich von Bosanska Krupa an der schmalen Landstraße nach Velika Kladuša gelegen, sind ebenfalls nur noch die Ruinen einer kleinen Burg aus dem Mittelalter erhalten.

Im Dorf Jasenica an der Straße nach Sanski Most gab es ein kleines Museum über den Partisanenkampf in der Gegend. Der Ort war während des Zweiten Weltkriegs aufgrund seiner strategisch bedeutenden Lage am Rand des Grmeč-Gebirges schwer umkämpft. Die Partisanen richteten unmittelbar nach Kriegsbeginn hier ein Lazarett ein, später entstanden drei weitere Krankenlager tief in den Wäldern des Grmeč-Gebirges. Für den Feind war die Region nur sehr schwer zugänglich.

In Jasenica schlossen sich fünfzehn orthodoxe Priester im November 1942 den Partisanen an, um an der Befreiung des Landes von den Besatzern mitzukämpfen. Über 300 Partisanen ließen dort ihr Leben und wurden in kunstvoll gestalteten Gräbern beigesetzt. Nach dem Krieg wurde ein fünfzehn Meter hohes Denkmal des Künstlers Ljubomir Denković zur Erinnerung an den Volksbefreiungskampf errichtet.

Vorwahl: 037.
PLZ: 77240.

Autobusbahnhof, Kolodvorska bb, 77240 Bosanska Krupa, Tel. 47 10 16.

Hotels in Bosanska Krupa:
›Stari Grad‹, Trg oslobođenje bb, Tel. 47 20 63, 47 16 79. Im Stadtzentrum, EZ, DZ, Apartments, großer Parkplatz.
›Bor‹, Tel. 47 10 61.
›Eki‹, Tel. 066/10 53 08. Privat geführtes Hotel.
Motel ›Lelić‹, Prvomajska 41, Tel. 447 22 14. Privat geführtes Motel.

Zwischen Bihać und Bosanski Petrovac

Verläßt man Bihać in südöstliche Richtung, bietet sich dem Betrachter sehr bald eine einzigartige Landschaft: Sanfte, spärlich grün bewachsene Hügel gehen in felsige Weiten über. Die Landschaft reicht bis zum Horizont und erlaubt an vielen Stellen einen tiefen Einblick, um dann, nur für einen kurzen Moment, aus dem Blickfeld zu verschwinden.

Die geschwungene Landschaft ist grün, der Boden aber unfruchtbar und unter seiner kärglichen Bewachsung steinig. Der harte und früh einsetzende Winter tut ein übrigens, so daß eine landwirtschaftliche Nutzung nicht lohnt. Von Zeit zu Zeit sieht man einen Schäfer, der seine Tiere weidet, oder ein einsames Haus am Straßenrand. Die wenigen Dörfer sind oft nur in der Ferne auszumachen und bestehen nicht selten aus kaum einem halben Dutzend Wohnhäusern.

Die Straße stammt noch aus jugoslawischer Zeit. Sie ist ausgebaut und gut zu befahren. Staus und lange Autoschlangen hinter Reisebussen und Lastwagen sind kaum zu befürchten und die langen geraden Streckenabschnitte machen das Überholen verhältnismäßig ungefährlich. Die Einheimischen sind recht disziplinierte Fahrer, seitdem die Polizei verstärkt Geschwindigkeitskontrollen durchführt und recht drastische Geldbußen verhängt.

Bosanski Petrovac

Etwa 50 Kilometer hinter Bihać ist mit Bosanski Petrovac der nächste größere Ort erreicht. Er befindet sich an der Straßenkreuzung nach Drvar, dem Ort, in dem Tito während des Zweiten Weltkrieges in einer Höhle sein Hauptquartier für einige Zeit einrichtete. Bosanski Petrovac liegt unmittelbar an dieser Kreuzung. Die Ortsstraße zweigt von der Hauptstraße ab und führt in einem Bogen durch das Zentrum.

Auf den ersten Blick macht Bosanski Petrovac für den Reisenden nicht viel her, Wohnhäuser dominieren das Stadtbild. Viele, die mit dem Bus von Bihać in Richtung Mostar und Sarajevo unterwegs sind, behalten Bosanski Petrovac in Erinnerung, da der Bus von der Hauptstraße in den Ort abbiegt, sich die schmale Ortsstraße entlangkämpft und nur im Rückwärtsgang wieder aus dem Orte käme, hätte man nicht um ein Denkmal herum eine Wendemöglichkeit eingerichtet. Früher befand sich an eben dieser Stelle ein Partisanendenkmal, heute erinnert ein Gedenkstein an gefallene moslemische Soldaten des letzten Krieges. Die neu errichtete Moschee mit ihrem schlanken Minarett fällt sofort ins Auge.

Kaum etwas deutet heute darauf hin, daß der Ort bereits in der Antike besiedelt war. Archäologen fanden die Überreste einer römischen Straße. Bereits damals war die Route über Bosanski Petrovac in Richtung der heutigen Stadt Sarajevo ein

Dieses Gebäude diente Tito und seinem Oberkommando als Stützpunkt

wichtiger Handelsweg. Wie Funde zeigten, benutzten die Römer besonders gearbeitete Steine, um die Entfernung auf dieser Strecke anzuzeigen.

Eine wichtige Rolle spielte Bosanski Petrovac während des Zweiten Weltkriegs. Die Stadt konnte sich immer den deutschen Angriffen erwehren und wurde nie eingenommen. Tito und das Oberkommando der Partisanen nutzten die Stadt im Herbst 1942 für einige Monate als Stützpunkt. Zur gleichen Zeit fand in Bosanski Petrovac der erste Partisanenärztekongreß statt, im Dezember des gleichen Jahres wurde der 1. Kongreß der jugoslawischen antifaschistischen Frauenfront abgehalten. In der nahen Umgebung befand sich das Zentralhospital der Partisanen, das jedoch nur bis 1943 seine medizinische Arbeit verrichten konnte. Leider hat der letzte Krieg auch die meisten Denkmäler zerstört oder beschädigt.

Nach dem Zweiten Weltkrieg entstanden das Museum des Dichters Skender Kulenović, sowie die Galerie des Malers J. Bijlić (1884–1964).

Vorwahl: 037.
PLZ: 77250.
Hotel ›Haver Turs‹, Tel. 88 11 05, Fax 88 11 79. 56 Betten, B-Kategorie, Parkplatz, Salon, Sommergarten.

Motel ›No 9‹, Put V korpusa bb, Tel. 88 19 01. Elf Zimmer, verkehrsgünstig an der Straße nach Bihać bzw. Sarajevo.

Apotheke ›Zlata‹, Trg šehida bb, Tel. 88 13 27.

Drvar

Das Städtchen Drvar wirkt wie von mächtiger Hand in die Ebene hineingeworfen. Einige Fabrikschlote ragen aus dem von den roten Dächern der Häuser dominierten Stadtbild heraus, einen Kontrast setzt die umgebende grüne Landschaft. Aus der Ferne bietet die geschichtsträchtige Stadt einen verheißungsvollen Anblick. Nähert man sich ihr, wird aber deutlich, daß das Panorama trügt: Drvar ist weitgehend zerstört. Kaum ein Gebäude war im letzten Krieg nicht das Ziel von Granaten und Geschossen, auch der Busbahnhof befindet sich inmitten von zerstörten Bürogebäuden und Wohnhäusern.

Auf einer Länge von zehn Kilometern schlängelt sich der Fluß Unac durch die Stadt, das deutlich kleinere Flüßchen Bastašica auf einem Kilometer Länge. In der nahen Umgebung liegt die Ortschaft Prekaja. Hier befindet sich der Prekajsko jezero. Der See erstreckt sich auf zwei Quadratkilometern und gilt als sehr fischreich, bietet damit sehr gute Bedingungen für Angler. Überhaupt besticht das Umland durch seine grüne und waldreiche Landschaft mit einigen sehr schönen kleineren Wasserfällen. Vor dem Krieg kamen die Menschen im Sommer hierher, um zu wandern und die unberührte Natur zu genießen. Im Winter eignete sich das Gebiet für Skifahrer. Drvar befindet sich in einer Höhe von rund 700 Metern über dem Meeresspiegel, die Berge um die Stadt ragen bis zu 1200 Meter in den Himmel. Die Region wird von einem kontinentalen Gebirgsklima mit langen, kalten und oft auch schneereichen Wintern geprägt.

Drvar ist bekannt, weil sich während des Zweiten Weltkriegs hier Geschichtsträchtiges ereignet hat, und ist, so ist in einer älteren Broschüre des Gedenkmuseums zu lesen, eine ›Heldenstadt‹. Drvar war die Stadt, die während des Zweiten Weltkriegs die längste Zeit von den Partisanen gegen die Okkupanten verteidigt werden konnte. 7000 Menschen aus der Region Drvar kämpften auf Seiten der Partisanen, fast 1300 ließen dabei ihr Leben. 800 Zivilisten wurden von den Deutschen als Vergeltung erschossen. Die gefangenen Partisanen wurden ebenfalls erschossen, da sie nicht bereit waren, das Versteck Titos preiszugeben. Es wurde niemals verraten.

Zweimal rückte Drvar in den Mittelpunkt des Volksbefreiungskampfes: Erstmals am 27. Juli 1941, als in Drvar der Aufstand der Partisanen gegen die Besatzer begann, und ein zweites Mal am 25. Mai 1944, als die Deutschen in einer groß angelegten Operation versuchten, Tito in Drvar aufzuspüren und gefangenzunehmen. Tito hielt sich seit Januar 1944 in Drvar in einer nur schwer zugänglichen Höhle versteckt und hatte sein Hauptquartier hierher verlegt. Das Zentralkomitee der kommunistischen Partei Jugoslawiens hielt sich ebenfalls dort versteckt.

Unter Hitlers direktem Befehl wurde der Plan entwickelt, Tito in Drvar gefangenzunehmen und nach Berlin zu bringen. In dem dafür vorgesehenen Flug-

Blick auf Drvar

zeug saß aber nach Ende der Operation anstatt Tito der verwundetete Oberkommandierende der SS-Einheit – eine geradezu symbolische Niederlage der Deutschen.

Die Operation trug den Namen ›Rösselsprung‹ und begann am frühen Morgen des 25. Mai 1944. Daß für den Angriff Titos Geburtstag gewählt wurde, war sicherlich kein Zufall, sondern sollte die geplante Gefangennahme Titos noch wirkungsvoller machen und gleichzeitig Tito demütigen. Die Deutschen bombardierten zunächst die Stadt, zerstörten sie damit weitgehend, und warfen dann Fallschirmjäger ab. Sie waren vom erbitterten Widerstand der zahlenmäßig kleinen Partisaneneinheiten überrascht. Der Plan der Deutschen scheiterte, Tito konnte entkommen.

Zur Erinnerung an den Partisanenkampf und die erfolgreiche Flucht Titos wurde in Drvar ein Museum eingerichtet. Teil des Museums ist auch die Höhle, in der sich Tito mit seinem Gefolge aufhielt. Am Höhleneingang befindet sich die Holzhütte Titos. Auf einer Anhöhe über der Stadt errichtete der Dubrovniker Künstlers M. Kocković ein Denkmal zur Erinnerung an den Volksbefreiungskampf und die gefallenen Partisanen. Der letzte Krieg hat weder vom Museum

Sarajevo, serbisch-orthodoxe Kirche
Sarajevo, Altes Rathaus; Sarajevo, in der Baščaršija

FUJIFILM
FUJI HUNT

noch von anderen Erinnerungen an den Zweiten Weltkrieg sehr viel übrig gelassen.

Durch die nationale Bedeutung dieser Ereignisse gerieten die anderen Sehenswürdigkeiten Drvars etwas in den Hintergrund. Dabei war die Region bereits in der Antike besiedelt. Die Römer bauten eine durch das heutige Stadtgebiet von Drvar führende Straßenverbindung zur Adriaküste.

Neben Titos Höhle und dem Volksbefreiungskampfmuseum wies Drvar einige weitere Sehenswürdigkeiten auf, die sämtlich aus der Osmanenzeit stammten. Einer der Wesire in Bosnien, Mehmed Paša Miralem, starb 1800 und wurde gemeinsam mit seinem Sohn in Drvar beigesetzt. Ihm zu Ehren wurde eine prunkvolle Grabstätte mit sechs kunstvoll gestalteten und verzierten Säulen errichtet, auf denen ein Kuppeldach thronte. Der steinerne Sarkophag war ebenfalls kunstvoll verziert.

Aus türkischer Zeit stammten ebenso der zehn Meter hohe rechteckige Uhrturm und eine Moschee. Sie war nicht ohne weiteres auszumachen, da sie ungewöhnlicherweise nicht über ein Minarett verfügte. Bekannt war die Moschee unter dem Namen Metješ- oder auch Wesir-Miralem-Moschee. Ähnlich wie der Uhrturm verfügte die Moschee über einen quadratischen Grundriß und darüber hinaus über eine Vorhalle.

Vorwahl: 034.
PLZ: 80260.

Hotel ›Baštašica‹, Baštaši bb, Tel. 82 01 33, Fax 82 00 23. Umgeben von viel Wald, 25 Betten.

Bosansko Grahovo

Bosansko Grahovo liegt südlich von Drvar, nahe der Grenze zu Kroatien. Die Illyrer waren die ersten Siedler in dieser Region. Archäologen fanden die Überreste der illyrischen Siedlungen und der für sie typischen Hügelgräber. Den Illyrern folgten die Römer. Sie legten eine Straße durch den Ort an und schufen so eine wichtige Verbindung mit den damaligen Zentren in Bosnien. In der Umgebung von Bosansko Grahovo wurden zudem rund 800 Stećci gefunden, die sich auf über zehn mittelalterliche Grabfelder verteilen.

Ljubinej, die orthodoxe Kirche; Blick auf Mostar
Der Brunnen der Gazi-Husrev-Beg-Moschee in Sarajevo

Die Kirche im zerstörten Bosansko Grahovo wurde als erstes wieder aufgebaut

Das Städtchen ist auch heute, Jahre nachdem wieder Frieden in Bosnien eingekehrt ist, eine einzige zerstörte Wüste. An eine Besichtigung des Stadtparks, der Partisanendenkmäler oder der anderen Vorkriegssehenswürdigkeiten ist nicht zu denken. Das Partisanendenkmal auf dem Berg über der Stadt ist ein trauriges Gerippe und typisch für die ganze Region. Inmitten der zerstörten Stadt stehen die wiederaufgebaute orthodoxe Kirche und eine neuerrichtete Siedlung mit Einfamilienhäusern. Aufgestellte Schilder versprechen immerhin, daß die Stadt mit internationaler Hilfe rekonstruiert werden soll.

In einem ausgebrannten Hochhaus wurde im Parterre ein Raum für einen Supermarkt hergerichtet, an der Ortsausfahrt steht das Motel ›Gradina‹ mit Restaurant; über dem Eingang weht die kroatische Fahne.

Auch die Dörfer um Bosansko Grahovo sind zerstört und von ihren Bewohnern verlassen, die Straße in einem katastrophalen Zustand. Stellenweise finden sich metergroße Schlaglöcher im Asphalt, die von Granateinschlägen verursacht wurden. Allein die Friedhöfe in der Region scheinen auch während des Krieges unzerstört geblieben zu sein.

Unweit von Bosansko Grahovo befindet sich das Dorf Obljaj, das als Geburtsort von Gavrilo Princip in die Geschichte einging. Princip erschoß am 28. Juni 1914 in Sarajevo den österreichischen Thronfolger Franz Ferdinand und dessen Ehefrau. Mit seiner Tat löste Princip, der Mitglied der Organisation ›Junges Bosnien‹ war, den Ersten Weltkrieg aus.

Vorwahl: 034.
PLZ: 80270.

Motel ›Gradina‹,
Tel. 85 01 99. An der Hauptstraße Richtung Drvar, 18 Betten.

Zwischen Bosansko Grahovo und Livno

Der Reisende, der von Bosansko Grahovo in südöstlicher Richtung fährt, wird unübersehbar mit den Auswirkungen des Krieges konfrontiert. Über viele Kilometer führt die Straße durch eine völlig ausgeblutete und zerstörte Region. Die Häuser sind zerschossen und unbewohnbar, ganze Städte zerstört und ohne Menschen. Nur vereinzelt sind die Bewohner nach dem Krieg zurückgekehrt, haben ihre Häuser notdürftig geflickt und provisorisch bewohnbar gemacht.

Livno

Livno, unweit der Grenze zu Kroatien gelegen, befindet sich in einer Höhe von 736 Metern über dem Meeresspiegel in einem karstigen Hochtal an dem teilweise unterirdisch fließenden Fluß Bistrica – ein Phänomen, das in Bosnien-Herzegowina mehrfach vorkommt.

Das Livnotal ist sehr fruchtbar und ertragreich, was oft Anlaß für Streitigkeiten zwischen den Mächtigen war. Bis 1326 gehörte die Region Livno zu Kroatien, dann wechselten sich die Machthaber ab, bis 1469 die Türken auch hierher vordrangen und Livno eine orientalische Prägung gaben. In der Antike trug die Stadt den Namen Hlebiana. Durch das heutige Stadtgebiet führte die römische Straße von Salona nach Servitium. Aus dieser Zeit stammen die Ruinen der römischen Siedlung Pelva in der Umgebung.

Am Ortseingang begrüßt die Stadt seine Besucher auf einem großen Schild in vier Sprachen. Bleibt man auf der Hauptstraße, nähert man sich automatisch der katholischen Kirche, dem Marktplatz und dem Stadtzentrum. Hier befinden sich ein großes Kaufhaus, ein Restaurant und ein Supermarkt. Von hier sind es nur wenige Schritte bis zum Denkmal für König Tomislav in der Stadtmitte. An dieser Stelle beschreibt die Straße eine Linkskurve und erreicht alsbald das Hotel ›Dinara‹.

Die islamischen Bauten im Ortskern sind zerstört, allein der moslemische Friedhof blieb unversehrt. Der frühere islamische Charakter des Städtchens ist daher heute kaum noch zu spüren. Unter den früher vorhandenen Sehenswürdigkeiten waren einige sehenswerte Moscheen. Allein eine kurze Aufzählung macht

In einem kleinen Park

die Dimension des Verlustes deutlich. Die Lala Paša džamija stammte aus dem Jahr 1567. Sie wurde auch Beg-Luk-Moschee genannt, verfügte über ein ungewöhnlich gestaltetes Portal und eine Sonnenuhr im unteren Bereich des Minaretts. Die Balaguša-Moschee stammte aus dem 16. Jahrhundert. Im Inneren waren sehr schöne und aufwendige Wandmalereien zu bestaunen. Die Glavica-Moschee gehörte zu den ältesten in der Stadt. Ihre Architektur ließ die Handschrift eines dalmatinischen Baumeisters erkennen. Die Kuppel war zuletzt 1957 erneuert worden. In unmittelbarer Nachbarschaft zur Moschee befand sich der im 17. Jahrhundert erbaute 15 Meter hohe Sahat kula – der türkische Uhrturm. Die serbisch-orthodoxe Kirche verfügte über eine recht große Ikonensammlung, die Stücke stammten überwiegend aus der Zeit vom 15. bis 18. Jahrhundert.

Wer sich auf die Suche nach der islamischen Vergangenheit des Ortes begeben möchte, muß einen kleinen Spaziergang in Kauf nehmen. Er ist lohnenswert, aber nicht unbeschwerlich. Als Orientierungspunkt kann das Hotel ›Dinare‹ dienen. Steht man mit dem Rücken zu ihm, führt links die Straße den Berg hinauf. Bald wird man das kleine Minarett der einzigen noch erhaltenen Moschee des Ortes entdecken. Der Weg dorthin führt über alte, steile Wege und Bürgersteige, die in Stufen nach oben führen, vorbei an zahlreichen Cafés und Schuhgeschäften, von denen es mehr zu geben scheint als potentielle Kunden. Nun sind die Überreste eines Burgturmes zu erkennen, der oberhalb der Stadt liegt.

Einige Bauten verschonte der Krieg. Sehenswert ist die 28 Meter lange Bistricabrücke aus dem 17. Jahrhundert. Sie schwingt sich in einem großen Bogen über die an dieser Stelle überirdisch fließende Bistrica. Aus dem Jahr 1854 stammen das Franziskanerkloster und die Peter-und-Paul-Kirche in Gorica. Im Kloster ist eine Sammlung mit Bildern des Malers Gabrijel Jurkić ausgestellt.

Nordwestlich von Livno erstreckt sich die Ebene Livanjsko polje. Hier sind Überreste aus illyrischer Zeit wie beispielsweise die typischen Hügelgräber, Reste einer Siedlung und die Mauern eines Wachturms zu finden. Entdeckt wurden auch 76 Grabstellen mit kunstvoll gestalteten Stećci. Insgesamt 2500 Totenkultsteine sind hier zu finden.

Vorwahl: 034.
PLZ: 80101.
Hotel ›Dinara‹, Trg branitelja bb, Tel./Fax 20 10 54. Modernes Hotel im Stadtzentrum, Parkplatz und Restaurant.
›Park‹, Kneza Mutimira 56, Tel. 20 21 49, Fax 20 10 09. Hotel mit 60 Betten, umgeben von Bäumen.
Pension ›Mali raj‹, Gorička cesta 18, Tel./Fax 20 34 89.

Zwischen Livno und Duvno

Potočani ist ein kleines Dorf in einer ansonsten sehr einsamen Region. Ein oder zwei Industriebetriebe heben sich vom Ortsbild ab, erwähnenswert in touristischer Hinsicht ist vor allem die Tankstelle unmittelbar an der Hauptstraße.

In der Nähe des Dorfes Zagoričani stößt man auf einen einfachen Skilift. Im Winter kommen die Besucher zum Skifahren hierher, auch wenn die Berge im Vergleich zu anderen Regionen eher gemäßigt und steile Abfahrten nicht vorhanden sind. Šulca liegt in einem großen Karsttal. Sehenswert ist die in der Ortsmitte auf einer leichten Erhöhung thronende Kirche.

Die Klosterkirche

König Tomislav auf der Tür zum Kloster

Tomislavgrad

Tomislavgrad liegt am Rande des karstigen Feldes von Duvno (Duvanjsko Polje). Die Region und die Stadt sind für die zahlreichen illyrischen Siedlungen bekannt, die hier entdeckt wurden. Sie sind zumeist von Erdwällen oder Steinaufschüttungen umgeben, die vor Feinden Schutz boten. Der illyrische Stamm der Dalmater soll dort rund 1000 Jahre vor unserer Zeitrechung gelebt haben. Die Römer vernichteten die illyrischen Siedlungen und gründeten ihrerseits auf dem Gebiet des heutigen Tomislavgrad eine eigene Siedlung, die bis in das 6. Jahrhundert bestand hatte, dann aber zerstört wurde. Die Römer legten auch einen wichtigen Verkehrsweg an, der von Solana durch Duvanjsko Polje führte. Im 20. Jahrhundert wurden Überreste dieser Straße entdeckt.

Vor dem Krieg hatte Tomislavgrad zwei Moscheen, die Lala-Paša-Moschee und die Džudže-Džafer-Moschee. Beiden stammten aus dem 16. Jahrhundert. Sehenswert ist heute allein das Franziskanerkloster in der Ortsmitte. Im Zentrum gibt es auch einen erhalten gebliebenen moslemischen Friedhof. In der Umgebung von Tomislavgrad fand man zahlreiche Grabstellen mit über eintausend Stećci. Einer der größten Fundorte befindet sich bei dem Dorf Lipu. Fast 400 dieser Totenkultsteine sind bislang entdeckt worden, sie sind aber zumeist ohne besondere Bearbeitung und Verzierung.

Vorwahl: 034.
PLZ:80240.

Busbahnhof vorhanden.

Hotel ›Tomislav‹, Mijata Tomića bb, Tel. 35 22 91, Fax 35 21 30. Parkplatz.

Motel ›Papić‹, Zvonimirova bb, 80240 Tomislavgrad, Tel. 35 26 30

Motel ›MM&BB‹, Raskršće bb, 80249 Šujica, Tel./Fax 36 74 33. Außerhalb von Tomislavgrad im Ort Šujica.

Banja Luka

Banja Luka ist die größte Stadt in der Serbischen Republik und nach Sarajevo die zweitgrößte in Bosnien-Herzegowina. Die Stadt versteht sich als eines der wichtigsten Zentren für Wirtschaft, Kultur, Sport und in der Ausbildung junger Menschen. Banja Luka wurde nach dem letzten Krieg zum administrativen und politischen Mittelpunkt in der Serbischen Republik.

Mit rund 240 000 Menschen ist Banja Luka nach Sarajevo die einwohnerstärkste Stadt in Bosnien-Herzegowina. Das ist eine rasante Entwicklung, wenn man bedenkt, daß Banja Luka einhundert Jahre zuvor nur 13 000 Einwohner hatte. Nach dem letzten Krieg hat die Einwohnerzahl Banja Lukas erheblich zugenommen. Etwa 65 000 Flüchtlinge aus allen Teilen Bosnien-Herzegowinas ließen sich hier nieder, während auf der anderen Seite Moslems und Kroaten die überwiegend von Serben bewohnte Stadt verließen. Einige der Flüchtlinge kamen nach Beendigung der Kämpfe zurück.

Banja Luka gilt als die Stadt der breiten grünen Alleen und Parks. Bekannt ist sie auch aufgrund ihrer Quellen und Thermalbäder, die seit der Römerzeit zu therapeutischen Zwecken genutzt werden.

Banja Luka befindet sich im Nordwesten Bosnien-Herzegowinas nahe der bosnischen Krajina und nicht sehr weit von der Grenze zu Kroatien. Bis Zagreb sind es etwa 200 Kilometer. Die Stadt verteilt sich zu beiden Uferseiten des Flusses Vrbas. Das Stadtzentrum umfaßt rund 8 Hektar, während sich die gesamte Stadt auf rund 15 Hektar ausbreitet.

Das Wetter in Banja Luka wird als gemäßigtes Kontinentalklima bezeichnet. Der kälteste Monat ist der Januar mit einer Durchschnittstemperatur um null Grad, während der Juli als wärmster Monat mit durchschnittlich 21 Grad gilt. Der wärmste Tag in der Geschichte der Stadt war jedoch nicht im Juli, sondern im August 1957 mit gemessenen 41 Grad. An den meisten Tagen im Jahr ist es recht windstill in Banja Luka, kommt doch mal Bewegung in die Luft, dann in der Regel aus westlicher Richtung. Mit Regen muß der Besucher im Juni rechnen, dagegen ist es im Februar meist trocken – zumindest wenn man der Statistik glauben will.

Geschichte

Die Geschichte Banja Lukas ist in großen Teilen typisch für die ganz Bosnien-Herzegowinas. Erst mit Beginn der türkischen Epoche entwickelte sich eine eigene spezifische Historie.

Wie viele andere Regionen in Bosnien-Herzegowina war auch das Gebiet des heutigen Banja Luka bereits ein Jahrzehnt vor unserer Zeitrechnung besiedelt. Zu den ältesten archäologischen Funden aus dieser Epoche gehören Pfahlbausiedlungen nahe der Stadt Bosanska Gradiška. Neben Überresten der Siedlung wurden Werkzeuge und Gegenstände aus Eisen und Bronze sowie Knochen gefunden. Bereits damals nutzten die Bewohner den ertragreichen Boden für Ackerbau und Tierzucht. Noch heute spielt der Anbau von Obst und Getreide eine zentrale Rolle im Wirtschaftsleben der Region.

In der Gegend um Banja Luka siedelten sich Stämme der Illyrer an, daneben spielten besonders die Kelten eine wichtige Rolle. Eine einschneidende Änderung brachte die Expansion der Römer. Über drei Generationen bekämpften Illyrer, Kelten und andere Ureinwohner Bosnien-Herzegowinas die Römer. Erst im Krieg in den Jahren 6 bis 9 unserer Zeitrechnung gelang es den Römern, die Region Banja Luka vollständig zu erobern und der römischen Provinz Illyrien einzugliedern.

Die Römer legten Straßen und Siedlungen an, erstmals wurden auch die Thermalquellen in Banja Luka und der nahen Umgebung genutzt. An den neuen Verkehrswegen entstanden neue Kasernen, die die zahlreichen römischen Soldaten beherbergten. Die Römer hinterließen ihre Spuren bis in die Gegenwart. So fand man römische Münzen in großen Mengen, kirchenähnliche Gebäude, eine Ziegelbrennerei und eine Opferstätte für den Gott Jupiter.

Bereits gegen Ende des 5. Jahrhunderts begann der Auflösungsprozeß des Weströmischen Reiches. Die Hunnen und vor allem die Ostgoten bestimmten für kurze Zeit das Leben, wurden aber schon bald von Byzanz unter Kaiser Justinian abgelöst. Die Macht des Byzantinischen Reichs war von Anfang an durch die große Zahl der einwandernden Awaren und insbesondere der Slawen in Gefahr, die im 6. und 7. Jahrhundert auf den Balkan kamen und sehr bald auch das Gebiet Banja Luka erreichten.

Auch die späteren ungarischen Machthaber hatten das Land nie vollständig unter ihrer Kontrolle. Die Einwohner regelten viele Angelegenheiten auf lokaler Ebene und unterliefen so die Autorität der Herrscher. Gleichzeitig entwickelten die Menschen ein Zusammengehörigkeitsgefühl.

Eine Stadt namens Vrbaški grad findet 1244 erstmals Erwähnung. Ob es sich dabei um das heutige Banja Luka handelt, ist jedoch nicht gesichert. Erst gegen Ende des 14. Jahrhunderts wurde die Region Banja Luka zu einem Teil des ersten bosnischen Staates.

Das Gebiet Banja Luka trug damals den Namen Donji Kraj (etwa: ›Unteres Ende‹) und wurde von dem Feudalherren Harvoje Vukčić Hrvatinić regiert. Er war nicht nur der Erbauer der Festung in Jajce und Machthaber in Banja Luka, sondern auch einer der Anhänger der Bogumilen, die gerade in der Region immer größeren Zulauf fanden. Die bis heute erhalten gebliebenen Stećci findet man hier nur vereinzelt und meist in sehr abgelegenen Gebieten.

Banja Luka war in der zweiten Hälfte des ersten bosnischen Staates ein aufstrebender Ort. In der Umgebung entstanden mehrere Festungen, und der Handel, besonders mit landwirtschaftlichen Erzeugnissen, weitete sich bis zur dalmatinischen Küste aus. Erst im Jahr 1494 fand Banja Luka unter seinem heutigen Namen erste Erwähnung in einem offiziellen Dokument. Als wichtigste Einrichtungen in der Stadt werden das katholische Kloster und der Marktplatz genannt. Damals gehörte das Gebiet zur Jajačka Banovina, einer Region, die der ungarische König Matija Korvin den Türken streitig gemacht hatte. Zentrum dieses militärisch kontrollierten Gebietes war die Stadt Jajce mit ihrer Festung, in Banja Luka stand die zweitgrößte Befestigung des Landes. Der Jajačka Banovina war nur ein kurzes Leben vergönnt. Als ihre Hauptstadt Jajce in die Hände der Türken fiel, löste sie sich 1528 auf.

Nach der Okkupation durch die Türken entwickelte sich Banja Luka in kurzer Zeit von einer kleinen und eher unbedeutenden Siedlung zu einem der wichtigsten Zentren in diesem Teil Bosnien. Als im Jahr 1553 Banja Luka Sitz des türkischen Beg wurde, begann auch ein schneller Ausbau der Stadt. Sofi Mehmed Paša, der erste Beg, ließ die erste Brücke über den durch Banja Luka fließenden Vrbas bauen und zahlreiche Moscheen errichten. Daneben entstanden öffentliche türkische Bäder, Karawansereien, Mühlen am Vrbas und zahlreiche neue Geschäfte. Banja Luka bekam mit seiner Čaršija auch einen Stadtmittelpunkt.

Ende des 16. Jahrhunderts avancierte Banja Luka zum administrativen Zentrum des türkischen Verwaltungsbezirks, dem weitere Verwaltungsbezirke angeschlossen wurden. Die Stadt entwickelte sich stetig und erlebte einen neuen Höhepunkt in ihrer Entwicklung, als Ferhad-Paša-Sokolović als höchster Beg (Wesir) das Oberhaupt der Region wurde. Er war für den Bau der nach ihm benannten Moschee verantwortlich – eine der bekanntesten in Bosnien-Herzegowina. Daneben entstanden weitere öffentliche Bäder, der Uhrturm und erstmalig auch eine Volksschule, öffentliche Toiletten und zahlreiche weitere Läden, Mühlen nutzten die Kraft des Flusses.

Daß die Stadt sich schnell zu einem Zentrum erhob, hatte nicht nur mit der Großzügigkeit des Pašas zu tun, sondern auch mit der Steuerfreiheit, die Sultan Murat III. den Bewohnern der Stadt gewährte. In dieser Zeit entwickelte sich das Handwerk in Banja Luka. Besondere Bedeutung bekamen die Goldschmiede, aber auch die Schneider, Gerber und Kürschner. Dennoch verlor der Handel nicht seine Stellung, was sich am Bau einer großen Markthalle (Bezistan) ablesen läßt. Der Handel mit Städten wie Belgrad, Sarajevo oder auch Venedig wurde intensiviert.

Die Blütezeit endete, als die Österreicher am Ende des 17. Jahrhunderts mehrfach nach Banja Luka vorstießen und große Zerstörungen hinterließen. Durch die fortwährenden Kampfhandlungen brachen Seuchen aus, eine Hungersnot im Jahr 1689 forderte weitere Opfer, und eine Pestepidemie raffte 1732 allein 7000 Menschen dahin. Kurze Zeit später belagerten die Österreicher erneut Banja Luka. Die angreifenden Österreicher konnten zwar abgewehrt werden, die Stadt ging jedoch in Flammen auf und brannte bis auf die Grundmauern nieder.

Im 19. Jahrhundert erodierte allmählich die Macht der Türken, die diesen Prozeß mit Zugeständnissen an die Bevölkerung und einigen Modernisierungen aufzuhalten suchten. Erstmals wurden Schulen für die einzelnen Volksgruppen gegründet, 1866 nahm die serbisch-orthodoxe theologische Fakultät ihre Lehrtätigkeit auf. In den folgenden Jahren wurde die Bahnlinie Banja Luka – Dobrljin fertiggestellt, und erstmals gab es eine Telefonverbindung nach Sarajevo, Bihać und Bosanska Gradiška; Krankenhaus, Wasserkraftwerk, Sägewerk und ein Gerichtsgebäude entstanden. Trotz aller Fortschritte kam es 1875 zu einem Aufstand. Der Aufstand scheiterte zwar, richtete aber den Blick der Weltöffentlichkeit auf dem schwelenden Konflikt in Bosnien-Herzegowina.

Das Denkmal für Petar Kočić im Stadtpark erinnert an den großen Schriftsteller

1878 wurde Bosnien-Herzegowina und somit auch Banja Luka unter österreichisch-ungarische Verwaltung gestellt.

Die österreichischen Truppen lösten mit ihrem Einmarsch in Banja Luka die über dreieinhalb Jahrhunderte andauernde Herrschaft der Türken ab. Die Bevölkerung war darüber nicht erfreut, bereits zwei Wochen nach der Ankunft der Österreicher hatten sich 5000 Bosnier zum Widerstand versammelt. Gegen die militärisch besser ausgerüsteten Österreicher konnten die Aufständischen wenig ausrichten. Einmal mehr wurde Banja Luka Opfer der Kämpfe. Die Stadt fing an vielen Stellen Feuer, die Markthalle, die katholische und die orthodoxe Kirche brannten aus, auch das Kloster Petrićevac nahm großen Schaden.

Auch unter der österreichischen Verwaltung blieb Banja Luka Sitz der Verwaltung der Bosanska Krajina und Mittelbosniens. Es entstanden einige Industrieunternehmen, darunter eine Tabakfabrik, ein Bergwerk und ›Bosna Holz‹, eine Fabrik zur Holzverarbeitung. Die Industrie bekam einen großen Stellenwert. Wider alle Fortschritte konnte sich die seit Jahrhunderten in Bosnien praktizierte Leibeigenschaft, vor allem unter der Landbevölkerung, weiter behaupten.

Banja Luka änderte sein Stadtbild. Es entstanden neue moderne Straßen, öffentliche Gebäude und zahlreiche Parks und Grünanlagen, für die die Stadt auch in der Gegenwart noch bekannt ist. Sie rückte in das Blickfeld der europäischen Öffentlichkeit, als 156 Mitglieder der Bewegung ›Mlada Bosna‹ – Junges Bosnien – hier wegen Hochverrats vor Gericht gestellt und 16 von ihnen zum Tode verurteilt, durch Proteste in ganz Europa und der Intervention des spanischen Königs Alfons III. später begnadigt wurden. Die Österreicher verloren dadurch viel von ihrem Ansehen in Europa.

Beim großen Erdbeben blieb vom alten Hotel Bosna nur das Eingangsportal

Nach dem Ersten Weltkrieg war Banja Luka Teil des ersten jugoslawischen Königreiches. In dieser Zeit entstanden zwei wichtige Gebäude in der Stadt, das spätere Haus der Gemeindevertretung und das neue Kulturhaus. Das Volkstheater öffnete ebenso wie das ethnographische Museum seine Türen. Das Stahlwerk ›Jalšingrad‹ nahm seinen Betrieb auf, insgesamt aber stagnierte die ökonomische Entwicklung. Mit Beginn der Industrialisierung hatte sich auch eine Arbeiterbewegung in der Stadt gegründet. Daraus ging schon sehr bald die Organisation der sozialistischen Arbeiterbewegung hervor.

Gleich zu Beginn des Zweiten Weltkrieges wurde Banja Luka von den deutschen Truppen besetzt und Sitz einer Infanteriedivision. Bereits jetzt sammelte sich der Widerstand in der Partisanenbewegung.

Im Mai 1942 wurde die erste von Partisanen organisierte Flugverbindung von Banja Luka in das bereits befreite Gebiet durchgeführt. Dieser erste Flug markierte den Anfang einer Partisanenluftwaffe. Immer mehr Piloten und Mechaniker schlossen sich daraufhin den Volksbefreiungseinheiten an. Unterstützung kam auch aus den Krankenhäusern der Stadt. Medikamente und Verbandsmaterial wurden heimlich aus dem Krankenhaus gebracht und den Partisanen zur Verfügung gestellt.

Die Partisanen brachten schnell das strategisch weniger wichtige Umland unter ihre Kontrolle. Banja Luka konnten sie zwar zunächst nicht befreien, es bestand aber immer eine Verbindung zwischen der Stadt und den von den Partisanen gehaltenen Gebieten. Am letzten Tag des Jahres 1943 konnten die Partisanen erstmals große Teile der Stadt einnehmen. Noch größer war der Erfolg ein Dreivierteljahr später, als die Volksbefreiungsarmee – wenn auch nur für kurze Zeit – die gesamte Stadt bis auf die Festung in ihre Gewalt brachte. Erst mit Ende des Kriegs konnte Banja Luka endgültig befreit werden.

Der Krieg richtete große Schäden in Banja Luka und der ganzen Region an. Die deutschen Truppppen zerstörten vor ihrem Rückzug große Teile der Stadt, so daß die Befreier bei ihrem Einzug in Banja Luka eine Trümmerwüste vorfanden. Straßen, Gebäude und besonders Industrieanlagen waren beschädigt oder zerstört. Es dauerte Jahre, bis aus den Trümmern wieder eine moderne Stadt mit Geschäften, Wohnhäusern, Handel und Handwerk wurde. Die Bürger profitierten im kommunistischen Jugoslawien von neu errichteten Krankenhäusern, Bibliotheken und Theatern. Banja Luka bekam eine Universität mit sechs Fakultäten, drei weitere Hochschulen wurden eröffnet. Ausgebildet wurden unter anderem Juristen, Mediziner und Ingenieure. Neben den Lehrstätten entstanden weitere Forschungseinrichtungen.

Im Bereich der Wirtschaft besann man sich auf alte Stärken wie die Holzverarbeitung, die Tabak- und Lederverarbeitung und suchte nach neuen Wirtschaftszweigen wie Elektronik, Maschinenbau oder auch die Bierbrauerei. Aber noch immer spielte die Landwirtschaft eine zentrale Rolle im Wirtschaftsleben von Banja Luka und der ganzen Region.

Am 26. und 27. Oktober 1969 erschütterten mehrere große Erdbeben die Region. 15 Menschen starben, weit über 1000 erlitten Verletzungen, fast jedes Gebäude in der Stadt wurde beschädigt, auch Schulgebäude, Krankenhäuser, Museen, Theater und andere öffentliche Gebäude sowie kulturhistorische Denkmäler wie die Ferhadija-Moschee, der Uhrturm und das Franziskanerkloster Petroćevac. Auch nach 1969 wurde die Stadt regelmäßig von Erdbeben heimgesucht. Bis heute war jedoch keines mehr so stark und richtete so große Zerstörungen an.

Während des letzten Krieges in Bosnien-Herzegowina gab es in Banja Luka keine Kämpfe, dennoch wurden islamische Bauwerke mutwillig zerstört.

Sehenswürdigkeiten

Hält man sich vor Augen, welche reichen kulturhistorischen Hinterlassenschaften Banja Luka vor dem Krieg aufwies, ist die Anzahl an historischen Sehenswürdigkeiten recht bescheiden.

Anziehungspunkt für Besucher aus der ganzen Welt war bis zum Beginn des letzten Krieges die Ferhadija-Moschee. Am frühen Morgen des 7. Mai 1993 wurde sie in die Luft gesprengt. Die Ferhadija, wie sie in der Bevölkerung genannt wird, war eines der eindrucksvollsten kulturhistorischen Denkmäler und stand als kulturelles Erbe der Menschheit unter dem Schutz der UNESCO.

Ferhad Paša Sokolović veranlaßte ihren Bau 1579. Der Baumeister ist nicht bekannt, es wird jedoch angenommen, daß es sich um einen Schüler von Mimar Sinan, den zu seiner Zeit berühmtesten Architekten des Osmanischen Reiches, handelteĐ. Finanziert wurde der Bau durch einen österreichischen General, wenn auch nicht ganz freiwillig. Die Türken hielten den Sohn des Generals gefangen und verlangten für seine Freilassung ein hohes Lösegeld von 30 000 Dukaten und zusätzlich die Freiheit für hundert türkische Gefangene. Der General zahlte. Er bekam seinen Sohn zurück, und die Menschheit erhielt ein einzigartiges Bauwerk. Die islamische Inschrift über dem Eingang der Moschee berichtete darüber.

Im Hof der Moschee, in einer mit einer Kuppel überdachten Türbe, befand sich das Grab von Ferhad Paša Sokolović und das seines Sohnes. In den anderen Gräbern fanden eine Frau, deren Herkunft nicht zweifelsfrei erforscht werden konnte, und zwei hohe Soldaten der türkischen Armee ihre letzte Ruhestätte. Im Hof stand auch ein mit Marmor verzierter Brunnen, der den Gläubigen zur religiösen Waschung vor dem Betreten der Moschee diente.

Bereits vor 1993 war die Ferhadija mehrfach bei Bränden und im Krieg beschädigt worden. Beim großen Erdbeben von 1969 brach die Spitze des 41,5 Meter hohen Minaretts ab. Die Moschee wurde anschließend wieder restauriert. Nach der letzten Zerstörung ist dies nicht mehr möglich. An gleicher Stelle wurde aber mittlerweile der Grundstein für eine neue Moschee gelegt. Werden die Alteingesessenen in Banja Luka nach dem Weg gefragt, nennt auch heute kaum einer den Straßennamen; dafür hört man als Antwort: ›bei der Ferhadija‹.

Nicht nur die Ferhadija, auch alle 15 anderen Moscheen in Banja Luka und der nahen Umgebung wurden zerstört. Zu der bekanntesten gehörte neben der Ferhadija die Arnaudija- oder Hasan-Defterdarija-Moschee, die 1594/95 entstand. Hasan Defterdarija, der Verwalter Sokolovićs, stiftete sie. Die Moschee hatte ein weiteres Minarett in ihrem Hof. Dort war auch das Grab des Stifters, standesgemäß in einem kleinen Mausoleum, einer Türbe, untergebracht. Das Innere der Moschee war wegen seiner kunstvollen Verzierungen bekannt. Auch die Arnaudija-Moschee war von der UNESCO zum kulturellen Erbe der Menschheit ernannt worden. Zerstört wurde sie ebenfalls am 7. Mai 1993. An einen Wiederaufbau ist bisher nicht gedacht.

Der Uhrturm, ebenfalls von Ferhad Paša Sokolović gestiftet, stand in direkter Nachbarschaft zur Ferhadija. Der Turm, noch vor 1578 erbaut, gilt als erster öffentlicher Uhrturm in ganz Bosnien-Herzegowina. Die Österreicher nahmen

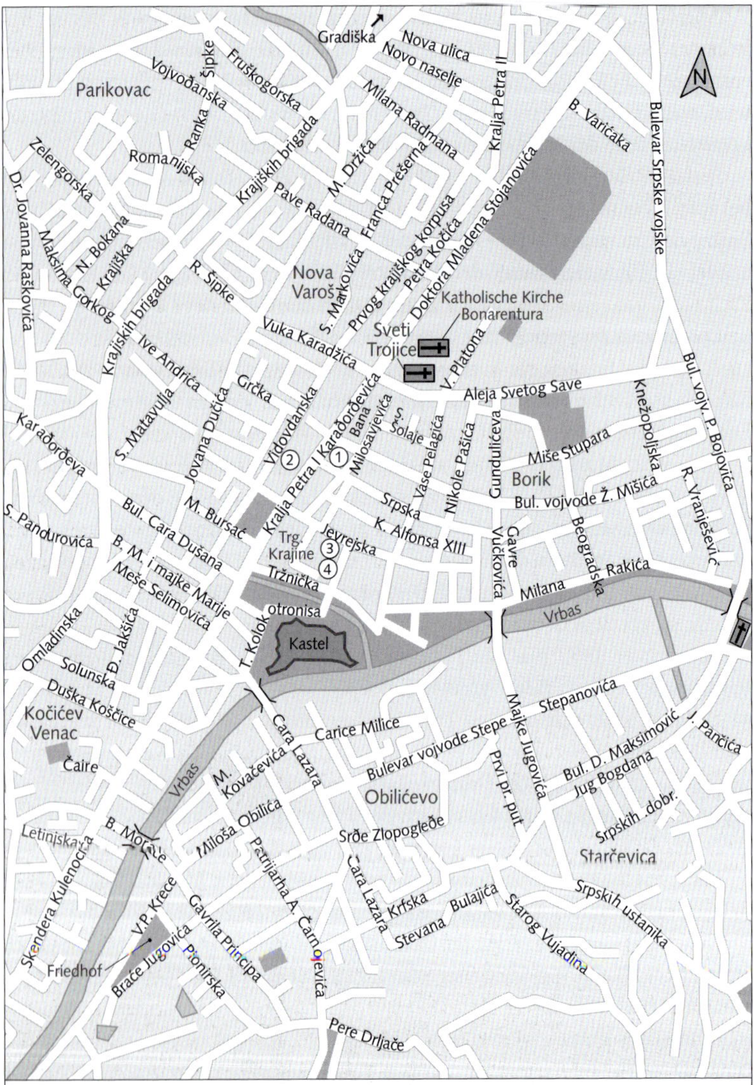

Banja Luka

Legende

1 Kulturzentrum Banski Dvor
2 Kunstgalerie der Serbischen Republik
3 Museum der Serbischen Republik
4 Volkstheater der Serbischen Republik

eine Umgestaltung des oberen Teils vor, der untere Teil behielt sein ursprüngliches Aussehen. Beim Erdbeben 1969 wurde der Uhrturm völlig zerstört, aber später originalgetreu wiederaufgebaut. Im letzten Krieg wurde der Turm endgültig dem Erdboden gleichgemacht. Ein weiteres historisches Denkmal aus der türkischen Epoche der Stadt ging damit unwiederbringlich verloren.

Zu den bis heute erhaltenen Sehenswürdigkeiten Banja Lukas gehört die Festung. Sie überstand auch den letzten Krieg in Bosnien-Herzegowina. Die Festung befindet sich am Vrbasufer. Untypischerweise wurde sie nicht, wie sonst üblich, auf einer Anhöhe über der Stadt errichtet, sondern auf gleicher Höhe. Die Römer unterhielten an dieser Stelle ein Lager. Archäologische Funde lassen den Schluß zu, daß die Slawen im neunten Jahrhundert an dieser Stelle eine erste wenn auch bescheidenere Festung gebaut haben. Während der Zeit von Ferhad Paša Sokolović wurde die Festung erweitert. Damals war sie nur über zwei Brücken erreichbar. Die eine führte über die Vrbas, die zweite über die Crkvena. Die Festung war von einem Wassergraben umgeben und so nur schwer für Feinde angreifbar. Ein Jahrzehnt nach seiner Fertigstellung wurde das Kastell erheblich ausgebaut. Man errichtete Wachtürme und erweiterte die Festungsmauern. Nach den Türken nutzten die Österreicher und während des Zweiten Weltkriegs auch die Deutschen die Festung. Nach dem Zweiten Weltkrieg wurde die gesamte Anlage renoviert. Ausgrabungen innerhalb der Festung förderten zahlreiche Spuren der einzelnen historischen Epochen von der Antike bis in die Gegenwart zu

In der Fußgängerzone

Das Kulturhaus Banski Dvor

Tage. Beim großen Erdbeben von 1969 mußte auch die Festung starke Beschädigungen hinnehmen. Sie wurden jedoch später behoben.

Das Kulturzentrum Banski Dvor [1] residiert in einem schloßähnlichen Gebäude, das zwischen 1929 und 1932 entstand, damals als Sitzungssaal für die politischen Vertreter der Region. Im kommunistischen Jugoslawien hatte es ab 1955 die Funktion eines Kulturhauses inne. Schon damals fanden dort Konzerte, Autorenlesungen, Ausstellungen und Filmvorführungen statt. Seit 1998 spielt das Gebäude unter dem Namen Banski Dvor eine zentrale Rolle im kulturellen Leben der Stadt. Zwei- bis dreimal in der Woche finden dort kulturelle Veranstaltungen statt.

Gegenüber vom Baski Dvor befindet sich ein Gebäude gleicher Bauart. Darin ist heute die Verwaltung untergebracht. Auf dem Platz dazwischen stand bis zu ihrer Zerstörung 1941 die Kirche der heiligen Dreifaltigkeit. Die Arbeiten begannen 1921 und zogen sich über vier Jahre hin. 1993, über 50 Jahre nach ihrer Zerstörung, begann der Wiederaufbau, den die serbische Gemeinde Banja Lukas finanzierte. Heute trägt sie den Namen Erlöserkirche.

Die Kunstgalerie der Serbischen Republik [2] befindet sich im Gebäude des alten Bahnhofs von Banja Luka. Das Erdbeben von 1969 zerstörte viele Kunstwerke, die Wiedereröffnung fand 1971 statt. Die Kunstgalerie verfügt über eine Sammlung von Kunstwerken des 20. Jahrhunderts. Darunter sind neben Bildern auch Skulpturen, Grafiken und moderne Kunst wie etwa Videoinstallationen. Insgesamt beherbergt das Museum über 1000 Werke. Zum Teil handelt es sich um

Geschenke der Künstler, darunter auch Werke aus Deutschland, Österreich und der Schweiz.

Das Museum der Serbischen Republik [3] trug früher den Namen Museum der Bosanska Krajina. Eröffnet wurde es bereits 1930. Bis zum Zweiten Weltkrieg galt es als Institution auf seinem Gebiet. Das Museum besitzt verschiedene Sammlungen, darunter eine ethnographische, eine historische, eine archäologische und eine biologische. Früher gab es eine besondere Sammlung zum Volksbefreiungskampf.

Auf dem großen Platz vor dem Kaufhaus Boska steht eine öffentliche Uhr, die seit dem 27. Oktober 1969 nur eine Zeit kennt: neun Uhr elf. Genau in dieser Minute wurde Banja Luka von einem verheerenden Erdbeben heimgesucht.

An gleicher Stelle stand eine Uhr, die mit dem Beginn des Erdbebens zu schlagen aufhörte. Zur Erinnerung an das Geschehen wurde ein kleines Kunstwerk mit einer Uhr geschaffen, die von einer kleinen Wand und von zwei Sitzbänken gerahmt wird.

Das Volkstheater der Serbischen Republik [4] wurde 1930 als Volkstheater der Vrbasgemeinde eröffnet. Seit damals wird ohne Unterbrechung am Theater gespielt. Das Haus verfügt über ein eigenes Ensemble mit rund 80 Schauspielern, aus Belgrad, Novi Sad und anderen Städten Serbiens kommen Gastregisseure. Oft stehen Stücke einheimischer Autoren auf dem Spielplan, und einmal im Jahr findet im Volkstheater das Theaterfest mit internationalen Ensembles statt. Nicht weniger bekannt ist das Kindertheater von Banja Luka. Bereits seit den fünfziger Jahren werden dort Stücke für Kinder aufgeführt. Im ehemaligen Jugoslawien gewann das Theater zahlreiche Preise, auch bei Gastspielen im Ausland wurde es prämiert.

Petar Kočić ist eine der bekanntesten historischen Persönlichkeiten Banja Lukas. Der 1877 geborene Kočić ist als Schriftsteller und heldenhafter Partisan in die Geschichte Bosnien-Herzegowinas eingegangen. Im Stadtpark von Banja Luka befindet sich das Denkmal für ihn. Der Künstler Antun Augustinčić schuf es 1929, aber erst drei Jahre später wurde es der Öffentlichkeit übergeben.

Sehenswert ist auch die serbisch-orthodoxe Kirche Sveti Trojice (heilige Dreifaltigkeit). Sie wurde zu Beginn

Der Eingang zur Festung

des Zweiten Weltkriegs bei Bombenangriffen zerstört, später aber wieder aufgebaut. Auffällig ist ihre gestreifte gelborange Außenfarbe.

Die katholische Kirche Bonaventura wurde 1969 nach dem Erdbeben errichtet. Zuvor stand an gleicher Stelle eine Kirche, die das Beben in Schutt an und Asche legte. Die Kirche besticht durch eine ungewöhnliche Architektur.

In der Umgebung

Außerhalb von Banja Luka befindet sich das gegen Ende des 16. Jahrhunderts erbaute Kloster Gomionica. Erst in den achtziger Jahren wurden unter einer Schicht Farbe wertvolle Fresken an den Klosterwänden entdeckt. Im Besitz des Klosters befinden sich wertvolle Gegenstände wie beispielsweise Ikonen oder auch kunstvoll gestaltete Bücher.

In Šehitluci, viel Kilometer von Banja Luka entfernt, erhebt sich auf der Bergspitze das 1961 erbaute Denkmal für die gefallenen Partisanen der Krajina. Von dort hat der Besucher eine sehr schöne Aussicht in die Region.

Das Trappistenkloster befindet sich fünf Kilometer außerhalb der Stadt in Dalibašino Selo. Es verfügt über zahlreiche wertvolle Kunstgegenstände und eine umfangreiche Bibliothek.

Der Nationalpark Kozara ist etwa 40 Kilometer von Banja Luka entfernt. Mittelpunkt des Parks ist ein monumentales Denkmal für die Volksbefreiungskämpfer. Die Besatzer starteten 1942 heftige Angriffe auf die Partisaneneinheiten im Kozaragebirge. Die Partisanen konnten die Angriffe abwehren und retteten die zivile Bevölkerung und zahlreiche Verwundete. Das Denkmal schuf der Bildhauer Dušan Džamon.

Etwa fünf Kilometer von Zentrum Banja Lukas entfernt liegt das Heilbad Stara Banja. Das Wasser ist alkalihaltig und leicht radioaktiv und eignet sich für Bade- und Trinkkuren. Hilfe verspricht es bei rheumatischen Beschwerden, als Trinkkur soll es Linderung bei Darmproblemen verschaffen.

Die Ortschaft Banja Slatina befindet sich 17 Kilometer nordwestlich von Banja Luka. Im Thermalbad findet man 40 Grad warmes mineralhaltiges Wasser.

Vorwahl: 051.
PLZ: 78000.
Tourismusorganisation der Stadt Banja Luka: Kralja Petra i 75, Tel. 21 80 22, Fax 21 23 23.
Reisebüros: ›Ariel‹, Petra Kocica 65, Tel. 30 70 20.
›Bis Tours‹, Patrijarha M. Sokolovica 16, Tel. 21 25 07.
›Eurotours‹, Vase Pelagica 10, Tel. 31 01 24.
›Turisticka agencija Bakic Reisen‹,

Brace Mazar 6, Tel. 21 21 61.
›Unis-Tours‹, Kralja Alfonsa XIII 7, Tel. 21 29 88.

Raiffeisen Bank d.d. BiH, Jevrejska bb, Tel. 21 19 81.
›Postanska stedionica A.D.‹, Kralja Petra I Karađorđevića 61, Tel. 21 22 02, Fax 21 15 55, poststed@inecco.net, www.poststed.inecco.net, Stadtzentrum.
›Razvojna Banka A.D.‹, Kralja Petra I Karađorđevića, Tel./Fax 24 21 00, rb@razvojnabanka.com, www.razvojnabanka.com.

Autovermietung ›Omega‹, Vidovdanska 57, Tel. 21 33 55, 21 83 24, Fax 21 83 24, omega@blic.net; Mo–Sa 8–20 Uhr.
›Auto Vucas-Company d.o.o.‹, Njegoševa 1a, Tel. 31 71 32.

Busbahnhof, Srpskih boraca 17, Tel. 31 53 55, 31 58 65. Busverbindungen in alle Landesteile. Auch nach Kroatien, Serbien und Montenegro, Österreich (Wien), Schweiz (Zürich) und Deutschland (Frankfurt, Stuttgart, München u.a.).

Bahnhof, Prote N. Kostića 38, Tel. 30 12 29, 30 07 52. Zugverbindungen nach Sarajevo, Mostar, Bihać und in alle anderen Gegenden Bosnien-Herzegowinas. Mit Umsteigen kommt man auch in alle europäischen Städte.

Flughafen, Petra I Karađorđevića 111, Tel. 83 52 10, 30 58 81, Fax 30 58 97. www.banjaluka.airport.com. Kleiner Flughafen, der erst durch die Veränderungen nach dem Krieg an Bedeutung gewonnen hat. ›Air Srpska‹ fliegt von Banja Luka nach Belgrad, Zürich und Wien.
Tickets: ›Air Srpska‹, Tel. 21 11 86, reservation@airsrpska.ba, www.airsrpska.ba, ›ARS Tours‹, Tel. 21 28 16, aerobl@inecco.net.

›Euro Taxi‹, Tel. 971.
›A Taxi‹, Tel. 973.
›Bel Taxi‹, Tel. 975.
›Patrol Taxi‹, Tel. 978.
›Maxi Taxi‹, Tel. 91 71.

Hotel ›Bosna‹, Kralja Petra I Karađorđevića 97, Tel. 21 57 75, Fax 21 69 42, info@hotelbosna.com, www.hotelbosna.com; EZ 100, DZ 170 K-Mark. A-Kategorie, zentral, 190 Zimmer mit Telefon, Sat-TV, Klimaanlage, Minibar, auch für Behinderte geeignet, Garage 10 K-Mark pro Tag.
›Firenca‹, Urosa Predica 1, Tel. 31 12 90, 31 12 96, Fax 30 27 25, firenca@blic.net, www.hotelfirenca.com. Garni-Hotel, ca. 500 Meter vom Stadtzentrum entfernt, 3 EZ, 6 DZ, 4 Apartments, Telefon, TV, Internet, bewachter Parkplatz.
›Cubic‹, Glamocani bb, Tel./Fax 33 10 00, hotelcubic@blic.net, www.hotelcubic.com. 2002 eröffnet, ca. 12 km außerhalb von Banja Luka, 50 Zimmer mit Klimaanlage, Telefon und TV, eigenes Restaurant und Bar, Internetanschluß.

›Palace‹, Kralja Petra I Karađorđevića 60, Tel. 21 87 23, 21 87 24, Fax 21 87 23, palas-sm@inecco.net, www.inecco.net/palas-sm/. 1933 eröffnet, modern ausgestattet, direkt im Stadtzentrum.
›Ekvator Slavija‹, Kralja Petra I Karađorđevića 85, Tel./Fax 21 18 06, EZ 70, DZ 100 K-Mark. Zentral gelegen, 44 Zimmer mit Telefon und Sat-TV für ausländische Gäste. Mittag- und Abendessen ca. 7 K-Mark im hoteleigenen Restaurant.
›Bomi‹, Prijedorska bb Trn, Tel. 78 52 52.
›Vidovic‹, Kozarska 85, Tel. 21 72 17.
Motel ›Grand‹, Suboticka 3, Tel. 38 01 05.
Motel ›Nana‹, I. G. Kovacica 211a, Tel. 37 00 50.
›Vila Damjan‹, Vase Pelagića 25, Tel. 31 32 00.

›Borac‹, Vladike Platona 6, Tel. 31 47 99. Elegantes Restaurant im Stadtzentrum.
›Sirano‹, Karađorđeva 64, Tel. 30 33 11, Fax 30 30 80, sirano@blic.net. Internationale Küche und lokale Spezialitäten.
›Grand Iberica‹, Suboticka 3, Tel./Fax 38 01 05, grand@blic.net, www.grandiberica.rs.ba. Bosnische und internationale Spezialitäten, bekannt für Fischgerichte und Meeresfrüchte.
›Lovacki bar‹, Slatinska bb, Tel./Fax 31 22 43. 5 km außerhalb des Stadtzentrums am Ufer des Vrbas.
›Master‹, Sime Šolaje 7, Tel./Fax 31 74 44. Mexikanisches Restaurant und Cocktailbar, mexikanische Spezialitäten, aber auch gegrillte bosnische Spezialitäten
›Gala caffe bar‹, Cara Lazara 51, Tel. 46 14 22.

Kino ›Multiplex Kozara‹, Ulica Sime Šolaje, Tel. 30 55 95.
Volkstheater ›Narodno Pozorište‹, Ulica Bana Milosavljevica, Tel. 31 79 49, 31 40 06, 31 79 96.

Warenhaus ›Boska‹, Trg Krajine 2, Tel. 30 88 03, 30 87 70, 31 40 40, 30 00 25, Fax 31 00 03, boska@inecco.net. Eines der größten Kaufhäuser in Bosnien-Herzegowina, direkt im Stadtzentrum. Selbst wenn man nichts kaufen möchte, ist ein Besuch Pflicht.

Autoreparaturwerkstätten: ›Auto-servis Diagnostic‹, Marka Lipovca 50 a, Tel. 35 81 63.
›DK Auto Parts‹, Cetinjska 1/2, Tel. 21 15 17.
›Autokuca Jajcevic d.o.o.‹, Knjaza Milosa 26, Tel. 31 04 44.
›Trgoremont d.d.‹, M. Popovića 310, Tel. 37 14 38.

Apotheken: ›Bulevar‹, Vojvode Momcila 10, Tel. 31 18 64.
›Omega Medika‹, Vase Pelagića 6, Tel. 31 21 40.
›Apotekarska ustanova Banja Luka‹, V. Maslese 18, Tel. 21 28 00.

Gradiška und Umgebung

Gradiška trug bis zum letzten Krieg den Namenszusatz Bosanska (Bosnisch Gradiška). Darauf wird mittlerweile verzichtet. Die Stadt liegt im Norden im weiten Tal des Flusses Save, unmittelbar an der Grenze zu Kroatien. Die Save stellt die natürliche Grenze zwischen Bosnien-Herzegowina und Kroatien dar. Die Gemeinde hat rund 62 000 Einwohner, in der Stadt selbst leben etwa 18 000 Menschen.

Hier verlief die wichtige von den Römern angelegte Straßenverbindung von der dalmatinischen Küste in das Landesinnere, und die Römer gründeten auf dem heutigen Stadtgebiet die Siedlung Servitium. So ist es nicht verwunderlich, daß bei Ausgrabungen Reste der römischen Siedlung an das Tageslicht geholt werden konnten. In Gradiška herrschten von 1537 bis 1878 die Türken. Sie gaben der Stadt den Namen Berbir. Im 16. Jahrhundert bauten die Türken die Stadt zu einem wichtigen Stützpunkt für ihre Armee aus. Später etablierte sich Gradiška als Zollstadt.

Es gibt einen kleinen Hafen für die auf der Save verkehrenden Schiffe, Schiffsverbindungen bestehen beispielsweise nach Belgrad. Am Ufer der Save gibt es zahlreiche Plätze, die für Angler beste Bedingungen versprechen. In der Umgebung von Gradiška sind Wassermühlen zu finden, die die Wasserkraft des Flusses ausnutzen. Der Fluß hat immer eine zentrale Rolle im Leben der Menschen gespielt.

In der Umgebung von Gradiška fanden Archäologen die Grundmauern sogenannter villa rustica, eine Art römischer Hofschaft. Im Dort Junuzovci liegt ein Friedhof, der bereits im Mittelalter angelegt wurde. Hier wurde Schmuck aus der Bijelo-Brdo-Kultur aus dem 10. bis 12. Jahrhundert vor unserer Zeitrechnung gefunden. Etwa 17 Kilometer östlich von Gradiška befindet sich im Ort Donja Dolina auf einer Fläche von 40 000 Quadratmetern eine der größten und bedeutendsten Fundstellen aus der Bronzezeit. Die Erforschung dieses Gebietes dauert bis heute an. Im Dorf Grede stieß man auf eine Siedlung aus der Bronzezeit. Da die Region ständig in Gefahr war, vom Hochwasser der nahen Save überschwemmt zu werden, bauten die Bewohner ihre Häuser auf Pfählen. Als Baumaterial für ihre Häuser nahmen die Menschen damals sehr massives Holz, zumeist Eiche.

Aus den Jahren von 1200 bis 700 vor unserer Zeitrechung stammen Grabfelder, die von Archäologen ausgegraben wurden. In den Gräbern fanden sich wertvolle Beigaben wie Waffen, Bronzeschmuck und Gefäße. Ein Teil der Gräber wurde zuvor geplündert. Einige der noch gut erhaltenen Gräber wurden konserviert und in das Landesmuseum nach Sarajevo gebracht; dort sie sind zu besichtigen.

Vorwahl: 051.
PLZ: 78400.

Tägliche Busverbindungen nach Banja Luka, Sarajevo und in andere Orte in Bosnien-Herzegowina, aber auch nach Belgrad, Novi Sad und Subotica in Serbien.

Hotel ›Kozara‹, Mladena Szojanovića 2, Tel. 81 30 05, 81 30 86. 100 Betten.
Motel ›Taxi Bar‹, Put srpske vojske bb, Tel. 82 01 22, 81 68 10, Fax 82 01 22, www.taxi-bar.com.
›Eureka‹, Brestovčina, Tel. 81 45 95. Kleines Motel, umgeben von Bäumen.

›s.u.r‹, M.G. Nikolajevića 11, Tel. 81 41 78. Das Restaurant bietet Fisch in zahlreichen Variationen als Spezialität an.
›Đukić‹, Nova Topola, Tel. 79 24 20.
›Pod Fenjerom‹, Nova Topola, Tel. 79 23 91.
›Strahinja Rovine‹, Tel. 81 43 89.

Autowerkstätten: ›Autoservis Goja‹, B. cesta 11 b, Tel. 81 23 03.
›Autoservis Povratnik‹, Banjalićka cesta bb, Tel. 81 52 82.

Kozarska Dubica

Kozarska Dubica ist eine kleine Stadt am rechten Ufer der Una, rund 30 Kilometer nördlich von Prijedor. Im nahen, nur durch die Save getrennten Kroatien gibt es eine Stadt mit gleichem Namen, allerdings mit dem Zusatz Hrvatska Dubica (Kroatisch Dubica). Vor dem letzten Krieg hieß Kozarska Dubica noch Bosanska Dubica (Bosnisch Dubica).

Kozarska Dubica ist auch Grenzstadt. Eine schlichte zweispurige Brücke über die Save verbindet das bosnische Dubica mit Hrvatska Dubica, an den jeweiligen Brückenaufgängen befinden sich kleine Grenzstationen. Die Abfertigung erfolgt in der Regel schnell, da das Verkehrsaufkommen an der Grenze meist nicht besonders hoch ist.

Der Ort kann auf eine lange Geschichte zurückblicken. Bereits im Jahr 1138 wurde Kozarska Dubica in Dokumenten beschrieben, die Region war bis in das Jahr 1256 unter der Bezeichnung Castrum bekannt. Kozarska Dubica war im Mittelalter ein wichtiges Verwaltungszentrum für die Region, ein Umschlagplatz für Getreide und Obst der Gegend. Bedeutung hatte die Stadt aufgrund ihrer Festung, die in ihren Ausmaßen bescheiden, aber für die jeweiligen Machthaber von entscheidender Bedeutung war, wollten sie die Gegend kontrollieren und sie vor feindlichen Angriffen schützen.

Wer die Stadt besichtigen möchte, findet ausreichend Parkplätze – gegen Gebühr – im Stadtzentrum. Es gibt auch Parkmöglichkeiten in Nebenstraßen, die kostenlos, dafür aber unbewacht sind.

Vor dem letzten Krieg gab es in der Stadt und der Umgebung vier Moscheen, darunter eine ohne Minarett im Dorf Josik. Die Gradska Džamija – die Stadtmoschee von Dubica – wurde 1889 errichtet und im letzten Krieg stark in Mitleidenschaft gezogen. Mit Hilfe von Spendengeldern konnte sie wiederaufgebaut werden, die feierliche Eröffnung fand im August 2003 statt. Auch die 1903 erbaute Puhalska-Moschee und die Čaršijska-Moschee sollen wieder aufgebaut werden.

Im Zentrum von Kozarska Dubica gibt es eine kleine, nette und tagsüber eher ruhige Fußgängerzone mit kleinen Geschäften und Cafés, an ihrem Ende befindet sich ein großes Warenhaus.

Im Stadtpark von Kozarska Dubica findet sich ein Friedensdenkmal aus der Zeit nach dem Zweiten Weltkrieg, daneben die Büste des 1978 verstorbenen Schriftstellers Skender Kulenović und die in Bronze gegossenen Köpfe von Partisanenkämpfern, die zu ›Narodni heroj‹ – Volkshelden – ernannt wurden. Einige von ihnen fielen bereits zu Beginn des Zweiten Weltkrieges, der letzte Held des Volkes starb erst 1996.

Im Stadtzentrum

Etwas außerhalb des Stadtzentrums wurde eine neue serbisch-orthodoxe Kirche errichtet, vor den Toren der Stadt haben sich einige Industriebetriebe etabliert. Besonders bekannt ist Kozarska Dubica für die Herstellung von Papier. Die waldreiche Umgebung bietet dafür beste Voraussetzungen.

Südlich der Stadt befindet sich der Kozarska-Nationalpark. In der Nähe von Kozarska Dubica, im Dorf Medjuvodje, starteten im Zweiten Weltkrieg Rudi Čajavec und Franjo Kluz als erste Partisanenpiloten ihre Flugzeuge, um Angriffe gegen die feindlichen Stellungen zu fliegen.

Vorwahl: 052.
PLZ: 79240.
›Banja Mlječanica‹, Tel. 44 40 76, 44 40 94, Fax 44 40 20. Ca. 15 km außerhalb, an der Straße nach Prijedor. Das Bad Mlječanica behandelt seine Gäste mit speziellem, sulfathaltigem Mineralwasser. Osteoporose- und Rheumabehandlungen, Akupunktur, behindertengerecht.

Novi Grad

Vor dem letzten Krieg trug die Stadt noch den Namen Bosanski Novi, daraus wurde dann Novi Grad (Neustadt oder Neue Stadt). Novi Grad befindet sich unmittelbar an der Grenze zu Kroatien im Nordwesten Bosnien-Herzegowinas. Hier mündet die Una in die Sana.

Die mittelalterliche Festung Novi Grad fand bereits 1217 erste Erwähnung, damals noch unter der Bezeichnung Novom castrum. Daraus wurde später der slawische Name für die Stadt abgeleitet, eben Novi Grad.

Die Türken nahmen 1557 die Stadt ein, verstärkten die bis dahin bescheidene, hölzerne Festung um mehrere Türme, zwei Zugänge und massive Wallanlagen aus Stein aber erst im 18. Jahrhundert.

In der Umgebung der Stadt wurde bereits in frühester Zeit Metall gewonnen und bearbeitet. Es wurden prähistorische Siedlungen gefunden, und es gibt Hinweise, daß sich auch die Römer in diesem Gebiet niederließen. Im Ort Blagaj, östlich von Novi Grad, wurde eine Basilika aus dem 6. Jahrhundert entdeckt. Ungewöhnlich für diese frühe Epoche sind ihre großen Ausmaße mit einem Atrium, einem Vorhof, einem Mittelschiff, mehreren Seitenschiffen und Fußböden, die mit Mosaiken verziert wurden.

Der bleibende Eindruck, den der Besucher aus Novi Grad mitnimmt, ist die räumliche Beschränktheit. Auf dem Weg in das Ortszentrum nimmt der Besucher die letzte Kurve und sieht sich plötzlich, wie auf einer Stadionbühne, der Landesgrenze in wenigen Metern Entfernung gegenüber, die von Grenzbeamten bewacht wird. Wer am Flußufer in einem der großen Wohnhäuser lebt, kann vom Küchenfenster nach Kroatien hinüberrufen. Die Grenze ist offen, und jeder kann sie mit Ausweispapieren passieren, dennoch fühlt man sich etwas unwohl, ist sie doch im Vergleich zum Ort sehr groß.

Von der früheren aus türkischer Zeit stammenden Prägung des Ortes ist heute nur sehr wenig erhalten. An zwei Gebäuden im Ort sind Steintafeln angebracht, die an Partisanenaktivitäten in diesen Gebäuden während des Zweiten Weltkrieges erinnern.

Der Grenzübergang nach Kroatien

Die letzte Abzweigmöglichkeit vor der Grenzstation nach links führt zu dem einstmals prächtigen Hotel. Das große Gebäude hat im Krieg erheblichen Schaden genommen und dient heute Flüchtlingen als Unterkunft. Es lohnt sich, das Hotel anzusteuern, da der große Hotelparkplatz immer eine freie und kostenlose Parkmöglichkeit bietet.

Verbindungen nach Bihać.

Hotel ›Una‹, Novi Grad, Tel. 052 75 10 78.

Prijedor

Das Hotel ›Prijedor‹ dominiert das Stadtbild

Prijedor befindet sich nahe des Kozara-Gebirges und seinem Nationalpark Kozara und eignet sich gut als Ausgangspunkt für Ausflüge dorthin.

Als die Türken Bosnien-Herzegowina beherrschten, entwickelte sich Prijedor zu einem wichtigen Handelszentrum. Die Türken befestigten auf Veranlassung von Sultan Mahmud I. die Stadt. Nach 1878 erachteten die Österreicher die Befestigungsanlagen für bedeutungslos und ließen die Mauern teilweise abgetragen.

Südlich von Prijedor wurden prähistorische Funde aus der Zeit vom 2. Jahrtausend bis in das 4. Jahrhundert vor unserer Zeitrechnung gemacht. Es handelt sich um teilweise meterdicke Schichten der neolithischen Kultur. Eine Seltenheit für Bosnien sind die in der Umgebung der Stadt anzutreffenden und für diese Gegend typischen hölzernen Kirchen.

Das Hotel ›Prijedor‹ überragt alle anderen Gebäude. So ist auch die kleine orthodoxe Kirche in seinem Schatten leicht zu übersehen, wenn sie auch um ein Vielfaches schöner anzusehen ist als der wuchtige Hotelbau.

Wer mit dem Auto kommt, findet vor dem Hotel immer eine Parkmöglichkeit, muß aber dann noch einen kleinen Spaziergang ins Zentrum zurücklegen. Prijedor hat ein Stadtzentrum, wie man es aus den meisten westeuropäischen Städten kennt. Es gibt eine größere Fußgängerzone, an der sich zu beiden Seiten Geschäfte, Cafés und Restaurants aneinander reihen, mehrere größere Warenhäuser bieten ein abwechslungsreiches und – abgesehen von Luxusartikeln und elektronischen Geräten – sehr preiswertes Warenangebot.

Vorwahl: 052
PLZ: 79101.

Busbahnhof: Tel. 23 41 41. Mehrmals tägl. Busverbindungen nach Banja Luka, Kozarska Dubica, Ljubija, Omarska und Sanski Most. Busverbindungen auch nach Belgrad, Novi Grad, Kikinda, Novi Sad, Sombor und Kragujevac.

Bahnhof Tel. 22 10 21. Mehrmals tägl. direkte Zugverbindungen mit Banja Luka, Novi Grad, Ljubija und Tomasica. In Banja Luka Umsteigemöglichkeiten in alle mit dem Zug erreichbaren Landesteile.

Nächster Flughafen ist Banja Luka.

Hotel ›Prijedor‹, Srpskih velikana 14, Tel. 23 11 76, 23 42 55, Fax. 24 03 61, www.hotelprijedor.com. 500 m vom Stadtzentrum entfernt, 74 DZ, 30 EZ, 7 Apartments, Kegelbahn, Friseur, Fitnessclub, Bar, Diskothek.

Motel ›Kozara turist‹, Kralja Petra I osloobodioca bb, Tel. 065/97 55 30.

›Zeleni gaj‹, Donja Bistrica bb, Tel. 065/91 52 12.

›Balkan Ekspres‹, Gornji Orlovci bb, 79101 Prijedor, Tel. 32 40 05.

Krankenhaus, Tel. 23 19 11. Poliklinik, Tel. 22 37 50, 23 32 68.

Sanski Most

Zwischen Ključ im Süden und Prijedor im Norden ist Sanski Most die einzige größere Ortschaft. Die Landschaft in diesem Teil Bosniens wird von weiten Ebenen bestimmt, die durch hügelartige Erhebungen unterbrochen werden. Die Menschen verdienen ihr Geld überwiegend durch die Landwirtschaft.

Diese Region Bosniens war während des Krieges sehr umkämpft, Machthaber und Frontverlauf wechselten mehrmals. Auffällig ist, daß kaum ein Gebäude den Krieg unbeschadet überstanden hat. Im glücklichen Fall mußten die Häuser nach dem Krieg repariert werden, die größere Zahl der Gebäude steht jedoch nur noch in Ruinen. Fast alle heute bewohnten Häuser wurden erst nach dem Krieg errichtet. Mit ausländischer Hilfe wurden neue Siedlungen aufgebaut, aber auch neue Moscheen, deren Architektur, beispielsweise zwei Minarette, den ausländischen Geldgebern gefallen mag, nicht aber der seit Jahrhunderten in Bosnien Herzegowina üblichen Bauweise entspricht.

Sanski Most ist ein kleines beschauliches Städtchen. Der Ort wirkt im ersten Moment unspektakulär, stellt jedoch den geographischen Mittelpunkt einer prähistorischen Kultur dar. Archäologen fanden eine vorgeschichtliche Siedlung an der Stelle, wo das Flüßchen Zdene in die Sana mündet. Die Ausgrabungen fanden bereits 1896 statt und förderten zutage, daß bereits damals Eisen verarbeitet wurde.

In den Höhlen Dabar und Hrustovača wurden Spuren einer neolithischen Kultur entdeckt. Sie gehören zu den ältesten Funden in Bosnien-Herzegowina. Es wurden aber auch Öfen und verschiedenen Werkzeuge sowie Eisenschlacke in beachtlicher Menge gefunden.

Die Moschee Sanski Most an der Sana

In direkter Nachbarschaft zur archäologischen Fundstelle entdeckte man 176 Gräber aus dem Mittelalter. In einem Teil der Gräber fand man die Asche der Verstorbenen, in dem anderen Teil Knochen. Man stieß auch auf kostbare Beigaben wie Schmuck aus Bronze, Eisen und Bernstein und auch Waffen. Die historischen Funde werden heute im Landesmuseum in Sarajevo ausgestellt.

Im Juli 1944 wurde in Sanski Most die zweite Tagung des Antifaschistischen Landrates der Volksbefreiung Bosnien-Herzegowina abgehalten. Nach dem Zweiten Weltkrieg eröffnete man in dem Tagungsgebäude ein Museum, das sich mit dem Volksbefeiungskampf in der Region beschäftigte.

Durch Sanski Most fließt die Sana. Der Fluß ist mitverantwortlich für den Namen der Stadt, der frei übersetzt etwa ›Brücke der Sana‹ bedeutet. Die Sanabrücke verbindet auch heute noch zwei Stadtteile miteinander, die von ihren jeweiligen Gotteshäusern dominiert werden. Getrennt durch den Fluß, stehen sich die orthodoxe Kirche auf der einen und die Moschee auf der anderen Uferseite gegenüber.

Im Stadtzentrum gibt es einige Boutiquen, CD-Läden und weitere kleinere Geschäfte sowie das Kino ›Sana‹. Unmittelbar an der Brücke im Stadtzentrum steht ein großes modernes Büro- und Geschäftsgebäude, in dem ebenfalls Cafés und weitere Läden ihren Sitz haben. Gegenüber auf der anderen Flußseite, am Fuße der Brücke, befindet sich das Hotel ›Sanus‹, ein moderner, farbenfroher Bau. Die Hotelterrasse bietet einen attraktiven Ausblick auf den Fluß.

Nahe Sanski Most befindet sich der Ort Ilidža. Er ist bekannt wegen seiner 32 Grad warmen Thermalquellen. Es gibt ein Hallen- und ein Freibad, das mit dem mineralhaltigen Wasser der Quellen gespeist wird.

Vorwahl: 037. PLZ: 79260.	Hotel ›Sanus‹, Banjalučka 1, Tel. 68 61 38, Fax 68 62 04.

78 Betten, direkt am Ufer der Sana, alle Zimmer mit Bad, Telefon, Sat-TV, Restaurant, Bar, Fitnessraum, Diskothek, Konferenzsaal, Gästeparkplatz. Das Hotel organisiert Ausflüge zu den Sehenswürdigkeiten der Umgebung.

Ključ

Östlich von Bosanski Petrovac fährt man viele Kilometer durch einsame faszinierende Landschaften. Kaum merklich wird das Dorf Bera passiert, später sind links der Straße und nur in der Ferne die Häuser des Dorfes Janjila zu erkennen, dann werden die Dörfer Klenovac und Velegići passiert.

Erst kurz vor der Abzweigung der Straße in Richtung Sanski Most und Prijedor erreicht man mit Ključ eine größere Ortschaft. Gemessen an ihrer Einwohnerzahl, die sich vor dem Krieg auf rund 50 000 Menschen belief, ist Ključ eine verhältnismäßig große Stadt. Nach der Fahrt durch die weite bosnische Landschaft vermitteln die sich eng aneinander schmiegenden Gebäude der Stadt eine fast klaustrophobische Enge. Zwischen Wohnhäusern und unmittelbar an der Ortsstraße, als gehöre er zum alltäglichen Stadtleben dazu, befindet sich ein muslimischer Friedhof. Die Ortsstraße ist so angelegt, daß sich Ključ einmal im Kreis

Die neue, nach dem Krieg errichtete Moschee

durchfahren läßt. Es gibt einige Geschäfte, zahlreiche auch am frühen Morgen gut besuchte Cafés und reges Treiben im Ortszentrum.

Ključ fand bereits im Jahr 1322 Erwähnung. Damals war die Stadt Sitz verschiedener Feudalherren. In der zweiten Hälfte des 15. Jahrhunderts wurde Ključ von den Türken erobert. Die zu diesem Zeitpunkt noch bescheidene Ansiedlung wurde von den Türken kontinuierlich erweitert, da sie eine wichtige militärische Bedeutung hatte. Bis 1838 stationierten die Türken eine komplette Garnison in Ključ und kontrollierten von dort die Verkehrsverbindungen durch das Sanatal.

Der Name der Stadt hat seinen Ursprung aus dieser Zeit. Ključ bedeutet so viel wie ›Schlüssel‹: Wer dieses Gebiet kontrollierte, besaß den Zugangsschlüssel nach Bosnien.

Aus dieser Epoche stammt auch die Burg bei Ključ. Hier residierten zunächst die Feudalherren, später wurde sie von den Türken genutzt und erweitert. Ungewöhnlich waren die unterschiedlichen Baustile. Der ältere Teil der Burg entstand in romanischer Bauweise, der später hinzugekommene Teil zeigte deutlich die Handschrift türkischer Baumeister. Leider sind heute von der Burg nur noch die Ruinen übriggeblieben.

Interessant sind die Funde vorgeschichtlicher Grabstellen, darunter Gräber aus dem Mittelalter und Grabsteine der Bogumilen.

Vorwahl: 037.
PLZ: 79280.
Internetcafé, Branilaca BIH bb, Tel. 66 00 19.
Hotel ›Clavis‹, Branilaca BIH 83, Tel. 66 10 03, 66 10 36.
›Tirol‹, Tel. 97 70 03. Einfach ausgestattetes Hotel der C-Kategorie.
Apotheke ›Hadžić‹, Branilaca BIH bb.
Krankenhaus, Dom zdravlja, Šhićka 1, Tel. 66 11 20.

Der See Balkana und Mrkonjić Grad

Von Ključ führt die Hauptstraße in südliche Richtung und steigt rechts steil an. Bereits nach kurzer Fahrt begrüßt ein überdimensionales Schild den Reisenden in mehreren Sprachen in der Republika Srbska, der Serbischen Republik. Diese Begrüßung dürfte derzeit das einzige Schild mit lateinischen Buchstaben im serbischen Teil Bosnien-Herzegowinas sein. Alle Wegweiser und Ortsschilder sind in Kyrillisch gehalten – und erschweren vielen Besuchern die Orientierung. Damit zeigen die Serben nicht zuletzt ihre Eigenständigkeit.

Einige Dörfer gruppieren sich an der Hauptstraße, bis Mrkonjić Grad erreicht ist, die erste größere Ortschaft. In das Ortszentrum führt eine abzweigende Straße. Man kann sich kaum vorstellen, daß sich hier im Zweiten Weltkrieg Titos Partisanen mit ihren Gegnern blutige Kämpfe lieferten und daß die Römer an dieser Stelle eine Siedlung anlegten – für den Autoreisenden hat die Tankstelle im Ort heute eine größere Bedeutung.

Der See Balkana kurz vor Mrkonjić Grad ist einen Abstecher wert. Früher gab es am See ein bekanntes Hotel, das jedoch im letzten Krieg teilweise zerstört wurde und noch nicht wieder in Betrieb ist. Der See ist zweigeteilt. Der zur Straße gelegene Teil wurde für Badegäste hergerichtet. Das Ufer ist mit blaugestrichenem Beton verkleidet, der Freibadatmosphäre vermittelt und ein bequemes Hineingehen in das Wasser erlaubt. Am Ufer des Sees kann man sich im Gras oder auf den zahlreichen Bänken niederlassen, die bewaldete Gegend um den See bietet sich für Spaziergänge an. Es gibt ein kleines Restaurant, das neben Snacks in erster Linie Getränke anbietet. Der zweite Teil des Sees wird durch einem Damm vom ersten getrennt und hat seinen natürlichen Ursprung behalten. Vereinzelt wird auch in ihm gebadet.

Während des Kriegs war die Gegend sehr umkämpft. Daher sollte man die befestigten Wege nicht verlassen, auch wenn keine Minenwarnschilder aufgestellt wurden. Der Zugang zum See ist kostenlos. Eine Gebühr muß allerdings für den Parkplatz gezahlt werden.

Wenige Kilometer hinter Mrkonjić Grad ist der Plivsko jezero (Plivskosee) rechts der Straße zu erkennen. Gleich an der Straße befindet sich ein Restaurant. Es ist zwar derzeit außer Betrieb, bietet auf seiner frei zugänglichen Terrasse aber einen sehr schönen Blick auf den See.

Vorwahl: 050.
PLZ: 70260.
Internetcafé, Sime Šolaje bb, Tel. 065/42 99 72.
Hotel ›Krajina‹, Karađorđeva bb, Tel. 21 13 38.
Motel ›Balkana‹, Balkana bb, Tel. 21 25 05.
Restaurant ›Roštiljnica Milanović‹, Sime Šolaje bb, Tel. 21 40 44.
›Kafe bar Renome‹, Sime Šolaje bb, Tel. 21 29 08.

Mittelbosnien besticht nicht nur mit der Hauptstadt Sarajevo. Viele geschichtsträchtige Orte, zumeist mit islamischer Prägung, und kulturhistorische Denkmäler laden zu Besichtigungen ein. Dazu gehört etwa Travnik, die Geburtsstadt Ivo Andrićs.

Mittelbosnien

Jajce

Einen der attraktivsten Blicke auf Jajce hat der Besucher, der die Stadt zunächst links liegen läßt und der Hauptstraße ein kurzes Stück weiter in Richtung Bugojno und Mostar folgt. Sehr schnell ist eine Brücke erreicht, hinter der sich Industrieanlagen mit einem gewaltigen und fortwährend qualmenden Schlot befinden. Es ist etwas schwierig, hier das Auto abzustellen, aber der Blick von der Brücke auf die Stadt Jajce und ihre Wasserfälle entschädigt für die Mühe.

Vor dem Krieg sprachen viele Gründe für einen Besuch Jajces, heute gibt es wie in vielen bosnischen Städten einige Sehenswürdigkeiten weniger. Das, was der Krieg übriggelassen hat, macht einen Besuch der Stadt immer noch lohnenswert, wenn sich auch etwas Wehmut einstellt. Man kommt zu allen Punkten mit dem Auto, Parkmöglichkeiten gibt es auch in der Altstadt (1 K-Mark für 2 Stunden).

Geschichte

Wie die ausgegrabenen Überreste eines Mithras-Tempels zeigen, legten bereits die Römer auf dem heutigen Stadtgebiet eine Siedlung an. Es wird vermutet, daß der Tempel aus dem 4. Jahrhundert stammt.

Blick auf das Kastell

Eine zentrale Rolle spielte Jajce, als Bosnien erstmals ein selbständiger Staat wurde. Jajce war nun Hauptstadt und Krönungsort der bosnischen Könige. Erwähnung unter dem heutigen Namen fand die Stadt ab 1396, ab 1403 bestimmte der Fürst und Großherzog Harvoje Vukčić Hrvatinić als Statthalter die Geschicke von Jajce. In dieser Epoche wurde die Stadt befestigt und war für sechs Jahrzehnte Sitz der bosnischen Könige. Der letzte bosnische König Stjepan Tomašević wurde 1461 in Jajce gekrönt. Als die Türken die Stadt 1463 eroberten, ermordeten sie den König auf Befehl des Sultans Muammad III. Bis 1878 blieb Jajce fast durchgängig in türkischer Hand, dann übernahmen die Österreicher die Herrschaft und blieben bis zum Ersten Weltkrieg.

Eine bedeutende Rolle spielte die Stadt im Zweiten Weltkrieg. Tito richtete zeitweise hier sein Hauptquartier ein, und am 29. und 30. November 1943 fand in Jajce die zweite und historische Sitzung des AVNOJ statt, die den Grundstein für

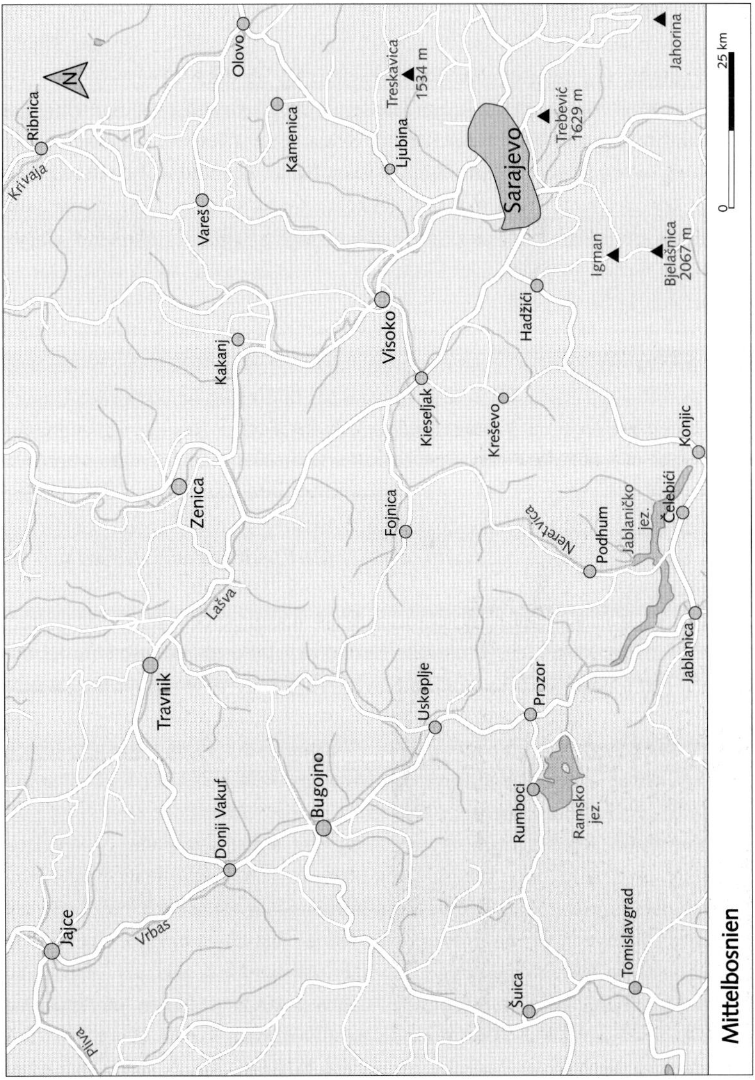

eine sozialistische jugoslawische Verfassung legte. Der Tag der Sitzung war später in Jugoslawien Nationalfeiertag, das Datum wurde auch im Staatswappen geführt. Der provisorische Sitzungssaal in einer Turnhalle wurde zum Museum des Volksbefreiungskampfes. Das Gebäude gibt es noch, nicht aber das Museum.

Ein Stadtrundgang

Das Zentrum von Jajce breitet sich terrassenartig an einer Erhöhung aus. Das Stadtbild wird von alten bosnischen Häusern im typischen Stil geprägt. Über der Stadt thront das alte königliche Schloß, allgemein als Kastell bekannt. Erbaut wurde es, so wird vermutet, im Jahr 1391 von Fürst Harvoje Vukčić Hrvatinić.

Der sogenannte Bärenturm (Medvjed kula), so die Vermutungen, wurde beim Bau des Kastells errichtet. Unterlagen, die genauere Schlüsse zulassen könnten, sind nicht mehr vorhanden. Der Turm ist 10 Meter hoch und weist einen Durchmesser von 14 Metern auf.

In der ersten Hälfte des 15. Jahrhunderts residierte der Fürst Harvoje Vukčić Hrvatinić in der Festung, später wurden Jajce und Kastell Sitz der bosnischen Könige. 1464 und erneut 1528 ließen die damals in Bosnien herrschenden Ungarn das Kastell erweitern und modernisieren. Als die Türken Bosnien-Herzegowina beherrschten, erfuhr die Festung einen weiteren Ausbau. Im 17. Jahrhundert erlitt das Kastell bei einem Brand starke Beschädigungen. Der Besuch der Festung erfordert einen nicht ganz unbeschwerlichen Aufstieg durch die engen Gassen von Jajce. Belohnt wird man mit einem sehr schönen Rundblick auf die Stadt und die Umgebung.

Bereits auf halber Höhe erreicht man den Lukasturm, der schon von weitem durch seine Rundbogenfenster auffällt. Der Turm gehörte ursprünglich zur Kirche des heiligen Lukas (Sveti Luka). Die Kirche war romanischen Ursprungs, wurde jedoch im 15. Jahrhundert im gotischen Stil verändert. Die Türken vergrößerten sie und wandelten sie in eine Moschee um. Zu Beginn des 19. Jahrhunderts wurde die Moschee bei einem Brand zerstört, erhalten geblieben sind nur der Lukasturm und Teile der Gebäudemauern.

Folgt man dem am Lukasturm vorbeiführenden asphaltierten Weg in westliche Richtung, erreicht man nach nur einigen Metern einen kleinen Platz. Hier befindet sich der Zugang zu den sogenannten Katakomben. Es handelt sich dabei um eine zweistöckige unter die Erde gebaute Kirche. Errichtet wurde sie bereits im 12. Jahrhundert, seit Beginn des 15. Jahrhunderts wurde sie auch als Gruftkirche genutzt. Im oberen Kirchenteil befinden sich verschiedene Gräber. Interessant ist der mit Reliefs gestaltete Zugang zu diesem Bereich der Kirche. Im unteren Teil befindet sich die Krypta. Der Eingang zur Kirche ist mit einem durch eine Kette gesicherten Eisentor verschlossen. Eine Besichtigung ist aber möglich. Wer Interesse hat, meldet sich im Haus gegenüber.

Vom Platz vor den Katakomben hat man einen schönen Ausblick auf den neueren Stadtteil von Jajce mit seinen mehrstöckigen Wohnhäusern und der Hauptverkehrsstraße.

Mitten in der Stadt zeigt sich ein ungewöhnliches Naturschauspiel. Hier vereinigen sich die Flüsse Pliva und Vrbas zu zwei 30 Meter hohen Wasserfällen. Die Wasserfälle erreicht man, wenn man das Stadttor stadtauswärts durchschreitet und rechts den Treppenstufen zu einem kleinen Park folgt. Unten angekommen, geht man nach links und ist nach wenigen Schritten auf einem kleinen Aussichtsplatz unmittelbar neben den Wasserfällen angekommen. Allerdings sieht man von dort die Wasserfälle nur von oben und erlebt so nur einen kleinen Teil ihrer Faszination.

Das Zentrum von Jajce erreicht man durch die beiden Stadttore, das Pliva-Tor und das Banja-Luka-Tor. Die Stadt vermittelt hier ein Gefühl der Enge. Eine schmale Straße schlängelt sich den Hügel hinauf in die Altstadt von Jajce. Hier drängen sich besonders an den Wochenenden die Menschen, die Cafés sind fast ausnahmslos dicht bevölkert. Die Menschen unterhalten sich lebhaft, tratschen und beobachten das Geschehen auf der Straße. Die einmal rund durch die Altstadt von Jajce führende Ortsstraße wird gerne von jungen Leuten genutzt, um sich mit dem eigenen Auto zu zeigen oder die Aufmerksamkeit mit lauter Musik aus dem Autoradio auf sich zu ziehen. Der vielzitierte Spruch ›Sehen und gesehen werden‹ scheint auch hier das Leben zu bestimmen. Darauf lassen sich alle gern ein, ver-

Die berühmten Wasserfälle von Jajce

Gelegenheit für eine Pause

schafft es doch etwas Unterhaltung – auch in Jajce ist die Arbeitslosigkeit unter der Bevölkerung so hoch wie die Langeweile groß.

Das Franziskanerkloster im Nordosten von Jajce wurde durch den letzten Krieg stark in Mitleidenschaft gezogen. Es beherbergt die sterblichen Überreste des letzten bosnischen Königs Stjepan Tomašević in einem Sarkophag. Nach einer kurzen Regierungszeit wurde er nach der Eroberung von Jajce durch die Türken enthauptet.

Jajce verfügte vor dem Krieg über vier sehenswerte Moscheen, darunter die Esme-Sultan-Moschee, eine der damals letzten Kuppellmoscheen in Bosnien-Herzegowina. Die Ibrahim-Beg-Moschee entstand gegen Ende des 17. Jahrhunderts und wies als große Besonderheit ein Holzminarett auf. Die Hadadan-Moschee wurde aus Travertinstein errichtet, hatte jedoch kein Minarett. Die Dizdar-Moschee stammte aus der ersten Hälfte des 19. Jahrhunderts. Sie zeichnete sich ganz besonders durch die 1870 von dem Maler M. Faginović geschaffenen Innenmalereien aus. Die Moscheen wurden alle zerstört, die Esme-Sultan-Moschee in der Altstadt wird derzeit wiedererrichtet.

Vorwahl: 030.
PLZ: 70101.

Hotel ›Stari Grad‹, Svetog Luke 3, Tel. 65 40 06,

Fax 65 40 08. Liebevoll eingerichtetes Hotel in der Altstadt, 2002 eröffnet, drei Stockwerke, modern und individuell eingerichtete Zimmer und Apartments, Sauna, Computer mit Internetanschluß, Restaurant mit gläsernem Fußboden, das einen tollen Blick auf das darunter liegende ehemalige türkische Bad ermöglicht.

›Turist‹, Kraljice Katarine bb, Tel. 65 88 49, Fax 65 81 51. An der Zufahrtsstraße zur Altstadt, nur wenige Minuten Fußweg.

Krankenhaus, Kraljice Jelena bb, Tel. 658 10 66.

Donji Vakuf, Bugojno und Umgebung

Die Straße führt von Jajce weiter in südliche Richtung durch die Vrbas-Schlucht und folgt dabei dem Lauf des Flusses Vrbas in entgegengesetzter Richtung. 34 Kilometer von Jajce entfernt befindet sich die nächste größere Ortschaft: Donji Vakuf. Hier zweigt die überregionale Straße nach Travnik und weiter nach Zenica und Sarajevo ab.

Donji Vakuf war ursprünglich ein orientalisch geprägter Ort. Sehenswert ist die alte Brücke mit ihren spitz zulaufenden Bögen. Der Ort hatte vor dem Krieg mehrere Moscheen, unter denen die Baš-Moschee – auch Malkočević-Moschee genannt – die bekannteste war. Sie wurde bereits 1572 erbaut, mußte aber 1912 restauriert werden. Damals konnte das kunstvoll gestaltete Minarett der ursprünglichen Moschee erhalten werden.

Etwas weiter südlich von Donji Vakuf liegt die Stadt Bugojno. Vor dem Krieg hatte Bugojno fast 50 000 Einwohner. Bereits zur Zeit der Römer war der Ort aufgrund der durch den Ort führenden Handelsroute von der dalmatinischen Küste in das Landesinnere Bosniens recht bedeutend.

Unmittelbar am Stadtrand fanden Archäologen die Überreste der alten Siedlung Pod. Sie wurde etwa 1000 Jahre vor unserer Zeitrechung angelegt und gehörte damals zu einer der größten Ansiedlungen auf dem Gebiet des heutigen Bosnien-Herzegowinas. Gefunden wurden auch die Überreste einer römischen Siedlung, darunter auch eine Basilika aus dem 5. Jahrhundert.

Bugojno liegt in einem Tal direkt am Fluß Vrbas. Die Stadt war sehr stark von der Herrschaft der Türken geprägt. So fanden sich im Ort mehrere Wohnhäuser, die die typische orientalische Architektur aufwiesen. Im Stadtzentrum befand sich die Sultan-Ahmed-Moschee aus dem Jahr 1693. Im Laufe der Zeit mußte der ursprüngliche Bau viele Veränderungen über sich ergehen lassen.

Auf dem Friedhof von Bugojno stammen die ältesten Grabsteine aus der Mitte des 18. Jahrhunderts. Bugojno ist auch der Geburtsort des Partisanenkämpfers

Büsten von Partisanen und Volkshelden in Bugojno

Mahmut Bušatlija-Busa. Er starb bereits 1941, ist aber als Volksheld in die Geschichte des kommunistischen Jugoslawien eingegangen.

Südlich von Bugojno liegt Uskoplje. Dieser Ort hieß vor dem Krieg Gornij Vakuf und hatte etwa 25 000 Einwohner. Ursprünglich gab es im Ort ein halbes Dutzend Moscheen. Schon vor dem Krieg war aber nur die Gafić-Moschee mit einem hölzernen Minarett erhalten. Sehenswert ist der neun Meter hohe Uhrturm, den die Türken im 18. Jahrhundert errichten ließen. Der Ort und die Region sind für die Gewinnung und Verarbeitung von Eisen bekannt. Schon in der Antike gab es mehrere kleinere Eisenminen, und seit dem 16. Jahrhundert wurde mit den entsprechenden Erzeugnissen Handel getrieben. Ein Teil der traditionellen türkischen Kaffeemühlen wurde in dieser Gegend hergestellt.

Vorwahl Bugojno/Gornji Vakuf: 030.
PLZ Bugojno: 70230.
PLZ Gornji Vakuf-Uskoplje: 70280.
Bugojno: Bugojno Kalin d.d., Bosanska 2, Tel. 25 17 23, Fax 25 18 22.
Pension ›Bosanska kafana Mlin‹, Sultan Ahmeda, Tel. 25 11 41.
Gornji Vakuf-Uskoplje: Motel ›Saraj‹, 317 Slavne Brigade 51, Tel. 26 53 15, Fax 26 58 12.

Travnik

Travnik liegt im Tal des Flusses Lašva, ist von viel grüner Natur umgeben und zwischen den Gebirgen Vlašić im Norden und Vilenica im Süden eingezwängt. Daher gelangt man nur aus westlicher oder aus östlicher Richtung durch das enge Lašvatal dorthin. Eine Annäherung von Westen über die kleine Ortschaft Turbe erlaubt schon lange vor Erreichen von Travnik einen Blick auf die Stadt. Danach senkt sich die Straße langsam nach Travnik hinab.

Die Stadt liegt 514 Meter über dem Meeresspiegel und weist ein mildes Kontinentalklima auf. Während der Sommermonate steigt das Thermometer selten über 25 Grad, Frühling und Herbst fallen mit durchschnittlichen zehn Grad frisch aus. Im Winter wird im Mittel noch ein Grad gemessen. Ganz anders zeigt sich das Klima auf dem nur 20 Kilometer von Travnik entfernten Berg Vlašić. Hier dominieren im Winter Schnee und Minustemperaturen. Für Wintersportfreunde ergeben sich daraus ideale Bedingungen.

Travnik ist vor allem als Geburtsstadt Ivo Andrićs bekannt, aber nicht nur deshalb einen Besuch wert. Zwar sind beim verheerenden Brand von 1903 einige historische Gebäude den Flammen zum Opfer gefallen, und auch die Kriege haben ihre Spuren hinterlassen, so daß sich im Ort auch moderne Gebäude finden, doch hat sich Travnik seinen aus der türkischen Epoche herrührenden orientalischen Charakter bis in die Gegenwart erhalten können.

Geschichte

Vor Beginn unserer Zeitrechung besiedelten die Illyrer das Gebiet von Travnik. Charakteristisch für diese Zeit waren zahlreiche kleinere Befestigungen, die oft in die Erde gebaut wurden. Sie dienten als Schutz vor verfeindeten Stämmen. Dort wo noch heute die Festung von Travnik steht, befand sich zuvor eine Befestigung aus der Zeit der Illyrer. Ihr gegenüber, auf dem Berg Tarabovac, stand damals der Schutzwall eines anderen illyrischen Stammes.

Dennoch waren die Illyrer nicht die ersten Siedler in dieser Region, Menschen hatten sich zuvor an den Flüssen Lašva, Bila und Grounica niedergelassen. Archäologen fanden die Überreste dieser frühen Siedlungen. Darunter befanden sich hölzerne und kunstvoll gearbeitete steinerne Werkzeuge, die den Schluß zulassen, daß sich auch in der Gegend von Travnik die Einflüsse der Butmirkultur etablieren konnten.

Rasch nachdem die Römer das Gebiet von Travnik erobert hatten, begann ein Aufstieg der bis dahin nicht sehr entwickelten Region. Siedlungen und erste Straßen wurden angelegt. Die Region profitierte von den entstehenden Handelswegen von der Küste Dalmatiens in das Hinterland, erlebte einen wirtschaftlichen Aufschwung und einen bis dahin nicht erreichten Wohlstand. Aber nicht nur als Transitstation machte sich das Gebiet einen Namen. Der Abbau von Erz im Lašvatal etablierte sich als weiteres Standbein der Wirtschaft. Im Flußbett der Lašva wurde Gold gefunden und fortan gezielt und in erheblichen Mengen aus dem Sand gewaschen. In einigen Dörfern nahe des Flusses wurde der gewaschene Sand auf großen Halden gelagert. Das mühsame Auswaschen ließen die Römer von eigens herangebrachten Sklaven verrichten. Pompöse Grabstätten aus dieser Zeit zeigen, daß die Menschen in einem relativen Wohlstand lebten.

Im 6. und 7. Jahrhundert besiedelten die Slawen den Balkan und ließen sich auch in dem Gebiet von Travnik nieder. Über viele Jahrhunderte vermischten sich die Slawen mit der romanischen Bevölkerung.

Als Travnik im Mittelalter Teil des ersten bosnisches Staat wurde, hieß es – wie auch das Gebiet insgesamt – Gam Lašva. Im Jahr 1244 fand Gam Lašva erstmalig in einer offiziellen Urkunde Erwähnung, als der ungarische König den Banus Matthäus Ninoslav das Gebiet schenkte. Später bestimmte lange Zeit der Fürst Hrvoje Vukčić die Geschicke der Region Travnik. Nach seinem Tod blieb das

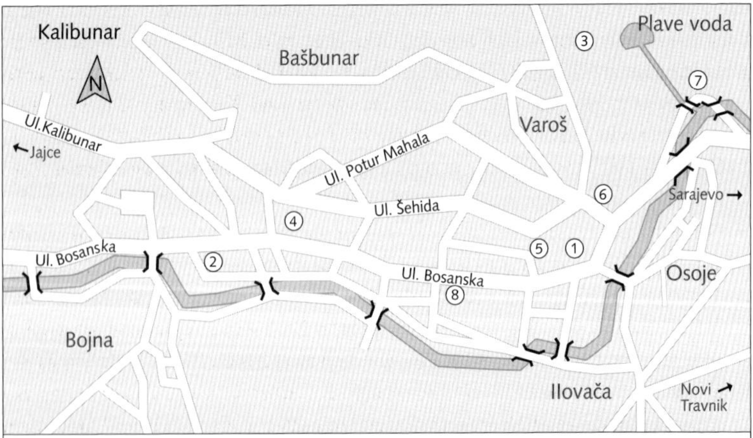

Travnik

Legende

1 Bunte Moschee
2 Uhrturm und Hadži-Ali-Beg-Moschee
3 Mittelalterliche Festung
4 Türbe-Gräber
5 Geburtshaus von Ivo Andrić
6 Zweiter Uhrturm
7 Lutvina Kahva

Gebiet in Familienbesitz. Als Ruinen aus dieser Zeit sind die Sitze der Adligen und die Festung Kaštel hoch oben im Nordosten Travniks bis in die Gegenwart erhalten geblieben.

Die Türken bauten Travnik zu einem militärischen Stützpunkt aus. Die geographische Lage der Stadt war für sie von Bedeutung, da sie von dort weitere Vorstöße in den südlichen Teil Bosnien-Herzegowinas unternehmen konnten. Die Türken nutzten die Altstadt mit ihrer Festung als Waffen- und Munitionslager, um das türkische Militär in diesem Gebiet mit Nachschub versorgen zu können. Zugleich ließen sie zahlreiche neue Gebäude errichten, darunter Moscheen, türkische Bäder, Koranschulen, Uhrtürme sowie Gasthäuser für durchreisende Kaufleute. Zum Teil sind diese Gebäude bis heute erhalten. Travnik erfuhr in dieser Zeit einen deutlichen Aufschwung und gewann zusätzlich an Bedeutung, als die Stadt – statt Sarajevo – zum Sitz des Wesirs wurde. Insgesamt 77 Wesire residierten während der türkischen Epoche in der Stadt. Travnik entwickelte sich zu einem wichtigen Handelszentrum, Waren aus ganz Europa wurden hier umgeschlagen. Das zweite wirtschaftliche Standbein bildete das Handwerk.

Im Jahr 1807 schickte Frankreich einen Konsul nach Travnik, bald darauf eröffnete auch Österreich ein Konsulat in der Stadt. In seinem Buch ›Wesire und Konsuln‹ erzählt der in Travnik geborene Nobelpreisträger Ivo Andrić von dieser Epoche. Die guten Jahre Travniks nahmen ein jähes Ende, als 1851 der Wesir Omer Paša Latas seinen Sitz nach Sarajevo verlegte. Mit ihm zogen auch seine Beamten aus der Stadt ab, Travnik sah sich plötzlich um einen wichtigen wirtschaftlichen Faktor beraubt. Viele Handwerker und Kaufleute schlossen ihre Geschäfte, verließen die Stadt und versuchten in einer anderen Gegend ihr Glück. In der Folgezeit verlor Travnik allmählich seinen Status als wirtschaftliches Zentrum in Mittelbosnien.

Mit dem Einzug der Österreicher begann der Aufbau wichtiger Industriebetriebe in der Stadt, so entstanden eine Tabakfabrik und eine Fabrik für Zündhölzer. Daneben war die Holzverarbeitung von Bedeutung. Travnik bekam eine Eisenbahnverbindung und einige Jahre später – 1906 – die elektrische Straßenbeleuchtung. Schulen und Krankenhäuser wurden eröffnet, die Stadt entwickelte sich erneut zu einem Mittelpunkt in diesem Teil Bosniens. Der Aufschwung endete mit Beginn des Ersten Weltkrieges, und auch zwischen den Weltkriegen erholte sich Travnik nicht. Am 22. Oktober 1944 befreiten Titos Partisanen die Region von den deutschen Besatzern. Fast 1000 Travniker Bürger verloren während des Zweiten Weltkrieges ihr Leben, darunter viele als Kämpfer auf Seiten der Partisanen. Noch größer aber war die Zahl der zivilen Opfer.

Der Wiederaufbau nach dem Zweiten Weltkrieg beschränkte sich nicht auf die Erneuerung und Instandsetzung der zerstörten Gebäude und des Stadtbildes. Mit Beginn der kommunistischen Epoche wurden zugleich große Industriekombinate aus dem Boden gestampft. Vor dem Zweiten Weltkrieg verdienten 80 Prozent der Travniker ihren Lebensunterhalt in der Landwirtschaft. Dies änderte sich 1952 grundlegend, als das ›Kombinat Borac‹ (Kämpfer) seine Pforten öffnete. Das gewaltige Industrieunternehmen beschäftigte weit über 12 000 Arbeiter, davon kam die Hälfte aus Travnik. Das Unternehmen war in sieben sogenannte Arbeitsorganisationen aufgeteilt. Jede Organisation war spezialisiert auf die Herstellung einer Warengruppe oder das Erbringen einer Dienstleistung. Gefertigt wurden Bekleidungstextilien, Leder und Pelzerzeugnisse, Schuhe und auch alle Arten von Druckereierzeugnissen. Eine Arbeiterorganisation beschäftigte sich mit dem Vertrieb und dem Verkauf der Waren, eine andere betrieb fast alle Hotels und Restaurants in der Gegend und kümmerte sich um den Tourismus. Das Industrieunternehmen war das größte seiner Art im ehemaligen Jugoslawien. Die Erzeugnisse wurden im ganzen Land vertrieben und teilweise auch exportiert.

Neben dem Kombinat Borac gab es weitere Unternehmen. Zu den größeren gehörte beispielsweise Šipad-Sebašić, das sich der Holzverarbeitung verschrieben hatte. Zu einem Produktionszweig gehörte die Herstellung von Stühlen, die Sitzmöbel wurden ausschließlich für den amerikanischen Markt hergestellt. In der Region Travnik war der Braunkohleabbau in der Ortschaft Bila und die bereits von den Österreichern gegründete Zündholzfabrik in Dolac ein wichtiger Wirtschaftfaktor und verhalf den Bewohnern der Region zu einem relativ hohen Lebensstandard.

Neben seinen Industriebetrieben versuchte sich Travnik im Bereich des Gesundheitswesens einen Namen zu machen. Ähnlich wie die Industriekombinate gab es auch im Gesundheitswesen Arbeitsorganisationen. Die Arbeitsorganisation ›Medizinisches Zentrum Travnik‹ war für ein Krankenhaus mit 700 Betten, eine Klinik, die sich auf Lungenkrankheiten spezialisierte hatte, ein Altenheim und mehrere Ambulanzen in der Stadt verantwortlich.

Trotz all dieser Neugründungen war Travnik nach dem Zweiten Weltkrieg eine nur durchschnittlich entwickelte Stadt in Bosnien-Herzegowina. Sie rückte in das Bewußtsein der Weltöffentlichkeit, als der aus Travnik stammende Schriftsteller Ivo Andrić 1961 den Nobelpreis für Literatur erhielt. Seitdem pilgern zahlreiche Besucher in die Stadt, um sich das Geburtshaus des Schriftstellers anzusehen.

Ein Stadtrundgang

Mit seinem Buch ›Travniker Chronik‹ – im deutschsprachigen Raum auch unter dem Titel ›Wesire und Konsuln‹ erschienen – setzte Ivo Andrić der Stadt ein literarisches Denkmal. Sein Geburtshaus [5] ist für viele Besucher der erste Anziehungspunkt. Es scheint das einzige Gebäude in der Stadt zu sein, das sich einer

Das Geburtshaus von Ivo Andrić

regelmäßigen Renovierung erfreuen darf: Aus dem von grauen und braunen Fassaden dominierten Stadtbild sticht die in strahlendem Weiß gehaltene erste Etage des Andrić-Hauses heraus. Das Geburtshaus des Schriftstellers wurde 1974 rekonstruiert und ist seitdem als Museum zugänglich. Den Aufgang zu den Ausstellungsräumen erreicht der Besucher über einen kleinen Hof. Ein Schild am Eingang weist die Öffnungszeiten aus, man darf sich dennnoch nicht sicher sein, eingelassen zu werden – Interessierte müssen ihren Besuch im Heimatmuseum anmelden. Im Andrić-Museum werden die Originalausgaben seiner Bücher gezeigt, darunter auch die im Ausland erschienenen Übersetzungen, dazu Fotos von der Nobelpreisverleihung 1961 in Stockholm, die umfangreiche und vielsprachige Bibliothek des Schriftstellers, persönliche Gegenstände und sein Arbeitszimmer.

Zu den eindrucksvollsten Gebäuden in Travnik gehört die Bunte Moschee (arena Džamija, auch Sulejmanija Džamija genannt) [1]. Sie befindet sich im Osten Travniks und ist am einfachsten über die Ulica Bosanska zu erreichen. Bereits im 16. Jahrhundert wurde an dieser Stelle eine erste Moschee erbaut. Auf Veranlassung von Ćamil Ahmet Paša wurde sie grundlegend renoviert und erweitert, dabei entstanden im Parterre Geschäftsräume. Durch die Verpachtung der Läden konnte die Moschee finanziert werden. Im Jahr 1815 wurde die Moschee Opfer eines Feuers. Suleiman Paša Skopljak ließ das dreigeschossige Gebäude wieder instandsetzen und die äußeren Wände mit kunstvollen, vielfarbi-

Die Turbeta, das Grabmal der Wesire

gen Verzierungen verschönern. So erhielten sie im Volk bald den bis heute gebräuchlichen Namen Bunte Moschee. Bekannt ist sie auch unter dem Namen Sulejman Moschee, nach dem letzten Erneuerer des Gebäudes.

Die Hadži-Ali-Beg-Moschee [2] im Westen Travniks wurde im Jahr 1758 fertiggestellt. Ursprünglich wurde der Bau von Mehmed Paša Kukavica veranlaßt. Ein Brand im Jahr 1865 zerstörte die Moschee bis auf die Grundmauern, wiederaufgebaut wurde sie von ihrem jetzigen Namensgeber Hadži Ali Beg. Dieser ließ die Moschee aufwendiger und kunstvoller gestalten. So befindet sich an ihrer Westseite eine Sonnenuhr. Die islamische Inschrift preist wortreich den für die Neuerrichtung verantwortlichen Hadži Ali Beg.

Unmittelbar neben der Moschee steht der Uhrturm (Sahat kula) aus dem 18. Jahrhundert. Er ist einer von zwei Uhrtürmen in der Stadt – Travnik ist die einzige Stadt in Bosnien-Herzegowina, die gleich zwei Uhrtürme ihr Eigen nennen darf. Ein weiterer Uhrturm [6] befindet sich im östlichen Teil Travniks, unterhalb der Festung. Vermutlich wurde er bereits im 17. Jahrhundert errichtet, sein heutiges Aussehen bekam er 1815 nach einer grundlegenden Renovierung. Beim großen Brand von 1903 verlor der Turm sein Holzdach, auch das Uhrwerk nahm großen Schaden. Erst in den sechziger Jahren wurden der Turm und seine Uhr wieder instandgesetzt.

Unmittelbar im Stadtzentrum, direkt an einer der Hauptstraßen, befinden sich einige der wertvollsten Hinterlassenschaften aus türkischer Zeit, die Grabmäler der Wesire (Turbeta) [4] . In der kleinen, einem Mausoleum ähnlichen Grabstätte wurde der Wesir Perišan Mustafa Pasche beerdigt. Die größere Grabstelle stammt von 1747. Hier fanden die Wesire Muhsinzade Abdulah Pasche und Dželaludin Pasche, der in der Bevölkerung sehr gefürchtet war, ihre letzte Ruhestätte. Zwischen den Grabstellen, von einer Linde beschattet, befindet sich ein aus türkischer Zeit stammender Brunnen.

Eines der Wahrzeichen von Travnik ist die mittelalterliche Festung [3]. Mit ihrem Bau wurde während der Zeit des ersten bosnisches Staates begonnen. Es wird vermutet, daß der bosnische König Tvrtko II. den Bau initiierte. Die Festung mit ihren hohen Außenmauern sollte zur Abwehr der herannahenden türkischen Soldaten dienen und war so ausgerichtet, daß die damals neuentwickelten Kanonen dort installiert werden konnten. Die Festung wurde erst nach der Einnahme der Stadt durch die Türken fertiggestellt, ironischerweise von den Eroberern, die mit Hilfe der Festung abgewehrt werden sollten.

Die Festung ist terrassenförmig angelegt und wird in ihrer Mitte von einem sechseckigen Turm dominiert. Der ursprüngliche Bau ist bis heute erhalten geblieben und stellt so ein unverfälschtes Zeugnis aus der frühesten Geschichte Bosnien-Herzegowinas dar. Im Schutz des Kastells entwickelte sich die Stadt Travnik. Die Festung diente nicht nur zum Schutz vor Angreifern, sondern wurde eine Zeitlang auch als Gefängnis und Hinrichtungsstätte genutzt. Innerhalb der Festung befand sich früher eine Moschee. Heute ist davon nur noch das 1480 erbaute und bis heute mehrfach renovierte Minarett zu sehen.

›Lutvina kahva‹ [7], das berühmte Kaffeehaus, befindet sich im Nordosten Travniks, nicht unweit der ›Quelle des Blauen Wassers‹ (Plava Voda). Das kristallklare und bestechend blaue Wasser mündet im Osten der Stadt in die Lašva. Das Kaffeehaus verdankt seine Berühmtheit einmal mehr Ivo Andrić, der in seiner ›Travniker Chronik‹ beschreibt, wie die einflußreichen türkischen Travniker seinerzeit die Ankunft des französischen Konsuls voller Unbehagen im Kaffeehaus diskutierten. Auch der Name ›Rudolfs Kaffeehaus‹ war im Volk geläufig, nachdem der österreichisch-ungarische Kronprinz dort auf einen türkischen Kaffee eingekehrt war. Rudolf nahm sich zusammen mit seiner Geliebten kurze Zeit später, im Jahr 1898, das Leben. Ursprünglich handelte es sich nur um ein kleines Kaffeehaus. Im Laufe der Zeit und mit steigender Bekanntheit wurde es jedoch immer wieder erweitert.

Einen Besuch wert ist auch das Heimatmuseum von Travnik. Es befindet sich in der Stadtmitte, und so kommen Besucher bei einem Rundgang fast zwangsläufig daran vorbei. Über dem Eingang prangt in großen Buchstaben das Wort ›Muzej‹. Das Museum wurde bereits in den fünfziger Jahren eröffnet und vermittelt den Eindruck, seitdem wenig von dem Leben außerhalb mitbekommen zu haben. Die Lebensjahre sieht man dem Museum und dem Interieur an. Nach dem letzten Krieg ist kaum noch Geld für kulturelle Dinge vorhanden, mühsam versuchen die Museumsmitarbeiter, den Betrieb aufrechtzuhalten. Gezeigt wird im Museum eine naturkundliche Sammlung, deren Bestände auf eine Sammlung des städtischen Gymnasiums zurückgehen. Darüber hinaus sind einige archäologische Funde aus der Epoche der Illyrer ausgestellt sowie Exponate, die Einblicke in die älteste Vergangenheit der Region erlauben.

Vorwahl: 030.
PLZ: 72270.
Früher hatte Travnik ein Touristenbüro, heute kann der Besucher an der Kasse des Heimatmuseums Infobroschüren kaufen, zum Teil allerdings aus der Vorkriegszeit.

Bank, Ambulanz, Polizei und das größte Warenhaus der Stadt reihen sich von Westen nach Osten auf der rechten Seite der Ul. Bosanska.

Internetcafé, Ul. Bosanska, östliche Richtung kurz hinter der Altstadt auf der rechten Seite.

Vom Busbahnhof bestehen Busverbindungen, teilweise mit Umsteigen, in alle Teile Bosnien-Herzegowinas.

Taxistand beim Busbahnhof.

Hotel ›Orijent‹, Bosanska bb, Tel. 51 14 20, 51 14 32. B-Kategorie, 120 Betten, zentrale Lage.
›ABA Hotel‹, Šumeće 166 a, Tel. 51 14 62, Fax 51 81 85.
Hotel ›Lipa‹, Bosanska bb, Tel. 51 16 04.

In Travnik gibt es zahlreiche Cafés und kleinere unscheinbare Restaurants. Die meisten Gäste haben oft nur ein Getränk vor sich auf dem Tisch, dennoch bieten fast alle eine Auswahl an Speisen an und ganz bestimmt Čevapčići. Čevapčići kann man auch wunderbar im Restaurant ›Lutvina kahva‹ genießen.

Heimatmuseum Zavičajni muzej, M. P. Kukavice 1, Tel. 51 81 40. Das Museum erreicht man am einfachsten über die Ul. Bosanska.
Geburtshaus Ivo Andrićs (Memorijalni muzej Ive Andrića): Am einfachsten zu finden über die Ul. Bosanska in östliche Richtung. Letzte Möglichkeit links abbiegen.

Krankenhaus, Kalibunar bb, Tel. 51 92 00.

Zenica und Umgebung

Die Stadt Zenica kündigen gewaltige, weitflächige Industrieanlagen an. Man sollte sich davon nicht abschrecken lassen, denn das von Industrie unberührte Zentrum weist einige Sehenswürdigkeiten auf, die zumeist aus türkischer Zeit stammen. Durch Zenica fließt die Bosna. An ihren Ufern läßt sich schön flanieren, Parkbänke unter schattenspendenden Bäumen laden zum Verweilen ein.

Im Mittelalter, als Zenica Teil des ersten bosnischen Staates war und noch Bilino Polje hieß, fand hier ein wichtiges Ereignis statt: Im Zentrum des heutigen Stadtgebietes mußten sich mehrere Führer der Glaubensgemeinschaft der Bogumilen öffentlich von ihrem Glauben distanzieren. 1436 wurde Zenica erstmalig unter seinem bis heute gültigen Namen erwähnt. Während der Herrschaft der Türken war Zenica ein Handelszentrum, im jugoslawischen Bosnien eines der größten Zentren der Stahl- und Eisenindustrie. Aus dieser Zeit stammen auch die dominierenden, allgegenwärtigen Hochhäuser. Charakteristisch für Zenica sind auch der große Markt und ein mitten in das Stadtzentrum gebautes großes Fußballstadion.

Im Zentrum von Zenica bietet sich das Gebäude des großen Warenhauses als Orientierungs- und Anlaufpunkt an: In seiner Galerie hat die Touristeninformation ihr Büro. Etwas unterhalb des Kaufhauses befindet sich ein kostenpflichtiger, aber bewachter Parkplatz.

Am Warenhaus vorbei führt eine breite verkehrsberuhigte Straße in das Herz der Stadt. Sie ist von einigen kleinen Geschäften und noch mehr Cafés, Slastičar-

Mittagsruhe in der Fußgängerzone

nas und Čevabdžinicas gesäumt. Ein Muß ist der Besuch eines der auf Čevapčići spezialisierten kleinen Restaurants, ebenso sollte man Baklava oder eine der anderen köstlichen bosnischen Süßigkeiten in der Slastičana probieren.

Die Sejmenska-Moschee gilt als die älteste der Gegend. Die Grabsteine auf dem Friedhof der Moschee wurden von Steinmetzen aus der Stadt hergestellt. Zenica hatte im 17. Jahrhundert eine bedeutende Steinmetzschule, die einen ganz eigenen Stil hervorbrachte. Viele Grabsteine auf moslemischen Friedhöfen in der Region wurden von Steinmetzen aus Zenica gefertigt.

Interessant ist auch die Sultan-Ahmed-Moschee (Čaršijska džamija). Sie wurde auf den Grundmauern einer sehr viel älteren, der Sultan-Soliman-Moschee, erbaut. Um diese Moschee gruppieren sich sehr alte moslemische Gräber. Die ältesten Grabmale stammen aus dem Jahr 1675, in dieser Zeit wurde auch die Osman-Čelebi-Moschee erbaut.

Das Heimatmuseum von Zenica öffnete 1966 seine Türen. Es zeigt eine archäologische, eine historische, eine ethnographische und eine technische Sammlung.

In der Umgebung von Zenica sind Spuren früher Besiedlungen erhalten. So stießen Archäologen im Dorf Tišina auf eine sogenannte ›villa rustica‹, die von den Römern gebaut wurde. Gefunden wurden auch die Grundmauern einer frühchristlichen doppelschiffigen Basilika. Im Dorf Putovići wurden ebenfalls die Überreste einer alten römischen Siedlung entdeckt, und in der Umgebung von Zenica Gräber, die zu Beginn unserer Zeitrechnung angelegt wurden und mit wertvollen Opfergaben versehen waren.

Vorwahl: 032.
PLZ: 72000.
Touristeninformation, Maršala Tita 73. Bietet neben Informationen auch Vermittlung von Unterkünften.

Post in Zenica, Kralja Tvrtka 12, Tel. 41 92 34.

Internetclub ›Ikan‹, Stara čaršija bb, Tel. 061/44 88 96.

Bahnhof Zenica, Stanični trg 1, Tel. 40 49 11.

Hotel ›Internatcional‹, Obalni bulevar, Tel. 40 18 88, 28 28 88, Fax 41 69 44. Im Stadtzentrum, 1976 eröffnet, 30 Zimmer, Apartments, mehrere Restaurants, Bar, Café, Parkplatz, Garage.
Motel und Restaurant ›Maredeo‹, Bistua Nuova 4 a, Tel. 42 13 26.
Motel ›Titanic‹, A. A. Borića br. 1, Tel. 41 50 65, 41 50 71, Fax 41 61 59. Motel, 15 km außerhalb von Zenica an der Lašva, Straße Richtung Travnik, DZ und Apartments, ganz in Holz gehalten. Im nett eingerichteten Restaurant läßt es sich gut essen.

›Pud Salčinović‹ ist gleich mit vier Restaurants in Zenica vertreten. Angeboten werden typische bosnische Nationalgerichte,

aber auch Fisch und Fleisch vom Grill, ›Nacionalni restoran br 1‹, M. Tarabara 10, Tel. 28 58 67.
›Nacionalni restoran Papirna‹, Dr. Aska Borića 35, Tel. 40 44 23.
›Nacionalni restoran br 2‹, Crkvice bb, Tel. 40 26 71.
›Biznis klub Bosna‹, M. Tarabara 15, Tel. 40 68 58.

Museum der Stadt Zenica, Jevrejska 1, Tel. 40 20 20.
Bosnisches Volkstheater, Trg BIH 3, Tel. 40 11 42.

Krankenhaus, Crkvice 67, Tel. 40 51 33.
Ambulanz, Fra. I Jukića 2, Tel. 40 34 18.

Visoko

Visoko befindet sich nordwestlich von Sarajevo, nahe der Mündung des Flüßchens Fojnica in die Bosna. Bereits für die Römer spielte die Region eine wichtige Rolle. Sie ließen sich dort nieder und gründeten Siedlungen. Die Hinterlassenschaften der Römer wurden später von Archäologen gefunden und sind heute in den Museen der Region ausgestellt. Eine Sensation bedeutete der Fund einer Kristalltafel, die sogenannte Baton. Die Tafel wurde von den Illyrern angefertigt und erwähnt den Führer eines dort siedelnden Illyrischen Stammes.

Der Name der Stadt geht auf die 1355 erstmals erwähnte Burg mit dem Namen Visoko zurück. Historiker nehmen an, daß Banus Stjepan II. Kotromanić sie erbauen ließ. Unterhalb der Festung entstand die Siedlung Podvisoki, die sich als Handelszentrum einen Namen machte und ihren Bewohnern zu einigem Wohlstand verhalf. In Dokumenten aus dieser Zeit werden großzügige Villen erwähnt. Die Burg war ausschließlich den bosnischen Königen vorbehalten. Vom einstigen Glanz ist heute nicht mehr viel zu sehen, die Burg liegt in Ruinen. Die Stadt Visoko begann sich mit der Herrschaft der Türken in der Mitte des 15. Jahrhunderts herauszubilden. Ihr Zentrum entstand in Nachbarschaft der alten Siedlung Podvisoki.

In Visoko sind zwei Straßen von größerer Bedeutung: Die Durchgangsstraße und die von ihr abzweigende kleine, sehr nette Geschäftsstraße, die den Fußgängern vorbehalten ist. Hier findet man verschiedene Geschäfte, Cafés, eine Galerie und das 1951 eröffnete Nationalmuseum.

Die Straßen des Städtchens sind so eng, daß die Bewohner Schilder an die Straßen stellen, auf denen sie ihre Hinterhöfe gegen eine geringe Gebühr als Parkplätze anbieten.

Die sehenswerte serbisch-orthodoxe Kirche befindet sich an der Hauptstraße von Visoko in Richtung Sarajevo oder Kiseljak. Sie ist gut erhalten und scheint den Krieg weitgehend unbeschadet überstanden zu haben. In der Kirche befindet

Die serbische Kirche

sich eine umfangreiche Ikonensammlung. Die ältesten Exponate stammen aus dem 15. Jahrhundert, zu sehen sind aber auch Ikonen aus dem 19. Jahrhundert.

Die weiteren Sehenswürdigkeiten der Stadt stammen aus der türkischen Epoche. Die Hadži-Ibrahim-Moschee war das erste islamische Bauwerk, das die Türken errichteten, nachdem sie die Herrschaft in der Region übernahmen. Im Jahr 1557 entstand die 1914/15 grundlegend renovierte Alaudin-Moschee, die auch Šadrvanska-Moschee genannt wird (Brunnen-Moschee). Die Tabačka-Moschee wurde Opfer einer Überschwemmung und 1817 wieder aufgebaut. Sie verfügt über ein hölzernes Minarett und eine sehenswerte Vorhalle.

In Visoko und der nahen Umgebung gibt es mehrere moslemische Friedhöfe, die einige prächtige Gräber mit aufwendig gestalteten Grabsteinen aufweisen. Sie stammen meist aus dem 15. bis 19. Jahrhundert. In der Umgebung finden sich außerdem einige Bogumilengrabsteine.

Vorwahl: 032.
PLZ: 71300.

Anschluß u. a. nach Sarajevo.

Der zentrale Taxistand befindet sich an der Hauptstraße gegenüber der Geschäftsstraße.

Hotel ›Visoko‹, Musala bb, Tel. 73 84 65, 73 86 08, Fax 73 66 06.
Motel ›San Remo‹, Donja mahala 9, Tel./Fax 73 86 51.

Ambulanz, Branilaca Bosne 22, Tel. 73 87 77.

Kiseljak

Von Visoko erreicht man Kiseljak über eine sogenannte regionale Straße. Das bedeutet, daß sie auf den 13 Kilometern schmal und in Teilen in einem schlechten Zustand ist. Dafür hält sich das Verkehrsaufkommen in Grenzen.

Die Stadt Kiseljak ist dank ihrer Mineralquellen bekannt. Sie sind auch für den Ortsnamen verantwortlich, der soviel wie ›saures Wasser‹ oder auch ›sprudelndes Wasser‹ bedeutet. In Kiseljak wird das gleichnamige Mineralwasser abgefüllt, das landesweit verkauft wird. Eine Quelle mit dem gesunden Wasser sprudelt im kleinen Park der Stadt. Hier kann jeder seinen Durst stillen oder die mitgebrachte Flasche füllen. Bereits die Römer kamen nach Kiseljak, da sie sich von der Mineralquelle Wohltat und Heilung versprachen. Spuren der Römer lassen sich bis heute im Ort und der Umgebung finden. Auch für die Türken spielte die Mineralquelle eine wichtige Rolle. Sie gaben den Ort den türkischen Namen Eksin-su und spielten damit auf das ›saure Wasser‹ der Quellen an.

Kiseljak wird von einer neu errichteten, im Verhältnis zum kleinen Ort sehr groß geratenen katholischen Kirche beherrscht. Der Ort hatte früher viele aufwendige moslemische Grabsteine. In der Umgebung von Kiseljak sind die Überreste einer frühchristlichen Basilika aus dem fünften Jahrhundert zu finden.

Vorwahl: 030.
PLZ: 71250.

›Gelbes Taxi‹, Brnjaci bb, Tel. 87 42 20, 87 47 77.

Hotel ›Dalmacija‹, Josipa bana Jelačića bb, Tel. 87 91 23, 87 94 57, Fax 87 90 53. Liegt umgeben von Natur an der Straße nach Sarajevo. EZ, DZ und Apartments, ein großes Restaurant mit 300 und ein kleines mit 50 Plätzen, Bar, Diskothek, Billardsaal, Fitnessraum, Sommergarten, großer Parkplatz, Internetzugang. Der Weg zum Hotel ist ausgeschildert.

Restaurant ›San‹, Zenički put 9, Tel. 87 11 55.
›Orient‹, an der Hauptstraße nach Sarajevo. Schönes Restaurant in einem neuen Gebäude und leicht zu finden.

Fojnica

Von der Hauptstraße von Sarajevo nach Travnik zweigt wenige Kilometer nördlich von Visoko eine schmale Straße nach Westen ab. Sie führt zum Ort Fojnica, der am gleichnamigen Fluß liegt.

Fojnica ist ein kleines symphatisches Städtchen und wegen seiner leicht radioaktiven Thermalquellen als Heilbad bekannt. Bereits die Römer wußten das wohltuende Wasser für sich zu nutzen. Vor den Römern siedelten die Illyrer im Tal des Flüßchens Fojnička.

Von den Illyrern angelegte Wälle sind bis in die Gegenwart erhalten geblieben. Im Mittelalter lebte die Region von selbstgefertigten Metallerzeugnissen. Bodenschätze – insbesondere Silber – wurden abgebaut und weiterverarbeitet. Die Region konnte sich damals mit regem Handel einen kleinen Wohlstand erarbeiten. Unter der Bezeichnung Fojnica findet der Ort 1435 erste offizielle Erwähnung.

Neben den Thermalquellen und -bädern bietet Fojnica weitere Sehenswürdigkeiten. Die Festung Kozograd wurde 1434 gebaut. Die Frau des bosnischen Königs Tomašević Katarina soll sie oft zur Erholung aufgesucht haben. Das Franziskanerkloster oberhalb der Stadt stammmt aus dem 15. Jahrhundert. Mit der Zeit verfiel das Kloster. Erst im 19. Jahrhundert renovierte man es und errichtete zusätzliche Gebäude. Im Kloster befinden sich eine umfangreiche Bibliothek und ein Archiv mit verschiedenen Sammlungen wie beispielsweise alte serbische und türkische Schriften und Dokumente. Von besonderem Wert ist ein Wappenarchiv, in dem alle Wappen des bosnischen Adels aus der vortürkischen Zeit gesammelt wurden. Sehenswert sind auch die Moscheen des Ortes. Dazu gehört die bereits 1551 erbaute Atik džamija, die älteste Moschee im Ort. Eine Besonderheit stellt das Holzminarett der 1682 erbauten Hadži-Muharem-Moschee dar.

Vorwahl: 030.
PLZ: 71270.
Zentrum zur Rehabilitation, Tel. 83 88 00, 83 88 01, Fax 83 89 00, reumal.f@bih.net.ba. Die Einrichtung verteilt sich auf mehrere Gebäude. Neben medizinischen Programmen für Rheuma- und Herzpatienten wird auch ein Anti-Streß-Programm oder ein Entspannungswochenende angeboten. Es gibt einen Skilift und eine Abfahrt mit einer Länge von über 1000 Metern, Tennisplätze und ein Schwimmbad. Die Einrichtung ist auch für Behinderte geeignet.

Sarajevo

Sarajevo liegt in einer weiten Ebene, dem sogenannten Feld von Sarajevo, und ist von mehreren Gebirgsmassiven umgeben, die bis zu 2000 Meter hoch in den Himmel ragen. Das Stadtgebiet liegt rund 500 Meter über dem Meeresspiegel.

Der Fluß Miljacka fließt durch Sarajevo und ist dadurch sehr bekannt. Tatsächlich ist er aber nur einer von mehreren Nebenflüssen der Bosna, die nahe bei Sarajevo ihre Quelle hat. Die wasserreiche Bosna entspringt am Fuß des Berges Igman und gibt dem Land seinen Namen. Neben der Miljacka gehören die Žujevina, die Željeznica und Dobrinja zu den größeren Nebenflüssen der Bosna. Es gibt einige weitere Süßwasserquellen und die bekannten, schon von den Römern genutzten über 50 Grad heißen Schwefelquellen in Ilidža.

Die Winter in Sarajevo können sehr lang sein, schneereich und kalt. In den Bergen, die die Stadt umgeben, herrschen nicht erst seit den Olympischen Spielen in Sarajevo beste Bedingungen für den Wintersport. Von Ende Herbst bis weit in den Frühling hinein sind die Pisten schneebedeckt. Im Winter liegt die Durchschnittstemperatur in der Stadt knapp im Minusbereich, während im Sommer durchschnittlich 19 Grad gemessen werden. Aber tatsächlich kann die Temperatur beispielsweise im Juli und August sehr viel höher liegen und sich die Hitze in der Stadt ausbreiten. Insgesamt ist ein typisches Gebirgsklima vorherrschend. Dazu gehört auch, daß Sarajevo an manchen Tagen völlig im Nebel oder Regen liegt.

Mehr als die Hälfte des Bodens in der Region Sarajevo ist bewaldet oder mit Sträuchern bewachsen. In den Bergen um die Stadt leben Wölfe zum Teil noch in großen Rudeln, heimisch sind hier auch Rehe, Füchse, Dachse und sogar Bären. Ihre Zahl nimmt aber stetig ab, sie sind mittlerweile vom Aussterben bedroht.

In den zahlreichen Bächen in der Umgebung und den Bergen Sarajevos läßt sich gut die Angel auswerfen, um Forellen zu fischen. Nahe der Berggipfel lassen sich Adler beobachten. In niedrigeren Regionen stößt man nicht selten auf Auerhähne, Rebhühner oder auch Fasane.

Willkommmen in Sarajevo

Geschichte

Das Gebiet der heutigen Stadt Sarajevo ist bereits seit über 4000 Jahren besiedelt. Die Stadt selbst entwickelte sich jedoch erst relativ spät, zu Beginn des 15. Jahrhunderts.

Zu den ersten nachweisbaren Spuren menschlicher Ansiedlungen gehören die aus der neolithischen Zeit rund 2000 Jahre vor unserer Zeitrechnung. Noch im vorletzten Jahrhundert wurden Überreste dieser frühen Kultur gefunden, darunter Waffen und Werkzeuge sowie Gefäße aus Ton.

Viel später ließen sich die Illyrer in diesem Gebiet nieder. Eine ihrer Siedlungen gruben Archäologen nahe der Ortschaft Debelo Brdo aus. Der illyrische Stamm der Desidiaten baute mehrere Festungen, von denen heute aber nur einige wenige Überreste geblieben sind.

Die Römer besiegten die Illyrer im Jahr 9 unserer Zeitrechnung und bauten im heutigen Stadtgebiet eine größere Siedlung. Sie nutzten die Thermalquellen in Ilidža und ließen dort prunkvolle Häuser, Bäder und Gasthäuser errichten, deren Böden mit Mosaiken verziert waren Zugleich legten sie Verkehrswege an, richteten einen Vorläufer der Post ein und bauten auch eine Ziegelbrennerei. In Debelo brdo, an der Stelle der illyrischen Festung, bauten sie eine eigene Festung.

Die Slawen kamen im sechsten und siebten Jahrhundert auf den Balkan und ließen sich etwas später in der Region Sarajevo nieder. Sie siedelten vorwiegend im Tal von Sarajevo und weiter bis zur Stadt Zenica. Im ersten selbständigen Staat Bosnien, der sich im Mittelalter herausbildete, war Sarajevo von untergeordneter Bedeutung. Das Zentrum Bosniens lag damals im Norden des heutigen Landes, am Oberlauf der Bosna.

Auf dem Gebiet Sarajevos entstanden mehrere unabhängige Siedlungen. Historiker nehmen an, daß der gemeinsame Marktplatz dort angelegt war, wo heute die Baščaršija zu finden ist. Aus der Zeit des Mittelalters wurden nur wenige Funde gemacht. Bedeutendstes Überbleibsel sind die Stećci, die Totenkultsteine der Bogumilen. Daneben gibt es einige Ruinen von Gebäuden aus mittelalterlicher Zeit und Überreste von Befestigungen.

Die Herrschaft der Osmanen

Die Türken besetzten in der zweiten Hälfte des 15. Jahrhunderts das Gebiet des heutigen Mittelbosniens und damit auch Sarajevo. Isa Beg Isaković-Hranušić war damals für das Gebiet westlich der Miljacka verantwortlich. Er ließ die erste Brücke über den Fluß bauen und verband so die Siedlungen auf beiden Uferseiten miteinander. Er ließ einige weitere Gebäude errichten und legte den Grundstein für die spätere bosnische Hauptstadt. Links der Miljacka ließ er ein Saraj errichten, das das Militär und ihre Angehörigen sowie die Verwaltung beherbergte. Weiter veranlaßte er den Bau eines Hamam und einer Karawanserei und auch mehrerer Läden und Handwerksbetriebe. Die erste Moschee auf diesem Gebiet war die Careva džamija (Kaisermoschee). Mit einiger Berechtigung kann man Isa Beg Isaković-Hranušić als Gründer einer der bedeutendsten Städte auf diesem Teil des Balkans ansehen. Erst nach dem endgültigen Untergang des ersten bosnischen Staates zu Beginn der zweiten Hälfte des 15. Jahrhunderts entwickelte sich Sarajevo schneller und kontinuierlich weiter. Aus dem Begriff ›Saraj‹ entwickelte sich der Name der Stadt: Das Areal, auf dem das Saraj entstanden war, wurde bald Sarajevo polje (das Feld von Saraj) genannt.

In der Folgezeit entwickelte sich Sarajevo recht schnell. Neue Gebäude kamen hinzu, und immer mehr der bis dahin ungenutzten Flächen entlang der Miljacka wurden bebaut. Ende des 15. Jahrhunderts entstanden die Skenderija-Moschee, ein weiteres Han sowie Geschäfte. Zu dieser Zeit wurde das Gebiet in Parzellen aufgeteilt, um die Errichtung privater Bauten zu fördern. Dennoch glich Sarajevo damals eher einem großen Dorf als einer Stadt.

Gazi Husrev Beg übenahm ab 1521 die Herrschaft und gab der weiteren Entwicklung Sarajevos besonders in ökonomischer Hinsicht wichtige Anstöße. Er selbst stammte aus der Herzegowina, und bereits sein Vater hatte als Ferhad Beg zu den Mächtigen des türkischen Reiches gehört. Die Mutter hatte den Status einer Prinzessin und war die Tochter des Sultans Bajazid II.

Gazi Husrev Beg hatte die Macht und auch die finanziellen Mittel, Sarajevo mit zahlreichen prächtigen Gebäuden das Antlitz einer Stadt zu verleihen. Aufgrund seines Standes war er ohnehin vermögend, unermeßlich reich wurde er durch seine vielen siegreichen Feldzüge, von denen er große Beute mitbrachte. Für sich selbst ließ er die größte und prächtigste Moschee in Sarajevo bauen, für das Volk Schulen und höhere Bildungseinrichtungen (Medressen). Eine Bibliothek, ein türkisches Bad mit erstmals getrennten Bereichen für Männer und Frauen, ein weiteres Gasthaus, mehrere kleinere Geschäfte sowie der erste große Basar entstanden.

Die Aufwärtsentwicklung Sarajevos setzte sich nach dem Tod des Gazi Husref Beg im Jahr 1541 fort. Noch im 16. Jahrhundert entstanden weitere Moscheen, beispielsweise 1561 die Ali-Paša-Moschee und kurz darauf die Ferhadija. Über die Miljacka entstanden weitere Brücken, von denen bis heute drei erhalten werden konnten.

Sarajevo bekam immer mehr das Erscheinungsbild einer Stadt. Am linken Flußufer hatte der türkische Statthalter seine Residenz, die Sarj; am rechten entwickelte sich das Zentrum mit der Ćaršija, Geschäften und kleinen Handwerksbetrieben. Die Menschen bauten ihre Häuser terrassenartig an die das Flußtal umgebenden Hänge und richteten sich kleine Obst- und Gemüsegärten ein. Damals gab es bereits rund 5000 Häuser in der Stadt, die nach wie vor in Parzellen gegliedert war – zwei Jahrhunderte zuvor waren es noch weniger als 200 gewesen.

Im Wirtschaftsleben dominierten das Handwerk und noch mehr der Handel. Durch ihre geographische Lage an der Grenze zwischen Orient und dem Westen bot sich die Stadt als ideales Handelszentrum an. Waren aus dem nahen Dubrovnik, der kroatischen Adriaküste und Venedig, aber auch aus Polen und sogar Indien und Persien fanden den Weg nach Sarajevo und wurden hier umgeschlagen. Besonders Stoffe und Seide wurden gehandelt. Es gab aber auch mehr als 50 Handwerksbetriebe wie Gold- und Kupferschmiede, Waffenschmiede, Buchbinder, Färber, Steinmetze und Glockengießer, die weit über die Stadtgrenzen hinaus für ihre Arbeiten bekannt waren. Noch heute findet der Besucher in der Baščaršija einen großen Teil dieser alten Handwerksbetriebe.

Im Jahr 1667 drang Prinz Eugen von Savoyen im Rahmen eines weit angelegten Feldzuges zeitweilig auch bis nach Sarajevo vor. Die Stadt wurde niedergebrannt. Davon erholte sich Sarajevo bis zum Ende der türkischen Herrschaft nicht mehr. Erst nach der Zerstörung dachte man an eine Befestigung. Da eine Mauer um das ganze Stadtgebiet ein unrealistisches Unterfangen war, wurde nur der Berg Vratnik mit einer Wehrmauer, Wachtürmen und Stadttoren versehen. Diese Arbeiten waren 1727 abgeschlossen. Von den ursprünglich sieben Zugängen sind bis heute drei erhalten geblieben.

Bis zum Einfall Eugens hatte die Stadt bereits 100 Moscheen, dazu Grund- und Höhere Schulen, Bibliotheken, mehrere Magazine und Warenlager. Für die Bevölkerung gab es 200 öffentliche Brunnen und 70 Wasserleitungen, die bis zu acht Kilometer lang waren. Nach der Zerstörung Sarajevos mußte dies alles wieder aufgebaut werden.

Nach dem Überfall Eugens war man zunächst bemüht, die Schäden zu beseitigen, neue Bauten entstanden kaum. Eine spezifisch bosnisch-moslemische Wohnkultur bildete sich jedoch heraus. Sie war eine Symbiose aus der Wohnkultur der Einheimischen und den mitgebrachten Wohneigenarten der Türken.

Mit dem beginnenden Verfall des Osmanischen Reiches seit dem frühen 18. Jahrhundert wurde die nicht-türkischstämmige Bevölkerung selbstbewußter, selbst die bosnischen Muslime grenzten sich immer mehr von den türkischen Glaubensbrüdern ab. Die Herrscher suchten den Ausgleich mit den verschiedenen Bevölkerungsgruppen und ließen den Bau von Kirchen nun zu, unterstützten die Vorhaben mitunter sogar finanziell.

Unter den Habsburgern

Die Hoffnungen der Menschen in Bosnien-Herzegowina auf einen unabhängigen Staat wurden mit den Ergebnissen des Berliner Kongresses 1878 enttäuscht. Österreich-Ungarn sollte das Land zunächst verwalten, später wurde es okkupiert. Diese Entscheidung ließ die ethnischen Gruppen und verschiedenen Glaubensrichtungen vorübergehend enger zusammenrücken und einen Widerstand formieren. Unter Beteiligung von Moslems, Serben, Kroaten und Juden wurde eine Volksregierung ins Leben gerufen. Die blutigen Kämpfe in den Straßen Sarajevos zwischen den Bewohnern und den Habsburger Truppen endeten in einer Niederlage der Aufständischen.

Die Herrschaft der Österreicher dauerte bis zum Beginn des Ersten Weltkrieges. In dieser Zeit hielt die Industrialisierung Einzug. Die Österreicher richteten eine kommunale Verwaltung ein und bauten eine Stadtkanalisation. Das Eisenbahnnetz wurde ausgebaut, ein Elektrizitätswerk im Jahr 1894 errichtet und das Ufer der Miljacka befestigt. Die Bürger Sarajevos profitierten von neu angelegten Parkanlagen und Flanierwegen. Die Stadt wurde ein wichtiges politisches, wirtschaftliches und kulturelles Zentrum in Bosnien-Herzegowina. In dieser Epoche fand auch die westeuropäische Architektur Einzug in das bis dahin orientalisch geprägte Stadtbild. Die Menschen litten zwar einerseits unter der Fremdherrschaft, waren aber auch angetan von den Neuerungen in der Stadt. Sarajevo fand großen Zulauf. Mit dem Ende der türkischen Epoche hatten rund 21 000 Einwohner hier gelebt, kurz vor Beginn des Ersten Weltkrieges hatte Sarajevo bereits knapp 55 000 Einwohner. Die Fläche Sarajevos erlebte dennoch keine Ausbreitung. Auf dem vorhandenen Stadtgebiet wurden neue Straßen angelegt und zahlreiche Wohnhäuser errichtet. Die katholische Kirche wurde gebaut, das Krankenhaus Koševo, Heilbäder und Hotels.

Mit der Annexion Bosnien-Herzegowinas durch Österreich-Ungarn verschärften sich die Spannungen im Land. Gruppen, die für eine Befreiung von der österreichischen Herrschaft eintraten, hatten regen Zulauf, und die Bereitschaft, zur Erlangung dieses Ziels Gewalt einzusetzen, stieg. Vereinigungen, die für einen gemeinsamen südslawischen Staat eintraten, wurden ebenfalls populär.

Kronprinz Franz Ferdinand kam in Begleitung seiner Frau am 28. Juni 1914 zu einem offiziellen Besuch nach Sarajevo. Man hatte ihm von einem Besuch abgeraten, da die einheimische Bevölkerung den Österreichern feindlich gesonnen war. Zudem hatte der Besuchstag für die Serben große symbolische Bedeutung als Vidovdan: Im Jahr 1389 hatten an diesem Tag die Serben die Schlacht auf dem Amselfeld gegen die Türken verloren, was eine fast 500jährige Besetzung des Balkans durch die Türken zur Folge hatte.

Der Erbthronfolger ignorierte alle Warnungen. Nahe des Miljacka-Flusses hatte er zunächst Glück im Unglück, da das erste Attentat des Arbeiters Nedeljko Čabrnović mißlang. Die Bombe, die er warf, verwundete einen Soldaten des Begleitzuges, verfehlte aber sein eigentliches Ziel. Franz Ferdinand setzte trotz dieses Ereignisses seinen Besuch fort und fuhr etwas später auf der gleichen Straße zurück, abermals im offenen Wagen. Der serbische Gymnasiast Gavrilo Princip wartete an einer Straßenbiegung, bis das Auto nahe genug war, trat auf die Straße und gab zwei Schüsse aus seinem Revolver ab. Der erste Schuß traf den Kronprinzen und verwundete ihn so schwer, daß er später an seinen Verletzungen starb. Der zweite Schuß galt dem österreichischen Vertreter in Bosnien, General Potiorek, traf aber die Frau Franz Ferdinands. Auch sie erlag später ihren Verletzungen.

Alle Beteiligten an diesem Attentat wurden sehr bald aufgespürt und verhaftet. Die meisten gehörten zur Vereinigung ›Junges Bosnien‹, die einen gemeinsamen südslawischen Staat anstrebten und sich von der österreichischen Fremdherrschaft befreien wollten. Unter ihnen waren Serben, Moslems und Kroaten. Einige Verschwörer wurden hingerichtet, andere starben während ihres Gefängnisaufenthaltes.

Der Hauptattentäter Gavrilo Princip wurde auf dem Stadtfriedhof beerdigt. Nahe des Tatortes wurde eine Brücke nach ihm benannt und ein Museum eingerichtet. Hier befanden sich die Fußabdrücke des jungen Mannes, dessen Tat den Ersten Weltkrieg auslöste.

Das 20. Jahrhundert

Nach dem Ersten Weltkrieg wurde das Königreich der Serben, Kroaten und Slowenen gegründet. Bosnien-Herzegowina war Teil dieses neuen Staates, in den erstmals alle Südslawen integriert waren. Die Zentralgewalt hatte ihren Sitz in Belgrad. Der König ignorierte die historischen Grenzen und teilte das Land in Banate. Sarajevo behielt seinen Hauptstadtstatus, der sich aber nun auf das sogenannte Drina-Banat bezog. Das Gebiet umfaßte Teile Ostbosniens und reichte bis auf das Gebiet Serbiens. Die natürliche Grenzziehung zu Serbien durch die Drina wurde dabei ignoriert.

Die Menschen in Bosnien-Herzegowina waren wie die meisten übrigen Völker des Königreiches unzufrieden mit der neuen Situation. Die Entwicklung Sarajevos stagnierte, der Bevölkerungszulauf nahm deutlich ab. Bauten entstanden nur wenige, darunter das Nationaltheater und ein weiteres Krankenhaus. Im weiteren Bereich des Stadtzentrums entstanden private Wohnhäuser.

Sehr bald nach Beginn des Überfalls der Deutschen auf Jugoslawien im Jahr 1941 zogen Hitlers Truppen auch in Sarajevo ein. Gemeinsam mit italienischen

Truppen und Einheiten der kroatischen Ustaša bauten sie die Stadt zu einem wichtigen militärischen Stützpunkt aus. Gleichzeitig war Sarajevo mit seinen umgebenden Bergen ein Zentrum des Widerstands. Er organisierte sich in den serbisch-nationalistischen Četnikverbänden des Draža Mihailović und in den Partisanenverbänden Titos. Trotz der militärischen Präsenz der Deutschen in Sarajevo gelang es den Partisanen, verschiedene Angriffe zu organisieren und die feindlichen Truppen empfindlich zu treffen. Die endgültige Befreiung gelang jedoch erst am 5. April 1945.

Sarajevo wurde nach dem Zweiten Weltkrieg Hauptstadt der Republik Bosnien-Herzegowina und entwickelte sich zur viertgrößten Stadt Jugoslawiens. Das Stadtgebiet erweiterte sich erheblich, neue Wohnviertel mit zumeist anspruchslosen Wohnblöcken entstanden. Die alte Schmalspureisenbahn wurde durch eine Normalspurbahn abgelöst und so der direkte Zugverkehr mit ganz Europa möglich. Neue Bahn- und Busbahnhöfe sowie ein Flughafen trugen der gewachsenen Bedeutung der Stadt Rechnung.

Unmittelbar nach dem Krieg entstanden auch neue Bildungseinrichtungen. Die erste Fakultät öffnete bereits 1949, bald darauf auch die Universität mit 30 Fakultäten sowie weiteren Hochschulen. Sehr schnell verschafften sich die Bildungseinrichtungen einen guten Ruf in der Welt, so daß viele ausländische Studenten nach Sarajevo kamen. Traditionell hatten Handel und Handwerk die wichtigste Rolle im Wirtschaftsleben gespielt, nun nahm diese Position die Industrie ein. Große Zentren zur Metallverarbeitung entstanden, und die Automobilindustrie, beispielsweise Volkswagen, produzierte hier.

Im Februar 1984 stand Sarajevo als Austragungsort der 14. Olympischen Winterspiele für zwei Wochen im Mittelpunkt der sportinteressierten Weltöffentlichkeit. Sechs Jahre zuvor hatte sich das Internationale Olympische Komitee für Sarajevo als Austragungsort entschieden. Zu diesem Zeitpunkt hatte Sarajevo noch nicht die nötige Infrastruktur für ein solches Unterfangen, überzeugte aber mit seinen vorhandenen Wintersportgebieten, die von Dezember bis Mai Schnee garantieren.

Rund 2000 Sportler, Betreuer und Funktionäre aus 49 Nationen kamen nach Sarajevo. Für die Olympischen Spiele wurden Straßen neu- und ausgebaut, das Olympische Dorf errichtet, zahlreiche neue Hotels eröffnet und das Stadtbild insgesamt aufgefrischt. Die perfekt organisierten Spiele erwiesen sich als voller Erfolg, von dem die Bevölkerung auch nach dem Ende der Wettkämpfe dauerhaft Vorteile hatte. Die Menschen bezogen schicke Wohnungen im Olympischen Dorf und profitierten vom Ausbau des Verkehrsnetzes und den zahlreichen Modernisierungen in der Stadt.

Noch vor der Belagerung Sarajevos hielt der Krieg Einzug in die Stadt. Im März 1992 wurde eine serbische Hochzeitsgesellschaft auf dem Weg zur alten

Kriegsschäden im Zentrum: das Hotel Europa

Serbischen Kirche in der Baščaršija von einem zugewanderten Moslem beschossen, ein Teilnehmer des Festes starb. Im Frühjahr gab es mehrere Wochen lang Demonstrationen für ein multikulturelles Zusammenleben in Sarajevo. Am sechsten April feuerten erstmals Heckenschützen auf die friedlich vor dem Parlamentsgebäude demonstrierenden Menschen. Schnell beschuldigte man die Serben, geschossen zu haben, Bilder der BBC zeigten jedoch, daß die Schüsse aus den Gewehren der ›Grünen Barette‹ stammten, einer paramilitärischen Einheit Izetbegovićs.

Die Belagerung Sarajevos begann im April 1992. Serbische Truppen bezogen auf den Bergen um Sarajevo Stellung, zogen in der Folgezeit den Belagerungsring zu und postierten etwa 250 Panzer, 120 Artilleriegeschütze sowie andere Waffen auf den Hügeln. Von dort nahmen sie die überwiegend von Moslems bewohnten Stadtviertel unter Beschuß, auch das Stadtzentrum mit seiner berühmten Altstadt, der Baščaršija. Die Frontlinie verlief zu Beginn der Kämpfe fast durch das Stadtzentrum und verschob sich später. Sarajevo war während des Krieges in zwei Teile zerbrochen, die jeweils von serbischen oder moslemischen Truppen unter Beschuß genommen wurden.

Während der dreieinhalb Jahre dauerenden Belagerung war Sarajevo täglich weltweit in den Medien präsent. Alle wichtigen Fernsehstationen hatten Reporter vor Ort. Die meisten logierten im einzigen noch geöffneten Hotel der Stadt, dem

›Holiday Inn‹. Das Hotel war anläßlich der Olympischen Winterspiele in Sarajevo eröffnet worden und gelangte während der Belagerung zur weltweiten Bekanntheit, da die Reporter aus hier improvisierten Fernsehstudios berichteten. Das Hotel geriet nur selten unter Beschuß. Es gibt Vermutungen, daß die Hotelbesitzer Gelder an die Serben gezahlt haben, um verschont zu bleiben.

Am 27. Mai 1992, kaum drei Monate nach dem Beginn der Belagerung, explodierte eine Granate gegenüber der Markthalle. 16 Menschen, die vor einer Bäckerei angestanden hatten, wurden getötet, weitaus mehr verletzt. Die internationalen Medien vermuteten die bosnischen Serben hinter dem sogenannten ›Brotschlangenmassaker‹. Nachdem die UNO den Fall untersuchte, kamen einige Ungereimtheiten ans Tageslicht. So soll die Straße kurz vor der Explosion von den bosnisch-moslemischen Behörden ebenso wie der Zugang von einem moslemischen Stadtviertel in die Straße des Attentats abgesperrt worden sein. Die UNO-Mitarbeiter vermuteten, daß der Anschlag den Zweck hatte, die bevorstehende Abstimmung über ein Embargo gegen Rest-Jugoslawien zu beeinflussen. Tatsächlich trat das Embargo in Kraft, und das ›Brotschlangenmassaker‹ spielte bei der Entscheidung eine wichtige Rolle.

Im Juli richtete die UNO eine Luftbrücke zur Versorgung der Menschen in Sarajevo ein. Der Flughafen wurde während der Belagerung zur wichtigsten Verbindung zur Außenwelt, in dieser Zeit aber selbst wiederholt unter Beschuß genommen und zeitweilig gesperrt. Im Mai 1993 erklärte der UN-Sicherheitsrat die bosnische Hauptstadt und fünf weitere Städte zur Schutzzone und stationierte dort Truppen.

Zwei kurz hintereinander verübte Massaker lösten erneut weltweites Entsetzen aus. Am 5. Februar 1994 schlug auf dem Marktplatz von Sarajevo eine Granate ein und forderte 68 Opfer, nur ein halbes Jahr später explodierte erneut eine Mörsergranate auf dem Marktplatz, diesmal waren 41 Tote und 80 Verletzte zu beklagen. Für beide Attentate wurden die bosnischen Serben verantwortlich gemacht, die die Schuld strikt von sich wiesen. Mitarbeiter der UNO konnten nur unter großen Schwierigkeiten mit der Untersuchung der Anschläge beginnen. Der Untersuchungsbericht äußerte Zweifel an einer bosnisch-serbischen Täterschaft, aufklären ließen sich die Attentate nie.

Als Reaktion auf die Tragödie wurden die bosnischen Serben dennoch aufgefordert, alle schweren Waffen abzuziehen, andernfalls würden amerikanische Luftangriffe folgen. Der zweite Anschlag im August hatte die ersten sogenannten ›Out of area‹-Einsätze der NATO zur Folge: Aus der Luft wurden die Stellungen der bosnischen Serben beschossen.

Im Dezember 1995 wurde in Dayton der Friedensvertrag für Bosnien-Herzegowina unterzeichnet, die Belagerung Sarajevos aber erst im darauffolgenden Februar offiziell für beendet erklärt. Das Abkommen von Dayton bestimmte, daß auch die überwiegend von Serben bewohnten Stadtviertel Sarajevos unter moslemische Verwaltung gestellt werden sollten. Draufhin flohen die Serben zu Tausenden aus ihren Häusern. Ein eilends einberufener Bosniengipfel in Rom garantierte den bosnischen Serben alle Sicherheiten, dennoch hörte der Exodus nicht auf: Insgesamt 150 000 Serben verließen die Stadt. Die Belagerung Sarajevos forderte insgesamt über 10 000 Tote, darunter nahezu 2000 Kinder. Die Zahl der durch Granaten, Minen oder durch Scharfschützen verletzten Menschen wird auf 50 000 geschätzt.

Kulturhauptstadt Sarajevo

Sarajevo ist nicht nur die Haupt- und größte Stadt des Landes, sondern auch der kulturelle Mittelpunkt Bosnien-Herzegowinas. Das kulturelle Angebot ist vielfältig und hat oft eine lange, nicht selten jahrhundertealte Tradition. Auch während der Belagerung Sarajevos im letzten Krieg fanden Theateraufführungen und Konzerte statt. Man suchte nicht nur Ablenkung, sondern wollte der Welt und besonders dem militärischen Gegner demonstrieren, daß man sich Gewalt und Zerstörung nicht beugen wollte.

Während des Kriegs kamen sehr viele Künstler nach Sarajevo, um ihre Solidarität mit den eingeschlossenen Menschen zum Ausdruck zu bringen. Viele von ihnen mußten sich den Vorwurf gefallen lassen, Sarajevo vor dem Krieg nicht

›Besetzt!‹ – Die Kunstgalerie

gekannt zu haben, geschweige die Stadt einem Land zuordnen zu können, nun aber die Gelegenheit zu nutzen, öffentlichkeitswirksame Besuche in der im Fokus der Weltöffentlichkeit stehenden bosnischen Hauptstadt zu zelebrieren. Es steckt wohl ein Körnchen Wahrheit in diesem Vorwurf, denn die meisten Künstler ließen sich nach Ende des Krieges – und damit nach Abzug der Medienvertreter – nicht mehr in Sarajevo blicken. Dafür kamen seitdem die Künstler, denen es weniger um die Zurschaustellung ihrer Person als vielmehr um eine Bühne für ihre Kunst geht.

Renommierte Ensembles, Choreographen und andere Theaterschaffende kommen nach Sarajevo, um als Gastkünstler am Volkstheater, der größten Bühne, zu arbeiten. Es wurde bereits im Herbst 1921 eröffnet, noch zur Zeit des ersten jugoslawischen Königreichs. Damals wurden an drei Abenden in der Woche Dramen oder klassische Konzerte gegeben. Im Herbst 1946 fand die erste Opernaufführung statt, im gleichen Jahr begann das Ballett mit seiner Arbeit, die vier Jahre später in eine erste Aufführung mündete. Im Jahr 1996 feierte das Theater sein 75jähriges Bestehen. Bis dahin erlebte die Bühne weit über 1000 Premieren, darunter 260 Opern- und Ballettaufführungen. Ein Besuch des Theaters lohnt sich: Die Aufführungen sind ausgezeichnet und gleichzeitig sehr günstig.

Sarajevo hat eine große Auswahl an Galerien. Die Kunstgalerie Bosnien-Herzegowinas verfügt nicht nur über einen staatstragenden Namen, sondern auch über qualitätsvolle Ausstellungen und Exponate. Gezeigt wird unter anderem Kunst des Landes aus dem 20. Jahrhundert. Darüber hinaus gibt es zahlreiche Schwerpunktsammlungen mit insgesamt über 6000 Ausstellungsstücken. Darunter befinden sich eine Sammlung mit Kunst aus dem ehemaligen Jugoslawien, aber auch Werke des Schweizer Künstlers Ferdinand Hondler und eine Sammlung mit Zeichnungen und Skizzen aus der österreichisch-ungarischen Epoche des Landes. Zuletzt wurde begonnen, eine Sammlung mit Fotografien anzulegen und eine Ausstellung des Fotoreporters Werner Bischof wurde gezeigt.

Film und Kino

Nicht erst seitdem Sarajevo mehrere international ausgezeichnete Filmregisseure hervorgebracht hat, wird die Stadt auch von Filmschaffenden und -liebhabern wahrgenommen. Einige der bekanntesten Regisseure kamen während des Krieges nach Sarajevo, um Dokumentarfilme zu drehen, andere nahmen das Schicksal der Stadt als Hintergrund für einen Spielfilm.

Eine noch junge Veranstaltung ist das Filmfestival von Sarajevo. Im Jahr 1995, kurz vor Ende des Krieges, wurde es erstmalig durchgeführt. Jedes Jahr jeweils im August werden seitdem internationale Produktionen, aber gerade auch – und das ist für viele Besucher sehr viel interessanter – Spielfilme aus Bosnien-Herzegowina gezeigt.

Daß es sich nicht um mit freundlichem Applaus bedachte Produktionen eines filmischen Entwicklungslandes handelt, zeigt der Gewinn des ›Oscars‹ als bester ausländischer Film für den bosnisch-herzegowinischen Film ›Niemandsland‹ vor wenigen Jahren.

Aber auch außerhalb des Filmfestivals kann der Kinobegeisterte seiner Leidenschaft nachgehen. Sarajevo hat zahlreiche Kinos, von denen die meisten das übliche Großstadtprogramm in standardisierten Kinosälen präsentieren. Aber es gibt auch die alten traditionsreichen Filmvorführpaläste. Das ›Apolo‹, 1912 eröffnet und damit das älteste Kino in Sarajevo, hat eine besonders schöne Inneneinrichtung, zum Beispiel eine aufwendig bemalte und golden verzierte Decke. 400 Besucher faßt der ebene Zuschauerraum, der von allen Plätzen einen freien Blick auf die erhöhte Leinwand bietet.

Drei Jahre nach dem ›Apolo‹ öffnete im Stadtzentrum das ›Imperijal‹. Der Besucher betritt den Vorführsal von der Längsseite und mag vielleicht für einen kurzen Moment, beim Anblick der scheinbar militärisch ausgerichteten Stuhlreihen, von dem Gefühl befallen werden, einer kommunistischen Parteiversammlung beizuwohnen. Wer sich für die alten Häuser nicht begeistern kann, findet die Moderne etwa im Kino ›Obala‹, dem neusten Filmtheater in Sarajevo.

Jeden Sommer anläßlich des Filmfestivals kann der Filmbegeisterte gemeinsam mit 2500 anderen auf der riesigen Leinwand des Open-Air-Sommerkinos Filme ansehen. Das größte Kinoereignis des Landes findet im Zentrum statt. Für den unwahrscheinlichen Fall eines Gewitters oder Regens wird die Vorführung in die Skenderija verlegt, die größte Sport- und Veranstaltungshalle Sarajevos.

Festivals

Neben Theateraufführungen und Konzerten finden das ganze Jahr hindurch Festivals der unterschiedlichsten künstlerischen Bereiche statt. Das Filmfestival hat sich in der kurzen Zeit seit seiner Premiere internationales Renommee verschafft. Bereits sehr viel länger, seit 1969, gibt es das internationale Theaterfestival. Noch zur jugoslawischen Zeit hatte sich das Festival einen Namen gemacht. Gastensembles aus fast allen wichtigen Theaterstädten der Welt kamen nach Sarajevo und zeigten ihre Inszenierungen. Oft wurden im Rahmen des Festivals Premieren aufgeführt.

Jeweils im Juli findet die Baščaršija-Nacht statt. Während des gesamten Monats werden Konzerte aller Musikrichtungen, Theateraufführungen, Folkloreveranstaltungen und einiges mehr von Künstlern aus den verschiedensten Ländern aufgeführt. Die Resonanz bei den Besuchern ist immer sehr groß – nicht nur weil der Eintritt kostenlos ist.

Ebenfalls im Juli findet das Folklorefestival mit Tanzgruppen aus dem ganzen Land statt. Im September werden ›Die Tage der Poesie‹ veranstaltet. Höhepunkt ist die Verleihung des Preises ›Bosanski stećak‹. Jedes Jahr im Oktober kommen die Jazzliebhaber auf ihre Kosten, die Stadt feiert dann das Jazzfest.

Stadtspaziergänge

Die Baščaršija ist für nahezu alle Besucher der Hauptanziehungspunkt in Sarajevo, ob sie zum ersten Mal in der Stadt sind oder schon viele Male dort waren. Viele kommen von weit her, weil es Čevapčići, Pita, Burek und Baklava nirgendwo anders so schmackhaft geben soll wie hier. Wer einmal im Herzen Sarajevos in einer Slastičana Baklava oder in einer Čevapdžinica die kleinen Fleischröllchen gekostet hat, wird dem zustimmen.

Das Ewige Feuer erinnert an die Befreiung Sarajevos im Zweiten Weltkrieg

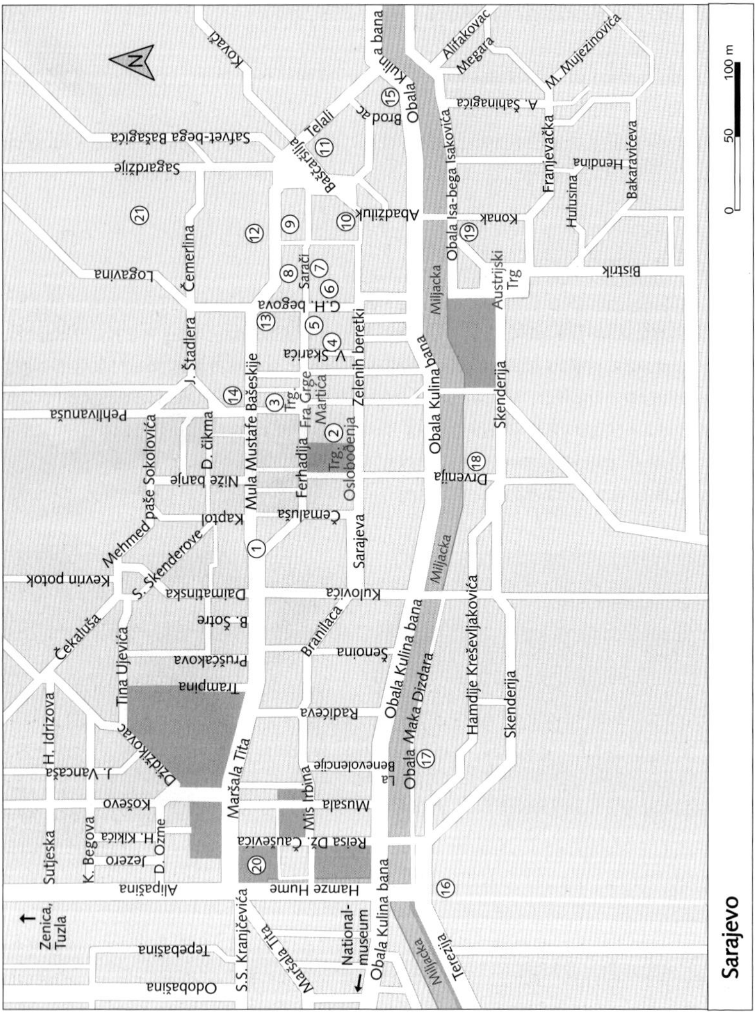

Legende

1 Ewiges Feuer
2 Neue serbisch-orthodoxe Kirche
3 Römisch-katholische Kathedrale
4 Ferhadija-Moschee
5 Gazi Husrev Beg Bezistan
6 Uhrturm
7 Gazi-Husrev-Beg-Moschee
8 Gazi Husrev Beg-Medresse
9 Morića-Han
10 Brusa Bezistan
11 Baščaršija-Moschee
12 Alte serbisch-orthodoxe Kirche

Entlang der Ferhadija und Sarači

Als Ausgangspunkt für einen Spaziergang durch die Baščaršija bietet sich das Ewige Feuer [1] an. Es befindet sich an der Stelle, wo sich die Maršala Tita in die Mula Mustafe Bašeskije und die Ferhadija, die Fußgängerzone, gabelt. Sarajevo bedankt sich mit diesem Denkmal bei den bosnisch-herzegowinischen, kroatischen, montenegrinischen und serbischen Kämpfern der jugoslawischen Volksarmee und bei den Serben, Muslimen und Kroaten aus Sarajevo für die Befreiung Sarajevos im Zweiten Weltkrieg.

Die Mula Mustafe Bašeskije umschließt die Baščaršija im Norden, während sie die Straße Obala Kulina bana im Süden begrenzt. Vom Ewigen Feuer führt die Fußgängerzone vorbei an Banken, Boutiquen und anderen modernen Läden. Nach wenigen Metern öffnet sich auf der rechten Seite eine kleine Parkanlage, der Trg Oslobođenja (Platz der Freiheit). Hier befinden sich unter anderem die bronzenen Büsten der Schriftsteller Ivo Andrić, Meša Selimović und Branko Ćopić.

An der östlichen Seite des Trg Oslobođenja steht die neue serbisch-orthodoxe Kirche (Saborna crkva) [2], von 1863 bis 1869 im russisch-byzantinischen Stil, mit deutlichen Einflüssen des Barock, erbaut. Der Kirchturm wurde erst fünf Jahre später fertiggestellt. In der Kirche befinden sich Ikonen von russischen Künstlern. Sie sind zum Teil vergoldet und entstanden in einem russischen Kloster.

Etwas weiter ist sehr schnell der Trg Fra Grge Martića erreicht. Er wird von der großen römisch-katholischen Kathedrale (Sarajevska katedrala) [3] dominiert. Sie entstand gegen Ende des 19. Jahrhunderts und wurde von dem Architekten Josip Vancaš entworfen. In Sarajevo gab es zuvor an anderer Stelle eine katholische Kirche, die beim Angriff Prinz Eugens 1697 auf die Stadt jedoch zerstört wurde. Unter den Österreichern entstand fast ein Dutzend neuer katholischer Gotteshäuser in Sarajevo, die Kathedrale ist wohl die bedeutendste unter ihnen.

Verläßt man den Kirchenvorplatz und folgt dem Straßenverlauf in östliche Richtung, ist schon bald rechts, etwas versteckt zwischen Bäumen, die Ferhadija-Moschee [4] zu erkennen. Sie wurde im 16. Jahrhundert erbaut und im 18. Jahr-

13 Alte Synagoge
14 Gazi-Husrev-Beg-Hamam
15 Altes Rathaus
16 Skenderija
17 Akademie der Künste
18 Neue Synagoge
19 Kaisermoschee
20 Ali-Paša-Moschee
21 Svrzina-Haus

hundert vollständig restauriert. Vor der Moschee befindet sich ein kleiner moslemischer Friedhof.

Nur einen Steinwurf weiter befindet sich das Gazi Husrev Beg Bezistan [5]. Das ist einer von ehemals drei Basaren in Sarajevo. In erster Linie wurden hier Tücher und Stoffe verkauft. Mit dem Bau des Basargebäudes wurde im Jahr 1531 begonnen. Da die Bauarbeiten immer wieder unterbrochen werden mußten, erfolgte die Fertigstellung jedoch erst 1555. Baumeister aus Dubrovnik führten die Arbeiten aus. Der Basar ist rund 110 Meter lang und etwa 20 Meter breit. Ein langer Mittelgang führt durch das Gebäude, zu beiden Seiten des Ganges reihen sich die kleinen Verkaufsstände. Insgesamt sind es über 50 überwölbte Ladenzeilen. Der Basar ist auch heute noch in Betrieb, die Geschäfte, ihre Warenangebot und ihre Ausstattung sind heute zeitgemäß. Zweimal wurde der Basar bei Bränden schwer beschädigt, 1697 und 1879. 1971 wurde das gesamte Gebäude restauriert und bekam ein moderneres Aussehen.

Westlich des Basars kreuzt die Gazi Husrev Begova. Hier steht der 30 Meter hohe Uhrturm (Sahat kula) [6]. Das genaue Jahr seiner Erbauung ist nicht bekannt, vermutlich entstand er zu Beginn des 17. Jahrhunderts. Früher gab es einen Astronomen, der sich mit der genauen Anzeige der Tageszeit beschäftigte. Dies war nötig, da der Uhrturm die Zeit nach türkischer Art, die sich an dem Sonnenuntergang orientiert, anzeigte, und aufgrund der unterschiedlichen Tageslänge immer wieder korrigierend eingegriffen werden mußte, um die genaue Zeit zu bestimmen. Der Astronom hatte seinen Sitz in einem Gebäude neben dem Uhrturm. Hier befand sich auch die von Gazi Husrev Beg eingerichtete Armenküche. Sie gab an Bedürftige Speisen aus, zugleich wurde sie aber auch von den Angestellten des Beg als eine Art Kantine genutzt. Daneben befand sich das Imet, eine Herberge, die jedem für bis zu drei Tage kostenlose Gastfreundschaft gewährte.

In unmittelbarer Nachbarschaft zum Uhrturm ist das Minarett der Gazi-Husrev-Beg-Moschee [7] auszumachen. Das vom Volk auch Begova džamija (Moschee des Beg) genannte Gotteshaus wurde von 1525 bis 1531 erbaut. Den Bau veranlaßte der Namensgeber der Moschee, Gazi Husrev Beg. Er war lange Zeit Statthalter von Sarajevo und bereicherte die Stadt während seiner Amtszeit um einige weitere Bauten. Die Moschee gilt als die eindrucksvollste und größte ihrer Art in Bosnien-Herzegowina, zugleich ist sie die wichtigste architektonische Hinterlassenschaft der türkischen Epoche auf dem Balkan. Zunächst nahm man an, daß die Moschee vom bedeutendsten türkischen Baumeister, Mimar Sinam, entworfen wurde, der auch für die Brücke über die Drina in Višegrad verantwortlich zeichnete. Tatsächlich stellte sich später heraus, daß Adžem Esir Ali der Baumeister war. Er galt als einer der führenden Köpfe der bekannten frühen Architekturschule von Konstantinopel. Adžem Esir Ali lebte und arbeitete bis zu seinem Tod im Jahr 1538 in Konstantinopel. Neben ihm war Mimar Hajrudin, der Bau-

Die serbisch-orthodoxe Kirche

meister der Alten Brücke in Mostar, der bekannteste Vertreter dieser Schule. Die Begova džamija in Sarajevo gilt als ein Vermächtnis dieser frühen Epoche osmanischer Baukunst, die bis in die Gegenwart Bestand hat.

Der zentrale Raum der Moschee hat einen quadratischen Grundriß mit einem Durchmesser von 13 Metern. Darüber befindet sich in einer Höhe von bis zu 26 Metern die große Kuppel. Der Gebetsraum ist reich mit Koransprüchen und Arabesken verziert und mit kunstvollen Dekorationen ausgestattet, die jedoch erst sehr viel später entstanden, zumeist im 18. Jahrhundert. Rechts des Eingangs befindet sich der Minbar, eine Kanzel, die für Predigten am Freitag oder zu besonderen Anlässen genutzt wird, links der Kanzel befindet der Mihrab, eine Gebetsnische, die nach Mekka ausgerichtet ist. Der Maksur ist links des Haupteingangs eingerichtet und ist eine Art umzäunte Loge, die in früheren Zeiten Fürsten und anderen hohen Häuptern vorbehalten war, heute aber auch von Touristen genutzt wird. Von hier läßt sich den Gebeten und Zeremonien beiwohnen, ohne selber daran teilnehmen zu müssen. Der Innenraum der Moschee ist mit kostbaren Teppichen ausgelegt. Sie wurden überwiegend von moslemischen Staatsoberhäuptern, die gerne die Moschee zum Gebet aufsuchten, als Gastgeschenk mitgebracht. Vor dem Betreten des Hauptraums durchschreitet man die Vorhalle mit ihren Marmorsäulen und einem Dach, das aus fünf kleineren Kuppeln besteht.

Das Minarett ragt 47 Meter hoch in den Himmel. Im Hof der Moschee befindet sich der überdachte Šadrvan, der Brunnen für die rituellen Waschungen vor dem Gebet. Der Brunnen bietet Platz für zwölf Gläubige. In einer Ecke des Hofs wurde im Winter das Wasser für die rituellen Waschungen erwärmt. Links des Brunnens befinden sich zwei sogenannte Türbe, prunkvolle mausoleumsartige Grabstellen. Das größere Grab mit einem achteckigen Grundriß und einer Kuppel gehört dem Stifter der Moschee, Gazi Husrev Beg, der 1541 verstarb. Das zweite, kleinere Grab gehört dem ersten Verwalter der Moschee, Gazi Murad Beg. Er starb im Jahr 1546.

Gegenüber der Moschee befindet sich die Gazi-Husrev-Beg-Medresse (Kuršumlija) [8]. Sie ist Teil des gleichnamigen Komplexes, den Gazi Husrev Beg 1537, angeblich zum Andenken an seine verstorbene Mutter, erbauen ließ. Wie schon zuvor für die Moschee entwarf Adžem Esir Ali die Pläne für das Bauwerk. Im Volk bekam die Medresse den Namen Kuršumlija, der sich von der türkischen Bezeichnung für Blei (Kuršum) ableitet und auf die Bleibedachung der Medresse anspielt. Die Medresse hatte die Funktion einer Bildungsstätte. Heute wird sie gerne als Vorläufer der Universität von Sarajevo bezeichnet. Die Ausmaße mögen bescheiden sein, aber sie galt zu ihrer Zeit als wichtigste Bildungsstätte im ganzen Land. Die Kuršumlija verfügt über einen großen Lehrraum, in dem Vorlesungen gehalten wurden, und zwölf kleinere Studierzimmer, in denen sich die Studenten zum Studium zurückziehen konnten. Der Vorlesungsraum ist mit einer großen Kuppel überdacht. Die zwölf Arbeitsräume der Studenten haben jeweils eine eigene kleinere Kuppel, die sich mit ebenso vielen schlanken, achteckigen und spitz zulaufenden Kaminen abwechselt.

Hat man Moschee und Medresse hinter sich gelassen, ist auf der linken Seite das Morići-Han [9] erreicht. Die Karawanserei diente nach ihrer Erbauung – Ende des 16., Anfang des 17. Jahrhunderts – Kaufleuten als Unterkunft. Die Gäste nächtigten in der ersten Etage. Schon für damalige Verhältnisse war das Han mit seinen Säulenhallen, einem Pferdemarkt und einem Kaufhaus sehr großzügig ausgestattet. Zweimal diente das Morići-Han als konspirativer Treffpunkt von Verschwörern, die hier Aufstände gegen die Türken und später gegen die Österreicher orgnisierten. Seinen Namen bekam das Gasthaus erst zu Beginn des 19. Jahrhunderts nach seinem damaligen Betreiber Mustafa Morić. Das Han wurde in der jüngeren Vergangenheit grundlegend restauriert und dient heute als Restaurant.

Handwerksbetrieb in der Baščaršija

Vom Morići-Han ist mit wenigen Schritten der Platz erreicht, der dem alten Handwerksviertel seinen Namen gibt: Baščaršija. Die Baščaršija ist das alte, orientalisch geprägte Handels- und Handwerkszentrum. Bereits im Mittelalter wurden auf dem Platz Waren umgeschlagen, in der Türkenzeit entwickelte er sich zum zentralen Handelsplatz. Sehr bald erkannten auch Handwerker die günstige und verkaufsfördernde Lage, und so siedelten sich die unterschiedlichsten Handwerksbetriebe in den kleinen schmalen Gassen der Baščaršija an. Jedes Handwerk bekam seine eigene Straße. So entstanden neben einigen anderen beispielsweise die Gassen der Schmiede, der Schumacher oder auch der Goldschmiede. Die bekannteste ist sicherlich Kazandžiluk, die Gasse der Kupferschmiede. Einige echte Handwerksbetriebe sind heute noch dort zu finden. Heute sind es Touristenattraktion, und nicht alle Handwerksarbeiten, die in der Baščaršija angeboten werden, sind auch dort hergestellt worden.

Die Baščaršija war lange der Mittelpunkt des wirtschaftlichen Lebens der Stadt. Kaufleute kamen nach Sarajevo, um hier ihre Waren anzubieten. Bald entstanden nahe der Baščaršija weitere Gebäude, in denen vorwiegend Dienstleistungen für die Händler und reisenden Kaufleute angeboten wurden. Dazu gehörten beispielsweise Hans, in denen die Reisenden Unterkunft für sich und ihre Tiere fanden und Bezistas, Basare, in denen die Waren zum Verkauf angeboten wurden. Es wurden Warenmagazine gebaut und Hamams, außerdem entstanden im Umfeld der Baščaršija Bildungseinrichtungen und der Uhrturm. Man dachte auch an die Andersgläubigen und baute eine orthodoxe und eine katholische Kirche.

Dominiert wird die Baščaršija aber sicherlich von der Baščaršija džamija [11] und dem öffentlichen Brunnen. Die Moschee wurde bereits 1550 erbaut und befindet sich am südöstlichen Ende des Platzes. In seiner Mitte befindet sich der Brunnen (Sebilj na čaršija). Im Jahr 1754 ließ der bosnische Wesir Mehmed Paša Kukavica etwas unterhalb des heutigen Standortes einen Brunnen bauen; dieser brannte jedoch 1852 ab. Der jetzige Brunnen wurde 1891 im pseudomaurischen Stil erbaut.

Oberhalb des Brunnens, bereits auf der anderen Straßenseite, steht die Čekrekčija-Moschee. Bereits 1525 fertiggestellt, gehört sie zu den ältesten Kuppelmoscheen in Sarajevo.

Am südwestlichen Ende des Platzes befindet sich der zweite noch erhaltene Basar in der Baščaršija, der Brusa Bezistan [10]. Der Großwesir Rustem Paša veranlaßte den Bau 1551. Seine Ausmaße sind mit 27 mal 17 Metern etwas bescheidener als die des Basargebäudes des Gazi Husrev Beg. Der rechteckige Hauptraum ist ein massives Steingebäude und verfügt über ein Dach aus sechs Kuppeln, das von zwei zusätzlichen Säulen getragen wird. Außen am Hauptgebäude wurden später weitere Läden angebaut. Die äußeren Geschäfte weisen alle eine hölzerne Ladenfront mit großen Fenstern auf. Charakteristisch sind die niedrigen hölzernen Sitzreihen vor den Schaufenstern. Auch dieser Basar wurde in den siebziger Jahren restauriert und diente lange als Souvenirgeschäft für Touristen.

Unterhalb der Brusa Bezistan zweigt die Straße Zelenih beretki in westliche Richtung ab. Folgt man ihr, stößt man bald links auf das Touristeninformationszentrum. Etwas weiter östlich steht links die alte serbisch-orthodoxe Kirche [12] und ihr gegenüber die Nationale Kunstgalerie. Das bosnische kulturelle Zentrum ist nach einigen weiteren Metern auf der linken Straßenseite zu sehen.

Entlang der Mula Mustafe Bašeskije

Der Platz Baščaršija mit seinem Brunnen bietet sich als Ausgangspunkt für weitere Entdeckungen durch Sarajevo an, einige der attraktivsten Sehenswürdigkeiten sind von hier aus gut mit einem Spaziergang zu erreichen.

Die Mula Mustafe Bašeskije ist auf den ersten Blick nicht sonderlich ansehnlich, dient sie doch als eine der Hauptverkehrsadern in der Altstadt. An ihr liegen aber einige weitere besondere Attraktionen wie etwa die alte serbisch-orthodoxe Kirche. Es wird angenommen, daß die orthodoxe Kirche dort errichtet wurde, wo zuvor bereits eine noch ältere Kirche stand. Das Jahr ihrer Erbauung ist nicht bekannt, erste Erwähnung fand sie aber bereits 1539. Angeblich soll sie der Bruder des berühmten, in der Schlacht auf dem Amselfeld gefallenen Feldherrn Marko Kraljević, erbaut haben. Auffällig ist, daß der Baustil nicht der zu dieser Zeit typischen serbisch-orthodoxen Architektur entspricht. Im Inneren der Kirche gibt es eine eigens für die weiblichen Gläubigen von Männerblicken abgeschirmte Galerie – ein deutliches Zeichen, daß hier islamische Einflüsse Einzug gehalten haben.

Der Boden der Kirche liegt unter der Eroberfläche. Es ist jedoch nicht sicher, ob sich die umliegende Erde im Laufe der Jahrhunderte hob oder die Kirche bewußt einen Meter tief in die Erde gebaut wurde.

Der ursprüngliche Kirchenbau kam ohne Kirchturm aus, dieser wurde erst im 19. Jahrhundert angebaut. An die Kirche war eine alte serbische Schule angeschlossen. Das sogenannte Magazin hinter der Kirche ist mittlerweile ein Museum. Hier wird die wertvolle Ikonensammlung der Kirche ausgestellt, die Werke vom 14. bis zum 19. Jahrhundert umfaßt.

Auf dem Markt

Folgt man der Straße und überquert die Gazi Husrev Begova, stößt man auf die alte [13] und gleich daneben auf die neue Synagoge. Letztere wurde im 19. Jahrhundert errichtet, im Inneren werden heute Ausstellungen gezeigt. Die Alte Synagoge wurde bereits im 16. Jahrhundert von sephardischen Juden erbaut, die aus Spanien geflüchtet waren. Sie hat einen großen dreischiffigen Raum und eine Galerie. 1966 jährte sich die Ankunft der Juden in Sarajevo zum 400. Mal. Dies wurde zum Anlaß genommen, ein Museum in der Alten Synagoge einzurichten, das das Leben der Juden in Sarajevo veranschaulicht.

Etwas weiter ist bald linker Hand die Rückseite der katholischen Kathedrale zu erkennen. Ihr gegenüber auf der anderen Straßenseite befindet sich das Gazi-Husrev-Beg-Hamam [14]. Das Gebäude des türkischen Bades stammt aus der ersten Hälfte des 16. Jahrhunderts. Es wird heute als Café genutzt, verschiedene kleinere Läden und Kioske haben sich dort eingerichtet. Ursprünglich hatte Sarajevo sieben Hamams, allein dieses konnte bis heute erhalten werden.

Biegt man beim türkischen Bad rechts in die Straße, erreicht man bald ein Internetcafé auf der rechten Seite. Einige Meter oberhalb ist das Gebäude der Musikakademie von Sarajevo zu finden. Bleibt man auf der Hauptstraße, schließt sich bald der große Markt von Sarajevo an. Im letzten Krieg erlangte er traurige Berühmtheit, als hier eine Granate explodierte und zahlreiche Menschenleben forderte. Von hier sind es nur noch wenige Schritte bis zum Ausgangspunkt des Rundgangs, dem Ewigen Feuer.

Entlang der Miljacka

An den beiden Ufern der Miljacka gibt es einige sehr interessante Sehenswürdigkeiten. Ein Spaziergang könnte im Osten am Alten Rathaus [15] beginnen. Das ist ein sehenswertes Gebäude, das unter den Österreichern im neuromanischen Stil erbaut wurde (1892–1896). Es beherbergte vor dem letzten Krieg die Nationalbibliothek. Während des letzten Krieges wurde das Gebäude in Brand geschossen, und große Teile der archivierten Bücher und wertvollen Schriften gingen in den Flammen unwiederbringlich verloren.

Etwas weiter westlich ist bald die Stelle erreicht, an der das Attentat auf den österreichischen Thronfolger und seine Frau verübt wurde. Einige Schritte vom Tatort entfernt erinnert ein Museum an das historische Ereignis. Es folgen einige prächtige Bauten aus der Zeit der österreichisch-ungarischen Herrschaft.

Die Hauptpost sieht von außen nicht nach einer Sehenswürdigkeit aus, ist aber unbedingt einen Besuch wert. Sie erlitt im letzten Krieg schwere Schäden, ist mittlerweile aber restauriert und herausgeputzt. Das Aufgeben einer Sendung wird in dem feierlichen und ehrwürdigen Bau zu einem Ereignis. Die Schalter sind goldfarben eingefaßt, und letzte Schreibarbeiten lassen sich am besten in der Mitte der großen Halle an dem eleganten schweren Holztisch von geradezu königlichen Ausmaßen erledigen.

Ebenso sehenswert sind die monumentalen Bauwerke der juristischen Fakultät von 1914 und des Nationaltheaters. Es wurde 1899 zunächst als Sitz eines Herrenclubs eröffnet und wird seit 1919 als Theater genutzt. Weiter westlich und auf dem gegenüberliegenden Ufer der Miljacka befindet sich die Skenderija [16], das große noch von den Olympischen Winterspielen bekannte Sport- und Kulturzentrum.

An dem Spazierweg Obala Maka Dizdara, der entlang der Miljacka führt, haben einige Botschaften ihren Standort gefunden, darunter die Griechenlands und des Iran. In der Nachbarschaft befindet sich die im romanisch-byzantinischen Stil errichtete evangelische Kirche. Man errichtete sie am Ende des 19. Jahrhunderts, als mit den österreichisch-ungarischen Machthabern viele Protestanten nach Sarajevo kamen. Nach dem Untergang der Monarchie war die Kirche einige Zeit ohne Funktion. Heute nutzt die Akademie der bildenden Künste [17] das Gebäude.

Leider ist der Spazierweg an der Miljacka nicht durchgängig. Die kurze Abschweifung vom Ufer hat aber den Vorteil, den Besucher an dem prächtigen Bau der Neuen Synagoge [18], aus dem Jahr 1902 vorbeizuführen. Als Bosnien-Herzegowina unter der Herrschaft Österreich-Ungarns stand, kamen Aschkenasim aus anderen osteuropäischen Ländern und aus Deutschland nach Sarajevo und ließen das jüdische Gebetshaus errichten. Während des Zweiten Weltkrieges

Kriegsschäden im Innern des Alten Rathauses

Das Gebäude der Hauptpost

sahen sie sich auch in Sarajevo der Verfolgung ausgesetzt und mußten große Opfer beklagen. Ihre Gemeinde wurde um 10 000 Menschen dezimiert. Auch gegenwärtig nutzen Gläubige der Aschkenasim die Synagoge.

Einige Schritte hinter der Synagoge führt eine Straße erneut zum Ufer der Miljacka. Bald darauf wird aus dem Spazierweg eine breite Straße, die Obala Isabega Isakovića. Hier befindet sich der prächtige Bau der Kaisermoschee (Careva džamija) [19]. Auffällig sind das ungewöhnlich schlanke Minarett und die großzügige Vorhalle der Moschee.

Der Wesir Isa Beg Isaković ließ im Jahr 1460 eine Moschee errichten, die aber bereits 20 Jahre nach ihrer Erbauung einem Brand zum Opfer fiel. Erst im Jahr 1566 nahm Sultan Soleiman den Wiederaufbau in Angriff. Sie bekam den Namen Kaisermoschee und war Teil eines ganzen Komplexes, zu dem ein türkisches Bad, ein Konak – eine Art Herberge – und eine Bibliothek gehörte. In dieser Bibliothek befinden sich eine beeindruckende Sammlung alter islamischer Handschriften und zahlreiche Dokumente in türkischer, arabischer und persischer Sprache, die bis in das 12. Jahrhundert zurückgehen. Der Konak wurde im 19. Jahrhundert wiederaufgebaut und diente zur jugoslawischen Zeit als Unterkunft für wichtige Persönlichkeiten und Staatsoberhäupter, die nach Sarajevo kamen. Der Komplex stellte das sogenannte Serail dar und diente dem bosnischen Wesir als Residenz. Später wurde dies der Sitz den ranghöchsten islamischen Geistlichen des Landes, des Reis-ul Ulema.

Brücken

Die bekannteste Brücke von Sarajevo ist sicherlich die nach dem Attentäter Franz Ferdinands benannte Principov most (Princip-Brücke). Die Brücke gab es schon lange, bevor der österreichische Thronfolger dort sein Leben ließ. Damals trug sie den Namen Latinska ćuprija (Lateinische Brücke), der auch heute wieder gebräuchlich ist. Bereits im Jahr 1541 findet sie Erwähnung. Als sicher gilt, daß eine erste Brücke an dieser Stelle von Ali Ajni Beg, einem wohlhabenden Bürger Sarajevos, in Auftrag gegeben wurde. Die Brücke mußte im 18. Jahrhundert nach einem schweren Hochwasser abgerissen werden. Das Geld für den Neubau der Brücke wurde erneut von einer Privatperson gestiftet: Abdulah Aga Briga, ein reicher Kaufmann, machte die Wiedererrichtung möglich.

Etwas weiter flußaufwärts und unmittelbar vor dem Gebäude der Nationalbibliothek überquert die Šeher Čehajina Ćuprija die Miljacka. Auf den ersten Blick ist es ein unscheinbares Bauwerk, erst bei genauerem Hinsehen entdeckt man die Inschrift, die seinen Stifter nennt, Ali Hafizadić. Die Brücke mit den vier eleganten kleinen halbkreisförmigen Bögen wurde bereits im Jahr 1585 erbaut und im Laufe der Jahrhunderte wiederholt ausgebessert. Interessanterweise spendeten mehrfach wohlhabende Frauen aus Sarajevo das Geld für eine Renovierung. Nach dem letzten Krieg war eine erneute Renovierung notwendig; seitdem strahlt sie so schön wie einst. Bei dem Wiederaufbau wurde darauf geachtet, der Brücke ihr ursprüngliches Aussehen zurückzugeben. Sie spannt sich auf knapp 50 Meter über den Fluß.

Die Kaiserbrücke über der Miljacka

Die Čobanija-Brücke überquert die Miljacka nahe der Hauptpost. Auf den ersten Blick wirkt sie mit ihrem Metallgerüst etwas schmucklos. Sie hat eine Fahrbahn für Autos und einen separaten, parallell verlaufenden Fußgängerüberweg. Auch diese Brücke wurde bei der Belagerung Sarajevos zerstört, aber mittlerweile mit ausländischer Finanzhilfe wieder aufgebaut.

Die Ziegenbrücke befindet sich etwas außerhalb des Stadtzentrums, etwa drei Kilometer flußaufwärts der Šeher-Čehajina-Brücke. Sie spannt sich in einem großen Bogen über den Fluß. An beiden Brückenenden befinden sich die sogenannten ›Augen‹, kreisrunde Aussparungen. Vermutlich dienen sie der Entlastung der Brücke. Die Ziegenbrücke stammt aus dem 16. Jahrhundert, zwei Jahrhunderte später mußte sie grundlegend ausgebessert werden. Die Brücke symbolisiert für viele den östlichen Zugang zu Stadt.

Die Römische Brücke führt in Plandište, westlich von Sarajevo, über die Bosna. Sie hat sieben Bögen und steigt zur Mitte leicht an. Sie stammt aus der Zeit vor 1550; in diesem Jahr fand sie erstmals Erwähnung in offiziellen Dokumenten. Ihren Namen bekam die Brücke, weil beim Bau auch Steine und Hinterlassenschaften aus römischer Zeit verarbeitet wurden. Sie ist die letzte alte und noch erhaltene Brücke über den Fluß Bosna.

Weitere Sehenswürdigkeiten

Zweifellos bietet die historische Altstadt den größten Schatz an Sehenswürdigkeiten, und die meisten Besucher wird es zunächst dorthin ziehen. Wer etwas mehr Zeit hat, kann außerhalb des Zentrums einige sehr interessante Bauwerke aufsuchen, die in besonderer Weise mit der Vergangenheit und Gegenwart Sarajevos bekannt machen. Und noch im Stadtgebiet beginnen die Berge, die ebenso einen Ausflug lohnen.

Dic Ali-Paša-Moschee [20], westlich der Altstadt an der Maršala Tita gelegen, wird allgemein als schönstes Beispiel der bosnisch moslemischen Architektur genannt. Erbaut wurde sie in den Jahren 1560 und 1561, gegen Ende des 19. Jahrhunderts erstmals komplett restauriert. Sie ist im klassischen Stil mit einem viereckigen Grundriß und einer großen Kuppel gebaut. Die Vorhalle wird von vier Marmorsäulen dominiert, auf denen drei kleinere Kuppeln thronen. Eine Inschrift über dem Haupteingang nennt den türkischen Statthalter Hadim Ali Paša. Ihm zu Ehren wurde die Moschee errichtet. Das Innere der Moschee besticht durch kunstvolle Ornamente und Stalaktitenverzierungen. Das Minarett befindet sich auf der rechten Seite, angebaut am Hauptraum der Moschee. In der Mitte des Hofes hat der Šedrvan, der Brunnen für die Waschung vor dem Gebet, traditionell seinen Platz. Etwas abseits befindet sich der alte moslemische Friedhof.

Das Nationalmuseum westlich der Altstadt ist eine Gründung aus dem Jahr 1888 und damit das älteste seiner Art in Bosnien-Herzegowina. Das Gebäude selbst, nach Plänen des Architekten Karlo Paržik im Neorenaissancestil gebaut, stammt von 1913. Das Museum verfügt über eine archäologische, eine ethnographische und eine naturgeschichtliche Abteilung, darüber hinaus über einen sehenswerten Botanischen Garten.

In der archäologischen Abteilung werden Exponate aus den verschiedenen Steinzeitepochen, der Antike und dem Mittelalter gezeigt. Die ethnographische Abteilung bringt die bosnische Kultur, Folklore und besonders auch die Wohnkultur näher. Der naturgeschichtliche Pavillon ist in einen zoologischen, einen botanischen und einen geomineralischen Bereich gegliedert. Daneben ist auch eine Sammlung aufwendig und besonders schön gearbeiteter Bogumilengrabsteine zu sehen .

Das Svrzina-Haus [21] – nördlich der Altstadt, an der Sagardžije – ist eines der schönsten Beispiele der moslemischen Wohnkultur in Sarajevo. Das Haus ist heute als Museum eingerichtet, in dem sich Ausstellungsgegenstände finden, die bis in das Jahr 1640 zurückgehen. Daneben gibt es auch viele Exponate aus dem 19. Jahrhundert.

Früher lebte eine sehr wohlhabende moslemische Familie in dem Haus. Nicht nur die kostbare Ausstattung weist darauf hin, sondern auch die Tatsache, daß das Haus in einen Bereich für Männer und einen für Frauen aufgeteilt war. Das war in moslemischen Wohnhäusern nicht unüblich – wenn man es sich finanziell leisten konnte. Betritt man den Wohnkomplex, befindet man sich zunächst in einem den Männern vorbehaltenen Hof. Von dort erreicht man auch die Unterkünfte der männlichen Dienerschaft. In diesem von den Frauen abgegrenzten Bereich des Hauses befanden sich auch die privaten Räume der männlichen Familienmitglieder und die Gästezimmer.

Den Bereich der Frauen erreicht man durch eine Flügeltür. Zunächst befindet man sich im Hof der Frauen. Von hier gelangt man zu den Räumen der Frauen und anderer Familienmitglieder. Dieser Bereich hatte die Bezeichnung ›Haremluk‹, ein Begriff, der an Harem denken läßt. Tatsächlich war es den moslemischen Männern in Bosnien nach dem Gesetz erlaubt, mit bis zu vier Frauen gleichzeitig verheiratet zu sein. Kaum ein moslemischer Mann machte jedoch von diesem Recht Gebrauch, fast alle waren mit nur einer Frau verheiratet.

Die Räume waren in großen Teilen ähnlich eingerichtet. Oft waren es nur kleine Ausstattungsmerkmale wie Kaffeegeschirr, die deutlich machten, daß es sich

Türkisches Haus in Mostar
Blick auf den Berg Vranica; Unterwegs im Gebirge

um das Eßzimmer handelte. An den Zimmerwänden befanden sich lange und mit zahlreichen Kissen drapierte Sofas, die sogenannten Sećijas. Alle Zimmer, besonders die Räume in denen auch Gäste empfangen wurden, waren mit kostbaren Teppichen, Kissen und Tüchern ausgestattet. Zu fast jedem Zimmer gehörte auch immer ein kleiner badähnlicher Raum, der die Möglichkeit bot, sich zu erfrischen.

Der 720 Meter lange Tunnel von Dobrinja nach Butmir wurde während der Belagerung Sarajevos von März bis Juni 1992gegraben. Er verläuft nahe des Flughafens unterhalb der Start- und Landebahn. Für die eingeschlossenen Menschen war er lange Zeit die einzige Möglichkeit, die Stadt zu verlassen oder aber Waren nach Sarajevo zu schmuggeln. Der Tunnel hat heute Museumscharakter und kann besichtigt werden.

Das türkische Bad des Gazi Husrev Beg, nahe der Musikakademie an der Mule Mustafe Bašeskije, wurde Mitte des 16. Jahrhunderts errichtet und ist das einzige von einem halben Dutzend derartiger Einrichtungen, das bis in die Gegenwart erhalten werden konnte.

Das Bad gehörte zu den exklusiv ausgestatten Hamams. Es verfügte über getrennte Abteilungen für Männer und Frauen. In jedem Bereich gab es separate Warteräume, die jeweils ein eigenes großes Kuppeldach aufwiesen. Insgesamt hat das Dach zehn große Kuppeln. Es gab Baderäume sowie Schwitz- und Dampfbäder, in speziellen Räumen wurde das Wasser aufbereitet und erwärmt. In den achtziger Jahren baute man das Hamam zu einem Café um.

Die Heilbäder in Ilidža und die Quelle der Bosna

Den alteingesessenen Bürgern Sarajevos wird oft nachgesagt, sie wären leidenschaftliche Wochenendausflügler. Schon im 17. Jahrhundert nutzten die Menschen die warmen Sommertage, um sich in Ilidža an den Ufern der Bosna niederzulassen, zu fischen oder einfach einen Tag in freier Natur zu genießen. Anfang des 20. Jahrhunderts begann man mit der kommerziellen Nutzung der Thermalquellen. Heilbäder entstanden, und die Menschen kamen, um Linderung unter anderem bei rheumatischen Gelenk- und Muskelbeschwerden, Ischias und Erkrankungen der Galle zu erhalten. Später wurden ein modernes Heilbad und mehrere Hotels errichtet.

Schon die Römer wußten um die heilsame Wirkung der Quellen, ließen sich in der Umgebung nieder und gründeten eine Siedlung. Heute sind die alten römi-

An der Trebišnjica in Trebinje; Die Sana bei Sanski Most
In Sanski Most

schen Ruinen wieder ausgegraben und zu besichtigen, Funde aus römischer Zeit sind im Museum der Stadt ausgestellt.

Nur wenige Kilometer von Ilidža entfernt, am Fuße des Igman, befindet sich die Quelle der Bosna. Vor dem Krieg war hier ein gern besuchter Park mit weiteren Quellen und zahlreichen kleineren Bächen, deren Wasserläufe ein ganz eigenes Bild in die Landschaft malen.

Die Berge rund um Sarajevo

Das südlich angrenzende Gebiet ausgenommen, ist Sarajevo von Bergen und Gebirgen umgeben. Früher waren sie ein beliebtes Ausflugsziel für die Einheimischen und vor allem die Gäste, die nach Sarajevo kamen und auch die reizvolle und unberührte Natur in der Umgebung kennenlernen wollten. Weltweit in den Blickpunkt der Öffentlichkeit gerieten die Berge anläßlich der Olympischen Winterspiele im Februar 1984.

Für die Spiele wurden auf den Bergen Bjelašica und Igman neue Sprungschanzen, Abfahrtsstrecken und Pisten für Biathlon und Langlauf angelegt. Zusätzlich entstanden Trainingsbahnen aus Asphalt für das Sommertraining, mehrere neue Hotels, Skilifte und Sesselbahnen, die auch dem Ungeübten das Erreichen der Gipfel ermöglichen und wenn schon nicht die Abfahrt, so doch wenigstens einen einzigartigen Ausblick erlauben.

Vor dem Krieg waren die Berge nicht nur ein beliebtes und international bekanntes Wintersportgebiet, auch während der Sommermonate kamen die Besucher. Bergsteiger fanden ebenso wie Wanderer und Angler gute Bedingungen vor. Es gibt zahlreiche Gebirgsbäche und Quellen und auch eine interessante Tier- und Pflanzenwelt mit vielen seltenen Arten zu entdecken. Die größte Schlucht in Bosnien-Herzegowina, die Rakitnica, führt 20 Kilometer durch die bosnische Karstlandschaft. Darüber hinaus ist die Region für ihre vielen Höhlen und Grotten bekannt, die besichtigt werden können.

Während des Krieges wurden die Berge um die Stadt für die Stationierung des Militärs und zur Belagerung Sarajevos mißbraucht, und heute ist ein Besuch dieser interessanten Gebirgswelt nur mit großer Vorsicht möglich. Die Gefahr, auf eine ausgelegte Mine zu treten, macht einen Ausflug zu einem relativ riskanten Unternehmen. Die Minenfelder sind in Bosnien-Herzegowina gekennzeichnet, dennoch sollte man nichtasphaltierte Wege meiden.

Auch das 15 Kilometer breite Bergmassiv Jahorina war Austragungsort der Olympischen Wettkämpfe. Auf der dreieinhalb Kilometer langen Steilpiste fanden die Abfahrtsrennen und Slalomwettbewerbe der Frauen statt. Schon vor der Winterolympiade wurden hier nationale Meisterschaften ausgetragen und internationale Wettkämpfe veranstaltet. Von Sarajevo erreicht man den Berg Jahorina nach einer knapp halbstündigen Autofahrt. Die Schneegarantie liegt von Dezember bis April bei nahezu einhundert Prozent, im Sommer reizt die Natur mit ihren Nadelwäldern und einer typischen Hochgebirgslandschaft.

Der Berg Treskavica befindet sich südlich der Berge Bjelašica und Igman, rund 30 Kilometer von Sarajevo entfernt. Das Bergmassiv ist über 2000 Meter hoch und wird durch den Čabinskafelsen in zwei Teile geteilt, die Turovska und die Kalinovačka Treskavica. Der Berg Treskavica ist aufgrund seiner in großer Zahl vorhandenen Gebirgsseen ein beliebtes Ausflugziel. Zu den bekanntesten Seen gehören der Große See, der Schwarze See, der Weiße See und der Sumpfige See – die Bezeichnungen geben den Charakter der Gewässer durchweg wieder. Der Große See (Veliko jezero) hat eine Länge von 210 Metern und eine Breite von 180 Metern, die Wassertiefe liegt zwischen drei und vier Metern. Der Schwarze See (Crno jezero) liegt in einer Höhe von 1600 Metern und ist 160 Meter lang und 90 Meter breit. Angesichts der Höhenlage ist eine Wassertemperatur von bis zu 18 Grad während der Sommermonate recht warm.

Man kann hier baden, angeln oder die Natur erkunden. Es gibt Fichten- und Tannenwälder sowie Buchen, die über einhundert Jahre alt sind. Treskavica war auch immer ein beliebtes Jagdrevier. Dort leben Bären, Wildschweine, Füchse und Gemse. Früher gab es organisierte Jagden mit sehr guten Erfolgsaussichten für die Jäger.

Der Trebević reicht bis an den südlichen Stadtteil Sarajevos heran. Der 1628 Meter hohe Berg ist ein nahes und deshalb auch sehr beliebtes Ausflugsziel. Für die Olympischen Winterspiele entstand hier die Bob- und Rodelbahn, vor dem Krieg konnte man sich mit dem Kabinenlift bequem auf die Spitze bringen zu lassen, um von dort oben einen einzigartigen Ausblick auf die Stadt zu genießen.

Vorwahl: 033.
PLZ: 71000.
Tourismus-Informationszentrum, Zelenih beretki 22, Tel. 22 07 24, 22 07 21.
Touristische Gemeinschaft des Kantons Sarajevo, Čumurija 5/I, Tel. 20 05 82, 20 06 51, 20 96 86.
Stadt Sarajevo, Hamdije Kreševljakovica 3, Tel. 20 83 40.

Ein Postamt gibt es an fast jeder Ecke und auch im Stadtzentrum in der Maršala Tita 12, Tel. 66 45 80. Die Hauptpost, die zu den schönsten Postämtern überhaupt gehört, befindet sich in der Obala Kulina bana Nr. 8, Tel. 25 25 25, www.bhp.ba.

›Post banka‹, Branilaca Sarajeva 20, Tel. 21 00 08.
›Privredna banka‹ Sarajevo, Alipašina 6, Tel. 27 77 00.
›Volksbank BH D.D.‹, Ferhadija 2, Tel. 26 38 32.

›Internet Café Bit‹, Zaima Šarca 14a.
›Internet Café Como‹, Marka Šimića 103.
›Internet Club‹, Malta bb.

Autovermietungen sind in Sarajevo zahlreich vertreten. Am Flughafen kann man bei folgenden Firmen ein Auto mieten:
›Unis‹, Tel. 46 35 98.
›Hertz‹, Tel. 23 50 50.
›Europcar‹, Tel. 23 48 47, 215.
›Avis‹, Tel. 46 35 98.
›Budget‹, Tel. 46 35 98.
Autovermietungen in der Stadt:
›Avis‹, Hamdije Čemerlića 2, Tel. 23 01 80, 64 17 80, 52 30 30.
›Bihamak‹, Maršala Tita 1, Tel. 20 84 40, 21 27 06.
›Bosnia‹, Branilaca Sarajeva 19, Tel. 20 01 82, 20 01 79.
›Budget‹, Branilaca Sarajeva 21, Tel. 20 66 40.
›Unis‹. Branilaca Sarajeva 4, Tel. 61 41 08.

Busbahnhof, Tel. 21 31 00, 53 87 02, Fax 44 54 42, 46 40 45. Internationale Busverbindungen nach München, Dortmund, Berlin, Frankfurt, Hamburg, Stuttgart, Nürnberg, Wien, Zagreb, Dubrovnik u. a.

Bahnhof, Tel. 65 53 30. Direkte Zugverbindungen nach Budapest und Zagreb.

Sarajevo International Airport, Kurta Schorka 36, 71000 Sarajevo, Tel. 28 91 00, Flughafen Info Tel. 23 48 41, 28 91 00, www.sarajevo-airport.ba. Direkte Flugverbindungen nach München, Wien, Zürich, Belgrad, Zagreb, Ljubljana, Budapest und Istanbul.

Sarajevo Taxi: Tel. 15 15, 23 06 66.
›Gelbe Taxis‹ Tel. 66 35 55.
›Rotes Taxi‹ Tel. 76 06 00.

›Holiday Inn‹, Zmaja Od Bosne 4, Tel. 28 80 00, Fax 66 38 62, holiday@bih.net.ba, www.holiday-inn.com/sarajevo, DZ ab 160 Euro. Seitdem im letzten Krieg alle Fernsehstationen und Reporter dort wohnten und auch von dort berichteten, gelangte das Hotel zu weltweiter Bekanntheit. Das Hotel befindet sich etwas außerhalb des Stadtzentrums und verfügt über ca. 650 Betten. Es gibt normale und sogenannte ›Busineß Zimmer‹ mit Internetanschluß. Alle Zimmer sind mit Sat-TV und Minibar ausgestattet. Im Hotel sind Fitneßcenter, Sauna, Restaurants und Friseur vorhanden. Das Hotel gehört zu den ersten Häusern am Platz, entsprechend sind auch die Preise.
Hotel ›Grand‹, Muhameda ef. Pandže 7, Tel. 20 54 44, Fax 20 57 77, hotelgrand_bh@hotelgrand.com, www.hotelgrand.com, EZ ab 120, DZ 190 K-Mark. Nahe am Bahnhof, ca. 100 EZ und DZ sowie 8 Apartments, alle Zimmer mit Sat-TV, Telefon und Minibar, außerdem Büroräume mit PC, Internet und Fax, bewachter Parkplatz.
›Europa Garni‹, Vladislava Skarića 3, Tel. 23 28 55, Fax 23 28 60, europa-garni@smartnet.ba,

www.europa-garni.ba, EZ ab 185, DZ 290 K-Mark. Zentrale Lage, nach umfangreichen Renovierungsarbeiten 1998 neu eröffnet, ca. 30 Zimmer mit Bad, Minibar, Telefon und TV. Im Hotel gibt es ein Restaurant, eine Bar und einen bewachten Parkplatz.

›Bosnia‹, Ul. Kulovića br. 9, Tel. 47 12 51, Fax 44 45 72, www.bosniahotels.com, bosniahotel@bosniahotels.com, DZ 170 K-Mark inkl. Frühstück. Renoviertes und zweckmäßig eingerichtetes Hotel, Zimmer mit Bad und Sat-TV. Stadtzentrum, fünf Minuten zur Baščaršija. Der Weg zum Hotel ist gut ausgeschildert, für Hotelgäste kostenfreier und gesicherter Parkplatz.

›Alem‹, Put mladih muslimana 12, Tel. 65 84 99, Fax 65 55 89, hotelalem@hotmail.com, www.hotelalem.com.ba, EZ und DZ ab 135 K-Mark. 100 Betten, Zimmer mit Sat-TV, Video, Bad und WC, bewachter Parkplatz.

›Pansion Čobanija‹, Čobanija 29, Tel. 44 17 49, Fax 20 39 37, EZ 80, DZ 120 K-Mark. Das Haus behauptet, eine 3-Sterne-Pension zu sein und entsprechendes Niveau zu bieten. Alle Zimmer mit Bad, Sat-TV und Telefon, kleiner Parkplatz.

›Saraj‹, Nevjestina 5, Tel. 23 78 10, Fax 23 35 00, hotelsaraj@bih.net.ba, www.hotelsaraj.com, EZ 120, DZ 180 K-Mark. 70 Zimmer und 5 Apartments, ca. 500 Meter zum Stadtzentrum, sehr schöner Blick auf Sarajevo, Restaurant, Sauna, Friseur und Konferenzsäle, Parkplätze, Garage, alle Zimmer mit Bad, Sat-TV und Telefon.

›Casa Grande‹, Velika aleja 2, Ilidža, Tel. 63 76 55, casagrande@casagrande-bih.com, www.casagrande-bih.com, EZ 90, DZ 140 K-Mark. Kleines Hotel mit 15 Zimmern im Stadtteil Ilidža.

›Italija‹, Pofalićka 7, Ilidža, Tel. 65 04 50, Fax 23 19 38, hitalia@bih.net.ba, www.hotelitalia.ba, EZ 90, DZ 150 K-Mark. Hotel mit 140 Betten im Stadtteil Ilidža.

›Rimski most‹, Krivajska 1, Tel. 65 57 82, Fax 65 67 67, info@hotel-rimskimost.com, www.hotel-rimskimost.com, 90–120 K-Mark. 30 Betten.

›Terme‹, Hrasnička cesta 14, Ilidža, Tel. 63 61 43, EZ 60, DZ 80 K-Mark. 400 Betten.

›Omega-Ambasador‹, Omera Stupca 19, Tel. 27 72 00, Fax 27 72 49, omega-ambasador@omega-hotel.de, 70–180 K-Mark. 26 Zimmer, 2 Apartments.

Hostel ›Ljubičica‹, Mule Mustafe Bašekije 65, Tel. 53 58 29, 23 21 09, www.hostelljubicica.com, info@ hostelljubicica.com, ab 10 Euro. Das Hotel befindet sich in der Baščaršija. Hotelgäste werden auf Wunsch kostenfrei am Bahn- und Busbahnhof abgeholt. Einzel-, Doppel- und Dreibettzimmer.

Motel ›America‹, Himzarina 23,

Tel. 67 93 45, Fax 21 44 45, EZ/DZ 100–160 K-Mark. Kleines Motel mit 17 Betten.

Pension ›Suljović‹, Stupska bb, Ilidža, Tel./Fax 62 76 70, EZ ab 30, DZ ab 50 K-Mark. Kleine Pension im Stadtteil Ilidža mit 16 Betten.

Wer nach Sarajevo kommt, sollte unbedingt in einer Čevabdžinica die kleinen typischen Fleischröllchen probieren und dazu einen Joghurt bestellen. Luxus wird man hier nicht finden und keine große Auswahl an Speisen. Dafür wird man Čevapčiči serviert bekommen, so schmackhaft wie sonst nirgends, schnell und zu einem günstigen Preis. Wer es etwas gediegener mag, dem seien die nachfolgenden Restaurants nahe gebracht. Zumeist werden nationale Speisen serviert.

›Baščaršija Orijentalischen Restaurant‹, Baščaršija 18, Tel. 23 24 30.

›Ambasador‹, Turhanija 2, Tel. 65 21 48.

›Dva Ribara‹, Čobanija 2, Tel. 20 65 25.

›Dom Pisaca‹, Kranjčevića 24, Tel. 47 11 58.

›Morića Han‹, Sarači 77, Tel. 53 59 41.

›Rimski Most‹, Blažujski drum bb, im Stadtteil Ilidža, Tel. 62 47 24.

›Gradska kafana‹, Fra Grge Martića 4, Tel. 20 79 61.

›Imperijal‹, Maršala Tita 56, Tel. 21 06 99.

›Galerija‹, Ferhadija 1, Tel. 21 02 05.

Kunstgalerie Bosnien-Herzegowina, Zelenih beretki 8, Tel. 26 65 50/51, Fax 66 41 62, ugbih@yahoo.com; geöffnet Mo–Sa 12–20 Uhr.

Nationalmuseum – Zemaljski muzej, Zmaja od Bosne 3, Tel. 66 80 27; geöffnet Di–Fr 10–14, Mi 11–19, So 10–14 Uhr; Eintritt 5 KM (Kinder 1 KM), Führung 20 KM.

Städtisches Museum, Despićeva 2, Tel. 21 55 31.

›Gazi-Husrev-Beg-Moschee‹, Veliki Mudželeti 12, Tel. 53 21 44, 53 43 75, Sa–Do 9–12, 14.30–16, 18–19 Uhr, Fr 9–11.30, 15–16, 18–19 Uhr, 1 K-Mark.

Historisches Museum Bosnien-Herzegowina, Zmaja od Bosne 5, Tel. 21 04 10, 21 04 18, Fax 65 66 29, Mo–Fr 9–14, Sa/So 9–13 Uhr, 1 K-Mark.

Jüdisches Museum, Velika avlija bb, Tel. 26 60 92, Mo–Fr und So 10–19 Uhr, 2 K-Mark.

Museum der zeitgenössischen Kunst, Skenderija, Terezija bb, Tel. 20 12 03, Fax 20 12 08.

Museum für Literatur und Theater, Sime Mulutinovicća Sarajelije 7, Fax 47 18 28.

Landesmuseum (Zemaljski muzej), Zmaja od Bosne 7, Tel 66 80 27, muzej@citynet.ba, www.zemaljskimuzej.ba, Mo, Di, Do, Fr, Sa 10–14, Mi 11–19, So 10–14 Uhr, Erwachsene 5, Kinder 1 K-Mark.

Aschkenasim Synagoge, Hamdije Kreševljakovicća 59, Tel. 66 34 72.

Neue serbisch-orthodoxe Kirche, Zelenih beretki 65, Tel. 95 76.
Alte orthodoxe Kirche, Mula Mustafe Bašeskije 59, Tel. 53 47 83, Di–So 10–15 Uhr, 3 K-Mark.
Katholische Kirche, Trg fra Grge Mratića 2, Tel. 21 02 81, 23 62 11, 66 45 77.
›Svrzina kuća‹, Glodžina 8, Fax 53 52 64, Di–Sa 10–17, So 10–13 Uhr.
Kriegsmuseum ›Tunnel‹, Tuneli 1, Tel. 62 85 91, tägl. 9–17 Uhr, 5 K-Mark.
Kino und Theaterprogramm: Tel. 090-21 00 51.
Filmfestival: Informationen über Mirsad Purivatra (Direktor), Obala Art Centar, Hamdije Kreševljakovića 13, Tel. 66 55 32, 66 81 86, Fax 66 45 47, sff@sff.ba, www.sff.ba
Kino: ›Apolo‹, Mis Irbina 2, Tel. 66 84 63.
›Imperijal‹, Maršala Tita 56, Tel. 44 30 21.
›Obala‹, Hamdije Kreševljakovića 13, Tel. 066 81 86, Fax 66 55 32.
Open-Air-Kino, Obala Kulina Bana 10, Tel. 66 81 86, Fax 66 55 32.
Volkstheater (Narodno pozorište Sarajevo), Obala Kulina Bana 9, BA, Tel. 663-647, 665-959; marketing@npsa.org, www.npsa.org.
In Sarajevo gibt es zahlreiche Tankstellen. Auswahl:
›Centar I‹, Šenoina 6, Tel. 66 46 87.
›Grbavica‹, Hamdije Čemerlića bb, Tel. 64 28 66.
›Pofalići‹, Hamdije Čemerlića 1, Tel. 61 26 26.
Ambulanz im Zentrum, Vrazova 11, Tel. 21 02 82.
Ambulanz Altstadt, DZ Stari grad, Alajbegovića 1, Tel. 53 12 00.
Ambulanz DZ Novo Sarajevo, Bihaćka 2, Tel. 64 57 70, 65 61 00.
Staatliches Krankenhaus, Kranjčevića 12, Tel. 66 47 24, 53 22 56.
Koševo Krankenhaus, Bolnička 25, Tel. 66 66 20, 44 48 00.
Apotheken: ›Baščaršija‹, Obala Kulina bana 25, Tel. 53 73 18.
›Centar 1 Galas 1‹, Maršala Tita 40, Tel. 66 38 31.
›Vratnik‹, Mustafe Dovadžije 17, Tel. 53 77 94.

Die Herzegowina ist allein wegen ihrer Hauptstadt Mostar und der wieder aufgebauten Alten Brücke einen Besuch wert. Darüber hinaus gibt es viele kleine interessante Orte und mit dem mediterranen Trebinje die südlichste Stadt Bosniens zu entdecken.

Die Herzegowina

Konjic

Konjic liegt im Norden der Herzegowina an der Eisenbahnstrecke und der Hauptstraße von Sarajevo nach Mostar. Die Stadt breitet sich an beiden Ufern der Neretva aus, in die nahe bei Konjic das Flüßchen Trešanica mündet. Eingerahmt wird die Stadt von den Bergen Prenj, Bjelašnica und Bitovnja. Nordwestlich der Stadt befindet sich der auf 30 Kilometer Länge aufgestaute Jablaničko jezero.

In der Stadt und der Region herrscht ein gemäßigtes Mittelmeerklima. Das milde Klima und der fruchtbare Boden ermöglichen optimale Bedingungen für den Obstanbau. Konjic ist nicht nur in diesem Teil Bosnien-Herzegowinas für seine Pflaumen, Birnen, Äpfel, Nüsse und Kirschen bekannt.

Bereits in der Antike führte durch das heutige Stadtgebiet eine von den Römern angelegte Straße, die sich im Mittelalter zu einem wichtigen Handelsweg von der dalmatinischen Küste in das Landesinnere Bosniens entwickelte.

Es wurden Überreste einer neolithischen Siedlung gefunden, die jedoch später in den Fluten des angelegten Jablaničko-Stausees verschwanden. Besiedelt wurde das Gebiet vermutlich bereits im 4. Jahrhundert vor unserer Zeitrechnung. In den nächsten Jahrhunderten entwickelten sich enge Handelsbeziehungen mit Apollonia in Albanien. Eines der wichtigsten Handelsgüter war Salz, das in Konjic gewonnen wurde. Im ersten bosnischen Staat im Mittelalter hatte Konjic die Funktion einer Grenzstadt.

In der Umgebung von Konjic wurden über 3000 Stećci entdeckt. Einer dieser Grabsteine wurde 1967 auf der Weltausstellung in Montreal gezeigt. Konjic ist

Die Neretva durchfließt den Ort Konjic

bekannt für sein Holzkunstwerk. Die Bearbeitung von Holz, besonders die Kunstschnitzerei, hat hier eine lange Tradition, die bis ins Mittelalter zurückreicht. Neben den Kunstschnitzereien machten sich die Handwerker der Region auch mit der künstlerischen Bearbeitung von Metall einen Namen. Im 17. Jahrhundert sollen in Konjic bereits 75 Schmieden angesiedelt gewesen sein. Im kommunistischen

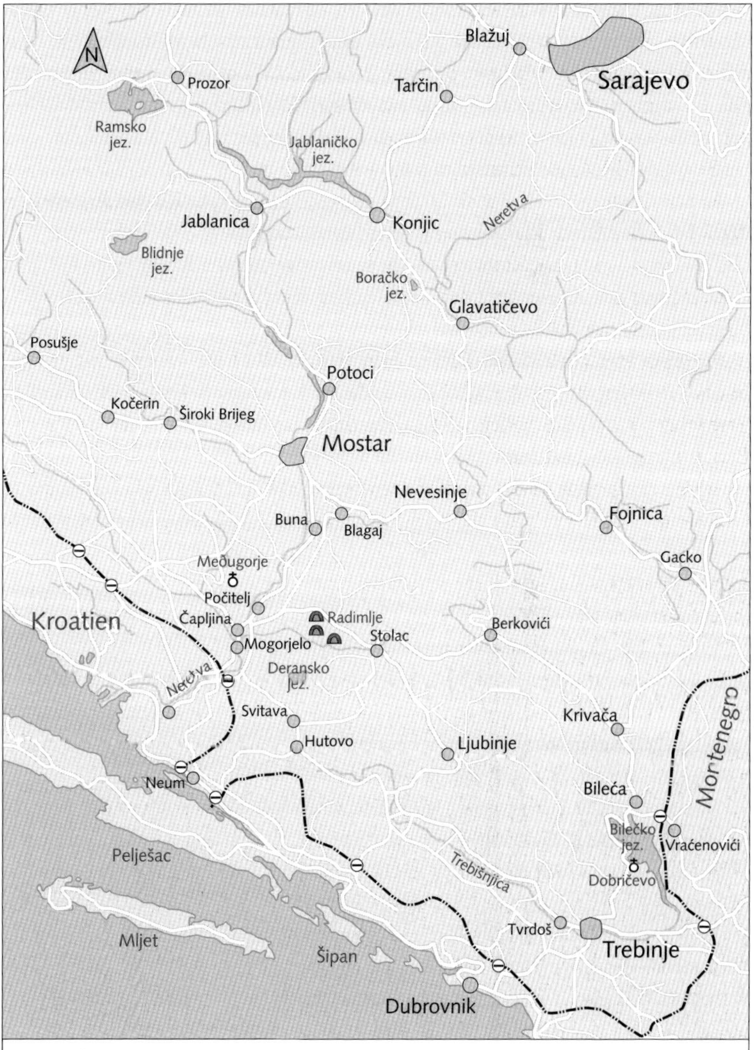

Die Herzegowina

Jugoslawien gab es verstärkte Bemühungen, die metall- und holzverarbeitende Industrie in Konjic aufzubauen.

Während des Zweiten Weltkriegs war das Gebiet von Konjic Schauplatz heftiger Kämpfe zwischen den Partisanen und den Besatzungstruppen. Zahlreiche Denkmäler in der Stadt und der Umgebung erinnern an die im Krieg gefallenen Volksbefreiungskämpfer.

Zu den eindrucksvollsten Gebäuden in der Stadt gehört die Repovačka-Moschee. Sie wurde 1622 erbaut und hat einen quadratischen Grundriß. Als das Tal der Neretva nahe Konjic für den Bau eines Wasserkraftwerks überflutet wurde, sind archäologische Funde aus dem Überflutungsgebiet zur Moschee gebracht worden. Diese steinernen Funde aus der Antike und dem Mittelalter sind heute vor der Moschee zu besichtigen.

In Konjic gibt es auch eine orthodoxe und eine katholische Kirche. Erstere verfügt über eine kleine, aber sehr wertvolle Ikonensammlung. Die katholische Kirche des heiligen Ivan Krstitelj wurde nach dem letzten Krieg renoviert und erstrahlt wie neu. Gegenüber der katholischen Kirche befindet sich das Verwaltungsgebäude der Stadt.

Im Jahr 1682 ließen die Türken eine Brücke über die Neretva bauen, der Brücke in Višegrad nicht unähnlich, wenn auch kleiner. Während des Zweiten Weltkriegs wurde die Brücke völlig zerstört, aber nach dem Krieg aus neuen Brückenteilen rekonstruiert. Das gleiche Schicksal widerfuhr der Brücke im letzten Krieg. Sie wurde erneut zerstört und abermals aufgebaut.

Die Umgebung von Konjic

Im kleinen Ort Čelebići nordwestlich von Konjic ragt das Minarett der neu errichteten Moschee aus dem Stadtbild. Čelebići ist ein kleines Dorf, dessen Besuch sich vor allem aufgrund des sehr schönen Ausblicks auf den jezero Jablaničko lohnt. Etwas außerhalb des Ortes befindet sich das Motel ›Palma‹ mit einem Restaurant unmittelbar am See. An den Ufern des Sees gibt es einige schöne Strände und kleine Anlegestellen für Boote. Die Straße führt einige Kilometer am See entlang, verläßt dann den Verwaltungsbezirk Konjic und erreicht den Bezirk von Jablanica und bald darauf den kleinen ebenfalls direkt am See liegenden Ort Ostrožac.

Verläßt man Konjic in südlicher Richtung, zweigt nach kurzer Fahrt eine wenig vertrauenswürdig wirkende Nebenstraße von der Landstraße ab. An ihrem Ende wartet nach wenigen Kilometern der kleine Ort Bijela. Die heute wenig spektakuläre Gegend war einst eine der Bogumilenhochburgen, die hier eine Lehrstätte zur Verbreitung ihres Glaubens einrichteten. Die von den Bogumilen geprägten

Patarener waren die ersten, die zum Islam übertraten, als die Türken Bosnien-Herzegowina besetzten. Die Kirche Gornja Bijela wurde auf dem Fundament einer romanischen Kirche aus dem 12. Jahrhundert errichtet. Neben den Überresten der Kirche befindet sich eine große Zahl an Stećci.

Wer auf der Landstraße nach Nevesinje bleibt, erreicht nach rund 20 Kilometern am Fuße des Berges Prenj den Boračko jezero, der dem Besucher zahlreiche Freizeitmöglichkeiten bietet. Neben Bade- und Campingplätzen machen vor allem Rafting-Touren die Gegend zu einem beliebten Ausflugsziel. Der See hat eine Fläche von 200 000 Quadratmetern, und in seinem klaren und sauberen Wasser läßt sich wunderbar baden. Wer das Wasser scheut, kann sich mit der Angel auf die Jagd nach Forellen begeben, die besonders häufig im See vorkommen sollen. Am See gibt es ein Restaurant und das Hotel Borašnica mit 40 Betten. Außerdem stehen kleine Bungalows und ein einfacher Campingplatz mit rund 150 Zeltplätzen zur Verfügung.

Vorwahl: 036.
PLZ: 88400.

Bahnhof Konjic, Željeznička bb, Tel. 72 62 60.

Hotel ›Relax‹, Sarajevska bb, Tel. 73 14 62.
Motel ›Konjic‹, Kolonija bb, Tel./Fax 72 85 48. Ein Haus der landeseigenen A-Kategorie mit 70 Betten und einem Spezialitätenrestaurant.

Rafting Touren auf der Neretva: ›Rafting Club Rakitnica‹, Husein-begova 15, Tel. 72 99 85, www.badzoraft.com.
›Tajo Raft‹, Prkanj 16, Tel. 72 65 94.
›Rafting Tours Salihamidžić‹, Džajić bb, Tel. 72 41 75.

Jablanica

Den Reisenden kündigt sich Jablanica durch die zunehmende Anzahl von Restaurants entlang der Hauptstraße an, in denen über offenem Feuer Lämmer am Spieß gebraten werden. Jablanica ist bekannt für sein Lammfleisch, das einzigartig schmecken soll, da die Natur in Jablanica unberührt und das Gras besonders nahrhaft und gesund für die Lämmer sei. So mancher Reisende plant seine Fahrt durch diesen Teil der Herzegowina so, daß er in der Mittagszeit durch Jablanica kommt und sich hier eine Portion Lammfleisch servieren und eine zweite als Wegzehrung einpacken lassen kann. Ob die Lämmer von Jablanica tatsächlich so schmackhaf sind oder ob lediglich der Glaube an ihre besondere Qualität den Geschmacksnerven der Reisenden schmeichelt, mag jeder selbst ausprobieren.

Jablanica liegt unmittelbar an der Hauptstraße und im Schatten der Berge Čursnica und Prenj. Durch Jablanica fließt die Neretva, in die nördlich der Stadt der Fluß Rama mündet. Ihren Namen bekam die Stadt durch die in der Gegend vorhandene Gesteinsart Jablanit, eine besondere Art von Granitstein. In Jablanica ist der Handel mit Zierstein schon seit jeher ein wichtiger Wirtschaftsfaktor. Viele bekannte Denkmäler wurden mit dem Granit aus Jablanica errichtet, wie zum Beispiel das Njegoš-Mausoleum auf dem Lovćen in Montenegro. Westlich der Stadt befindet sich der Jablaničko-See. Er erstreckt sich auf einer Länge von 20 Kilometern. Früher war er bei Wasserskiläufern sehr beliebt.

Berühmtheit erlangte der Ort im Zweiten Weltkrieg durch die Schlacht an der Neretva, die sogenannte vierte Offensive. Tito gab damals den Befehl, alle Brücken über die Neretva bis nach Mostar zu zerstören, um den Feind glauben zu lassen, die Partisanen hätten ihren Rückzug über die Neretva abgebrochen. Tatsächlich aber wurde in der Nacht in aller Schnelle eine provisorische Brücke errichtet. So gelang den Partisanen samt Verwundeten doch noch die Flucht auf das andere Ufer. Später wurde dieser Plan als taktische Meisterleistung Titos gefeiert. Die Flucht der Partisanen war am linken Neretvaufer jedoch noch nicht zu Ende. Den Deutschen waren sie vorerst entkommen, doch mußten noch Kämpfe mit den serbischen Četniks ausgefochten werden, bevor die Flucht bei Schnee und Sturm über den Berg Prenj mitsamt 4000 verwundeten Partisanenkämpfern fortgesetzt werden konnte.

Der Partisanenzug ist Teil des Museumskomplexes

Im Jahr 1978 wurde ein Museum in Jablanica eröffnet, das an die Schlacht an der Neretva und die Flucht erinnert. Zu sehen ist auch ein Modell der provisorischen Brücke, die für den bekannten Hollywood-Spielfilm ›Die Schlacht an der Neretva‹ aus dem Jahr 1969 nachgebaut wurde. Das Museum hat im letzten Krieg Schaden genommen, wird aber nun langsam wieder aufgebaut. Da Geld für kulturelle Einrichtungen in Bosnien-Herzegowina kaum vorhanden ist, lebt das Museum von der Eigeninitiative seiner Mitarbeiter. Das Museum zeigt neben der kleinen Ausstellung zum Partisanenkampf und der Schlacht an der Neretva auch

Exponate, die sich mit dem Krieg von 1992 bis 1995 in Bosnien-Herzegowina beschäftigen. Auf dem Museumsgelände befindet sich außerdem die Lokomotive eines Partisanenzugs und ein Gedenkstein, der an die Gefallenen des letzten Krieges erinnert.

Vom Balkon des Museums hat der Besucher einen eindrucksvollen Blick auf die zerstörte Brücke über die Neretva. Oberhalb der Brücke am linken Ufer der Neretva befindet sich heute die Pizzeria ›Bunker‹. Im Zweiten Weltkrieg diente das Gebäude tatsächlich als Bunker. Serbische Četniks versuchten von dort erfolglos, die Flußüberquerung der Partisanen zu verhindern.

Südwestlich von Jablanica liegt der Blidinjsko-See in der langgezogenen Hochebene Dugo Polje. Der See befindet sich in einer Höhe von 1200 Metern und hat eine Fläche von über drei Quadratkilometern. Zu erreichen ist der Blidinjsko jezero über die nicht besonders gut ausgebaute Straße nach Posušje und Tomislavgrad. Auch am Blidinjsko jezero wurden zahlreiche Stećci und stehende Grabmäler gefunden. Einige sind sehr aufwendig und kunstvoll mit Figuren gestaltet. Die Landschaft zeigt sich hier zudem besonders beeindruckend.

Vorwahl: 036.
PLZ: 88420
Bahnhof Jablanica, Donja Jablanica bb, Tel. 75 27 15.
Hotel ›Jablanica‹, Željeznička br. 7, 88420 Jablanica, Tel. 75 31 36, 75 27 42, Fax 75 31 36. Das Hotel befindet sich im Ortszentrum, 90 Betten, ein Café und ein Restaurant mit über 400 Plätzen.
Hotel ›Camel s.u.r.‹, Pere Bilića 37, Tel. 75 27 74.

Prozor

Die Ortschaft Prozor (deutsch: Fenster) liegt nur wenige Kilometer von der Grenze zu Bosnien entfernt. Von dort führt die Straße viele Kilometer mit großem Gefälle und in weitläufigen Serpentinen hinab in das Tal der Neretva. Das kleine und ruhige Städtchen Prozor befindet sich im Tal nahe des Flußlaufs der Rama. Prozor hat nur einige tausend Einwohner, ist aber dennoch Gemeindesitz. Die Gemeinde Prozor wurde vor dem Krieg von rund 26 000 Einwohnern bevölkert.

Besiedelt war Prozor bereits zu Zeiten der Römer. Die Überreste einer stadtähnlichen Ansiedlung wurden hier gefunden, ebenso das Fundament einer Basilika aus dem 2. Jahrhundert. Im Dorf Varvari, unweit der Ramaquelle, wurden archäologische Funde gemacht, die ihren Ursprung in der Bronzezeit haben und den Schluß zulassen, daß man dort Metall bearbeitete. In der Umgebung von Prozor stehen zahlreiche Stećci.

Prozor war Bestandteil des ersten bosnischen Staates. Später besetzten die Türken die Stadt und bauten sie weiter aus. Es entstanden die ersten Moscheen und weitere Gebäude orientalischer Bauart, ein türkisches Bad und der Uhrturm, der aus dem 17. Jahrhundert stammt. Die Türken nutzten auch die oberhalb von Prozor thronende Festung und erweiterten sie. Die Burg entstand bereits im Mittelalter und weist einen kreisrunden Grundriß auf. Nur ein kleiner Teil der Festung ist bis heute erhalten geblieben, darunter ein Turm, Teile des Burghofes und der Verteidigungswälle.

Während der Herrschaft der Türken entwickelten sich der Handel und die Teppichweberei zum wichtigsten Wirtschaftsfaktor der Stadt. Später, in Titos Jugoslawien, wurden die Textilindustrie und die Metallbearbeitung zum wirtschaftlichen Rückrat der Region.

Historische Bedeutung bekamen Prozor und die Region nahe der Neretva während des Zweiten Weltkrieges. Verschiedene verlustreiche Kämpfe zwischen den Partisanen auf der einen Seite und Deutschen und Italienern auf der anderen trugen sich hier zu. Im Sommer 1942 wurde Prozor von den Partisanen für kurze Zeit, im Februar 1943 endgültig befreit. Der Sieg hatte zugleich eine wichtige strategische Bedeutung. Jetzt war der Weg nach Jablanica frei und die Rettung zahlreicher verwundeter Partisanen möglich. Die Partisanen konnten sich neu formieren und so gestärkt einige erfolgreiche Gegenangriffe durchführen. In Erinnerung geblieben sind die Schlachten von Gornij Vakuf, Vilića Guvne und Makljen.

Prozor liegt eingebettet zwischen Bergen

Das zerstörte Partisanendenkmal auf dem Makljen

Im Dorf Gračanica bei Prozor tagte am 28. Februar 1943 der Oberste Stab der Partisanen mit Tito als Vorsitzendem. Hier wurde der verwegene Plan entwickelt, über eine provisorische Brücke mit allen Verwundeten und Kranken auf das andere Ufer der Neretva und von dort in das sichere Montenegro zu gelangen. Die erfolgreiche Umsetzung dieses Plans ist als ›Schlacht an der Neretva‹ in die Geschichte eingegangen. Auf dem Berg Makljen enthüllte Tito persönlich am 12. November 1978 das Denkmal zu ihren Ehren. Das Denkmal aus hellem weißem Stein, das der aus Sarajevo stammende Künstler Boško Kućanski entworfen hat, war gut aus der Ferne zu erkennen. Leider wurde es im letzten Krieg fast völlig zerstört.

Etwa fünf Kilometer südwestlich von Prozor befindet sich der Ramsko jezero. Der See erstreckt sich auf einer Länge von acht Kilometern und ist etwa fünf Kilometer breit, bei einer Wassertiefe von bis zu 70 Metern. Im See läßt sich schwimmen, Boot fahren oder fischen. Besonders Karpfen und Döbel sind hier sehr zahlreich. Im Dorf Rumboci können außerdem Stećci besichtigt werden. Rumboci befindet sich unmittelbar am Ramsko-See und zugleich an der Regionalstraße nach Prozor und ist daher problemlos zu finden.

Vorwahl: 036.
PLZ: 88440.

Motel ›Rama‹, Kralja Tomislava bb, 88440 Prozor-Rama, Tel. 77 14 43, Fax 77 14 42.

Mostar

Mostar ist die Hauptstadt der Herzegowina und zugleich ihr wirtschaftlicher und kultureller Mittelpunkt. Die Stadt breitet sich zu beiden Seiten der Neretva in einem karstigen, von hohen Gebirgen umgebenen Talkessel aus. Durch das Flußtal der Neretva dringt ein mildes Mittelmeerklima von der Adria nach Mostar. Aufgrund dieses mediterranen Einflusses kann die Temperatur im Winter in der Stadt deutlich über null Grad liegen, während es auf den Bergen um Mostar schneit. Im Winter angenehm mild, kann sich das Mostarer Klima im Sommer in eine kaum erträgliche Hitze verwandeln. Mostar gilt als eine der heißesten Städte Bosnien-Herzegowinas während der Sommermonate. Meist junge Leute lassen sich dann gerne an den Stränden der Neretva nieder und erfrischen sich im Flußwasser, dessen Temperatur selten 19 Grad übersteigt.

Mostar, an der wichtigen Handelsroute von der Adriaküste in das bosnische Landesinnere gelegen, entwickelte sich unter türkischer Herrschaft zur Handels- und Handwerksstadt. Gold- und Silberschmiede, Schneider und in noch größerer Zahl Gerber ließen sich nahe der Neretva in Mostar nieder, um ihrem Handwerk nachzugehen. Die Industrie entwickelte sich erst nach dem Zweiten Weltkrieg. Mostar wurde einer der wichtigsten Standorte der Aluminiumindustrie im ehemaligen Jugoslawien.

Ihren Namen hat die Stadt nicht, wie oft vermutet wird, von ihrem Wahrzeichen, der Alten Brücke (Stari Most). Der Name geht vermutlich auf die Brückenwächter zurück, die sogenannten Mostari, die schon zur Zeit der Römer die Übergänge an der Neretva bewachten.

Die Neretva teilt die Stadt seit jeher in zwei Teile. Der Stadtteil rechts der Neretva ist der größere, überwiegend von Kroaten bewohnte Teil Mostars, die Bevölkerung am linken, östlichen Ufer ist überwiegend moslemisch. Dieser ärmere und kleinere Teil wurde im letzten Krieg besonders stark zerstört.

Geschichte

Archäologische Funde haben gezeigt, daß die Region um Mostar schon während der Steinzeit besiedelt war. Aus der Bronzezeit stammen die in der Umgebung von Mostar häufig vorkommenden Grabhügel. Sie wurden von den Illyrern für ihre verstorbenen Stammesmitglieder angelegt. Die Überreste einiger Festungen nahe der Neretva stammen ebenfalls aus dieser Zeit. Der illyrische Stamm der Daorsen siedelte in dieser Region. Überreste der illyrischen Siedlung sind nahe der Stadt Mostarsko Blato zu besichtigen.

Im zweiten Jahrhundert drangen die Römer bis nach Mostar vor. Zu dieser Zeit herrschte zwischen den verschiedenen Völkern fortwährend Krieg. Kleinere Stämme sicherten ihren Lebensunterhalt in erster Linie durch Überfälle. Die Römer waren durch die ständige Gefahr hauptsächlich mit der Kriegsführung und der Verteidigung der eroberten Gebiete beschäftigt. Erst sehr viel später, nachdem die Region befriedet werden konnte, begannen die Römer mit der Anlage von Straßen und Siedlungen. Bereits damals war das Christentum in der Region Mostar stark verbreitet. Einige Gotteshäuser aus dieser Epoche wurden später bei Ausgrabungen entdeckt. Nicht ganz stichhaltige Belege gibt es für die Vermutung, daß die erste Diözese in Mostar angesiedelt war, in jedem Fall aber befand sie sich nahe der Stadt. Später wurde Mostar Bischofssitz.

Als die Slawen im sechsten und siebten Jahrhundert den Balkan besiedelten, ließen sich viele Kroaten in der Region um Mostar nieder. Sie waren auf Bitten des Kaisers Posphyrogenetus gekommen, um gegen die Avaren zu kämpfen. Aus den vom illyrischen Stamm der Daorsen besiedelten Gebieten wurde unter Kaiser Posphyrogenetus ein autonomes Gebiet mit dem Namen Hum. Historiker vermuten, daß das Gebiet des heutigen Mostar damals zumindest zeitweise eine zentrale Rolle innerhalb der Provinz spielte.

Dem Gebiet Hum wurden später weitere Gebiete angeschlossen. Es befand sich zwar innerhalb des Staates Bosnien und unter der Herrschaft des kroatisch-ungarischen Königs, behielt jedoch immer seinen eigenständigen Charakter. Aus dem Namen Hum wurde später die Bezeichnung Herzegowina.

Die Autonomie Hums wurde deutlich eingeschränkt, nachdem 1468 die Türken die Region eingenommen hatten. Mit den Türken etablierten sich Handel und Handwerk in der Stadt. Geblieben ist bis heute das Viertel der Goldschmiede am linken Ufer der Neretva, während am rechten Ufer seit dieser Zeit die Gerber ihrem Handwerk nachgehen.

Da die wichtige Handelsstraße von Dubrovnik und anderen Küstenorten in das bosnische Landesinnere durch Mostar führte, wurden die Unterbringung und Verköstigung der reisenden Händler zur Haupteinnahmequelle der Stadt. Für Menschen und Tiere wurden sogenannte Hans – einfache Gasthäuser – erbaut. Die Türken ließen zahlreiche bedeutende Bauten errichten, darunter die Alte Brücke, mehrere Moscheen, den Uhrturm und ein türkisches Bad.

Mit der Niederlage der Türken bei Wien zeigte sich die Verwundbarkeit ihres Reiches. Zudem sorgten die Venezianer mit ständigen Überfällen in und um Mostar für Unruhe. Der Widerstand in der Bevölkerung gegen die türkischen Machthaber wuchs und verschärfte sich durch Steuererhöhungen. Die Türken versuchten, die Bevölkerung mit Zugeständnissen zu beruhigen und erlaubten 1866 den Bau der römisch-katholischen Kirche. Die alte orthodoxe Kirche war bereits zuvor renoviert worden, eine weitere wurde im Jahre 1873 errichtet.

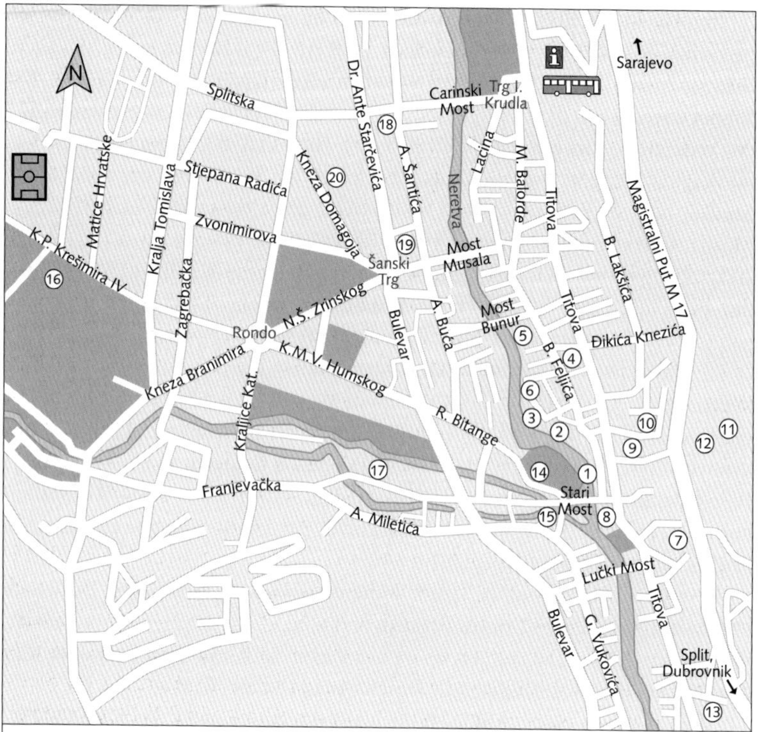

Mostar

Legende

1 Kujundžiluk
2 Koski-Mehmed-Paša-Moschee
3 Tepa-Markt
4 Karađoz-Beg-Moschee
5 Roznamedžijina-Moschee
6 Bišćevića-Haus
7 Kajtazov-Haus
8 Čejvan-Ćehajina-Moschee
9 Nasuh-Aga-Vučjaković-Moschee
10 Uhrturm
11 Alte serbisch-orthodoxe Kirche
12 Neue serbisch-orthodoxe Kirche
13 Šarića-Moschee
14 türkisches Bad
15 Schräge Brücke
16 Partisanengedenkfriedhof
17 Katholische Kirche
18 Hotel Ero
19 Hotel Bristol
20 Hotel Mostar

Die Habsburger lösten die Osmanen nach 1878 ab, ihre Herrschaft dauerte bis zum Ende des Ersten Weltkriegs. Für die Mostarer brachten diese 40 Jahre spürbare Veränderungen. Die neuen Eisenbahnverbindungen nach Dubrovnik und Sarajevo, die Eröffnung einer Tabakfabrik und eines Kohlebergwerks brachten der Stadt einen wirtschaftlichen Aufschwung. Neue Schulen wurden eröffnet, das Stadtbad gebaut und die elektrische Straßenbeleuchtung eingeführt. Mostar entwickelte sich außerdem zu einer Stadt mit wachsender kultureller Bedeutung. Neben mehreren Zeitungen und Zeitschriften wurden Bücher aller Art in Mostar gedruckt. Bekannte Schriftsteller wie Aleksa Šantić, Jovan Dučić und Svetozar Ćorović traten als Herausgeber der Literaturzeitschrift ›Aurora‹ in Erscheinung.

Im Jahre 1918 wurde Mostar Teil des jugoslawischen Königreiches. Zwischen den Weltkriegen stagnierte die Entwicklung der Stadt. Die kommunistische Partei in Mostar war zunächst nur bei einer Minderheit erfolgreich, wurde jedoch während des Zweiten Weltkriegs zur bestimmenden politischen Kraft. Die kommunistische Partei erlebte regen Zulauf, und bereits 1941 gründete sich das erste 150 Mann starke Partisanenbatallion. Im Krieg hatte die Stadt große Opfer zu beklagen: Jeder zehnte Bürger der Stadt verlor sein Leben.

Im Zweiten jugoslawischen Staat etablierte sich die Aluminium- und Textilindustrie in Mostar. Das Flugzeugwerk Soko produzierte in der Stadt, und noch immer spielte die Verarbeitung von Tabak und Weintrauben eine wichtige wirtschaftliche Rolle. Ab den siebziger Jahren entwickelte sich auch der Tourismus in Mostar. Für Besucher war Mostar vor allem wegen seiner Alten Brücke, der orientalischen Handwerksgassen und des mediterranen Klimas ein beliebtes Reiseziel.

Der Krieg in Mostar

Der Krieg in Mostar ist nicht in dem Maße in das Bewußtsein der Weltöffentlichkeit gedrungen wie beispielsweise die Belagerung von Sarajevo. Dabei hat der Krieg in kaum einer anderen Stadt so schlimm getobt wie in Mostar. Die Zerstörungen sind auch zehn Jahre nach dem Krieg erschreckend deutlich sichtbar.

Der Krieg in Mostar muß genau genommen in zwei Kriege unterteilt werden. Im Frühjahr 1992 standen zunächst die Reservisten der Jugoslawischen Volksarmee aus Montenegro und Serbien auf der einen und die kroatische und moslemische Bevölkerung Mostars auf der anderen Seite. Die Situation in ganz Bosnien-Herzegowina und gezielte Provokationen zwischen den Ethnien in Mostar hatten zunehmend zu Spannungen innerhalb der Bevölkerung geführt. Serbische Reservisten riegelten die überwiegend von Serben bewohnten Stadtteile ab und mißhandelten die nicht-serbische Bevölkerung Mostars. Jede Volksgruppe verschanzte sich in ihren Stadtteilen, und immer häufiger kam es zu bewaffneten Auseinander-

Noch sind nicht alle Kriegsschäden beseitigt

setzungen zwischen kroatisch-moslemischen und serbischen Milizen. Der Konflikt nahm an Schärfe zu, als serbische und montenegrinische Heckenschützen die Stadt von den umliegenden Bergen mit Granaten beschossen. Bald darauf befand sich Mostar im Belagerungszustand und wurde von der Strom- und Wasserzufuhr abgeschnitten. Auch Lebensmittel gelangten nicht mehr in die Stadt.

Im Sommer 1992 wurde die Belagerung plötzlich aufgehoben, als das jugoslawische Militär begann, sich aus Bosnien-Herzegowina zurückzuziehen. Für kurze Zeit schien die Normalität in die Stadt zurückzukehren. Die Menschen begannen, ihre Häuser wieder herzurichten und das besonders schwer getroffene Ost-Mostar wieder aufzubauen. Während dieser kurzen friedlichen Periode kamen tausende Flüchtlinge nach Mostar. Die serbische Bevölkerung der Stadt war zu diesem Zeitpunkt bereits geflohen.

Nur kurze Zeit nach der trügerischen Ruhe, im Herbst 1992, kam es nun zu Spannungen zwischen den Kroaten und den Muslimen Mostars. Die Kroaten kämpften für einen Anschluß der Westherzegowina an das Mutterland Kroatien und wurden von der Tuđman-Regierung tatkräftig unterstützt. Während in anderen Teilen Bosnien-Herzegowinas Kroaten und Moslems gemeinsam gegen die bosnischen Serben kämpften, wurden sie in Mostar zu Feinden. Die Stadt wurde nun völlig von der Außenwelt abgeschnitten. In Zentralbosnien blockierten die Serben alle Zufahrtsstraßen nach Mostar, während die Kroaten den direkten

Zugang zur Stadt unter ihre Kontrolle gebracht hatten. Ging es noch während des ersten Krieges in Mostar darum, die Stadt gegen die serbisch-montenegrinischen Angreifer zu verteidigen, kämpfte jetzt die eine Seite Mostars gegen die andere. Im August 1993 riefen die kroatischen Nationalisten in den von ihnen beherrschten Gebieten den Staat Herceg Bosna mit West-Mostar als Hauptstadt aus, der jedoch nie international anerkannt wurde.

Erst im Frühjahr 1994 erreichte die amerikanische Regierung durch erheblichen Druck auf Kroatien und die Kroaten in der Herzegowina einen Waffenstillstand, der jedoch nur sehr zögerlich von den kroatischen Nationalisten eingehalten wurde. Zu diesem Zeitpunkt war das Wahrzeichen Mostars, die Alte Brücke, bereits zerstört. Die größten Verwüstungen hatte das überwiegend von Moslems bewohnte Ost-Mostar erlitten. Nach dem Krieg blieb Mostar eine in zwei Verwaltungen geteilte Stadt. Der kroatische Westteil und der moslemische Ostteil blieben entlang der ehemaligen Frontlinie voneinander getrennt. Erst im Januar 2004 wurde die Teilung der Stadt aufgehoben und Mostar in sechs Stadtgemeinden aufgeteilt, die gemeinsam eine Einheit bilden.

Ein Stadtrundgang

Als Ausgangspunkt für einen Stadtrundgang bietet sich die Alte Brücke im Stadtkern an. Zu beiden Seiten der Neretva erstreckt sich die Altstadt mit zahlreichen kleinen Gassen und Sehenswürdigkeiten. Vor allem der Ostteil Mostars am linken Ufer läßt sich gut zu Fuß erkunden und besitzt eine große Anzahl interessanter Bauten. Doch auch der Westteil ist einen Besuch wert.

Stari most – Die Alte Brücke

Die Alte Brücke ist seit Jahrhunderten das Wahrzeichen Mostars. Sie wurde bis 1566 im Auftrag von Sultan Suleiman dem Prächtigen erbaut, Baumeister war Mimar Hairudin, ein Schüler des berühmten türkischen Baumeisters Mimar Sinam. Bevor am 24. Oktober 1557 mit dem Bau der Brücke begonnen wurde, überspannte eine hölzerne, bereits brüchige Hängebrücke an dieser Stelle die Neretva. Der Bau der neuen Brücke wurde zum großen Teil mit Spenden finanziert. Die Bürger von Mostar, Nevesinje und Herceg Novi zeigten sich dabei besonders großzügig.

Die Brücke spannt sich in einem einzigen schmalen Bogen von knapp dreißig Metern über die Neretva. Der Übergang ist rund vier Meter breit, mit flachen Treppenstufen versehen und fällt zu beiden Uferseiten ab. Die Brücke hat eine

Höhe von 21 Metern über dem Wasserspiegel. Als Baumaterial diente Tenelija-Stein aus einem Steinbruch in der Nähe von Mostar. Die einzelnen Steinquader wurden mit eigens konstruierten Eisenklemmen zusammengehalten, die Fugen goß man anschließend mit Blei aus. Am Bau beteiligt waren Steinmetze und Maurer aus Dubrovnik und der Gegend von Popovo polje, die für ihre Handwerkskunst berühmt waren. Auch Soldaten aus Mostar wurden abkommandiert, um bei den Arbeiten an der Brücke zu helfen.

Um den genialen Baumeister Hairudin rankt sich noch heute die Legende, er habe kurz vor Vollendung der Brücke, als man schon begann das Gerüst abzunehmen, das Weite gesucht. Suleiman habe ihm für den Fall, daß die Brücke einstürze, die Todesstrafe angedroht. Doch der Baumeister hatte seinen eigenen Fähigkeiten zu Unrecht mißtraut. Die Alte Brücke überstand mehrere Erdbeben, Hochwasser und auch Kriege – bis auf den letzten. Die Brücke wurde zunächst nach ihrem Auftraggeber Sultan Suleiman benannt, dann wurde sie Große Brücke genannt, bis sich schließlich die Bezeichnung Alte Brücke (Stari most) durchsetzte.

Zur Alten Brücke gehören drei Türme. Der Turm Halebija, am rechten Ufer, wurde bereits gebaut, als die Türken noch nicht in die Herzegowina vorgedrungen waren. Das genaue Datum seiner Erbauung ist nicht bekannt. Der Turm wurde unter der türkischen Herrschaft mehrfach erweitert und umgebaut. Als die Alte Brücke im 16. Jahrhundert fertiggestellt wurde, ließ man auch den Turm renovieren. Eine Zeitlang diente das erste Stockwerk als Gefängnis. Als Venedig die Stadt einzunehmen drohte, wurden Teile des türkischen Militärs im Turm stationiert, um den Brückenübergang besser kontrollieren zu können. Der Turm diente aber immer auch als Unterkunft für den Brückenwächter.

Auf der gegenüberliegenden Uferseite befindet sich der Tara-Turm aus dem Jahr 1676. Mit seinen bis zu drei Meter dicken Mauern wurde er überwiegend als Munitionslager genutzt. Ebenfalls am linken Neretvaufer steht der sehr viel ältere Herceguša-Turm, der vermutlich bereits zu Beginn des 15. Jahrhunderts auf Befehl des Herzogs Stjepan Vukčić-Kosača gebaut wurde.

Fast genau 400 Jahre blieb die Alte Brücke unverändert. Im letzten Krieg stürzte sie am 9. November 1993 nach dem gezielten Beschuß durch kroatische Truppen in die Neretva. Nach dem Krieg begann der Wiederaufbau, der im Jahr 2004 abgeschlossen war.

Erste Pläne für einen Wiederaufbau entstanden bereits im Frühjahr 1994, nachdem Moslems und Kroaten in Mostar ein Friedensabkommen unterzeichnet hatten. Als Provisorium wurde zunächst eine wackelige Hängebrücke über die Neretva gespannt. Erst nachdem die Stadt wieder eine intakte Infrastruktur bekommen hatte, beschäftigte sich die UNESCO intensiver mit dem Wiederaufbau der Alten Brücke. Im Juni 2002 begannen die Arbeiten zu ihrer Rekonstruktion. Leiter die-

Der Wiederaufbau der Alten Brücke im Jahr 2003

ses 15 Millionen Euro teuren Großprojekts war der in Istanbul lebende, aus Bosnien stammende Architekt Amir Pašić. Die Alte Brücke sollte originalgetreu wiedererstehen, unter Verwendung der gleichen Baumaterialien und der gleichen Bautechnik wie vor über 400 Jahren. Bei Baubeginn hatte man noch gehofft, die in die Neretva gestürzten Brückenteile wiederverwenden zu können. Die starke Strömung des Flusses hatte die Steine jedoch beschädigt und unbrauchbar gemacht. So wurde das Baumaterial für die Brücke erneut von dem etwa fünf Kilometer südlich von Mostar befindlichen Steinbruch geholt. Allerdings mußte sehr sparsam mit dem Material umgegangen werden, da nur noch sehr wenig von der vorgesehenen Steinart vorhanden war.

Noch einmal zeigte sich die große Ingenieurskunst des Baumeisters Hairudin. Trotz modernster Technik und der Zuhilfenahme von Computern gelang es den Ingenieuren erst nach großen Anstrengungen, einen Bauplan für die Konstruktion der Brücke zu entwickeln. Obwohl sogar der Mörtel nach Hairudins Rezept angerührt wurde, mußten doch einige Modernisierungen in Kauf genommen werden. So wird die neue Brücke von einem festverankerten Brückengerüst getragen.

Die einzelnen Steinquader werden wie vor 400 Jahren mit Eisenklemmen zusammengehalten und die Fugen mit Blei ausgegossen. Was Hairudin nur theoretisch in seinem Kopf durchspielen konnte, wurde nun anläßlich des Wiederaufbaus mit modernster Technik getestet. Die mit Eisenklemmen verbundenen Steine wurden unter Laborbedingungen bis auf das Äußerste belastet.

Im Juli 2004 wurde die rekonstruierte Brücke feierlich wiedereröffnet. Nationale und internationale Regierungsvertreter, darunter Kofi Annan und Bill Clinton, nahmen am Festakt teil, dessen Höhepunkt das Turmspringen darstellte. Das Spektakel der jungen Männer, die sich von der Alten Brücke in die Neretva stürzen, gehört seit langem zu den Touristenattraktionen Mostars. Auch heute kann man die Brückenspringer in den Sommermonaten wieder beobachten.

Ost-Mostar

Am linken Neretvaufer, nur wenige Schritte vom Aufgang zur Alten Brücke entfernt, befindet sich der alte Markt Kujundžiluk [1]. In dem orientalisch anmutenden Altstadtviertel ließen sich bereits im 15. Jahrhundert Gold- und Silberschmiede nieder und boten ihre Waren und Fertigkeiten an. Heute ist das Viertel mit seinen vielen kleinen Läden ein beliebtes Touristenziel. Neben Souvenirläden findet der Besucher Gold- und Kupferschmiedegeschäfte und Werkstätten. Das Angebot hat sich der touristischen Beliebtheit des Viertels angepaßt; ähnlich wie in der Baščaršija in Sarajevo wird auch hier nicht mehr alles nach traditioneller Handwerkskunst selbst hergestellt. Heute sind die schmalen Straßen um den Kujundžiluk auch und vielleicht vor allem ein Platz, um zu sehen und gesehen zu werden. In der Nähe des alten Geschäftsviertels findet man aber auch einige der schönsten Moscheen und orientalischen Denkmäler.

Ein Stück weiter in nördlicher Richtung befindet sich am linken Ufer die Koski-Mehmed-Paša-Moschee [2]. Auf eine Felsenhöhe gebaut, ist ihr massiver Bau mit dem großen Kuppeldach bereits aus der Ferne zu erkennen. Der Bau der Moschee zog sich über mehrere Jahre hin, fertiggestellt wurde sie 1619. Im Vorhof der Moschee befindet sich der Šadrvan, ein überdachter Brunnen. Er gilt als einer der ältesten in der Herzegowina und dient den Gläubigen zur rituellen Waschung vor dem Gebet. Das Dach des Brunnens wird von Säulen gehalten und ist mit Steinplatten gedeckt. Besucher konnen früher das Minarett besteigen und vom Balkon des Ausrufers einen einzigartigen Blick auf Mostar und die Neretva genießen.

Der Tepa-Markt [3] befindet sich einige Meter weiter nördlich. Früher wurden auf dem Marktplatz neben typischen Spezialitäten der Herzegowina überwiegend traditionelle Handwerkskunst und Handarbeiten angeboten. Heute gibt es dort vor allem Obst und Gemüse zu kaufen. Ein Besuch des Tepa-Markts lohnt auch, da man vom Rand des Marktplatzes einen sehr schönen Blick auf die Alte Brücke und die Neretva hat.

Zwischen Titova und Brače Fejića befindet sich die Karađoz-Beg-Moschee [4] aus dem Jahr 1557. Der spätere Namensgeber Mehmed Karađoz Beg gab den Bau

Im alten Handwerksviertel Kujundžiluk

der Moschee in Auftrag, die als eine der eindrucksvollsten in der Herzegowina gilt. Entworfen wurde sie von Kodža Mimara Sinan, einem der größten türkischen Baumeister. Der Grundriß der Moschee ist quadratisch, darüber öffnet sich ein achteckiger Tambour und das große Kuppeldach. Das schlanke Minarett ragt hoch in den Himmel und ist unterhalb des Balkons für den Ausrufer mit einer Stalaktitengalerie aufwendig verziert. Die Vorhalle der Moschee ist mit Arkaden und drei Kuppeln ausgestattet, vier marmorne Säulen tragen ihr Dach. Wie in der Koksi-Mehmed-Paša-Moschee befindet sich im Hof der Moschee unter einem Säulendach ein Šadrvan. Über den Hof erreicht man auch das Gebäude der Medresse (Koranschule). Sie befindet sich gleich neben der Moschee, ebenso wie der kleine moslemische Friedhof.

Nahe des Eingangs der Karađoz-Beg-Moschee steht das Denkmal für den Schriftsteller Osman Đikić (1879–1912) das vom Künstler Aleksandar Derok entworfen wurde. Das Denkmal wird von vier Säulen dominiert, auf denen eine Kuppel thront.

Überquert man den Brače Fejića und geht hinunter zur Neretva, kommt man auf dem Weg zur Fußgängerbrücke (Pleš. Most Bunur) an der Roznamedžijina Džamija [5] vorbei. Die Moschee wurde 1620 erbaut und besticht durch einen kunstvoll gestalteten Balkon am schlanken und eleganten Minarett.

Auf dem Rückweg zur Alten Brücke führt der Weg auf halber Höhe zwischen Fußgängerbrücke und Alter Brücke am Bišćevića-Haus (Bišćevića kuća) [6] vorbei, einem prächtigen Beispiel türkischer Wohnkultur des 17. Jahrhunderts. Das Bišćevića-Haus befindet sich in der gleichnamigen Straße unmittelbar am linken Ufer der Neretva. Im ersten Stockwerk ragt ein Raum wie eine Terrasse aus dem Gebäude und wird von zwei Säulen abgestützt. Dieses großzügige, gemütlich mit Teppichen ausgelegte Zimmer, aus dessen Fenster man direkt auf die Neretva blickt, hatte die Funktion eines Wohnzimmers, war aber zugleich auch ein Raum, in dem Gäste empfangen wurden. Das gesamte Haus ist im typischen türkischen Stil eingerichtet. Heute ist es ein Museum und dient dazu, dem Besucher die traditionelle islamische Wohnkultur dieser Epoche näherzubringen. Neben kunstvollen Möbeln und Teppichen ist auch eine kleine Sammlung von Gegenständen des täglichen Gebrauchs zu sehen.

Einblicke in das Alltagsleben der Menschen in Mostar im 18. und 19. Jahrhundert bietet das Kajtazov-Haus (Kajtazova kuća) [7] in der gleichnamigen Straße zwischen Titova und M17 südöstlich der Alten Brücke. Das Gebäude ist von einer hohen Mauer umgeben, um die Bewohner und besonders die Frauen des Hauses vor neugierigen Blicken zu schützen. Innerhalb der Mauern gab es ein Haus für Männer und ein Haus, das Frauen vorbehalten war. Die Kajtazova kuća wurde seit ihrer Erbauung gegen Ende des 18. Jahrhunderts kaum verändert und stellt so ein interessantes Zeitdokument dar.

Eine weitere Möglichkeit, islamische Wohnkultur aus der türkischen Epoche Bosnien-Herzegowinas zu bewundern, bietet sich im Muslibegović-Haus (Muslibegovića kuća). Im Jahr 1876 erbaut, gehört es zu den jüngeren Gebäuden aus der türkischen Zeit in Mostar. Das Haus hat lediglich eine Etage und ist von einer hohen Mauer umgeben. Sein prachtvoll ausgestattetes Wohnzimmer ist ein eindrucksvolles Beispiel islamischer Wohneinrichtung.

An der Alten Brücke führt am linken Neretvaufer die nach Marschall Tito benannte Hauptstraße vorbei, die parallel zum Fluß durch den gesamten Ostteil Mostars verläuft. Hier befindet die Čejvan-Ćehajina-Moschee [8]. Sie wurde 1552 erbaut und gilt als eine der ältesten Moscheen der Stadt.

Folgt man der ul. Titova in nördlicher Richtung, zeigen sich bald auf der rechten Seite die Nasuh-Aga-Vučjaković-Moschee (Vučjakovića-Džamija) [9] und der Uhrturm Sahat Kula. Die Steinplatte über dem Eingang der Moschee weist das Baujahr 1528/29 aus. Allerdings bestehen Zweifel an dem Wahrheitsgehalt der Inschrift, da die Art der Schrift für die genannte Zeit sehr ungewöhnlich ist. Vermutlich entstand die Moschee erst um 1564.

Vor der Vučjaković-Moschee, die auch ›Moschee unter der Linde‹ genannt wird, führen einige Treppenstufen zum Sahat Kula, dem 15 Meter hohen Uhrturm [10] von Mostar. Über seine Entstehungsgeschichte ist nur wenig bekannt.

Es wird angenommen, daß er bereits zu Beginn des 17. Jahrhunderts erbaut wurde und Fatima Šarić, eine wohlhabende Bürgerin Mostars, den Bau veranlaßt hat. 1838 ließ Ali Paša Rizvanbegović im kroatischen Zadar eine 250 Kilogramm schwere Glocke anfertigen und nach Mostar bringen. Der Uhrturm war seitdem für seinen Glockenklang berühmt, der bis weit vor die Tore der Stadt zu hören war.

Doch im Ersten Weltkrieg ereilte sie das Schicksal vieler Uhrturmglocken in Bosnien-Herzegowina: Die österreichisch-ungarische Armee ließ die Glocke einschmelzen und Kanonen daraus fertigen. Im Jahr 1981 wurde der Uhrturm restauriert, dabei wurde besonders darauf Wert gelegt, sein ursprüngliches Aussehen wieder zu rekonstruieren.

Überquert man die nur wenige Meter entfernte Magistrale M17, die nach Sarajevo und Dubrovnik führt und parallel zur Titova verläuft, gelangt man zu den serbisch-orthodoxen Kirchen. An einem Berghang oberhalb der Magistrale befindet sich die alte serbisch-orthodoxe Kirche [11]. Zuvor hatte an dieser Stelle eine noch ältere Kirche gestanden, die bereits im 16. Jahrhundert erbaut worden war. Sie mußte jedoch der neuen Kirche weichen, deren Bau im Jahre 1835 vollendet wurde. Die Kirche wird auch ›Unterirdische Kirche‹ genannt, da der Boden des Gotteshauses über einen Meter tief in die Erde gebaut wurde. Finanziert wurde der Bau von der orthodoxen Bevölkerung Mostars. In der einschiffigen Kirche befanden sich wertvolle Ikonen aus den Ikonenschulen Rußlands und Veneziens.

Die neue serbisch-orthodoxe Kirche [12] befand sich etwas unterhalb der alten. Mit ihrer Erbauung begann man 1863, rund vierzig Jahre nach der Fertigstellung der alten Kirche. Wieder machte die orthodoxe Gemeinde mit ihren Spenden den Bau möglich. Zusätzlich gab der Sultan Abdul-Aziz ein großzügiges Geldgeschenk und bestimmte im Gegenzug den Standort der Kirche. Das Geld sollte aber auch dazu dienen, die unter der türkischen Herrschaft zunehmend unzufriedene und zum Widerstand bereite serbische

Das Denkmal für den Schriftsteller Osman Đikić

Bevölkerung zu besänftigen. Erst im Jahre 1873 wurde die Kirche fertiggestellt. Im letzten Krieg wurden beide Kirchen zerstört, allein die Trümmer sind noch zu besichtigen.

Noch in den 1980er Jahren besaß Mostar 14 Moscheen, von denen aber nur fünf tatsächlich genutzt wurden, darunter auch die Šarića-Moschee [13] aus dem Jahr 1637. Sie steht im Südosten der Stadt an der ul. Titova. Neben der Moschee befindet sich der größte islamische Friedhof in Mostar.

Das Ćorović-Haus (Ćorovića kuća) ist das Geburtshaus des Schriftstellers Svetozar Ćorović (1875–1919). Die Architektur des Hauses ist von dalmatinischen Baumeistern beeinflußt. Neben Ćorović lebte und arbeitete hier Aleksa Šantić (1868–1924), einer der berühmtesten Schriftsteller Bosniens und des ehemaligen Jugoslawien.

Zum Gedenken an Šantić wurde in seinem Zimmer ein kleines Museum eingerichtet. Ausgestellt sind Manuskripte des Schriftstellers und seine umfangreiche Bibliothek. In einem Park dicht am Ćorović-Haus steht das Aleksa-Šantić-Denkmal, das vom Bildhauer Nikola Janković entworfen wurde.

West-Mostar

Dicht an der Alten Brücke befindet sich im Stadtkern zwischen Neretva und Radobolja das türkische Bad – Hamam – [14], das vermutlich gegen Ende des 16. Jahrhunderts gebaut wurde. Das Bad ist aufgrund seines Dachs mit den sechs Kuppeln leicht zu erkennen.

Überquert man die Radobolja, gelangt man zu einem ihrer Seitenarme. Hier befand sich die Schräge Brücke (Kriva ćuprija) [15], die in einem fast diagonal zum Flußbett verlaufenden Bogen über die Radobolja führte. 1558 von Ćejvan Kethodaie erbaut, gehörte sie zu den ältesten Bauwerken aus der türkischen Epoche und und überstand mehrere Jahrhunderte und zahlreiche Kriege.

Im kommunistischen Jugoslawien wurde sie renoviert, doch das starke Hochwasser im Jahr 1996 ließ die Radobolja über die Ufer treten und bedeutete das Ende der Schrägen Brücke. Sie konnte den Wassermassen nicht standhalten und stürzte ein. Im Zuge der Wiederaufbaumaßnahmen wurde die Schräge Brücke rekonstruiert.

Die Tabačica-Moschee ist auch unter dem Namen Hadži-Kurtova-Moschee und noch mehr unter der Bezeichnung Gerbermoschee bekannt. Sie befindet sich am rechten Ufer der Neretva an der Stelle, an der früher die Gerber ihrem Handwerk nachgingen. Erbaut wurde sie gegen Ende des 16. Jahrhunderts. Das Dach der Moschee ist mit Steinplatten gedeckt, das neue, weißstrahlende Minarett 20 Meter hoch.

Im großen Park im Westen der Stadt, im Stadtteil Bijeli Brijeg, befindet sich der Partisanengedenkfriedhof (Partizansko Spomen-Groblje) [16]. Der Friedhof ist zugleich letzte Ruhestätte und ein Denkmal für die gefallenen Partisanen aus der Region. Bogdan Bogdanović, einer der bedeutendsten Architekten des ehemaligen Jugoslawien, hat den Gedenkfriedhof entworfen. Der Friedhof entstand 1965 und ist terrassenförmig angelegt. Während des letzten Krieges wurde er sehr stark beschädigt.

Ebenfalls im Westteil Mostars liegt der Rondo-Platz, ein Erbe aus österreichisch-ungarischer Zeit, der nach Meinung mancher Mostarer zu den schönsten Plätzen Mostars gehört. Vor allem stellt er jedoch einen wichtigen Verkehrsknotenpunkt dar: Sechs Mostarer Hauptstraße laufen am Rondo sternförmig zusammen. Im Sommer schützen Platanen und Linden vor der heißen Sommersonne.

Die katholische Kirche der Heiligen Petrus und Paulus (Rimokatolicka Crkva) [17] wurde im Jahre 1847 errichtet. Bis zu ihrer Erbauung hatten die Katholiken in Mostar keine eigene Kirche. Zwar hatte es ein Franziskanerkloster gegeben, es war jedoch im 16. Jahrhundert von den Türken zerstört worden. Im Jahre 1866 wurde eine weitere katholische Kirche gebaut.

Neben der Kirche entstand nun zum zweiten Mal in Mostar ein Franziskanerkloster. Im Kloster befindet sich noch heute das Archiv der Mönche, das seit 1554 ununterbrochen geführt wird, sowie eine orientalische Sammlung mit alten Handschriften und eine beachtliche Kunstsammlung. Die historischen Schätze konnten während des letzten Krieges glücklicherweise gerettet werden. Das Kloster wurde zwar stark in Mitleidenschaft gezogen, wurde aber nach dem Krieg wieder aufgebaut und restauriert.

Im 19. Jahrhundert wurde Mostar Bischofssitz mit einer eigenen Residenz. Es wurde eine Diözese eingerichtet und eine Franziskanerschule ins Leben gerufen. Erster Bischof in Mostar wurde Pater Rafo Barišić. Die Diözese beherbergte auch die erste Druckerei der Stadt.

Etwas außerhalb der Stadt befindet sich an der Straßenabzweigung Richtung Blagaj ein Soldatenfriedhof, auf dem alle Soldaten beerdigt werden konnten, die im Mostarer Gebiet während des Zweiten Weltkriegs gefallenen sind. Bereits zuvor, während der österreichisch-ungarischen Monarchie, diente der Friedhof allen Glaubensangehörigen als letzte Ruhestätte. Er verfügt über zwei Kapellen.

Ebenfalls dicht bei der Alten Brücke steht die Askerska Džamija, eine Moschee ohne Minarett. Sie diente in erster Linie den Soldaten, die zur Bewachung der Brücke abkommandiert waren. Zum Gebet konnten sie sich in die Moschee zurückziehen. Errichtet wurde sie auf Veranlassung des Sultans Jazuv Selim zu Beginn des 16. Jahrhunderts.

Vorwahl: 036.
PLZ: 88000.
Touristeninformationsbüros findet man in Mostar an mehreren zentralen Stellen wie beispielsweise an der Alten Brücke oder am Busbahnhof von Mostar. Die Büros helfen bei der Unterkunftssuche und bieten einige Prospekte und eine kleine Monographie zum Preis von 10 K-Mark an.

Busbahnhof, Trg Ivana Krndela bb, Tel. 55 20 25. Sehr gute Busverbindungen in alle Landesteile Bosnien-Herzegowinas. ›Eurolines‹ fährt aus Deutschland und Österreich Mostar direkt an.

Bahnhof, Trg Ivana Krndela 1, Tel. 55 21 98, unmittelbar neben dem Busbahnhof. Über Sarajevo hat man Umsteigeverbindungen in alle anderen europäischen Städte.

Flughafen Mostar, Ortiješ bb, Tel. 35 02 12. Mostar hat zwar einen Flughafen, eine Anreise mit dem Linienflugzeug ist aber nur über Sarajevo möglich.

Taxihalteplätze findet man am Busbahnhof und an zentralen Plätzen in der Stadt wie beispielsweise am Šanski Trg.

Hotel ›Bristol‹, Mostarskog bataljona bb,
Tel./Fax 50 01 00, 50 01 10.
45 Zimmer, Stadtzentrum, nahe am zentralen Šanski Trg, Gästeparkplatz.
›Mostar‹, Kneza Domagoja bb,
Tel. 32 26 79, Fax 31 56 93.
Hotel ›Ero‹, Dr. A. Starčevića bb,
Tel. 38 67 77, Fax 38 67 00.
Motel ›Kriva Ćuprija‹, Tel. 55 09 53, ca. 50 Meter von der Alten Brücke entfernt.
Motel ›Han‹, Opine bb,
Tel. 57 73 66, Fax 57 69 75.
Pension ›Rose‹, Bulevar revolucije bb,
Tel. 57 83 00, Fax. 57 83 00.
Pension ›Most‹, Adem Buća 100,
Tel. 55 25 28.

Balkan Restaurant ›Bei Mehe‹, Braće Fejića 57,
Tel. 55 18 68. Nationale Spezialitäten.
›Castel‹, Vrapčići bb, Tel. 58 24 73.
›Hindin Han‹, Jusovina 10,
Tel. 061 15 39 24.
›Lido‹, Oneščukova 27,
Tel. 061 38 56 77.

Bišćevića kuća, Bišćevića 13,
Tel. 55 06 77,
www.biscevicakuca.bravehost.com.
Kajtazova kuća, Gase Ilica 21,
Tel. 55 09 13.
Karađoz-Beg-Moschee und Koski-Mehmed-Paša-Moschee, Eintritt: 1–2 Euro.
Museum der Herzegowina, Bajatova 4, Tel. 55 16 02.
Volkstheater von Mostar, Braća Čišića 2, Tel. 55 01 28.

Nevesinje

Der Ort Nevesinje liegt in der weiten Hochebene Nevesinje polje, 890 Meter über dem Meeresspiegel, aber dennoch im Schatten des Berges Velež.

Um Nevesinje zu erreichen, ist eine kilometerlange Fahrt durch eine einsame steinige Landschaft notwendig. Aus westlicher Richtung kommend, senkt sich die Straße in steilen Serpentinen nach Nevesinje hinab. Auf den ersten Blick entschädigt der Ort kaum für die recht lange und mühevolle Fahrt. Lohnend ist ein Besuch Nevesinjes jedoch aufgrund seiner langen Geschichte.

In der Umgebung von Nevesinje befindet sich die größte Ansammlung der Totenkultsteine in ganz Bosnien-Herzegowina, an 110 Stellen wurden insgesamt über 3880 Exemplare gefunden. Teilweise weisen die Steine aufwendige Bearbeitungen auf, darunter auch Darstellungen von Menschen und Tieren. Neben den Stećci gibt es einige weitere interessante Hinterlassenschaften vergangener Epochen. Aus der Zeit der Illyrer stammen Überreste einer befestigten Siedlung und mehrere Hügelgräber.

Der türkische Uhrturm im Ortszentrum

Während der Zeit der Römer führte ein wichtiger Handelsweg durch die Ebene von Nevesinje zum Boračko-See. Teile dieser früheren Verkehrsstraße sowie einige Meilensteine sind bis heute erhalten geblieben. Außerdem wurden in der Umgebung von Nevesinje Überreste römischer Siedlungen entdeckt.

In Dokumenten aus dem 12. Jahrhundert taucht der Ort bereits unter seinem jetzigen Namen auf. Im Mittelalter und in der Zeit der türkischen Herrschaft war Nevesinje eine Durchgangsstation für Kaufleute. Mehrere Handelsrouten kreuzten das Gebiet nahe der Stadt.

Die Türken hatten es mit der rebellischen Bevölkerung von Nevesinje nicht leicht. Im August 1875 kam es zu einem Aufstand gegen die türkischen Besatzer, der allerdings erfolglos blieb. Nachdem kurz darauf die Österreicher die Türken als Machthaber in Bosnien-Herzegowina ablösten, mußten auch sie sich mit dem Aufbegehren der Menschen im Nevesinje auseinander setzen.

Das kleine Ortszentrum bietet einen kleinen Spazierweg und einem Uhrturm aus dem Jahr 1664, der auch den letzten Krieg überstand. Er weist über einem quadratischen Grundriß eine Höhe von 15 Metern auf. Als Baumaterial für die äußeren Mauern des Turms verwendeten die Türken die Stećci.

Neben seinen Totenkultsteinen und zahlreichen Wasserquellen hatte der Ort bis zum letzten Krieg einige weitere interessante Bauten, vor allem aus türkischer Zeit. Nevesinjes bekanntestes Bauwerk war die Kaisermoschee (Careva džamija). Sie stammte aus dem 16. Jahrhundert und verfügte über eine hölzerne Vorhalle. Als Baumaterial für die Außenwände der Moschee dienten auch hier unter anderem die Totensteine aus der Umgebung. Die Moschee wurde während des letzten Krieges zerstört. Von der Vakuf-Moschee waren bereits zuvor nur noch Ruinen übrig.

Hotel ›Nevesinje‹,
Tel. 059 60 12 88.

Široki Brijeg

Denkmal für Didak Buntić

Široki Brijeg, durch das das Flüßchen Ugrovača fließt, ist vor allem wegen seines sehr schönen Franziskanerklosters und der Maria-Himmelfahrts-Kirche interessant. Das Kloster thront majestätisch in gebührendem Abstand zur kleinen, engen und staubigen Stadt Široki Brijeg auf einem Berg. Der Weg zum Kloster ist nur unzureichend ausgeschildert. Im Ort ist eine schmale einspurige Straße auszumachen, die zum Kloster führt. Einfacher ist die Fahrt jedoch über die offizielle Zufahrt am westlichen Ortsende.

Das Kloster und seine Kirche sind Anziehungspunkt für Gläubige aus der ganzen Welt. Besonders Italiener kommen in großer Zahl mit Reisebussen in die kleine herzegowinische Stadt, um in der Klosterkirche Messen in italienischer Sprache abzuhalten. Gegenüber dem Klostergebäude befindet sich der katholische Bischofssitz. Die gesamte Klosteranlage ist auffallend gut gepflegt.

Der Bau des Klosters wurde im Jahre 1844 von Franziskanermönchen initiiert. Bevor mit der Errichtung begonnen werden konnte, mußte zunächst das Grundstück gekauft und hierfür die Erlaubnis der türkischen Machthaber eingeholt werden. Zwei Jahre später waren alle Hürden überwunden und mit dem Bau konnte begonnen werden. Erst im Jahre 1860 wurde das Kloster, nachdem man verschiedene Erweiterungen vorgenommen hatte, entgültig fertiggestellt.

Die Franziskaner verhalfen Široki Brijeg auch zu einer Eigenversorgung mit Strom. Sie bauten am Fluß Lištica ein kleines einfaches Wasserkraftwerk, das damals für die Energieversorgung der Stadt ausreichte.

Mit dem Bau der Maria-Himmelfahrts-Kirche wurde 1905 begonnen. Abgeschlossen wurden die Arbeiten allerdings erst, kurz bevor der Zweite Weltkrieg auch diese Region erreichte. Die Freude an der neuen Kirche währte deshalb nur kurz. Im Krieg mußte sie große Zerstörungen hinnehmen und wurde erst im Jahr 1961 wieder instandgesetzt. In der Kirche befindet sich das Grab von Didak Buntić, der Ende des 19. Jahrhunderts der Bevölkerung dieser Gegend das Lesen und Schreiben vermittelte und sich im Ersten Weltkrieg bei der Rettung von Kindern verdient gemacht hatte. Heute ist Široki Brijeg auch aufgrund seines Fußballvereins bekannt. Seitdem sich neue Geldgeber fanden, spielt der örtliche Fußballverein nicht nur in einem exquisiten Stadion, sondern auch an der Spitze der bosnischen ersten Liga.

Kočerin

Kočerin ist ein kleiner, katholisch geprägter Ort auf halben Weg zwischen Široki Brijeg und Posušje. Der Ort hat eine Post, einen Supermarkt und andere kleine Läden, die sich unmittelbar an der Hauptstraße befinden. Zwischen den Orten gibt es mehrere Tankstellen.

Die Sehenswürdigkeiten von Kočerin stammen aus der jüngeren Vergangenheit. Die katholische Peter-und-Paul-Kirche wurde erst 1980 erbaut.

Die ungewöhnliche moderne Peter-und-Paul-Kirche

Imposant ist das den gesamten Glockenturm zierende Mosaik des Heiligen Franziskus. Das Mosaik wie auch das drei Meter hohe Denkmal vor der Kirche stammen von dem Bildhauer Ante Starčević. In der Außenmauer des Pfarrhauses, unmittelbar neben der Kirche, befindet sich eine Steintafel. Sie wurde 1974 in Kočerin entdeckt und schmückte einst das Grab von Viganj Milošević. Das Besondere an dieser Steintafel ist die Nennung aller bosnischen Könige, unter ihnen auch König Tvrtko. Der von der Hauptstraße abzweigende Weg zur Kirche ist leicht zu finden und ausgeschildert, Parkplätze gibt es unmittelbar vor dem Kirchengelände. Besuchern steht die Kirche offen.

Verläßt man Kočerin in westlicher Richtung, öffnet sich sehr bald eine weite, ebene Landschaft, die sich aufgrund des wenig fruchtbaren Bodens schwer bewirtschaften läßt. Dort, wo die Erde das Gesäte gedeihen läßt, schützen hüfthohe aus faustgroßen Steinen gestapelte Mauern die Pflanzen vor Tieren und Wind.

Posušje

Posušje liegt in einer Höhe von 670 Metern. Trotz der recht hohen Lage herrscht in dieser Gegend eher ein Mittelmeerklima. Der Ort kann auf eine lange Geschichte zurückblicken: Die ersten Siedler in diesem Gebiet waren die Illyrer, nach ihnen ließen sich die Römer hier nieder, bauten Siedlungen und errichteten Befestigungen. Noch heute sind die Überreste einer römischen Festung aus dem 5. Jahrhundert auf den Hügeln Gradac und Gradina zu finden. Dort wurden auch römische Münzen, Waffen, Gefäße und andere Gegenstände aus dieser Zeit gefunden. Erstmalig offiziell genannt wird Posušje im Jahre 1387. Die Türken kamen im Jahre 1493 in diese Region und bestimmten für vier Jahrhunderte die Entwicklung der Stadt. Posušje macht auf den ersten Blick nicht sehr viel her. In der Stadtmitte steht eine kleine Kirche, eine weitere am Ortsausgang. Letztere wurde vor kurzer Zeit erbaut. Auch Posušje ist eine Hochburg der Stećci, darunter auch Nekropolen. Bis zu 200 der stehenden Grabstellen wurden in der Umgebung von Posušje gefunden. Am westlichen Ortsende steht unmittelbar an der Straße eine Gruppe von vier Stećci.

In der Umgebung von Posušje gibt es mehrere Steinbrüche. Verläßt man den Ort in westlicher Richtung, ist die Gegend sehr bald unbewohnt und einsam. Hier herrscht die für Bosnien typische Karstlandschaft vor. Die Erde ist kaum bewachsen, einige trockene Sträucher und schwächliche Bäume haben ihre Wurzeln in den steinigen Boden gekrallt. Von Zeit zu Zeit stehen einzelne Häuser am Straßenrand. Plötzlich taucht das Minarett einer Moschee auf, die erste seit vielen Kilometern in der von bosnischen Kroaten dominierten Region. Die Moschee steht inmitten eines kleinen moslemisch geprägten Dorfes.

Vorwahl: 039.
PLZ: 88240.
Hotel ›JIM-Benz‹, Jukića Njive bb, Tel. 68 24 87, Fax 68 24 87.

Restaurant ›Bolero‹, Zavelimska bb, Tel. 063/32 95 75.

Blagaj

Mit Blagaj verbinden viele das oft gezeigte Bild des Derwischklosters an der Quelle der Buna. Das Kloster entstand vermutlich im 17. Jahrhundert und wurde im sogenannten türkischen Barockstil unmittelbar unterhalb eines Felsens gebaut. Es ist so vor Regen und anderem Ungemach geschützt. Es ist eines der sehr wenigen noch erhaltenen und selten vorkommenden Derwischklöster in Bosnien-Herzegowina. Allerdings handelt es sich auch hier um eine Rekonstruktion. Das Kloster ist nicht nur aufgrund seiner Lage ein ungewöhnlicher Bau, sondern auch wegen seiner für damalige Verhältnisse sehr luxuriösen Ausstattung mit einer Fußbodenheizung. Heute ist das Kloster ein Museum, in dem die typische Wohnarchitektur der damaligen Zeit gezeigt wird.

Oberhalb der Bunaquelle befindet sich die sogenannte Grüne Höhle (Zelena pečina). Hier machten Archäologen Funde, die aus den Jahren 3000 bis 2800 vor unserer Zeitrechnung stammen, darunter bemalte Keramik. Die Bewohner der Höhlen werden dem mediterranen Kulturkreis zugerechnet.

Auch Spuren der Römer lassen sich in Blagaj finden. Ein Beispiel ist die Kosara-Brücke. Auch in ihrer Umgebung wurden die Reste einer römischen Siedlung gefunden. Von der ursprünglichen Brücke sind bis heute jedoch nur zwei der Brückenpfeiler erhalten geblieben. Im 16. Jahrhundert ließ Memed Karađoz Beg eine neue fünfbögige Brücke über die Buna bauen, die Karadjozbegova most, und daneben ein türkisches Bad.

Sehenswert in Blagaj ist außerdem die Kaisermoschee (Careva džamija) aus dem 16. Jahrhundert. Während der österreichisch-ungarischen Herrschaft wurde das Kuppeldach der Moschee zerstört, später jedoch rekonstruiert.

Von besonders großer historischer Bedeutung ist die Burg (Stjepan grad). Sie liegt oberhalb von Blagaj und der Bunaquelle auf dem Berg Hum. Dieser steile, steinige und spärlich bewachsene Felsen war der Namensgeber der Region Hum, die bis zur Machtübernahme der Türken von Herzog Stjepan Vukčić Kosača beherrscht wurde und der heutigen Herzegowina entspricht.

Zu Beginn des ersten Jahrhunderts unserer Zeitrechnung baute der illyrische Stamm der Daorsi hier eine erste, in ihren Ausmaßen sehr viel bescheidenere

Festung. Im 4. Jahrhundert errichteten die Römer an gleicher Stelle ein Militärlager. Zwei Jahrhunderte später wurde das Lager und mit ihr die Festung ausgebaut. Im zehnten Jahrhundert hatte sich die auf den Ruinen der alten römischen Festungsmauern errichtete Burg zum Mittelpunkt der Hum-Region entwickelt.

In der Folgezeit machten sich verschiedene Herrscher die Festungsstadt zu eigen: Im 11. Jahrhundert besetzen die Fürsten von Zeta aus dem Kernland des heutigen Montenegro die Burg. Anschließend wurde sie vom serbischen Fürsten Stefan Nemanja beherrscht. Im ersten bosnischen Staat gelangte die Burg in den Besitz der bosnischen Könige und im Jahr 1428 in den Besitz der Feudalfamilie Kosača, die sie um vier Wachtürme erweiterten, Schießscharten und 15 Meter hohe Wehrmauern bauen ließen.

Bevor die Türken die Region eroberten, kam die Festung schließlich in den Besitz des Herzogs Stjepan Vukčić Kosača. Von seinem Vornamen leitet sich der heutige Name der Festung ab. Im Jahr 1465 eroberten die Türken die Burg und nutzten sie bis 1835 als Stützpunkt einer kompletten Garnison.

Restaurant ›Norfish Blagaj‹. Nur wenige hundert Meter von der Bunaquelle, große Terrasse mit Sommergarten, als Spezialität wird Fisch in verschiedenen Variationen angeboten.

Das Derwischkloster an der Quelle der Buna

Buna

Buna ist ein kleiner und auf den ersten Blick unscheinbarer Ort rund fünf Kilometer südwestlich von Blagaj, leicht zu erreichen über die Überlandstraße nach Mostar. Wer mit dem Auto kommt, läuft Gefahr, den Ort zu übersehen und vorbeizufahren. Für die Einheimischen, besonders für die Mostarer, ist Buna jedoch ein beliebtes Ausflugsziel. In der schönen Natur läßt sich wandern und angeln, außerdem laden Restaurants zum Probieren der frischen Forellen aus der Buna ein.

Außerdem hat der kleine Ort hat einige interessante Sehenswürdigkeiten. Schnell fällt die Moschee mit ihrem Kuppeldach ins Auge, die der Wesir Ali Paša Rizvanbegović errichten ließ. Nahe der Moschee befindet sich die Dolap, eine mit Pferdekraft betriebene Bewässerungsanlage. Früher versorgten die Bauern der Gegend auf diese Art ihre Felder mit Wasser. Zu besichtigen sind auch einige alte Wassermühlen.

Međugorje

Etwa eine Autostunde von Mostar entfernt befindet sich der katholische Wallfahrtsort Međugorje (›Zwischen den Bergen‹), in dem überwiegend Kroaten wohnen. Der Ort selbst macht wenig her und geht auf eine römische Siedlung in der nahen Umgebung zurück. Aus dieser Zeit stammen die römischen Münzen und andere kleinere Gegenstände, die in Međugorje gefunden wurden. Während der türkischen Herrschaft gehörte der Ort zum Gerichtsbezirk von Mostar und findet Erwähnung in verschiedenen offiziellen Dokumenten.

In der Region herrscht ein angenehmes Mittelmeerklima. Mitverantwortlich dafür ist das Tal der Neretva, das die warmen Luftströme von der Adria bis in die Höhen des Ortes bringt.

Das Dorf hat eine lange katholische Tradition. Bis gegen Ende des 16. Jahrhunderts hatte es seine eigene Pfarre, dann flüchtete die katholische Bevölkerung vor den muslimischen Türken. Erst mehrere Jahrhunderte später, nach dem Abzug der Türken, nahm die Pfarre wieder ihre Arbeit auf. Mit dem Bau der Pfarrkirche wurde 1937 begonnen, sie konnte allerdings erst 1969 fertiggestellt werden. Der ohnehin große Zulauf der Kirche vervielfachte sich am 24. Juni 1981. An diesem denkwürdigen Tag soll sechs Jugendlichen in Međugorje die heilige Jungfrau Maria erschienen sein und seitdem täglich Jugendlichen gegenüber in Erscheinung treten.

Rund 25 Millionen Gläubige sind in den letzten zwanzig Jahren aus aller Herren Länder in den kleinen herzegowinischen Ort gepilgert, der sich mittlerweile den Besuchermengen angepaßt hat: Zahlreiche Souvenirläden und Hotels prägen das Stadtbild.

Vom Ort Međugorje ist ein kleiner Fußmarsch notwendig, um die Stelle der ersten Erscheinung zu erreichen. Nach den Mühen des Aufstiegs mag das Vorgefundene etwas enttäuschen: Drei Holzkreuze markieren die Stellen, an denen den Jugendlichen zum ersten Mal die heilige Jungfrau Maria begegnet sein soll.

Nicht weit von der Kirche des heiligen Lukas entfernt prangt auf der Spitze des Križevac ein fast zehn Meter hohes Kreuz. Seit 1934 thront das Kreuz über der Landschaft. Wer nicht vor den Pilgermassen zurückschreckt, findet von dort einen einzigartigen Blick in die herzegowinische Ebene.

Vorwahl: 036.
PLZ: 88266.
Hotel ›Pax‹. 70 freundlich eingerichtete Zimmer mit Sat-TV und Minibar. Das Hotelrestaurant bietet Wein aus der Region an.
Hotel ›Palace‹, Bijakovići bb, Tel. 65 10 61, Fax 65 17 00.
Hotel ›Anamaria‹, Bijakovići bb, Tel. 65 15 65, Fax 65 10 23.
Pension ›Palma‹, Bijakovići bb, Tel./Fax 65 12 91.
Pension ›Međugorje‹, Krstina bb, Tel. 65 12 91, Fax 65 10 92.
Hotel ›BIM‹, Služanj bb, Tel./Fax 64 39 30.
Hotel ›San kod Kike‹, Tromeđa, Služanj bb, Tel. 65 04 63, Fax 65 14 63.

Počitelj

Die mittelalterliche Stadt Počitelj, die durch ihr orientalisches Stadtbild besticht, befindet sich am linken Ufer der Neretva nahe der Landesgrenze zu Kroatien. Zum ersten Mal offiziell erwähnt wird Počitelj im Jahr 1444, doch man geht davon aus, daß der Ort bereits im 12. Jahrhundert existierte. In später verlorengegangenen Dokumenten des Fürsten Miroslav soll der Ortsname bereits vorgekommen sein. Wie aus einer Urkunde des Herzogs Stjepan aus dieser Zeit hervorgeht, ist Počitelj zu Beginn des 15. Jahrhunderts Teil der Pfarre Dubrava.

Als die Türken immer weiter nach Westen vorrückten und bereits den größten Teil Bosniens in ihre Gewalt gebracht hatten, fürchteten auch die Menschen in der Herzegowina deren Expansionsdrang. Die damals in der Herzegowina herrschenden ungarisch-kroatischen Könige stationierten Miltär in Počitelj, um die herannahenden Türken abzuwehren. Außerdem wurde mit dem Bau einer Festungsanlage begonnen. Sie war innerhalb kürzester Zeit fertiggestellt. Dabei leistete die damalige Republik Dubrovnik Hilfe. Sie schickte ein Schiff mit Baumaterial über die Neretva, stellte finanzielle Mittel zur Verfügung und unterstützte den Bau einer Brücke über den Fluß nahe Počitelj.

Zunächst schien es, als fänden die Türken kein Mittel, um Počitelj einzunehmen. Nach einer Vielzahl von Angriffen war die Stadt jedoch trotz ihrer Befestigung nicht mehr zu halten, und im September 1471 brachten die Türken Počitelj in ihre Gewalt. Die Soldaten der Stadtverteidigung mußten sich bis zur Mündung der Neretva zurückziehen und die Stadt verlorengeben.

Für die Türken war die Počitelj-Festung ein strategisch wichtiger Stützpunkt, der die Eroberung des übrigen Gebiets der Herzegowina vereinfachte. Rund

400 Soldaten waren ständig in Počitelj stationiert. Zwar hatte die Republik Dubrovnik noch versucht, die türkische Invasion abzuwehren, aber als die Türken sich durchsetzten, pflegten sie auch mit den neuen Machthabern gute Beziehungen. Es wurde ein reger Warenhandel aufgenommen, und die Dubrovniker sicherten sich mit üppigen Geschenken und finanziellem Entgegenkommen das Wohlgefallen der Türken.

Zu Beginn der türkischen Herrschaft in Počitelj gehörte die Stadt zum Verwaltungsbezirk von Blagaj. Erst 1782 wurde Počitelj Gemeindesitz, zu dem über 30 Orte und Dörfer gehörten, darunter auch Blagaj und Stolac.

Im Jahr 1683 erlebte das große und mächtige Osmanische Reich erstmals eine verheerende militärische Niederlage. Vor den Toren Wiens wurden die Türken in ihre Schranken verwiesen. Die Auswirkungen der Niederlage reichten bis nach Počitelj. Die Venezianer konnten den angeschlagenen Türken einige Gebiete abspenstig machen und drangen 1693 bis nach Počitelj vor. Unterstützung fanden die Venezianer in großen Teilen der Bevölkerung. Dort hatte sich große Unzufriedenheit über die hohen Steuerforderungen der türkischen Machthaber breitgemacht. Die Türken versuchten zunächst vergebens, die an die Venezianer verlorenen Gebiete zurückzuerobern. Erst 1718 gelang es ihnen. Abgesehen von dieser Unterbrechung blieb die Stadt über 400 Jahre unter türkischer Herrschaft – bis 1878.

Als touristisches Ausflugsziel wurde Počitelj erst im 20. Jahrhundert entdeckt, als Mitte der sechziger Jahre mit dem Bau der Straße entlang der Neretva begonnen wurde. Počitelj wurde restauriert und bekam den Charakter eines Freilichtmuseums, das sich ganz dem Besucher verschrieben hat.

Der Aufgang zur Burg

Sehenswürdigkeiten

Oberhalb von Počitelj befindet sich am linken Ufer der Neretva die Festung. Ein Besuch der Festungsruinen lohnt vor allem aufgrund des einzigartigen Ausblicks auf Počitelj, die grünlich schimmernde Neretva und die Umgebung. Von dort oben konnte man herannahende Feinde bereits in der Ferne ausmachen und ihr Vorhaben im Keim ersticken. In den vergangenen Jahrhunderten war mit dem Besitz der Festung immer auch die Herrschaft über Počitelj und die ganze Region verbunden.

Im Ort diente das Han als Herberge für Kaufleute und ihre Pferde. In der Mitte des Gebäudes hatten die Tiere Platz, während die Reisenden sich in kleinen Räumen ringsherum einquartierten. Das Han war bis zum letzten Krieg eine der wenigen noch erhaltenen Karawansereien in Bosnien-Herzegowina und diente als Restaurant. An kleinen flachen Holztischen konnte der Besucher Platz nehmen, einen türkischen Kaffee trinken und Spezialitäten der Region genießen. Das Restaurant war modern eingerichtet, nur die Feuerstelle stammte noch aus der Zeit des ursprünglichen Baus. Im Sommer 2004 war das Restaurant noch nicht wieder in Betrieb.

Počiteljs Moschee entstand in den Jahren 1562/63, ihr Erbauer war Hadschi Alija. Sie trug im Volk allerdings den Namen Šišman Ibrahim Pašas, der die Moschee vermutlich erneuern oder erweitern ließ.

Die Architektur der Moschee entspricht der damals üblichen Bauweise. Etwa 30 weitere Moscheen mit einem vergleichbaren Grundbau entstanden während dieser Epoche in Bosnien-Herzegowina, allerdings hebt sich die Moschee in Počitelj von den übrigen durch einzigartige Feinheiten ab. Der klassische Kuppelbau besticht durch sein sehr hohes, von weitem deutlich sichtbares Minarett, das feingearbeitete Verzierungen aufweist. In das Innere der Moschee gelangt man durch eine kunstvoll gestaltete Holztür, und auch das Dach der Vorhalle hat drei kleine Kuppeln. Im letzten Krieg wurde die Moschee stark beschädigt: Beim Versuch, sie zu sprengen, wurde das Minarett völlig zerstört, und auch der Hauptraum der Moschee erlitt große Schäden. Nach dem Krieg wurde die Moschee wieder aufgebaut.

Gemeinsam mit dem Minarett ragt der Uhrturm aus dem Stadtbild von Počitelj, der 1664 von Šišman Ibrahim Paša in Auftrag gegeben wurde. Seine Architektur zeigt deutlich mediterrane Einflüsse. Der quadratische Grundriß ist dem des Glockenturms von Dubrovnik nicht unähnlich. Aufgrund der traditionell engen Beziehungen zwischen Počitelj und Dubrovnik ist zu vermuten, daß Baumeister aus der Hafenstadt bei seiner Errichtung beteiligt waren.

Ebenfalls im 17. Jahrhundert entstand das türkische Bad mit seinem für türkische Bauten typischen Kuppeldach. Interessant ist, daß das Wasser für das Bad über ein System von Wasserrädern aus der Neretva in das Bad geleitet wurde. Das türkische Bad stand nicht nur den Stadtoberen zur Verfügung, sondern durfte auch vom gemeinen Volk genutzt werden. Das Bad verfügte nur über zwei Räume; einen für die Besucher und einen, in dem das Wasser gewärmt wurde.

Vorhof und Eingang zur Moschee

Šišman Ibrahim Paša ließ auch Počiteljs Medresse bauen. Sie diente während der türkischen Epoche als wichtige islamische Bildungsstätte. Die Medresse hatte die Funktion einer Schule mit fünf kleineren Räumen und einem großen Lernzimmer, das auch genutzt wurde, um islamische Schriften zu kopieren. Jeder Raum verfügte über eine eigene Kuppel-überdachung. Unmittelbar neben der Medresse ließ Ibrahim Paša eine Bibliothek einrichten, für die er später wertvolle Handschriften aus Ägypten spendete. Vor dem letzten Krieg in Bosnien-Herzegowina diente das Gebäude der Medresse als Restaurant.

Hinter der Medresse befindet sich das Gavrankapetanović-Haus aus dem späten 18. Jahrhundert. Es gilt als beispielhaftes Gebäude orientalischer Wohnarchitektur. In den siebziger und achtziger Jahren etablierte sich hier eine Künstlergemeinschaft. Künstler aus dem ehemaligen Jugoslawien und fast allen Erdteilen kamen nach Počitelj, um dort gemeinsam an neuen Werken zu arbeiten und sich von der einzigartigen Landschaft inspirieren zu lassen. Die hier entstandenen Bilder wurden in der hauseigenen Galerie ausgestellt.

Im letzten Krieg erlitten alle Bauwerke in Počitelj große Beschädigungen, wurden aber zwischenzeitlich restauriert.

Čapljina

Čapljina befindet sich südlich von Poćitelj am rechten Ufer der Neretva, rund einen Kilometer von der Hauptstraße entfernt. Der Weg dorthin ist ausgeschildert.

Die Gegend von Čapljina war schon im Altertum ein beliebtes Siedlungsgebiet. Die Illyrer ließen sich hier nieder, später gründeten die Römer eine Siedlung.

Denkmal für König Tomislav

Erste Erwähnung findet der Ort im Jahre 1632, als die Türken Bosnien-Herzegowina beherrschten und Čapljina zum Gerichtsbezirk Mostar gehörte.

Der Ort gewann erheblich an Bedeutung, als Mitte des 19. Jahrhunderts eine Eisenbahnlinie nach Mostar eingerichtet und später bis Sarajevo ausgebaut wurde. Ende des 19. Jahrhunderts festigte die Stadt ihren Ruf als Handels- und Umschlagsplatz für Tabak. Neben Tabak wachsen und gedeihen Feigen, Trauben, Pfirsiche, Orangen und Zitronen, aber auch Gemüse, darunter Tomaten, Paprika und Kartoffeln, besonders gut in Čapljina und sichern einem Großteil der Bevölkerung den Lebensunterhalt.

In der Ortsmitte gibt es einen großen Platz, der von einem bronzenen Denkmal des Königs Tomislav dominiert wird. Am Rand des Platzes sind einige Cafés und verschiedene kleinere Geschäfte zu finden. Auch der kleine Spazierweg zur katholischen Kirche zweigt von dort ab. Wer mit dem Auto kommt, wird hier auf dem zentralen Parkplatz eine Parkmöglichkeit finden können.

Vorwahl: 036.
PLZ: 88300.
Tourismusorganisation der Gemeinde Čapljina, Mate Bobana bb, Tel. 80 61 23.

Bahnhof Čapljina, Trg J. B. Jelačića bb, Tel. 80 60 29.

Hotel ›J&B Vukšić d.o.o.‹, Mostarska 15, Tel. 80 59 17, Fax 80 54 82.

Motel ›Lav‹, Gabela bb, 88306 Gabela-Čapljina, Tel. 82 10 41.

Motel ›Karaotok d.o.o‹, Karaotok bb, 88307 Višići, Tel. 81 47 16, Fax 81 47 15.

Restaurant ›Antica‹, Braće Radića bb, Tel. 80 83 34.

Restaurant ›Villa Rustica‹, Mogorjelo bb, Tel. 80 65 75.

Mogorjelo

Das etwa einen Kilometer südlich von Čapljina am linken Ufer der Neretva gelegene Mogorjelo ist eine der größten archäologischen Fundstellen in Bosnien-Herzegowina. Bereits von 1899 bis 1903 fanden hier umfangreiche Ausgrabungen statt. Sie förderten die Grundmauern einer Hofschaft zu Tage, die schon im ersten oder zweiten Jahrhundert errichtet, im darauffolgenden Jahrhundert jedoch einem Feuer zu Opfer gefallen und weitgehend zerstört worden war.

An gleicher Stelle wurde bald darauf ein massives Landhaus aus Stein mit rechteckigem Grundriß errichtet. Die vermögenden römischen Besitzer ließen vier Ecktürme bauen und zwei weitere zur Bewachung der beiden Zugänge. Die Böden der Zimmer waren mit Marmor ausgelegt, die Wände mit Bildern und aufwendig gearbeiteten Mosaiken dekoriert.

Der Komplex bestand aus einem einstöckigen Hauptgebäude und mehreren Arbeits- und Lagerräumen, zu denen auch ein Weinkeller und eine Backstube gehörten. Das Hauptgebäude verfügte über eine Vorhalle, dessen Dach von wertvollen Säulen getragen wurde.

Als die Westgoten in den Jahren 401 bis 403 über das Gebiet der heutigen Herzegowina herfielen, zerstörten sie das Hauptgebäude. Heute sind die Ruinen der anderen Gebäude noch zu besichtigen. Seit dem fünften Jahrhundert war die Hofschaft verlassen. Zwei Jahrhunderte später wurde in der nahen Umgebung ein christlicher Friedhof angelegt. Auf dem Grundstück der Hofschaft wurde eine Doppelbasilika errichtet. Aber auch sie wurde im Laufe der Jahrhunderte zerstört.

Auf dem Gelände der archäologischen Fundstelle befindet sich ein kleiner Park mit mediterranen Pflanzen. Bei Beginn der Ausgrabungen pflanzte man dort Zypressen, die über die Jahre gewachsen sind und einen schönen Park entstehen ließen. Im Park sind die Überreste eines Gebäudes aus der römischen Zeit zu besichtigen. Daneben befindet sich auch eine Ölpresse aus derselben Epoche.

Neum

Auf einer Länge von 5,6 Kilometern markiert Neum den bosnisch-herzegowinischen Zugang zum Meer. Doch durch das zerklüftete Gebirge sind es tatsächlich über 23 Straßenkilometer, die zwischen der kroatischen Grenze im Norden der Bucht und der montenegrinischen Grenze im Süden liegen. Auf dieser Strecke konnte man früher innerhalb von 20 Minuten vier Grenzkontrollen erleben. Das erste Mal mußte der Reisepaß beim Verlassen Kroatiens vorgezeigt werden, dann kontrollierten die bosnischen Beamten bei der Einreise. Bei der Ausreise nach

In Neum stehen die Ferienhäuser dicht an dicht

wenigen Minuten wiederholte sich die Prozedur in umgekehrter Reihenfolge. Mittlerweile findet nur noch eine kurze oberflächliche Kontrolle bei der Ein- oder Ausreise statt.

Bis 1718 gehörte die Region von Neum zur Republik Dubrovnik. Die Dubrovniker Machthaber traten das Gebiet an die damals in Bosnien-Herzegowina herrschenden Türken ab, um auf Distanz zu den in Dalmatien herrschenden Venezianern zu gehen.

Bis in die siebziger Jahre des 20. Jahrhunderts war Neum eine dünn besiedelte, steinige und eher trostlose Bucht. In den achtziger Jahren bauten Politfunktionäre aus Sarajevo hier ihre Ferienvillen und sorgten für einen heftigen Skandal, da es bei dem Bau nicht ganz mit rechten Dingen zuging.

Wer heute während der Sommersaison nach Neum kommt, wird sich auf dem schmalen Küstenstreifen eingeengt fühlen. Zahlreiche Ferienhäuser drängen sich dicht aneinander, dazwischen quetschen sich große Hotelblöcke. Jeder noch so kleine freie Platz ist bebaut, und da kein Raum vorhanden ist, um in die Breite zu bauen, wird ein Stockwerk auf das andere gesetzt. In Neum gibt es zwar einige schöne Strände, doch reicht der Platz kaum aus, um die Massen im Sommer zu bewältigen. Lohnenswert erscheint allein der Besuch einer der modernen Tankstellen im Ort. Der Kraftstoff ist erheblich preiswerter als im benachbarten Kroatien und von guter Qualität. Badeplätze gibt es an anderer Stelle aber sicherlich attraktivere.

Vorwahl: 036.
PLZ: 88390.
Hotel ›Neum‹, Zagrebačka 2, Tel. 88 02 22, 88 00 60, Fax 88 00 77, www.hotel-neum.com, hotel.neum@tel.net.ba. Über 800 Betten, mehrere Restaurants, Café, TV-Raum, Sommerkino, großes Meerwasserschwimmbad, hoteleigener Parkplatz. Im Sommer ist das Hotel stark besucht, am Strand kann es dann sehr eng werden.
Hotel ›Stella‹, Tel. 88 00 50, Fax 88 00 51, www.stella-neum.com, info@stella-neum.com.
Hotel ›Sunce‹, Sunčana Obala bb, Tel. 88 00 33, Fax 88 00 65, www.hotel-sunce.com, uprava@hotel-sunce.com. Über 180 Betten, mehrere Restaurants, liegt direkt am schmalen, hoteleigenen Strand. Angeboten werden auch Boots- und Busausflüge nach Mostar oder Dubrovnik.
Hotel ›Zenit‹, R. Boškovića, Tel. 88 01 44, Fax 88 01 40. Großer Gebäudekomplex mit betoniertem Strand, 340 Betten, Schwimmbad, mehreren Restaurants, Bar, Konditorei. Das Hotel organisiert Ausflüge nach Dubrovnik, Počitelj und in andere nahe und sehenswürdige Städte.

Stolac und Radimlje

Stolac liegt am Fuße des Berges Hrgund. Durch die Stadt schlängelt sich blaugrün schimmernd der Fluß Bregava. Durch die Nähe zur Adriaküste und der geringen Höhe herrscht in Stolac ein angenehmes Mittelmeerklima.

In frühster Zeit wurde diese Gegend besiedelt. Bereits bevor die Illyrer in diese Region kamen, lebten Menschen in den zahlreichen Höhlen der Umgebung, wie spätere Funde zeigten. Im nahegelegenen Ošanići gründete der Stamm der Daorsi seine Hauptstadt. Sie trug den Namen Daorson und sollte bis zu Beginn unserer Zeitrechnung Bestand haben. Archäologen gruben später die Hinterlassenschaften der Illyrer aus, darunter auch geprägte Münzen. In der Antike besiedelten die Römer die Region.

Im Mittelalter bestimmte zunächst die Familie Miloradović die Geschicke von Stolac. Später hielt Herzog Stjepan die Macht bis zu seinem Tod in seinen Händen. Im Jahr 1471 besetzten die Türken die Stadt. Bereits 1664 hatte Stolac 280 steinerne Häuser, ein öffentliches türkisches Bad, ein Han und mehrere islamische Schulen.

Von besonderem Interesse für alle Machthaber war die Burg auf einem Hügel über der Stadt. Früher trug sie den Namen Vidoški Grad. Sie stellte lange Zeit den

Mittelpunkt der Region dar und ließ Stolac selbst als ein bewohntes Anhängsel erscheinen. Die Festung findet im Jahre 1375 erste Erwähnung. Es gilt jedoch als sicher, daß sie einige Zeit zuvor errichtet wurde.

Die Burg wurde im Laufe ihrer Geschichte wiederholt erweitert und verstärkt. Die Türken bauten sie zu einer der größten Festungen in der Herzegowina aus. Ihre Mauern waren bis zu zwei Meter dick und wurden von 13 Wachtürmen gesichert. Innerhalb der Festungsmauern entstanden mehrere Moscheen, Zisternen und Wohngebäude. Als die Herrschaft der Österreicher die der Türken ablöste, wurden einige der Gebäude abgerissen und neue kamen hinzu. Heute sind nur noch einige Ruinen der Festung zu sehen.

Gegenwärtig bietet das einstmals schöne und interessante Städtchen aufgrund der vorherrschenden Kriegsverwüstung einen traurigen Anblick. Es gibt kaum ein Gebäude, das nicht deutliche Spuren des Krieges aufweist. Zudem ist Stolac in eine kroatische und eine moslemische Stadthälfte geteilt, wenn auch ohne eine sichtbare Grenze.

Viele der interessanten Sehenswürdigkeiten, die Stolac zu einem beliebten Ausflugsziel machten, sind im Krieg zerstört worden. Direkt im Stadtzentrum befand sich die beeindruckende Kaisermoschee (Careva džamija). Sie galt als eine der ältesten Moscheen in der Herzegowina. Der Grundriß der Moschee ist ungewöhnlicherweise rechteckig und läßt die Vermutung zu, der Bau habe ursprünglich als Kirche gedient, möglicherweise auch als Kloster. Wiederholt wurde die Kaisermoschee renoviert, beispielsweise 1938, als sie ein neues Minarett bekam.

Blick auf die Überreste der Burg

Während des letzten Krieges wurde die Moschee zerstört. An gleicher Stelle entstand eine neue.

Die Ali-Paša-Rizvanbegović-Moschee – oder auch kurz Ali-Paša-Moschee – genannt wurde 1812 im Auftrag ihres Namensgebers erbaut, dem damaligen Wesir der Herzegowina. Der Wesir erfüllte damit den letzten Wunsch seines Vaters. Die Moschee wurde auf den Grundmauern einer bereits 1732 gebauten, aber dann sehr schnell verfallenen Moschee errichtet. Die Inschrift nannte den Initiator Ali Paša und die Daten der Restaurierung, darunter auch eine Erneuerung im Jahr 1889 durch den Nachfahren des Wesirs, Mehmed Ali Paša Rizvanbegović.

In Stolac gab es noch weitere sehenswerte, wenn auch nicht so bekannte Moscheen, darunter die Smail-Kapetan-Šarić-Moschee, erbaut im Jahre 1741, oder die Hadzin-Alija-Moschee, die zuletzt im 18. Jahrhundert restauriert wurde. Im letzten Krieg wurden alle islamischen Gebäude sowie die serbisch-orthodoxe Kirche zerstört.

Stolac geriet noch einmal im Februar 2004 in die Schlagzeilen, als der makedonische Präsident Boris Trajkowski mit einem Flugzeug auf dem Weg nach Mostar über dem Gebiet von Stolac abstürzte und sein Leben verlor.

Wenige Kilometer westlich von Stolac auf dem Vidovo polje befindet sich Radimlje, eine der eindrucksvollsten Ansammlungen der mittelalterlichen Bogumilengrabsteine. Insgesamt 133 Stećci aus dem 15. und 16 Jahrhundert sind hier zu besichtigen. Die Stećci sind überwiegend mit Ornamenten und Figurendarstellungen verziert. Sie zeigen Blumen und Pflanzenmotive sowie Schwerter, Bogen und kämpfende Männergestalten. Die über 400 Jahre alten Hinterlassenschaften der Bogumilen stehen völlig unscheinbar und für jedermann zugänglich am Straßenrand. Da sich niemand um die historische Stätte zu kümmern scheint, sind die Steine von Zerstörungen bedroht.

Unter den Steinen befinden sich drei in Kreuzform gearbeitete Tafeln sowie steinerne Sarkophage und bearbeitete Steinplatten. Hier liegen auch die Gräber der adligen Familie Hraben Mileradović. Inschriften auf den Grabsteinen nennen die Familienmitglieder. Die Steinmetze des Friedhofs haben sich ebenfalls im Stein verewigt, ihre Gravierungen sind an den kyrillischen Buchstaben zu erkennen.

Vorwahl: 036.
PLZ: 88360.
Motel ›Vila Ragusa‹, Kralja Tomislava bb, Tel. 85 37 78, Fax 85 37 78.
Restaurant ›Sampjero‹, Banovinska bb, Tel. 85 34 95.

Ljubinje

Der kleine Ort Ljubinje befindet sich auf dem Ljubinjsko polje östlich von Stolac. Auch in Ljubinjes Umgebung siedelten bereits die Illyrer. Bis heute sind ihre steinernen Grabhügel erhalten geblieben. Später kamen die Römer in die Gegend und bauten eine Straßenverbindung von der Küste Dalmatiens durch Ljubinje in das bosnische Hinterland. Im Jahr 1404 wird der Ort erstmalig in offiziellen Dokumenten genannt. Während der türkischen Epoche entand in Ljubinje eine Festung, die jedoch über die Jahrhunderte nicht erhalten werden konnte.

Die kleine katholische Kirche

Ljubinje entwickelte sich unter den verschiedenen Machthabern nur sehr langsam. Selbst den strebsamen Österreichern gelang es nicht, hier einen spürbaren Einfluß geltend zu machen. Im kommunistischen Jugoslawien sollte in Ljubinje ein Industriezentrum entstehen, doch bis heute spielt die Landwirtschaft – in erster Linie der Tabakanbau – die zentrale Rolle im Broterwerb der Bevölkerung und verhalf dem Ort zu relativem Wohlstand.

In Ljubinje und der nahen Umgebung gibt es 22 Fundstätten der Totenkultsteine. Die hier gefundenen Stećci sind besonders aufwendig gestaltet und mit zahlreichen Motiven verziert. Es gibt Abbildungen von Tieren und kämpfenden und jagenden Menschen.

Beschaulich und klein wie der Ort insgesamt sind auch seine alten Kirchen. Die katholische Kirche bietet gerade Platz für eine Handvoll Gläubige. Die alte orthodoxe Kirche steht auf dem Friedhof der Stadt und besitzt einen Glockenturm mit drei Glocken. Am Ortseingang wurde in der jüngeren Vergangenheit die im Vergleich zum Ort sehr groß dimensionierte neue serbisch-orthodoxe Kirche errichtet.

Im Stadtzentrum befinden sich ein Partisanendenkmal und davor ein Modell der serbisch-orthodoxen Kirche.

Das Hotel Ljubinje ist gegenwärtig nicht in Betrieb. Es liegt beschaulich in einem Park und wartet auf seine Wiedereröffnung.

Trebinje

Trebinje liegt im südöstlichen Zipfel Bosnien-Herzegowinas. Die Stadt befindet sich in einer Höhe von 274 Metern, dennoch herrscht aufgrund der Nähe zur Adria ein mildes, mediterranes Klima. Durch die Stadt fließt grün glitzernd der Fluß Trebišnjica. Die Trebišnjica fließt überwiegend unterirdisch und ist der größte Fluß dieser Art im Gebiet des ehemaligen Jugoslawien.Trebinje hatte vor dem Krieg rund 25 000 Einwohner, heute etwa 36 000, mehrheitlich bosnische Serben, und ist nach Mostar die zweitgrößte Stadt der Herzegowina.

Bedeutung hatte die Stadt bereits im 10. Jahrhundert. Noch unter dem Namen Terbunia wird sie in den Dokumenten des byzantinischen Kaisers Konstantin Porphyrogenhetos erwähnt. Im Jahre 1318 bekam die Stadt ihren heutigen Namen. Trebinje lag damals an einer wichtigen Handelsstraße, die von der Küste Montenegros in das Landesinnere Bosnien-Herzegowinas und Serbiens führte. Im 15. Jahrhundert kam Trebinje unter türkische Herrschaft. Für die Türken hatte die Stadt jedoch erst ab 1687 eine größere Bedeutung. Die Venezianer hatten das relativ nahe Herceg Novi in Montenegro eingenommen und drohten, weiter in die Herzegowina vorzurücken.

Die Türken hinterließen der Stadt einige ihrer schönsten Sehenswürdigkeiten. Auch die österreich-ungarische Herrschaft ab 1878 veränderte die Stadt sichtbar. Die Österreicher ließen auf mehreren Hügeln der Umgebung Festungen errichten und gaben Trebinje das Gesicht und die Verwaltung einer modernen größeren Stadt.

Während des Zweiten Weltkriegs nahmen 4500 Männer und Frauen aus Trebinje und Umgebung am Volksbefreiungsaufstand teil. Knapp tausend Partisanen ließen ihr Leben, beinahe ebensoviele zivile Kriegsopfer waren zu beklagen. Im letzten Krieg in Bosnien Herzegowina war die Stadt zwar nur indirekt von Kämpfen betroffen, dennoch wurden einige islamische kulturhistorische Denkmäler zerstört.

Das Stadtzentrum von Trebinje bietet einige Sehenswürdigkeiten und ist dabei sehr besucherfreundlich, da man es bequem zu Fuß durchlaufen kann. Wer mit dem Auto kommt, findet einen großen bewachten, aber kostenpflichtigen Parkplatz (1 K-Mark) an der Ul. Njegoševa an der Westseite des großen Stadtparks.

Die Njegoševa führt in östlicher Richtung in das Stadtzentrum. Nach wenigen Metern ist auf der rechten Seite weit hinten im Park ein großes Denkmal auszumachen. Es erinnert an die Opfer des Zweiten Weltkriegs. Entworfen wurde es von dem Bildhauer Nandor Glid. Im Park befinden sich verschiedene Büsten, die die Köpfe verdienter Partisanen und Volkshelden aus der Zeit des Zweiten Weltkriegs zeigen.

Einige Schritte weiter auf der Njegoševa, kurz bevor das Stadtzentrum erreicht ist, stößt man auf der linken Seite auf die katholische Kirche. Hier zweigt links die kleine, von Cafés gesäumte Fußgängerzone ab. An dieser Seite des von Platanen beschatteten großen Platzes steht das von dem Bildhauer Tomo Rosandić (1878–1958) geschaffene Njegoš-Denkmal, auf der Straßenseite gegenüber das Denkmal des Lyrikers Jovan Dučić. Im Sommer findet man unter den schattenspendenden Platanen ein kühles sonnengeschütztes Plätzchen in einem der zahlreichen Cafés.

Um den Zugang zur Altstadt zu erreichen, überquert man einfach die Straße in östliche Richtung. Die Stadtmauer wird man bestimmt schon zuvor entdeckt haben. Die Altstadt (Stari grad) trägt die Bezeichnung Kaštel. Ursprünglich hieß sie Ban-vir und bestand aus einer heute noch in großen Teilen erhaltenen Stadtmauer mit mehreren Türmen und Stadttoren. Erbaut wurde das Kastell über einen Zeitraum von drei Jahren ab 1703. Innerhalb der Stadtmauern findet man typische zweistöckige Häuser aus türkischer Zeit. Früher befanden sich in der Altstadt die 1719 erbaute Kaisermoschee und die 1729 erbaute Osman-Paša-Moschee. Beide Moscheen wurden während des Kriegs zerstört, die Osman-Paša-Moschee wird gegenwärtig wieder aufgebaut.

Im nördlichen Teil der Altstadt befindet sich der Uhrturm, der im Auftrag Osman Paša Resullbegovićs zu Beginn des 18. Jahrhunderts erbaut wurde. Heute steht der Uhrturm achtlos eingezwängt zwischen dem Herzegowina-Museum und einem weiteren Gebäude. Das Museum trug vor dem Krieg den einprägsamen Namen Heimatmuseum. Der Name änderte sich, nicht aber die bescheidene Qualität der Ausstellungen – für Kultur ist kaum Geld vorhanden. Das Museum erreicht man über einen ausgeschilderten, aber dennoch unscheinbaren Zugang. Nur wenige Besucher kommen noch in das Museum, und jeder Gast versetzt das Personal umgehend in aufgeregtes Treiben. Die Türen zu den Ausstellungsräumen werden aufgeschlossen und die Lichter eingeschaltet. Das Museum besitzt eine archäologische und eine heimatkundliche Sammlung. Gezeigt wird in einer Dauerausstellung eine vom Künstler selbst gestiftete Skulpturensammlung, eine Etage darüber gibt es eine ähnliche Bilderausstellung. Die Sammlung zum Volksbefreiungskrieg der Partisanen gibt es nicht mehr. Der Eintritt beträgt eine K-Mark.

Begova kuća – das bekannte Begen-Haus im orientalischen Stil mit seiner typischen Einrichtung – gibt es ebenfalls nicht mehr. Es wurde während des Krieges zerstört, ein Wiederaufbau ist derzeit nicht in Sicht.

Wer nach Trebinje kommt, sollte sich die Mühe machen, über eine schmale und gegen Ende sehr steile Straße zur orthodoxen Kirche Sveti Klimenta (Chercegovačka Gračanica) in den Osten von Trebinje zu fahren. Der Weg dorthin ist ausgeschildert, allerdings in kyrillischen Buchstaben. Auf dem Schild befindet sich aber auch ein Kirchensymbol, das auch Besuchern den Weg zeigt, die des Kyrillischen unkundig sind. Die orthodoxe Kirche befindet sich auf der Erhöhung Crkvina. Gestiftet wurde sie von wohlhabenden Serben, die vor Jahren nach Amerika ausgewandert waren; den größten Teil finanzierten die Eheleute Tupanjca. Erbaut wurde die orthodoxe Kirche erst im Jahr 2000. Bei der Planung wurde an

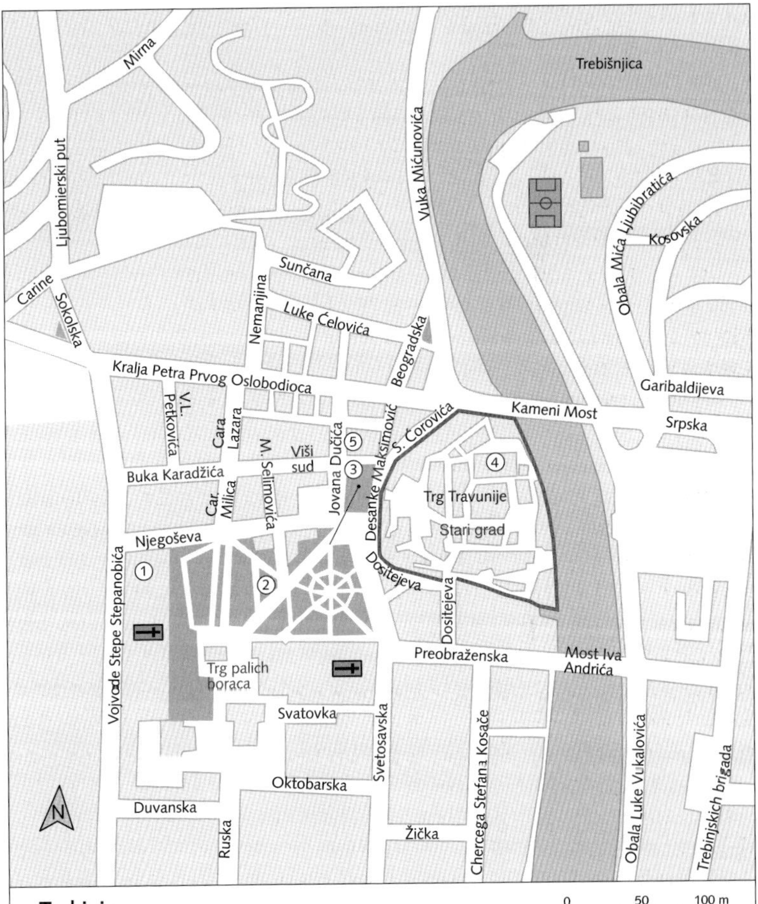

Trebinje

Legende

1 Parkplatz
2 Stadtpark
3 Fußgängerzone
4 Museum der Herzegowina
5 Hotel ›Platani‹

Die Stadtbrücke stammt vermutlich aus dem 17. Jahrhundert

die Besucher gedacht, und so gibt es ausreichend Parkplätze, ein Café und einen Devotionalienladen im Glockenturm neben der Kirche. Teil des Komplexes ist auch ein großzügiges Wohnhaus für die Kirchenmitarbeiter.

In der Kirche ist das Grab des bekannten Trebinjer Lyrikers und Romanciers Jovan Dučić. Sein Grab befand sich zunächst im Ausland, bis seine sterblichen Überreste nach der Fertigstellung der Kirche nach Trebinje überführt und hoch über der Stadt in der Kirche erneut beigesetzt wurden. Die Kirche ist innen mit farbenprächtigen Wandmalereien und kunstvollen Holzarbeiten gestaltet. Eine wirklich erhabene Atmosphäre ist dennoch nicht zu spüren, dafür ist die Kirche noch zu jung und zu sehr auf Touristen ausgerichtet. Ein Besuch der Hercegovačka Gračanica lohnt aber nicht nur wegen der orthodoxen Kirche: Vom Kirchplatz hat man einen atemberaubenden Blick auf die gesamte Stadt Trebinje.

Die aus dem modernen Stadtbild hervorstechende Arslanagić-Brücke fällt sofort ins Auge. Im Zuge der politischen Veränderungen in Bosnien-Herzegowina bekam auch die Brücke einen neuen Namen. Eine Marmortafel mit dem neuen Namen Perovića most wurde an einem Felsen am Zugang zur Brücke angebracht. Durchsetzten konnte sich der neue Name in der Bevölkerung jedoch bisher kaum, vor allem die älteren Trebinjer sprechen noch immer von der Arslanagića most. Die Brücke wurde vermutlich im 16. Jahrhundert, möglicherweise auch erst im 17. Jahrhundert erbaut. Genaue Aufzeichnungen, die Aufschluß geben könnten, sind leider nicht vorhanden. Bekannt ist aber, daß das Bauwerk von Mehmed Paša Sokolović gestiftet wurde. Er gab auch die Brücke über die Drina bei Višegrad in

Auftrag und finanzierte sie. Sie wurde durch Ivo Andrićs Roman ›Die Brücke über die Drina‹ von 1945 weltberühmt.

Die aus weißem Stein gebaute Arslanagić-Brücke spannt sich 80 Meter über den Fluß. Sie hat zwei große Bögen und an beiden Brückenenden jeweils zwei übereinander liegende kleine Bögen. Fast entsteht der Eindruck, als habe der Baumeister erst eine niedrigere bescheidenere Brücke im Sinn gehabt, es sich aber nach der Fertigstellung der ersten beiden kleinen Bögen anders überlegt und darüber dieses gewaltige und faszinierende Bauwerk geschaffen. Vermutlich waren Steinmetze aus dem nahen Dubrovnik maßgeblich an dem Bau beteiligt. Der Aufgang zum Scheitelpunkt der Brücke ist recht steil, aber zugleich großzügig breit und zu beiden Seiten durch ein steinernes Geländer gesichert. Wie ein Brückenmodell im Heimatmuseum von Trebinje zeigt, befand sich früher in der Mitte der Brücke ein Wachhaus für den Brückenwächter. Das Haus entstand im 19. Jahrhundert, wurde aber später wieder abgerissen. Die Brücke selbst befand sich ursprünglich an einer anderen Stelle, doch beim Bau des Wasserkraftwerks und Stausees Gorica mußte auch ihr Standort überflutet werden. Die Brücke wurde Stein für Stein abgetragen und vier Kilometer weiter flußabwärts wieder aufgestellt.

Vorwahl: 059.
PLZ: 89101.
Touristische Vereinigung Trebinje, Preobraženska bb, Tel. 22 46 26.

Hotel ›Platani‹, Cvjetni Trg 1, Tel. 27 04 20, 22 51 34, Fax 27 04 21, DZ 140 K-Mark. Exquisites Hotel im Stadtzentrum, alle Zimmer mit Klimaanlage
Hotel ›Leotar‹, Luke Vukalovića 1, Tel. 26 01 13.
›Vila Lastva‹, Lastva bb, Tel. 25 20 17.

Restaurant ›MG‹, Majke Jugovića 11, Tel. 26 08 77. 4-Sterne-Restaurant, klimatisierte Räume, umfangreiche Speisekarte, von Pizza bis zur lokalen Spezialität, Preise relativ günstig.
Restaurant ›Gradina‹, Luke Vukalovića 1, Tel. 28 00 17.

Bileća

Bileća liegt nördlich von Trebinje, nur 60 Kilometer von der kroatischen Adriaküste entfernt. Bei Bileća entspringt die Trebišnjica, der Fluß mit den längsten unterirdischen Abschnitten im ganzen ehemaligen Jugoslawien.

Die Stadt fand bereits im Jahre 1387 erste Erwähnung als Ansiedlung am bekannten Handelsweg, der von Dubrovnik über Gacko nach Montenegro und weiter nach Serbien führte. Die Gegend hatte aber schon in der Antike Bedeutung, als die Illyrer die Region besiedelten. In der Umgebung von Bileća wurden Reste ihrer Siedlungen und Grabstätten gefunden.

Im Jahre 1388 scheiterten die Türken in der Nähe von Bileća bei dem Versuch, nach Bosnien vorzudringen. In dieser ersten Schlacht zwischen den Türken und der Armee des bosnischen Königs Tvrtko konnte der bosnische Heerführer Vlatko Vuković die Türken noch bezwingen. Später konnten sich die Türken durchsetzten und eroberten auch diesen Teil Bosnien-Herzegowinas. Das Stadtbild von Bileća bereicherten sie durch einige schöne Bauten. Im Zweiten Weltkrieg befand sich ab 1940 in Bileća ein Gefangenenlager, in dem Moše Pijade, Ivan Ribar, Ivan Milutinović und weitere bedeutende Kommunisten einsaßen.

Der Ort Bileća beginnt unmittelbar am nördlichen Ufer des Bilećko-Sees. Die Hauptstraße führt durch den Ort, aber nicht durch das kleine sehenswerte Stadtzentrum. Ein großer kostenloser Parkplatz befindet sich direkt an der Hauptstraße vor zwei größeren grauen Gebäuden, von denen das eine als Kulturzentrum diente und das andere als Hotel. Hier zweigt die Ortsstraße in das kleine Zentrum von Bileća ab, wo der Reisende einige schöne, sehr alte Gebäude und zahlreiche kleine Geschäfte findet. Die Menschen flanieren hier, treffen sich auf einen Kaffee, kaufen ein und bleiben zu einem Plausch stehen – nicht ohne Fremde zu beäugen.

Vor dem letzten Krieg waren in Bileća alle drei großen Glaubensrichtungen mit eigenen Gotteshäusern vertreten. Die serbisch-orthodoxe Kirche und die Moschee standen über Jahrzehnte in friedlicher Nachbarschaft, nur einen Steinwurf voneinander entfernt. Während die katholische und die serbisch-orthodoxe Kirche den

Die ›Volkshelden‹ von Bileća

Krieg weitgehend unbeschadet überstanden haben, wurde die Moschee größtenteils zerstört. Die im 16. Jahrhundert erbaute Predojević-Moschee war einer der seltenen islamischen Bauten, die deutlich dalmatinische Einflüsse aufwiesen.

Mittelpunkt des Ortes ist der kleine schöne Stadtpark. Zwischen den grünen Wiesen und Bäumen des Parks befindet sich das große Partisanendenkmal. Über einige Treppenstufen gelangt man zum vergitterten Eingang des Beinhauses. In Steintafeln sind hier die Namen der 450 gefallenen Partisanen in kyrillischen Buchstaben eingraviert. Die schmucklosen Kisten, in denen die Knochen der einstigen Kämpfer aufbewahrt sind, liegen in einfachen Regalen und sind von Eingang aus zu sehen. Der Entwurf für das Beinhaus stammt von den beiden Künstlern und Architekten Ante Kostović und Mirko Ostoja. Den Park verzieren Büsten von verdienten Partisanenkämpfern, die mit dem Titel Volksheld ausgezeichnet wurden. Das vom Krieg geprägte letzte Jahrzehnt ist Bileća deutlich anzusehen. Viele der Gebäude wirken verfallen und bedürfen der dringenden Renovierung.

Etwas außerhalb des Ortes befinden sich einige Industrieanlagen, von denen die größere Zahl ungenutzt herumsteht. Die Fabriken produzierten bis zum Beginn der neunziger Jahre und stellten einen wichtigen Wirtschaftsfaktor für den Ort dar.

Bileća war auch ein Standort der Jugoslawischen Volksarmee. Jetzt werden die zahlreichen Kasernen und das Militärgelände von der bosnisch-serbischen Armee genutzt. Am südlichen Ortsende – von der Hauptstraße gut zu sehen – ist ein Flugzeug ausgestellt, das im Zweiten Weltkrieg eingesetzt wurde. Da es sich auf einem Militärgelände befindet, sollte man vor dem Fotografieren um Erlaubnis fragen.

In der Umgebung von Bileća finden sich zahlreiche Stećci. Interessant sind auch die verschiedenen Denkmäler, die noch aus der römischen Zeit stammen. Viele der historischen Hinterlassenschaften mußten beim Bau des Stausees Bilećko jezero an einen anderen Platz verlegten werden, um nicht überflutet zu werden.

Hotel ›Trebišnjica‹, Tel. 37 21 77. C-Kategorie, 55 Betten.

Restaurant ›Fortuna‹, Nikšićko raskršće, Tel. 059/37 25 53.

Zwischen Bileća und Gacko

Hinter Bileća beginnt eine einsame, unwirklich wirkende karstige Landschaft. Die sanften Hügel sind nur spärlich bewachsen, der steinige Boden läßt keine üppige Vegetation zu. Die wenigen dürren Sträucher und Bäume fallen während der heißen Sommermonate fast regelmäßig großen Bränden zum Opfer, die sich durch die große Hitze und Trockenheit selbst entzünden oder durch die Unachtsamkeit der Menschen verursacht werden. Von Zeit zu Zeit taucht ein kleines Dorf am Wegesrand auf. Oft handelt es sich nur um eine lose Ansammlung von drei oder vier Häusern. Nicht selten steht auch nur ein einsames Haus verloren in der Landschaft.

Die Straße ist an dieser Stelle in einem sehr guten Zustand und führt ohne größere Kurven durch die weite Ebene. Der ein oder andere mag sich zum schnellen Fahren animiert sehen. Die Gefahr von der Polizei unfreiwillig gestoppt zu werden, ist jedoch groß, da sie besonders hier sehr oft die Geschwindigkeit kontrolliert. Daß einige dennoch nicht zu Vernunft kamen, zeigen die vielen Gedenksteine für die zu Tode gekommenen Autofahrer.

Inmitten dieser steinigen Einöde findet sich eine kleine etwa mannshohe Kapelle neueren Datums. Sie steht jedem offen, bietet aber nur einer Person Platz. In ihrem Inneren befindet sich ein kleiner hölzerner Altar mit einem Heiligenbild. Dahinter stehen einige weitere kleine Ikonen und Kerzen, die die Besucher anzünden können.

Gacko und Umgebung

Gacko befindet sich südlich des Sutjeska-Nationalparks an der Straße nach Fojnica und Sarajevo. Der Ort liegt in einer Höhe von knapp tausend Metern im Nordwesten der Hochebene Gataćko polje. In der Nähe von Gacko befindet sich der See Klinje.

Das heutige Gemeindegebiet war bereits von den Illyrern besiedelt. Im Mittelalter führte die wichtige Handelsroute zur dalmatinischen Adriaküste durch Foča und Gacko. Um den Handelsweg zu schützen und die Kontrolle über die wichtige Verkehrsader nicht zu verlieren, veranlaßte Sandalj Hranić, einer der Vojvoden der Region, Ende des 14. Jahrhunderts den Bau der Festung Ključ. Die Festung erhebt sich oberhalb des Dorfes Cernica und teilt sich in einen oberen und einen unteren Bereich. Im oberen Festungsteil stand der Geschützturm, in einem zweiten Turm war ein Gefängnis untergebracht. Die Burg diente in der ersten Hälfte des 15. Jahrhunderts seinem Erbauer als Wohnsitz. Später und bis zur Besetzung durch die Türken im Jahre 1468 wurde sie von Herzog Stjepan genutzt. Als die Österreicher 1878 nach Gacko kamen, fanden sie die Festung verlassen vor. Heute erinnern nur noch einige Ruinen sie und ihre Jahrhunderte währende Geschichte.

Am östlichen Ortseingang wird der Besucher von der kleinen serbisch-orthodoxen Kirche empfangen. Sie steht in unmittelbarer Nachbarschaft zu einer Ansammlung von Hochhäusern aus der jüngeren Vergangenheit. Zur Kirche gehört auch ein kleiner Friedhof.

Folgt man der Ortsstraße, erreicht man nach wenigen Metern auf der rechten Seite den auf einer Wiese stehenden Partisanengedenkstein. Im nahen Ortszentrum befinden sich ein kleiner Stadtpark und das Denkmal für die gefallenen Partisanenkämpfer des Ortes sowie Büsten der zu Volkshelden ernannten Kämpfer, die der Dubrovniker Künstler Marijan Lacković gestaltete.

In Gacko gibt es die üblichen kleineren Geschäfte und einige Cafés. Die Post befindet sich zentral gegenüber dem Stadtcafé ›Gradska kafana‹. Im Stadtzentrum, dicht an der Hauptstraße und so nicht zu verfehlen, steht das Hotel Metohija. Ein weiteres Hotel befindet sich an der Straße nach Tjentište, ist aber seit längerer Zeit nicht in Betrieb, da dort auch noch ein Jahrzehnt nach Beendigung des Krieges Flüchtlinge untergebracht sind. Auf dem Marktplatz nahe beim Stadtpark bieten an jedem Werktag Händler und Bauern aus der Umgebung ihre Waren an.

In den Randgebieten Gackos entstanden nach dem Krieg zahlreiche neue Einfamilienhäuser und auch einige wenig ansehnliche Wohnblöcke. Die Straße führt aus Gacko hinaus und steigt sehr bald steil an. Mit jedem Meter hat man eine bessere Aussicht auf Gacko und Gacko polje. Mehrere Haltebuchten bieten Gelegenheit, anzuhalten und über den Ort zu blicken. Die Einheimischen scheinen jedoch wenig beeindruckt von der faszinierenden Natur und entsorgen ihren Haus- und Sperrmüll rechts der Straße auf mehreren wilden Müllkippen.

In der Umgebung von Gacko sind zahlreiche Stećci zu besichtigen. Über 2200 dieser mittelalterlichen Grabstellen wurden in der Umgebung gefunden, im Dorf Brajčevići stehen allein über hundert dieser Grabsteine. Ein Dutzend von ihnen weist Figuren und andere Verzierungen auf. Zwischen Gacko und dem Sutjeska Nationalpark verschlechtert sich rapide der Straßenzustand. An vielen Stellen können bei Unwetter Steine und Felsbrocken auf die Fahrbahn stürzen. Die Straße ist gespickt mit Schlaglöchern, sehr viel schmaler als zuvor und führt hinauf auf den Maglić, den mit 2286 Metern höchsten Berg Bosnien-Herzegowinas. In den oberen Bereichen kann auch im April noch Schnee liegen. Aber alle Mühen, den Berg zu bewältigen, werden mit einer einzigartigen Landschaft belohnt.

Vorwahl: 059.
PLZ: 89240.

Hotel ›Metohija‹, Solunskih dobrovoljaca bb, Tel. 46 46 50, 46 46 40. B-Kategorie, an der Hauptstraße unmittelbar im Zentrum.

Motel ›Klinje‹, in Klinje, sechs Kilometer außerhalb von Gacko in Richtung Foča/Srbinje, Tel. 46 43 16.

Hotel ›Košuta‹, sieben Kilometer außerhalb von Gacko in Richtung Bileća, Tel. 48 03 89.

Werkstatt Njegoševa 15, Tel. 46 32 66; eine zweite Werkstatt etwas weiter die Straße runter, Tel. 46 33 07.

Der Osten Bosniens hat im letzten Krieg besonders gelitten, ist aber dennoch eine Reise wert. Die Brücke über die Drina ist das Ziel von Besuchern aus aller Welt, und der Sutjeska-Nationalpark beeindruckt durch die unberührte Natur, aber auch durch sein monumentales Partisanendenkmal.

Ost-Bosnien

Sutjeska-Nationalpark und Tjentište

Spätestens als der amerikanische Spielfilm ›Die Schlacht an der Sutjeska‹ in den Kinos erschien, wurde das Gebiet im Osten Bosnien-Herzegowinas weltweit bekannt. Der Film zeigt die Schlacht zwischen den jugoslawischen Partisanen und den deutschen und italienischen Truppen. Tito und sein Oberkommando hatten mit einigen Partisanenverbänden im Frühjahr 1943 für einige Zeit ihr Hauptquartier in den nur schwer zugänglichen Bergen nahe des Flusses Sutjeska aufgeschlagen. Im Mai des gleichen Jahres gelang es den 100 000 Mann starken deutschen und italienischen Truppen, die Partisanen zu umzingeln, und aus der Luft konnte mit Hilfe von Aufklärungsflugzeugen Titos Versteck ausgespäht werden. Tito blieben nur zwei Möglichkeiten: sich zu ergeben oder einen verzweifelten Ausbruchsversuch zu wagen. Er entschied sich für Letzteres und ging zum Gegenangriff über. Obwohl sie nur 20 000 Mann aufbringen konnten, gelang es den Partisanen nach schweren Gefechten und unter großen Verlusten, den Belagerungsring zu sprengen und zu entkommen.

Zahlreiche Denkmäler erinnern an diese Schlacht. Zu den eindrucksvollsten gehört das 20 Meter hohe Monument des Belgrader Künstlers M. Živković in Tjentište. Zahlreiche steile Treppenstufen führen zum Denkmal hinauf, doch das Ziel belohnt alle Anstrengungen. Das Monument, übehaupt die ganze Anlage ist auch nach dem Krieg noch recht gut erhalten, schmale Wege verbinden ihre verschiedenen Bereiche. Einige Stufen unterhalb der gewaltigen weißen Steine befindet sich das Beinhaus, das der bosnische Bildhauer S. Hadžihalilović entworfen hat. Die Inschrift der steinernen Tafel erinnert an die 3301 Partisanen, die bei der Schlacht ihr Leben ließen und hier ihre letzte Ruhe fanden. Auch Besucher, denen der Partisanenmythos wenig Begeisterung entlocken kann, werden beeindruckt sein, wenn sie das Denkmal durchschreiten und anschließend noch einige weitere Treppen bewältigen, um von dort die Aussicht mit dem Denkmal im Vordergrund in Augenschein zu nehmen.

Das Gebäude des Museums steht noch und wirkt von außen unversehrt, ist aber verschlossen. Eine Ausstellung findet dort nicht mehr statt. Im Museum von Tjentište befand sich einst ein 700 Quadratmeter großes Wandgemälde, das die Schlacht mit einem überlebensgroßen Tito im Vordergrund darstellt. Gemalt wurde es von dem Künstler Krsto Hegedušić.

Die Stadt Tjentište ist heute Mittelpunkt des Sutjeska-Nationalparks, der sich auf einer Fläche von 17 000 Hektar erstreckt. Im Osten reicht der Park bis auf das Gebiet Montenegros. Im Nationalpark befindet sich der mit 2339 Metern höchste Berg Bosnien-Herzegowinas, der Maglić. Der Sutjeska-Nationalpark eignet sich gut für Wanderungen, allerdings sind die Bedingungen noch recht abenteuerlich, und der Wanderer ist ganz auf sich allein gestellt. Das wenige angebotene

Sl. Brod
Srpski Brod
Županja
Šid
Serbien
Šamac
Kroatien
Derventa
N
Srem. Mitrovica
Modriča
Gradačac
Save
Tinja
Brčko
Bijeljina
Drina
Šabac
Brka
Lukavac
Doboj
Gračanica
Ugljevik
Janja
Usora
Spreča
Priboj
Loznica
Tuzla
Maglaj
Lukavac
Jadar
Modračko jez.
Zavidovići
Živinice
Serbien
Zvornik
Krivaja
Drinjača
Zvorničko jez.
Kladanj jez.
Kladanj
Tišća
Vlasenica
Zenica
Srebrenica
Olovo
Han Pijesak
Visoko
Sokolac
Zvijezda-Nationalpark
Sarajevo
Perućke jez.
Rogatica
Višegrad
Jablaničko jez.
Goražde
Konjic
Drina
Priboj
Boračko jez.
Lim
Srbinje (Foča)
Montenegro
Pljevlja
Tjentište
Tara
Sutjeska-Nationalpark
Nevesinje
Ost-Bosnien
0
25
50 km

Das Denkmal erinnert an eine berühmte Schlacht im Zweiten Weltkrieg

Kartenmaterial ist meist veraltet, nicht immer verläßlich und die Wege sind nur unzureichend gekennzeichnet. Zudem gibt es keine Bergrettung. Wer das Gebiet dennoch durchstreifen möchte, kann einen der letzten Urwälder Europas entdecken. Sein Name Perućica stammt von einem schmalen Flüßchen, das sich durch das Gebirge schlängelt und dann, wenige Kilometer bevor es in die Sutjeska mündet, mit lautem Getöse ein ganz besonderes Naturschauspiel vorführt: Es stürzt von einem Fels 70 Meter hinab.

Einige hundert Meter weiter auf der Straße in Richtung Foča/Srbinje befindet sich das Hotel Mladost, links der Straße und von einigen Bäumen umgeben. Es macht von außen nicht den besten Eindruck, ist aber eines der wenigen geöffneten Hotels in der Umgebung.

Hotel ›Mladost‹,
Tel. 058/52 01 18.
Das Hotel befindet sich unmittelbar an der Hauptstraße.

Restaurant ›Jezero‹,
Tel. 058/52 01 33.

An der Quelle der Buna
Blick auf den Visočice Visocica; Der Wasserfall bei Jajce

Srbinje/Foča

Die Stadt Srbinje hat ihren Namen erst seit dem letzten Krieg in Bosnien-Herzegowina. Zuvor und seit Jahrhunderten trug sie den Namen Foča. Die Stadt befindet sich in einer Höhe von 400 Metern, etwa 70 Kilometer von Sarajevo entfernt. Srbinje liegt an den Ufern der Flüße Drina und Čehotina.

In Srbinje konnte der Besucher früher einige interessante kulturhistorische Hinterlassenschaften aus türkischer Zeit entdecken. Davon ist heute nichts mehr erhalten: Im letzten Krieg wurden alle islamischen Bauten zerstört.

Srbinje war bekannt als Ausgangspunkt für Kanufahrten auf der Drina, die teilweise über mehrere Tage dauerten und bis in das 32 Kilometer entfernte Goražde und 37 Kilometer weiter bis nach Višegrad führten. Zudem ist die Stadt schon immer ein beliebter Ausgangspunkt für Jäger und Angler gewesen, die in der Umgebung gute Bedingungen vorfinden.

In den umgebenden Gebirgen Zelengora, Vučevo, Maglić und Vovja lassen sich Bären, Wildschweine, Rehe, Gemsen und Hasen jagen. Angler können ihren Köder direkt vom Ufer auswerfen oder auf einer Floßtour ihr Glück versuchen. Es soll nicht selten vorkommen, daß bis zu zwanzig Kilogramm schwere Lachse aus dem Wasser gezogen werden.

Srbinje ist von bewaldeten Hügeln umgeben. Die Holzwirtschaft hat in der Gegend immer einen wichtigen Wirtschaftsfaktor dargestellt, daneben war das Handwerk von großer Bedeutung. Seit türkischer Zeit hatten sich die Messerschmiede und Teppichweber der Stadt einen in der Region guten Ruf erworben. Daneben spielte die Landwirtschaft und später auch die Industrie eine große Rolle.

Ihren Ursprung hat die Stadt im Mittelalter. Im Archiv von Dubrovnik existieren erste Aufzeichnungen über die Stadt aus dem Jahr 1368. Im Mittelalter trug sie den Namen Hoča. Bedeutung hatte sie als Station an der damals sehr wichtigen Handelsroute von Dubrovnik in das Landesinnere. Im 15. und 16. Jahrhundert entwickelte sich die Stadt zum wirtschaftlichen und administrativen Mittelpunkt des Sandžaks, einer überwiegend von Moslems bewohnten Region an der Grenze zu Serbien und Montenegro.

Während der Zeit der türkischen Herrschaft galt die Stadt als ein wichtiges Gewerbezentrum. Neben den verschiedenen Handwerksbetrieben waren besonders die Kalligraphen weit über die Stadtgrenzen hinaus bekannt. Die schönsten kulturhistorischen Denkmäler entstanden während dieser Epoche. Dazu

Der Berg Visočice, Am Berg Vranica
Im Bjelašica-Gebirge; Wintersport am Jahorina

gehörte die Aladža-Moschee (Aladža džamija). Sie galt als eine der schönsten Moscheen im ehemaligen Jugoslawien. Baumeister Ramadan Aga hatte den Bau durchgeführt. Er hatte seine Ausbildung in Persien erhalten und ließ neue Einflüsse, etwa in der Form von Trompen, in den Bau einfließen. Die Moschee befand sich in der kleinen orientalisch geprägten Altstadt. Die Stadt und das Umland konnte vor dem letzten Krieg 16 Moscheen ihr Eigen nennen und hatte zudem einen der ersten Uhrtürme in ganz Bosnien-Herzegowina. Seit dem letzten Krieg ist von diesen Bauwerken nichts mehr übrig.

Die Stadt spielte während des Zweiten Weltkrieges eine Zeitlang eine zentrale Rolle: Von Januar bis Mai 1944 hielten sich Tito und sein oberster Stab in der Stadt auf. Damals entstand die Idee einer Partisanenolympiade, und die ersten sportlichen Partisanenwettkämpfe wurden im damaligen Foča ausgetragen. Auch nach dem Zweiten Weltkrieg wurde diese Tradition fortgesetzt. In der Stadt und der Umgebung entstanden viele Denkmäler zur Erinnerung an den Volksbefreiungskampf.

Vor den Toren des Ortes werden die Besucher heute zunächst von wenig einladend aussehenden Fabrikschloten empfangen. Am Ortseingang entstand nach dem letzten Krieg ein monumental geratenes Denkmal für die Opfer dieses Krieges aus der Region, das sich nicht so recht in das Ortsbild einfügt. Im Zentrum gibt es neben einigen kleineren Geschäften ein großes Kaufhaus – Robna kuća. An dieser Stelle zweigt eine schmale Ortsstraße ab und führt in die kleine islamisch geprägte Altstadt mit ihren traditionellen Läden, Handwerksbetrieben und einigen Cafés. Die Altstadt verteilt sich auf nur einige wenige Sträßchen, gibt der Stadt jedoch ihren Charme. Sehenswert ist auch die orthodoxe Nikolauskirche aus dem Jahre 1857.

Im Ortszentrum befindet sich auch der Busbahnhof von Srbinje. Verläßt der Reisende Srbinje in nordöstlicher Richtung, begleitet ihn die Drina rechts der Straße bis Goražde und weiter bis nach Višegrad. Während des letzten Krieges fanden in dieser Region sehr schwere Kämpfe statt. Die Spuren sind auch in der Gegenwart, Jahre nach dem Krieg, überdeutlich sichtbar. Zu beiden Seiten der Straße stehen viele zerstörte und verlassene Häuser, oft nur noch Gerippe aus den tragenden Betonsäulen.

Vorwahl: 058.
PLZ: 73300.
Hotel ›Vućevo‹, Njegoševa 4, Tel. 21 02 04, Fax 21 02 33.
›Zelengora‹, Njegoševa 4, Tel. 21 00 13.
›Bukovica‹, Tel. 57 35 02. 7 km außerhalb der Stadt in Richtung Gacko.

Goražde

Eine Galerie im Zentrum

Goražde liegt am Fuße des Berges Jahorina im Südosten Bosnien-Herzegowinas. Durch die Stadt fließt die Drina. Die durch den berühmten Fluß getrennten Stadtteile sind durch mehrere Brücken miteinander verbunden.

Früher führte die von den Römern angelegte Handelsstraße von Dubrovnik über Trebinje, Gacko, Foča und das Drina-Tal nach Goražde und weiter nach Serbien. Im Mittelalter wurde sie von Reisenden und Händlern genutzt, die von der Küste in das Landesinnere unterwegs waren. Bei Goražde trifft die alte Handelstraße aus Dubrovnik auf die ebenfalls sehr alte und wichtige Handelsstraße aus Sarajevo. Sie führt über den Berg Jabuka hinab in das Tal der Drina nach Goražde. Aufgrund dieser Lage am Zusammentreffen verschiedenener Handelswege war der Warenhandel immer von großer wirtschaftlicher Bedeutung für die Stadt.

Goražde gehörte zum ersten bosnischen Staat, der unter König Tvrtko gegründet wurde, war aber zeitweise auch Teil Serbiens. Im Mittelalter war die Stadt das Zentrum der Bogumilen. Aus dieser Zeit stammen die in Goražde und der Umgebung, beispielsweise in der Ortschaft Sopotnica, zahlreich vorhandenen Stećci. Die Totenkultsteine stammen meist aus dem 14. und 15. Jahrhundert. Einige der Steine in der Umgebung Goraždes sind bis zu 30 Tonnen schwer.

Noch bevor die Türken die Stadt in Besitz nahmen, hatte sich Goražde als Handelszentrum einen Namen gemacht. Zu Beginn des 15. Jahrhunderts kamen vor allem Händler aus Dubrovnik nach Goražde, um hier ihre Waren anzubieten. Der Bau der orthodoxen Kirche wurde 1446 von Herzog Stjepan veranlaßt.

Die Türken herrschten ab 1465 und veränderten das Stadtbild schnell. Schon 1477 besaß die Stadt vier Moscheen. In der Zeit von 1521 bis 1531 arbeitete in Goražde die erste Druckerei im Gebiet des heutigen Bosnien-Herzegowina, die zweite auf dem gesamten Balkan.

Während des Zweiten Weltkrieges bombardierten die Deutschen Goražde zunächst aus der Luft und besetzten dann die Stadt. Später kontrollierten die italienischen Truppen die Region. Titos Partisanen konnten die Stadt erstmalig im

Januar 1942 befreien, wenn auch nur vorübergehend. Für kurze Zeit hielt sich Tito in Goražde auf, das eine Zeitlang Hauptquartier der Volksbefreiungsarme im Osten Bosniens war. Die Partisanen konnten die Stadt immer nur kurzzeitig halten und verloren sie dann wieder an die feindlichen Truppen; erst am Ende des Krieges, im März 1945, kam es zur endgültigen Befreiung.

Nach dem Krieg erlebte Goražde einen großen Zustrom von Menschen, besonders Familien ließen sich in der Stadt nieder. Mit dem Kriegsende begann auch der Aufbau einer stetig wachsenden Industrie. Zu den größten Industriebetrieben gehörte die Nitrogen-Fabrik.

Goražde stand als von bosnischen Serben belagerte und unter Beschuß genommene UNO-Schutzzone während des Krieges für einige Zeit im Mittelpunkt des Weltgeschehens. Die Verwüstungen des Krieges sind auch heute noch deutlich sichtbar, die Gebäude im Stadtzentrum sind mit Einschußlöchern gespickt. Das zentrumsnahe Hotel wird heute von Flüchtlingen bewohnt. In der Stadt sind auffällig viele Soldaten in Uniform anzutreffen. Die bosnische Armee unterhält mehrere Kasernen in Goražde, was sicherlich auch damit zu tun hat, daß Goražde an das Territorium der Serbischen Republik Bosniens grenzt.

Es gibt viele kleine Läden, die typisch bosnische Gerichte wie Burek, Pita und Đuveć anbieten. Für wenig Geld läßt sich dort sehr gut und schnell essen. Auf Bier und Wein muß man allerdings im islamischen Goražde verzichten, stattdessen wird Joghurt zum Burek gereicht. Im Stadtzentrum gibt es eine interessante Galerie. Auch Bankautomaten sind reichlich vorhanden.

Aus dem Stadtbild von Goražde ragen wieder die Minarette der Moscheen. Sie wurden nach dem Krieg neu errichtet. Im serbischen Teil von Goražde steht die frisch renovierte orthodoxe Kirche, die von einer kleinen hüfthohen Mauer eingerahmt wird. Die Kirche stammt aus dem 15. Jahrhundert. Auf dem Kirchengelände befindet sich ein kleiner Friedhof. In diesem Teil der Stadt wurden nach Beendigung des Krieges zahlreiche kleine Fertighäuser errichtet, um Flüchtlingen aus anderen Teilen Bosnien-Herzegowinas schnell eine Unterkunft anbieten zu können.

Vorwahl: 038.
PLZ: 73000.
Tourismusorganisation des Kantons Bosansko Podrinjski, Trg branilaca bb, Tel. 22 86 80.

Hotel ›Hrastovi‹, Tel. 41 20 43, befindet sich im serbischen Teil der Stadt.
Motel ›Bazeni d.o.o‹, M. Bajića Baje 5, 73205 Vitkovići-Goražde, Tel. 22 53 31.

Goražde Taxi, Trg branilaca bb, Tel. 22 78 05.

Višegrad

Zwischen Goražde und Višegrad fließt die Drina weiter rechts der Straße. Kurz hinter Goražde verläßt die Straße das Gebiet der Föderation und erreicht die Serbische Republik Bosniens. Bis Višegrad führt der Weg durch zahlreiche Tunnel. Sie alle entstanden zwischen 1989 und 1991, als Bosnien-Herzegowina noch eine Republik Jugoslawiens war. Über der Tunneleinfahrt wurde das Jahr seiner Erbauung eingraviert, darüber leuchtet in kräftigem Rot der kommunistische Stern. Die Straße trägt den Namen Partisanski put – Partisanenstraße. Die Tunnel sind nicht beleuchtet, aber dennoch sehr gut zu befahren, wie auch die anderen Straßen in dieser Region.

Entlang des anderen Drinaufers führt die einspurige Eisenbahnverbindung in Richtung Višegrad. Auch diese Trasse führt durch zahlreiche Tunnel.

Višegrad ist ein kleines, auf den ersten Blick eher unspektakuläres Städtchen. Die Stadt liegt im Osten Bosnien-Herzegowinas an der Drina, in die bei Višegrad der kleinere Fluß Rzav mündet. Große Teile der jetzigen Bevölkerung Višegrads kamen erst im Zuge des Krieges in die Stadt, während viele der alteingesessenen Višegrader die Stadt verlassen mußten.

Die Sehenswürdigkeiten Višegrads waren vor dem Krieg in erster Linie türkischen Ursprungs. Aus dem 15. Jahrhundert stammt die Alte Moschee. Auf dem moslemischen Friedhof der Stadt stand das prunkvolle mausoleumsartige Türbegrab der Familie Sijerčić. Im Ort Višegradska Banja, etwa sechs Kilometer außerhalb Višegrads, befindet sich ein Thermalbad.

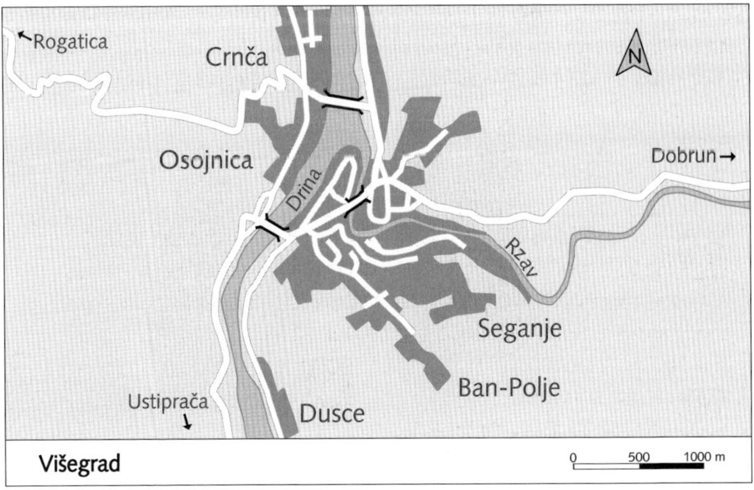

Višegrad

Diese Sehenswürdigkeiten waren und sind aber nicht die Ursache für die große Gästezahl im ostbosnischen Städtchen. Aus der ganzen Welt kommen die Besucher, um die Brücke über die Drina zu sehen. Ivo Andrić verhalf ihr 1945 mit seinem Buch ›Na Drini Čuprija‹ (in Deutschland unter dem Titel ›Die Brücke über die Drina‹ erschienen) zu Weltruhm. Der Autor schildert in seinem Roman den Bau der Brücke und das Leben der Višegrader unter den verschiedenen Herrschern der letzten Jahrhunderte. In erster Linie für dieses Buch bekam Andrić 1961 den Literaturnobelpreis. Die Brücke gilt als eines der eindrucksvollsten Vermächtnisse aus türkischer Zeit und ist ein Denkmal für die große Kunst der türkischen Baumeister, die mit einfachsten Mitteln einzigartige Bauwerke schufen.

Der Bau der Brücke begann im Jahre 1571 auf Veranlassung des Großwesirs Mehmed Paša Sokolović, der aus dieser Gegend stammte. Als Kind war er von den Türken den Eltern geraubt worden. Er wuchs in Konstantinopel auf und wurde dort ausgebildet. Er muß überdurchschnittlich begabt gewesen sein, denn er machte im türkischen Militär Karriere und wurde schließlich Großwesir in seiner ursprünglichen Heimat. Die Verbundenheit zu ihr muß groß gewesen sein, schenkte er doch seiner Heimat in der Zeit seiner Herrschaft zahlreiche einzigartige Bauwerke islamischer Prägung. Neben der Brücke stiftete Mehmed Paša Sokolović auch die gleichzeitig mit der Brücke fertiggestellte Karawanserei. Das Gebäude überdauerte jedoch nicht die Zeit, verfiel und wurde später abgerissen.

Die Brücke über die Drina wurde 1578 fertiggestellt. Die Pläne stammten von dem berühmtesten türkischen Architekten seiner Zeit, Kodža Mimar Sinan. Er

Die berühmte Brücke über die Drina

entwarf die Pläne für viele weitere Bauten in Bosnien-Herzegowina und war der Hofarchitekt des Herrschers in Konstantinopel.

Die Brücke ist rund 180 Meter lang und 7 Meter breit, ihre höchste Stelle befindet sich rund 14 Meter über der Wasseroberfläche. Zehn Pfeiler tragen, elf Spitzbögen zieren sie. Zur Mitte hin steigt die Brücke von beiden Seiten leicht an. Hier befindet sich das sogenannte Sofa, eine steinerne Ausbuchtung, die den Menschen aus Višegrad seit Bestehen der Brücke als Sitzgelegenheit, als Treffpunkt und zum Austausch von Neuigkeiten dient. Dem Sofa gegenüber befindet sich eine steinerne Wand mit einer Tafel, deren islamische Inschrift den Stifter der Brücke preist und die Geschichte des Baus beschreibt.

Der Bau wurde unter anderem von Baumeistern und Steinmetzen aus Dalmatien ausgeführt. Die bearbeiteten Steine der Brücke werden durch Mörtel zusammengehalten, sind aber auch – ähnlich wie die Brücke über die Neretva in Mostar – durch Eisenklemmen miteinander verbunden.

Der mittlere Teil der Brücke wurde während des Zweiten Weltkriegs zerstört, aber später rekonstruiert. Während des letzten Krieges in Bosnien-Herzegowina ging ein Aufschrei durch die Welt, als bekannt wurde, daß man die Brücke vermint hatte und mit ihrer Sprengung drohte. Glücklicherweise kam es nicht dazu.

Die Brücke über die Drina ist nur für Fußgänger freigegeben. Wer mit dem Auto nach Višegrad kommt, kann seinen Wagen unmittelbar in der Nähe abstellen und von dort zu Fuß über die Brücke in die Stadt gelangen.

Noch heute ist die Brücke nicht nur ein einzigartiges Bauwerk von außergewöhnlicher Schönheit, sondern den Bewohnern von Višegrad von größtem Nutzen: Über die Brücke führt seit vielen Jahrhunderten der einfachste und kürzeste Weg in die Stadt.

Wer sich auf die Spuren Andrićs begibt, findet in Višegrad eine weitere Brücke, die über das Flüßchen Rzav führt. An der Stelle, wo die Rzav in die Drina mündet, befindet sich auch das Kulturhaus, heute beherbergt es das Kino von Višegrad.

Unmittelbar an der Brücke, am linken Ufer der Drina, liegt das Hotel Višegrad und gegenüber ein kleiner Park zu Ehren von Ivo Andrić. Etwas oberhalb der Stadt – von der Brücke aus gut zu erkennen – steht die kleine, in weiß gehaltene serbisch-orthodoxe Kirche.

Vorwahl: 058.
PLZ: 73240.

Hotel ›Višegrad‹, Tel. 68 12 24, an der Brücke. Großes Restaurant, Gartenterrasse mit Blick auf die Brücke.

Restaurant ›Gligor‹, Gavrila Principa bb, Tel. 68 22 95.

Autowerkstätten: Vl. Momo Vuković, Tel. 68 14 30. Karađorđeva bb, Tel. 68 37 53.

Von Višegrad nach Tuzla

Auf halben Weg zwischen Višegrad und Goražde zweigt in nördlicher Richtung die Straße nach Rogatica ab. Der kleine Ort ist nach wenigen Kilometern erreicht. Aus dem Stadtbild ragen der Turm der orthodoxen Kirche und mehrere Industriebetriebe heraus. Rogatica hat Busanschluß, der Busbahnhof befindet sich im Ortszentrum, ebenso das Hotel Park, das Postamt und die kleine katholische Kirche, die ganz in Gelb gehalten ist. Vor den Stadttoren hat sich eine Fabrik zur Ziegelsteinherstellung etabliert. Zwar weist der Ort noch einige weitere Industriebetriebe auf, doch das Umland ist von grünen Wiesen und Weiden bestimmt.

Rogatica liegt am Flüßchen Rakitnica. Auf dem Gebiet von Rogatica siedelten zu Beginn unserer Zeitrechnung illyrische Stämme. Sie hinterließen ihre mit Steinen oder Erde aufgeschütteten Grabhügel. Später gründeten die Römer auf dem Ortsgebiet eine Ansiedlung. Diese Epoche im zweiten und dritten Jahrhundert ist bis heute wenig erforscht. Ausgegraben wurden jedoch die Überreste römischer Gebäude und ein Gedenkstein mit Verzierungen und Inschriften aus dieser Zeit. Die Türken eroberten 1462 das Gebiet und gaben dem Ort den Namen Čelebi Pazar. Noch vor der türkischen Eroberung findet der Ort erste Erwähnung in offiziellen Dokumenten.

In den Dörfern Beheći und Živaljevići gibt es Nekropolen mit insgesamt 200 Stećci. Einige der Steine weisen Motive wie etwa Pferde, Pfeil und Bogen und Schilder auf. In der Umgebung befinden sich auch einige islamische Grabsteine mit verschiedenen eingearbeiteten Darstellungen. Interessant sind die Inschriften in der alten bosnischen Sprache Bosančica in altkyrillischen Buchstaben.

In Richtung Sokolac steigt die Straße das Romanija-Gebirge hinauf. Ist der Gebirgskamm erreicht, bieten sich dem Auge lange weite Ebenen, die licht mit Gras bewachsen sind und an vielen Stellen nur von einem moosartigen Teppich bedeckt werden. Von Zeit zu Zeit stößt man auf kleine Dörfer oder auch nur einzelne Häuser und fährt dann erneut durch völlig einsame Gegenden. Die Menschen leben von der Landwirtschaft, die in dieser karstigen und schwer zu bewirtschaftenden Region keine Reichtümer einbringt. Die wenigen hier anzutreffenden Industriebetriebe haben sich der Holzwirtschaft verschrieben.

Die Straße legt sich oft über Kilometer pfeilgerade in die Landschaft. Am Horizont warten sanft geschwungene Hügel, während die Straße an weidenden Schafen und Pferden vorbeiführt.

Wenige Kilometer vor Sokolac entstand in jüngerer Zeit ein neues Industriegebiet. Das Hotel Karavan macht mit einem leuchtenden gelbbraunen Anstrich auf sich aufmerksam, eine Tankstelle ist angeschlossen.

Sokolac empfängt den Reisenden mit einer großen serbisch-orthodoxe Kirche, die ihren Ursprung aber bereits Jahre vor dem letzten Krieg hatte. Ihr Standort auf einem kleinen Hügel verleiht ihr einen erhabenen Eindruck. Hier, in den höheren Gebirgslagen, ist noch spät im Frühjahr und früh im Herbst Schnee nicht ungewöhnlich, ebensowenig Temperaturen um den Gefrierpunkt.

An der Hauptstraße nach Tuzla liegt knapp 30 Kilometer weiter nördlich der kleine Ort Han Pijesak. Er war während des letzten Krieges in Bosnien-Herzegowina der Mittelpunkt schwerer Kämpfe und gelangte dadurch in den Blick der Öffentlichkeit. Die Stadt unterscheidet sich kaum von anderen. Unter den Wohnhäusern finden sich aber auch einige sehr alte Gebäude. Im Ortszentrum warten einige Geschäfte auf Kunden. Neu im Ort ist die orthodoxe Kirche Sveti Jovan, und in der Ortsmitte befindet sich ein über einige Treppenstufen zu erreichendes Partisanendenkmal.

In Kladanj

Nördlich von Han Pijesak und dem Javor-Gebirge liegt Vlasenica. Überraschend viele Industriebetriebe in dieser sonst eher ländlichen Gegend prägen den Ort. Fand man in der Umgebung noch kleine Dörfer mit hölzernen oder mit Holzschindeln verkleideten Häusern, ragen aus dem Ortszentrum Vlasenicas einige Hochhäuser. Das Gebiet von Vlasenica war im Mittelalter Teil des so genannten Gaus Birač, wie Dokumente aus dem Jahre 1244 belegen. Die Türken errichteten die Sultan-Fatih-Moschee. Sie stand einst im Ortszentrum, war aber bereits zu jugoslawischer Zeit nicht mehr vorhanden.

Der kleine Stadtpark mit dem obligatorischen Partisanendenkmal stammt aus der Zeit nach dem Zweiten Weltkrieg und hat auch den letzten Krieg überlebt, ebenso das große Warenhaus im Zentrum und das Hotel Panorama. Im Zentrum befindet sich eine Tankstelle in direkter Nachbarschaft zum Busbahnhof.

Die Dörfer um Vlasenica sind für ihre große Zahl von Stećci bekannt. Im Ort Gornji Zalukovik stehen annähernd 200 Grabsteine, teilweise mit Darstellungen verziert. Im Dorf Carska gibt es 180 Stećci. Ein kleiner Teil der Steine weist Ornamente auf. Im Dorf Višnjice befinden sich über 100 mittelalterliche Grabsteine.

In dem Ort Gornji Zalukovnik und der Umgebung wurden im Mittelalter mehrere Festungen errichtet. Heute sind von den Burgen noch einige Spuren erhalten geblieben.

Tišća ist ein kleiner Ort an der Abzweigung nach Kladanjun und von der Landwirtschaft geprägt. In der Mitte des Ortes steht die serbisch-orthodoxe Kirche, die ungewöhnlicherweise über ein rotes Dach verfügt. Interessanter als die Ansiedlung ist die Landschaft. Umgeben von hohen Bergen, erinnert die Hochebene etwas an das Landschaftsbild der Alpen. Neben der Landwirtschaft und der Tierhaltung ist die Holzverarbeitung wichtigster Broterwerb für die Menschen, zahlreiche derartige Betriebe existieren.

Im Drinjača-Tal, in Kladanj, trifft die Straße auf die Hauptstraße von Sarajevo nach Tuzla. Im Ort gibt es mehrere Hotels wie beispielsweise die Hotels Bosna und Konjic. Im Mittelalter lag Kladanj an einer Kreuzung von Handelsstraßen und erhielt dadurch eine recht große Bedeutung. Es hatte damals einen Bazar, ein öffentliches türkisches Badehaus und eine Moschee. Die Kuršumija- oder auch Hadži-Bali-Beg-Moschee wurde zu Beginn des 16. Jahrhunderts errichtet. Sie befindet sich im Ortszentrum. Die Moschee hat nur einen Raum unter einem typischen Kuppeldach.

In der Umgebung von Kladanj sind über 400 Stećci zu finden, von denen fast hundert mit Ornamenten verziert sind. Im Dorf Gojsalići befinden sich über 40 Stećci, die die Form von Sarkophagen und Truhen aufweisen.

In einer Höhle nahe des Dorfes Plahovići in der Umgebung von Kladanj soll sich Tito mit seinem Obersten Stab im Juni 1943 aufgehalten haben.

Wenige Kilometer südlich von Kladanj liegt der Ort Olovo. Hier hat der Krieg bis heute deutliche Spuren hinterlassen: Häuser und Fabrikgebäude stehen völlig zerstört als Ruinen am Straßenrand. Auch die mittlerweile ausgebesserten Einschußlöcher an den Hauswänden sind auszumachen. Der Ort hat eine Tankstelle und bietet Unterkunft im Hotel ›Aquatherme Olovo‹ und im Hotel ›Banja‹.

Olovo fand bereits 1382 erste Erwähnung, damals sowohl unter seinem heutigen Namen als auch unter der Bezeichnung Plumbum. Im Mittelalter hatte Olovo große Bedeutung bei der Bleigewinnung. Dubrovniker Kaufleute ließen sich im Ort nieder, um mit dem Blei aus Olovo Geschäfte zu machen und es zu exportieren. Der Ortsname Olovo ist die bosnische Bezeichnung für Blei. Das Franziskanerkloster St. Marien in Olovo wurde im 15. Jahrhundert errichtet, bei einem Brand im Jahre 1704 schwer beschädigt. Hinter dem Ort steigt die Straße steil an und erreicht bald das Restaurant Panorama. Von der Restaurantterrasse hat der Besucher einen sehenswerten Ausblick auf die Stadt. An der Straße finden sich aber auch anschließend mehrere Haltebuchten, von denen man den Ort von oben betrachten und einen attraktiven Blick auf das Kloster und die Moschee von Olovo werfen kann.

In der Gegend von Stupari, einem kleinen Dorf nördlich von Kladanj, säumen zahlreiche Restaurants die Hauptstraße und bieten die Spezialität dieser Gegend an: Lammfleisch vom Spieß.

Weiter nördlich führt der Weg an Đurđevik vorbei, einem Ort mit einem Kohlebergwerk. An der langen Ortsdurchfahrt stehen viele Einfamilienhäuser. In Đurđevik gibt es eine neue, nach dem Krieg erbaute Moschee mit einem langen schlanken Minarett und zwei Balkonen für den Ausrufer. Đurđevik hat aber auch noch eine ältere Moschee, die den letzten Krieg weitgehend unbeschadet überstanden hat. Ihr Minarett ist sehr viel kleiner und dabei erheblich schöner. Das Hauptgebäude hat einen viereckigen Grundriß.

Etwas unterhalb von Tuzla liegt Živinice und stimmt den Reisenden auf die Großstadt ein. Der Ort ist eng besiedelt, der Autoverkehr ist hier erheblich dichter als in den meisten anderen Landesteilen. An der Hauptstraße weist ein Schild zu der alten, kleinen und noch gut erhaltenen Moschee des Ortes. Es gibt eine weitere, groß dimensionierte und nach dem letzten Krieg errichtete Moschee in Živinice. Sie hat zwei sehr weit in den Himmel ragende Minarette. Die Moschee wurde mit den Spendengeldern arabischer Länder errichtet und nahm sich die dort übliche Bauweise zum Vorbild. Herausgekommen ist eine Architektur, die für bosnische Moscheen bis zum letzten Krieg unüblich war. Živinice hat ein recht großes Stadtzentrum, das große Betriebe, Geschäfte und Autoreparaturwerkstätten prägen – kein Ort für einen Schaufensterbummel oder einen Spaziergang.

Auch nach dem Ortsschild in Richtung Tuzla nimmt die dichte Besiedlung nicht ab. Zahlreiche Industriebetriebe haben hier ihren Standort gefunden, daneben eine Vielzahl von Autohäusern, darunter auch einige namhafte deutsche Automobilhersteller. Es gibt ein großes Einkaufszentrum und ein Abfüllwerk für Mineralwasser und Limonade. Die Region erinnert an westeuropäische Industriegebiete.

Sokolac: Hotel ›Romanija‹, Cara Lazara 6, 71350 Sokolac, Tel. 057/44 70 37, Fax 44 82 91.
Han Pijesak: Hotel ›Gora‹, Tel. 057/55 73 41.
Vlasenica: Hotel ›Panorama‹, Tel. 056/73 02 12.
Živinice: Motel ›Jet Star‹, 1 ulica bb, 75270 Živinice, Tel. 035/77 25 21.
Hotel ›Konjuh‹, Tuzlanskog odreda 2, Tel./Fax 035/77 48 24

Tuzla

Tuzla liegt an den Flüssen Jala und Solina am Fuße des Majevicagebirges in einer Höhe von 240 Metern über dem Meer. Die Gemeinde Tuzla hat heute rund 170 000 Einwohner, die Stadt selbst etwa 100 000. Nach dem letzten Krieg hat die Einwohnerzahl um rund 40 000 zugenommen. In Bosnien-Herzegowina ist Tuzla die viertgrößte Stadt. Sie liegt verkehrsgünstig: Es bestehen Eisenbahnverbindungen nach Sarajevo und Doboj, aber auch zur Adriaküste und nach Zagreb und von dort weiter in den Westen Europas.

Die erste schriftliche Erwähnung datiert aus dem Jahr 950, diese Jahreszahl trägt die Stadt auch in ihrem Wappen. In ihren Anfängen entwickelte sich die Ansiedlung um einen 18 Meter tiefen Salzbrunnen. Hier entstand der Marktplatz, und etwas später wurden viele wichtige Gebäude errichtet, darunter auch Moscheen.

Tuzla ist vor allem bekannt für das hier gewonnene Steinsalz, das seit Jahrhunderten abgebaut wird. Das Salz war lange Zeit die wichtigste Handelsware und verhalf der Stadt zu relativem Wohlstand. Schon die Römer erkannten den Wert des Salzes und gaben der Stadt den Namen Salinae. Diese Bezeichnung ist in Dokumenten aus dem 10. Jahrhundert verbürgt. Mit der türkischen Herrschaft änderte sich zwar der Name, die Bedeutung blieb jedoch. Erneut leitete sich der Name vom Salz ab, diesmal von ›tuz‹, der türkischen Bezeichnung für Salz.

Ende des 17. Jahrhunderts wurde in Tuzla, noch unter türkischer Herrschaft, eine Festung errichtet. Sie hatte jedoch nur wenige Jahrzehnte Bestand, wurde zerstört und verschwand von der Bildfläche. Steine aus der Festung wurden später für den Bau des Gerichtsgebäudes genutzt.

Noch bevor das Auge Tuzla erblickt, hat die Nase die Stadt bereits wahrgenommen. Tuzla ist eine Industriestadt, und aus riesigen Schloten dringen unaufhörlich dichte Qualmwolken. Oft liegt ein schwefeliger Geruch in der Luft. In Tuzla wird Salz gewonnen, Kohle aus der Erde geholt, die chemische Industrie hat sich hier niedergelassen, Kohlekraftwerke produzieren Strom. Die Industriebetriebe produzierten auch während des Krieges und arbeiten heute mit voller Stärke. Aber die Industriebetriebe machen nur einen Teil Tuzlas aus. In der jüngeren Vergangenheit bekam die Stadt den Ruf eines geistigen Zentrums in dieser Region Bosnien-Herzegowinas. Mit dazu beigetragen haben die in der Stadt ansässigen Fakultäten. Oftmals wird kaum wahrgenommen, daß die Stadt dem Besucher sehr viel mehr zu bieten hat als nur Fabriken. Hat man sie erst einmal hinter sich gelassen, ist schon bald ein sympathisches und unaufgeregtes Stadtzentrum mit einer kleinen Fußgängerzone erreicht, an deren Enden jeweils Moscheen stehen. In dieser Fußgängerzone ereignete sich im letzten Krieg ein schreckliches Blutbad: Am

25. Mai 1995 schlug eine Granate vor einem vollbesetzten Café ein, 71 Menschen starben. Eine Gedenktafel an der Stelle des Anschlags erinnert heute an die Opfer.

Am Anfang der kleinen Geschäftstraße stehen die bronzenen Skulpturen von Meša Selimović, einem der bedeutendsten Schriftsteller Bosnien-Herzegowinas, und dem Künstler Ismet Mujezinović. Einige Schritte davor steht die Turali-Beg-Moschee aus dem Jahr 1572. Sie wird im Volk auch Poljska-Moschee genannt. Die Moschee wird heute nur noch für Trauerzeremonien genutzt. Folgt man kurz vor der Fußgängerzone der kreuzenden Straße nach rechts, erreicht man nach wenigen Metern die serbisch-orthodoxe Kirche aus dem Jahr 1874.

Die Bürger Tuzlas haben sich einen Namen als tolerante Menschen gemacht. Tuzla gehört zu den wenigen Städten, die von einem sozialdemokratischen Bürgermeister regiert werden. Auch zu Kriegszeiten, als die nationalistischen Parteien und Politiker die Macht innehatten, ließen die Menschen in Tuzla sich nicht beirren und wählten mehrheitlich die Sozialdemokraten, eine der wenigen Parteien, die keine nationalistisch geprägte Politik vertraten. So blieben die orthodoxe Kirche, die katholische Kirche und die zahlreichen Moscheen während der Zeit des letzten Krieges unversehrt.

In der Fußgängerzone reihen sich sehr viele kleine Geschäfte aneinander. Mehrere CD-Shops bieten Musik und Filme zu sehr günstigen Preisen, aber nicht immer legal an. Es gibt Reisebüros, Schmuckgeschäfte, Boutiquen und gleich mehrere Schuhgeschäfte. Die Preise sind für westeuropäische Verhältnisse sehr günstig und die Qualität der Waren gut. Schon aus diesem Grund lohnt sich ein ausgiebiger Schaufensterbummel. Zum Verschnaufen davon laden zahlreiche Cafés oder auch die bosnische Variante einer amerikanischen Fast-Food-Kette ein. Eine Zweigstelle der Post hat ebenfalls ein kleines Büro in der Einkaufsstraße eingerichtet.

Am Ende der Fußgängerzone befindet sich die Stadtmoschee (Čaršijska džamija). Erbaut wurde sie 1548, grundlegend renoviert 1874. Eine Besonderheit stellt ihre hölzerne Kanzel dar. Unmittelbar davor steht ein prächtiger Brunnen für die rituellen Waschungen der Gläubigen.

Erinnerungstafel für die 71 jugendlichen Opfer eines Granatenbeschusses im letzten Krieg

Bronzedenkmäler für den Schriftsteller Meša Selimović und den Künstler Ismet Mujezinović

Von hier sind es nur wenige Schritte nach links, bis der große Markt erreicht ist. Fast alles, was man jemals zu benötigen glaubt, wird man hier finden. Es gibt Obst und Gemüse sowie die verschiedensten Milchprodukte, aber auch Schuhe und Kleidung für jeden Anlaß, Besenstiele, Schaufeln, Wasserhähne und einzelne Schrauben. In den Nebenstraßen des Marktes finden sich kleine und vor allem sehr alte Geschäfte, Handwerksbetriebe und Cafés.

Ganz neu in Tuzla ist das große moderne Einkaufszentrum ›Metecor‹. Hier läßt sich einkaufen, wie man es aus westeuropäischen Städten gewohnt ist, allerdings auch zu ähnlichen Preisen. Zum Einkaufszentrum gehören ein Parkhaus, ein großer Supermarkt, ein Sportgeschäft, ein Möbelhaus und einige kleinere Läden und Cafés, die gern besucht werden. Für den ausländischen Besucher mag der Tabak- und Zeitungsstand in der ersten Etage von Interesse sein. Hier findet man internationale Zeitungen und Zeitschriften, darunter auch einige deutsche.

Zu den bekanntesten Moscheen in Tuzla gehört die Šarena džamija, die ›Bunte Moschee‹, aus dem 17. Jahrhundert. Ihre elegante Vorhalle wird von aufwendig gearbeiteten Säulen getragen. Im Jahr 1891 wurde die Moschee renoviert. Die Jalska-Moschee ist auch als Hafiz-Hamumina-Moschee bekannt. Auch sie wurde im 19. Jahrhundert erneuert.

Die römisch-katholische Kirche St. Peter entstand im Jahr 1873. An dieser Stelle hatte sich zuvor ein Franziskanerkloster befunden. Die Kirche mußte 1987 verlegt werden, da sich die Erde unter ihr mehr und mehr absenkte. Das Kloster wie auch die Kirche wurden an anderer Stelle wieder aufgebaut.

Nur wenige Jahre nach Beendigung des Zweiten Weltkriegs wurde das Ostbosnische Landesmuseum eröffnet. Es beschäftigt sich mit der Geschichte, der Biologie und Kunst der Region und verfügt über eine Abteilung für Volkskunde und Naturgeschichte.

In Tuzla öffnete im Jahr 1898 das erste Theater Bosnien-Herzegowinas seine Türen, das Volkstheater begann nach dem Zweiten Weltkrieg mit öffentlichen Aufführungen. Außerdem hat die Stadt ein eigenes Sinfonieorchester und eine Ballettschule.

In der Umgebung von Tuzla, zum Beispiel in den Dörfern Djurdjevik und Dokanj, gibt es mehrere Friedhöfe mit Stećci. Die Gegend um Tuzla war bereits 3000 Jahre vor Beginn unserer Zeitrechnung besiedelt. Archäologen fanden Gegenstände der neolithischen Starčevo-Kultur. Sie gehört zu den ältesten belegten Kulturen in Bosnien-Herzegowina. Bei Tuzla wurden außerdem bearbeitetes Metall und Keramikgefäße und auch eine Pfahlbausiedlung ausgegraben. Bis heute ist sie noch nicht grundlegend erforscht worden. Die Funde werden der sogenannten Vinča-Kultur zugeordnet, die zu den jüngeren neolithischen Epochen gehört.

Vorwahl: 035.
PLZ: 75000.
Touristische Informationen für den Kanton Tuzla, Trg slobode 2, Tel. 25 82 67, Fax 25 32 04.

Mehrere Banken sind in Tuzla ansässig, darunter auch eine deutsche, fast alle haben Geldautomaten. Viele Geschäfte akzeptieren aber auch Visa und Mastercard.

Autoverleih ›Europcar‹, im Hotel ›Tuzla‹, Tel./Fax 25 14 02.

Flughafen ›Dubrave‹, kleiner Flughafen 30 km südöstlich von Tuzla, Tel. 81 46 40.

Busbahnhof, Bosne srebrene 60, Tel. 28 03 94.

Bahnhof, Bosne srebrene 60, Tel. 28 14 74, 28 20 67.

Tel. 061/72 48 88, 061/17 88 88, 061/17 82 15, 061/28 06 34.

Hotel ›Tuzla‹, M. Fizovića 15, Tel./Fax 25 04 27, 22 43 22, DZ 120 K-Mark.
Ein Hotel der A-Kategorie. Während des Krieges in Bosnien war das Hotel mit Journalisten aus aller Welt ausgebucht. Das Hotel liegt sehr zentral, bis ins Stadtzentrum sind es fünf Minuten zu Fuß. Bis zum Busbahnhof oder dem Bahnhof sind es drei, bis zum Flughafen von Tuzla etwa zehn Kilometer. Dem Hotel angeschlossen ist ein Schwimmbad mit einer Sauna und Fitnessraum. Es gibt mehrere

Restaurants und eine kleine gemütliche Bar.
›Bristol‹, Aleja bosanskih vladara 3, Tel. 23 46 13, 23 18 45; Zimmer ab 60 K-Mark. Nach ›Tuzla‹ das zweitbeste Hotel der Stadt, weniger gut ausgestattet, dafür preiswerter, ebenfalls zentrumsnah.
›Dom Penzionera‹, Filipa Kljajića 22, Tel. 25 50 65, 23 73 59.
›Big Hilton‹, Bosne srebrene bb, Tel. 28 15 88.
Motel ›Man‹, Plane bb – Magistralni put 1, Tel. 28 06 66, 81 56 66.

Tuzla bietet zahlreiche Möglichkeiten, auf die Schnelle den Hunger zu stillen oder auch genüßlich zu speisen. Es gibt kleinere Läden, die Pita und Burek anbieten. Wem der Hunger nach Hamburgern und Ähnlichem steht, dem sei ›Bosburger‹ in der Fußgängerzone empfohlen. Sehr freundliche, schnelle Tischbedienung, sehr gute Burger zu günstigen Preisen. Wer die bosnische Küche probieren möchte, dem mögen die folgenden Adressen eine Orientierung geben: Pizzeria ›Cita del Sale‹, Turalibegova 24, Tel./Fax 25 70 35. In der Fußgängerzone. Die Pizzeria bietet sehr viel mehr, als der Name befürchten läßt. Es gibt Pizza, aber darüber hinaus eine große Auswahl an anderen, nicht nur italienischen Spezialitäten.
Restaurant ›Kazanmahala‹, F. Ledera 4, Tel. 061/42 33 80.
›Kozlovac‹, Kozlovac bb, Tel. 25 43 64.
›Lovac‹, Džindić mahala 13, Tel. 23 77 35.
›Šadrvan‹, M. Delibašćia 1, Tel. 23 55 14.

Café ›Sarajka‹, Titova 64, Tel. 25 43 33. Bietet bosnisches süßes Gebäck wie z. B. Baklava und die verschiedensten Cafévariationen an.
›Evropa‹, Gradska 6, Tel. 24 09 15.

Volkstheater, Pozorišna 4, Tel. 25 16 46.
Bosnisches Kulturzentrum, Mije Keroševića Guje 1, Tel. 28 22 96.

Ostbosnisches Museum, Mije Keroševića Guje 3, Tel. 28 00 34.
Nationalgalerie, Slavka Mičica 13, Tel. 23 48 97.

Autowerkstätten: ›Servis Krainović‹, Solina bb, Tel. 23 57 23.
›AC Kapetanović‹, Trnovac br. 47, Tel. 061/13 98 86.

Apotheken, Gradska Apoteka, Albina Herljevića 1, Tel. 28 07 82. Auch Nachtnotdienst.
›Slatina‹, Albina Herljevića, Tel. 28 07 84.
›Farmatex‹, Slavka Mičića 9, Tel. 26 00 53.
Krankenhäuser, ›Dom Zdravlja‹ (Ambulanz), Albina Herljevića 1, Tel. 28 24 11.
›Klinički Cantar‹, Trnovac bb, Tel. 25 07 12.
Poliklinik, M. Tešića 3, Tel. 39 31 11.
Klinik für Lungenkrankheiten, Tel. 25 25 15.

Lukavac

Das westlich von Tuzla an der Hauptstraße nach Doboj gelegene Lukavac ist vor allem eine Industriestadt mit einem großen Kohlebergwerk. Schon aus der Ferne stechen die Industriebetriebe ins Auge, die eine große Fläche einnehmen. Daß Lukavac dennoch das Ziel vieler Besucher ist, hat mit dem sehr schön gelegenen See Modrac (Modračko jezero) zu tun. Im Sommer kommen die Einheimischen, um sich am Ufer des Sees zu sonnen, im See zu baden oder auch um zu fischen. Es gibt Restaurants und auch die Möglichkeit zu übernachten.

Vorwahl: 035.
PLZ: 75300.

Hotel ›Senad od Bosne‹, Prokosovići bb, Tel./Fax 55 32 22, 55 32 23. Etwas abseits der Hauptstraße am Fluß Modrac, 26 Zimmer, sehr elegant eingerichtet mit Klimaanlage, Konferenzraum.

Pension ›Vila‹, Tel./Fax 55 30 43. 2-Sterne-Pension, leicht zu finden, unmittelbar an der Hauptstraße. Tuzla–Doboj, 18 Betten, alle Zimmer mit Bad und TV, direkt an einem Park mit Freibad und Tennishallen.

Restaurant ›Belvedere‹, Tel./Fax 56 12 66. Am See Modrac, sehr schöne Terrasse mit 200 Plätzen und Ausblick auf den See. Als Spezialität bietet das Restaurant Fisch an, aber auch viele andere Gerichte.

Ambulanz, Kulina bana bb, Tel. 55 30 56.

Zvornik

Das Städtchen Zvornik liegt im Tal der Drina im Nordosten von Bosnien-Herzegowina. Oberhalb der Stadt befindet sich die Burg von Zvornik. Über ihre Entstehungsgeschichte sind nur sehr wenige gesicherte Informationen vorhanden. Aus dem Jahre 1412 stammen erste urkundliche Erwähnungen, vermutlich wurde die Burg aber bereits einige Zeit zuvor erbaut. Es gibt Hinweise, daß schon die Römer an dieser Stelle Schutzwälle angelegt haben. Die Burg ist in drei Teile gegliedert. Zuerst wurde der mittlere Burgteil erbaut, vermutlich noch im 14. Jahrhundert. Später ging dieser in den Besitz von Djurdje Branković über. Zu seiner Zeit wurde die Burg um den oberen Teil erweitert.

1466 eroberten die Türken diese Gegend Bosnien-Herzegowinas. Sie nahmen die Burg in ihren Besitz und errichteten unmittelbar an der Drina die sogenannte

Spezielle Beschilderung für SFOR-Fahrzeuge

Unterburg mit verstärkten Mauern und drei Wachtürmen und bauten die Franziskanerkirche, die innerhalb der Festung stand, zu einer Moschee um. Erhalten geblieben sind davon jedoch nur Ruinen.

Die Festungsanlage wurde bis zum 18. Jahrhundert kontinuierlich ausgebaut. Sie entwickelte sich zu einer der größten Befestigungen im ehemaligen Jugoslawien. Während der Auseinandersetzungen zwischen Türken und Österreichern mußte sie einige Zerstörungen hinnehmen. Später nahmen die Österreicher einige Erweiterungen und Umbauten vor.

Das kleine Mausoleum, eine sogenannte Turbe, ist die Grabstätte von Hasan Kaimija, der als Dichter und Volkstribun bekannt geworden ist. Er starb 1691.

Interessanterweise wurde das kleine Mausoleum nicht wie sonst üblich aus Stein, sondern aus Holz gebaut. Im Stadtzentrum von Zvornik befinden sich ein Denkmal für die gefallenen Partisanen des Zweiten Weltkrieges und das Grab des Volkshelden Filip Klajić-Fića, der 1943 bei Kämpfen sein Leben verlor. Entworfen wurde das Denkmal von den Architekten Jusuf Begović und Mehmed Hrasnica.

In der Umgebung von Zvornik wurden 56 Grabfelder mit Stećci entdeckt, allerdings sind nur eine geringe Zahl der Totenkultsteine mit Ornamenten und Figuren verziert. Nur wenige der Steine haben Inschriften.

Vorwahl: 056.
PLZ: 75400.
Hotel ›Drina‹,
Tel. 58 35 25, 58 33 11.
Hotel ›Vidikovac‹, Tel. 58 45 11 oder 58 82 66.

Restaurant ›Tri Hrasta‹, Roćević, Tel. 59 90 87.
Restaurant ›Radprom‹, D. Pilica, Tel. 58 10 76.

Zwischen Tuzla und Bijeljina

Die Landstraße nach Bijeljina verläßt Tuzla in nordöstlicher Richtung, steil steigt sie das Majevaca-Gebirge hinauf. Der Weg führt in zahlreichen Kurven durch eine ehemals dicht besiedelte Gegend. Der Krieg ließ die Menschen jedoch flüchten, und von den Gebäuden sind oft nur Ruinen übrig geblieben. Über viele Kilometer ist auch Jahre nach Kriegsende kein bewohntes Haus zu finden. Das Bild ändert sich in der Serbischen Republik; hier hat es sehr viel weniger Verwüstungen gegeben.

Prijpoj ist der erste größere Ort nordöstlich von Tuzla. Er verteilt sich zu beiden Seiten der Hauptstraße, hat einige Geschäfte, eine Tankstelle und etwas erhöht auf einen Berg eine sehr schöne, ganz in Weiß gehaltene serbisch-orthodoxe Kirche. Hinter Prijboj dominieren die landwirtschaftlichen Betriebe, einzelne Häuser wechseln sich mit kleinen Dörfern ab. Nahe der Straße fließt das Flüßchen Janja.

Diese Region Bosniens ist eben, der Boden nicht mehr karstig und sehr fruchtbar. Die Menschen leben hier gut von ihren landwirtschaftlichen Erträgen. Die Häuser sind großzügig gebaut und lassen auf wohlhabende< Bewohner schließen.

Im Ort Uglevik fallen sofort die Kühltürme des Kohlekraftwerks ins Auge. Die Luft verbreitet passend dazu die entsprechenden Gerüche. Das Kraftwerk mit seinen beiden Schloten wirkt deplaziert in einem ansonsten von grüner Natur bestimmten Landschaftsbild. In der Ortsmitte befindet sich eine große orthodoxe Kirche neueren Datums. Es gibt viele neue Wohnhäuser, die Kriegsflüchtlingen aus anderen Teilen des Landes eine Unterkunft bieten. An der Hauptstraße und im nächsten Ort befinden sich mehrere Tankstellen. Nach dem Krieg entstanden in der Gegend mehrere kleinere orthodoxe Kirchen.

Auf dem Weg nach Bijeljina passiert man nun Suho Polje. Der Ortsname läßt sich mit ›Trockenes Feld‹ übersetzen. Fuhr man zuvor an Feldern und grünen Wiesen vorbei, sind jetzt zunächst einzelne Bäume, bald darauf eine dichte Bewaldung festzustellen. Jäger finden hier gute Bedingungen vor. An der Straße sind Schilder mit der Aufschrift ›Lovište‹ zu sehen, die für Jagdführungen werben.

Bijeljina

Die Stadt Bijeljina im äußersten Nordosten Bosniens ist nicht übermäßig reich an Sehenswürdigkeiten. Zum ersten Mal Erwähnung fand Bijeljina im Jahr 1464. Im Mittelalter führten wichtige Handels- und Verkehrswege durch das heutige Stadtgebiet. Die Stadt war eine wichtige Durchgangsstation. In der nahen Umgebung von Bijeljina befand sich ein Franziskanerkloster, wie Dokumente von 1514 ausweisen.

Im 18. Jahrhundert stand Bijljina im Mittelpunkt schwerer Kämpfe zwischen den Österreichern und Türken. Von 1718 bis 1739 konnten die Österreicher den Türken die Gegend um Bijeljina abspenstig machen. Durch die ständigen Kriegswirren erlitt der Ort große Verluste und wurde sehr stark beschädigt.

Der Weg in das Stadtzentrum führt vorbei an riesigen Hochhäusern und ist ausgeschildert, allerdings in kyrillischen Buchstaben. Es ist nicht leicht, einen Parkplatz im Zentrum zu finden. Fährt man nur einige Straßen weiter, beispielsweise in Richtung des Stadtparks wird man mehr Erfolg haben. Aber auch der einfache Parkplatz am Straßenrand ist in der Regel kostenpflichtig.

Vor dem letzten Krieg in Bosnien-Herzegowina gab es in Bijeljina die Sultan-Soliman-Moschee (Sulejmanova džamija). Die Moschee war an einer Stelle errichtet worden, an der zuvor ein anderes islamisches Gebäude gestanden hatte. Bei den österreichisch-ungarischen Angriffen war sie schwer beschädigt und erst 1893 wieder erneuert worden. Auf den ersten Blick war die Moschee nur aufgrund ihres Minaretts als ein islamisches Gotteshaus auszumachen. Das Hauptgebäude hatte einen quadratischen Grundriß und hatte mehr Ähnlichkeit mit einem zweistöckigen Wohnhaus in einem weitläufigen Garten. Im letzten Krieg wurde die Moschee zerstört und die Stadt um eine ihrer Sehenswürdigkeiten ärmer.

Bijeljina ist eine belebte Stadt mit dichtem Autoverkehr und vielen Menschen im Zentrum. Zentraler Platz ist der Trg Kralja Petra I. Karadjordjević (König-Peter-Karadjordjević-Platz). Hier befindet sich das größte Kaufhaus der Stadt. Vor dem Robna kuća haben einige Händler ihre privaten Stände aufgebaut. Oft ist dies nur ein umgedrehter Karton, auf dem Kaugummi und andere Süßigkeiten ange-

Das Parlamentsgebäude

boten werden, um den mageren Lebensunterhalt etwas aufzubessern. Rechts, einige Schritte neben dem Kaufhaus befindet sich die Bibliothek. Am längsseitigen Ende des Platzes steht das Parlament von Bijeljina. In der Straße Kneginje Milice, zwischen Bibliothek und Parlament befindet sich die Hauptpost. Gegenüber dem Warenhaus wurde die während des Krieges zerstörte Moschee wiederaufgebaut. Einträchtig dahinter ist der Turm der serbisch-orthodoxen Kirche zu erken-

nen, ein Anblick der darauf hoffen läßt, daß beide Gotteshäuser mit ihren Gläubigen in guter Nachbarschaft miteinander leben werden.

Im Dorf Donja Trnava, einige Kilometer von Bijeljina entfernt, richteten die Partisanen im Zweiten Weltkrieg ein großes Lazarett ein. 1500 Volksbefreiungskämpfer wurden dort von Juni 1943 bis zum April des folgenden Jahres behandelt, dann mußte das Lazarett geschlossen werden und Partisanen, Ärzte und Schwestern vor den herannahenden Feinden flüchten. Im Dorf wurde eine Gruft für 567 gefallene Partisanen angelegt. Gestaltet wurde sie von dem Belgrader Bildhauer Jovan Kratohvil.

Vorwahl: 055.
PLZ: 76300.

Hotel ›Drina‹, 1. maja 3, Tel. 47 14 58, Fax 40 50 62.
›Brðak‹, S. Dečanskog bb, Tel. 24 27 33, Fax 47 18 24.
Banja ›Dvorovi‹, Tel. 55 05 02.

Restaurant ›Drina‹, Amajlije, Tel. 40 10 41.
›Kiks‹, Ljeljenča, Tel. 40 49 63.
›Gligor‹, Galac bb (beim Stadion), Tel. 40 16 80.

›Lazić-Petrol‹, D. Čadjavica, Tel. 57 01 56. Tankstelle, Autoabschleppdienst und Reparaturwerkstatt.
Autowerkstatt ›Bowel‹, Donja Čadovica, Tel. 57 00 75.

Brčko

Die Flußhafenstadt Brčko liegt an der Mündung des Flüßchens Brka in die Save, rund 30 Kilometer östlich von Gradačac am Grenzübergang zu Kroatien.

Die Region von Brčko war bereits in vorgeschichtlicher Zeit besiedelt. Unter ihrem heutigen Namen findet die Stadt 1548 erste Erwähnung in Urkunden. Damals hatte Brčko noch die Ausmaße eines größeren Dorfs. Das änderte sich mit der Machtübernahme der Türken. Der türkische Konsul hatte damals seinen Sitz in Brčko. Er residierte standesgemäß in einem entsprechenden Gebäude. Die Türken errichteten zahlreiche neue und für die Öffentlichkeit bestimmte Gebäude, darunter mehrere türkische Bäder, einen Turm und Moscheen. Zu den beeindruckendsten orientalischen Bauten gehörte die Save-Moschee, das vermutlich älteste Gotteshaus der Stadt. Daneben gab es noch die Džedid-Moschee, die aus Holz gebaute Hadži-Paša-Moschee sowie eine Koranschule.

Im letzten Krieg in Bosnien-Herzegowina war Brčko von schweren, lang anhaltenden Kämpfen betroffen. Fast alle islamischen Bauten wurden dabei zerstört.

Im Dorf Gredice stand das Bakir-Beg-Konak, eine großzügige Villa, und im Dorf Brezovo Polje, etwa 12 Kilometer östlich von Brčko, stand die einzige von den Türken im Barockstil erbaute Moschee. Im Zweiten Weltkrieg war sie stark beschädigt und erst in den siebziger Jahren restauriert worden.

Brčko war während der Verhandlungen in Dayton ein Streitfall. Nur sehr schwer kam zwischen den Kriegsparteien eine Einigung zustande. Für die bosnischen Serben ist Brčko von sehr großer Bedeutung: Der wenige Kilometer breite Korridor verbindet die serbischen Gebiete im Osten mit denen im Westen Bosnien-Herzegowinas. Die bosnischen Muslime wollten jedoch ihre Ansprüche auf die seit dem 16. Jahrhundert islamisch geprägte Stadt nicht aufgeben. In Dayton gab man 1995 der Stadt einen Sonderstatus. Im März 1999 wurde Brčko zum autonomen Distrikt und ein Jahr darauf zur neutralen Zone erklärt. Die bis dahin von der internationalen Gemeinschaft organisierte Verwaltung wurde abgelöst von einer Regierung, die zu gleichen Teilen aus Serben, Muslimen und Kroaten besteht. Formal ist die Stadt Teil der Serbischen Republik, tatsächlich aber ein autonomes Gebiet mit einem eigenen Parlament, einer Polizei und einer separaten Steuergesetzgebung. Die Beschilderung in Brčko ist in kyrillischen und in lateinischen Buchstaben ausgewiesen.

Der Besucher in Brčko profitiert vom besonderen Status der Stadt durch noch günstigere Preise in den Geschäften und beim Benzinkauf. Die günstigen Preise ziehen aber auch viele Besucher aus dem nahen Kroatien und aus ganz Bosnien an. Brčko ist voll mit Menschen und Autos. Die Verkehrsampeln der Stadt sind oft nicht in der Lage, das Aufkommen zu bewältigen. Die Polizei versucht dann, den

Geschäftsstraße im Zentrum

nicht versiegenden Verkehrsstrom per Hand in und durch die Stadt zu leiten. Noch größer kann der Andrang vor der Landesgrenze zu Kroatien werden. Der Grenzübergang befindet sich fast im Stadtzentrum, entsprechend eng kann es in der Stadt werden.

Im kleinen Stadtzentrum finden die Besucher eine Mischung aus sehr alten Gebäuden und sehr modernen, neuerrichteten Bauten mit einer schicken Glasfront.

Im moslemischen Stadtteil von Brčko ragt das einzige Minarett der Gegend aus einem Häusermeer heraus. Die Moschee wurde erst nach dem letzten Krieg erbaut. Die Kriegschäden sind hier bis heute unübersehbar.

Vorwahl: 049.
PLZ: 76100.

Hotel ›Evropa‹, Plazuljska 3, Tel. 20 12 44, 20 10 02, Fax 20 12 52, www.hotel.evropa.com. An der Hauptstraße von Brčko nach Banja Luka, 90 Betten (EZ und DZ), Hotelrestaurant mit 250 Plätzen und Sommergarten.

›Revena‹, Bulevar D. Mihajlovića 3, Tel. 20 43 01, Fax 20 51 44.

›Grand Hotel Posavina‹, Trg mira 1, Tel. 20 55 10, Fax 20 57 40.

Krankenhaus Brčko, Banjalučka 3, Tel. 21 60 03.

Ambulanz ›Dom zdravlja‹, Dr. Sakiba Edhemovića 64, Tel. 21 57 79.

Gradačac

Gradačac liegt am Flüßchen Gradašnica. Seit dem Jahre 1634 ist der Ort unter seinem noch heute gültigen Namen bekannt. Er hat seinen Ursprung in der Burg Gradac, die bereits 1465 in offiziellen Urkunden Erwähnung findet. Fünfzig Jahre später stand der Ort unter türkischer Herrschaft. Die Türken erweiterten 1765 die Festungsanlage erheblich. Innerhalb der Festungsmauern bauten sie einen 18 Meter hohen und in drei Stockwerke unterteilten Turm. Ganz oben, mit einer exklusiven Aussicht, hatte der Festungskomandant seine Wohnung. Im Zweiten Weltkrieg wurde der Turm zwar zerstört, nach dem Krieg jedoch wieder aufgebaut.

Die Festung steht Besuchern offen. Eintritt wird nicht verlangt, was sich sicherlich ändern wird, wenn der Andrang ausländischer Besucher zunimmt. Der Hauptmannsturm in der Festungsmitte erstrahlt in frischem Weiß. Von der Burg läßt sich die gesamte Stadt überblicken. Besonders gut ist die nahe Huseinja-Moschee zu sehen und eine weitere Moschee in der Ferne. Das Stadtzentrum von Gradačac hat sich zu den Füßen der gut erhaltenen Burganlage entwickelt. So liegen die Sehenswürdigkeiten hier nah beieinander und im Schatten der Festung.

Festung und Hauptmannsturm

Im kleinen Stadtpark von Gradačac befindet sich – wie in vielen anderen Orten des Landes auch – ein großes Partisanendenkmal. Die Namen der gefallenen Partisanen wurden auf Steinplatten verewigt.

Nur wenige Schritte vom Park entfernt befindet sich die Huseinja-Moschee, die auf Veranlassung des Hauptmanns Husein Gradaščević, den man den Drachen von Bosnien nannte, 1826 errichtet wurde. Da sein Name sehr lang war, setzte sich die viel kürzere und einfache Bezeichnung ›Huseinja‹ für die Moschee im Volk durch. Das Gotteshaus ist ein typischer Kuppelbau mit einem schlanken Minarett. Auffallend sind die Verzierungen mit Holzschnitzereien, einer besonderen Handwerkskunst der Gegend.

Bei der Moschee befindet sich ein gut erhaltenes Stadttor. Etwas oberhalb, auf einer Wiese steht ein weiteres Partisanendenkmal, dessen roter Stern hervorsticht. Dahinter befindet sich ein großes Gebäude in dem die Osnovna škola – die Grundschule – untergebracht ist. Links der Schule, unmittelbar vor dem Gebäude des lokalen Radiosenders steht frei auf einer Wiese der türkische Uhrturm. Er ist 22 Meter hoch und hat einen quadratischen Grundriß mit abgerundeten Ecken. Er gehört zu den zuletzt erbauten Uhrtürmen in Bosnien-Herzegowina. Sehr bald nach seiner Fertigstellung endete die Türkische Herrschaft.

In Gradačac gibt es auch zwei dicht beieinanderstehende katholische Kirchen. Die eine Kirche wurde im Krieg beschädigt, während die andere bis heute gut erhalten ist. Der Busbahnhof von Gradačac befindet sich gut zu erreichen nahe der Stadtmitte an der Hauptstraße.

Vorwahl: 035.
PLZ: 76250.
Motel ›Konak‹, H. K. Gradaščevića 92, Tel. 81 73 67, Fax 81 73 67.
Banja ›Ilidža‹, Tel./Fax 81 78 22, 81 70 39. Das Kurhotel bietet 160 Betten in Doppel- und Dreibettzimmern mit Bad an. Das hier entspringende Mineral- und Heilwasser wird seit über 150 Jahren bei der Linderung von rheumatischen, neurologischen und gynäkologischen Beschwerden angewendet.

Šamac

Šamac trug bis zum letzten Krieg den Namen Bosanski Šamac. Der Ort befindet sich nahe der Mündung der Bosna in die Save an der Grenze zu Kroatien. Archäologen fanden im Stadtgebiet Überreste, die einer prähistorischen Siedlung zuzuordnen sind. Es wird angenommen, daß die Funde aus der Zeit der sogenannten Vinča-Kultur stammen.

Erst Mitte des 19. Jahrhunderts entwickelte sich Šamac zu einer kleinen Stadt. Damals kamen viele Muslime aus Serbien und ließen sich im Ort nieder. Bis zum letzten Krieg in Bosnien war Šamac überwiegend moslemisch geprägt, die 1862 erbaute Mir-Achmed-Moschee, die im Krieg zerstört wurde, dominierte das Stadtbild. Zu den wenigen Sehenswürdigkeiten des beschaulichen Ortes gehörte der Spomen dom, ein Museum zu Ehren des Partisanen und Volkshelden Mitar Trifunivić-Učo, der 1942 im Krieg fiel.

Modriča

Modriča ist ein kleines Städtchen nordwestlich von Gradačac. Im Ort gibt es eine ältere serbisch-orthodoxe Kirche. In der kleinen Fußgängerzone haben sich Geschäfte und Cafés angesiedelt, das große Warenhaus ist seit dem Krieg nicht mehr in Betrieb. Eine Tankstelle ist im Ort vorhanden. Verläßt man Modriča in nordwestlicher Richtung, führt eine große Autobrücke über die Bosna.

Vorwahl: 053.
PLZ: 74480.
Busbahnhof Modriča, Đure Đakovića bb, Tel. 81 26 21.
Motel ›Belvi‹, Jakešnica bb, Tel. 81 26 44, Fax 81 09 79.
Motel ›Dvorac‹, Vranjački put bb, Tel. 81 22 75.

Srpski Brod/Bosanski Brod

Srpski Brod liegt im äußersten Norden Bosnien-Herzegowinas in der Ivanjko-Ebene und ist vermutlich auch heute noch besser unter seinem Vorkriegsnamen Bosanski Brod bekannt. Die Stadt wird durch die Save von seinem auf kroatischer Seite liegenden Namenspendant Slavonski Brod getrennt. Der Fluß markiert die Grenze zwischen Bosnien und Kroatien. So ist es nicht verwunderlich, daß die Stadt während der türkischen Herrschaft eine Grenzfestung unmittelbar an der Save erhielt.

Man erreicht Srpski Brod am einfachsten und bequemsten aus westlicher Richtung über den berühmt-berüchtigten Autoput. Die einzelnen Streckenabschnitte sind gebührenpflichtig, die Maut ist jedoch verhältnismäßig gering und beläuft sich auf einige kroatische Kuna oder ein bis zwei Euro. Der Autoput verläuft durch kroatisches Gebiet, nur einige Kilometer nördlich der Save. Die Autobahn ist in einem sehr guten Zustand. Jede Richtung ist zweispurig zu befahren, auch in der Sommersaison bleiben Staus weitgehend aus. Moderne Tankstellen und Rastplätze sind reichlich vorhanden, wenngleich oft nicht gepflegt. Um Srpski Brod zu erreichen, folgt man ab Zagreb der Ausschilderung nach Slavonski Brod, dem kroatischen Gegenüber von Bosanski Brod auf dem anderen Saveufer.

Archäologische Funde zeigten, daß das heutige Stadtgebiet und die Umgebung schon in vorgeschichtlicher Zeit den Menschen als Lebensraum dienten und sie sich dort niederließen. Neben Siedlungen aus dem frühen Neolithikum wurden auch Gegenstände der Illyrer entdeckt. Im Ort Donji Klakar fand man Überreste einer römischen Festung sowie Ruinen, die aus der Antike stammen. Damals dienten sie dazu, die Übergänge über die Save zu sichern.

Die Türken eroberten die Stadt im Jahr 1536. Sie gaben ihr den Namen Bosud und nutzten sie als Grenzort, von dem sie die natürliche Grenze durch die Save kontrollierten. Unmittelbar am Fluß bauten die Türken ein Čardak, ein Wachhaus. Sie errichteten auch mehr als ein Dutzend Moscheen während ihrer Herrschaft.

Bis zum letzten Krieg zeigte die Stadt deutlich ihre aus türkischer Zeit stammende Prägung. Im Stadtzentrum waren einige islamische Bauten zu finden, die Husein-Beg-Moschee war während der österreichischen Herrschaft zu Beginn des 19. Jahrhunderts erneuert worden. Der letzte Krieg nahm darauf keine Rücksicht – die Moschee und alle anderen islamischen Bauten wurden zerstört.

Die Städte Slavonski Brod in Kroatien und das damalige Bosanski Brod im bosnischen Teil waren bereits ganz zu Anfang des Bosnienkonflikts heftig umkämpft. Damals verfolgten die Menschen im übrigen Bosnien-Herzegowina das grausige Geschehen, und kaum jemand konnte sich vorstellen, daß bald darauf ganz Bosnien vom Krieg betroffen sein würde.

Der Grenzfluß Save bei Srpski Brod

Srpski Brod ist eine Grenzstadt und scheint etwas davon zu profitieren. Aus dem kroatischen Slavonski Brod kommen die Menschen zu Fuß über die Grenzbrücke, um in Srpski Brod ihre Einkäufe zu tätigen, die hier in Bosnien sehr viel preisgünstiger erledigt werden können als auf der anderen Seite der Save. Die jeweiligen Grenzstationen befinden sich an den Auffahrten zu der nach dem Krieg erbauten Brücke über die Save. Die alte Brücke war zu Beginn des letzten Krieges zerstört worden. Die Wartezeiten sind manchmal recht lang.

Hat man aus Kroatien kommend den bosnischen Grenzposten passiert, zweigt nach nur wenigen Metern rechts eine Straße in das kleine, sehr überschaubare Stadtzentrum ab. Auf wenigen dutzend Metern wird die Durchfahrt alsbald von einigen Geschäften und vor allem von Straßenhändlern gesäumt, die an ihren Ständen kopierte CDs, DVDs und Ähnliches verkaufen. Es gibt eine kleine Tankstelle mit zwei Zapfsäulen und einem übergroßen Hinweis, nicht selbst zu tanken, sondern unter allen Umständen auf den Tankwart zu warten, da nur ihm gestattet sei, die Benzinpumpe zu bedienen.

Im Westen ragt goldgelb in der Sonne glänzend der Turm der neu errichteten serbisch-orthodoxen Kirche aus dem Häusermeer. Viele Gebäude in Srpski Brod sind auch heute noch zerstört und verlassen. Einige Hochhäuser, die zur Zeit Jugoslawiens entstanden, wurden nach dem Krieg notdürftig hergerichtet und teilweise, wo der Zustand es erlaubte, bereits bezogen.

Zwischen den Gebäuden eingepfercht liegt der kleine nette Stadtpark. In seiner Mitte befindet sich das Denkmal für die gefallenen Partisanenkämpfer des Zweiten Weltkrieges, eine vom Künstler Petar Krstić gestaltete Gruft.

Verläßt man Srpski Brod in südlicher Richtung, fährt man durch eine grüne, mit Bäumen und Sträuchern zugewachsene hügelige Landschaft, deren Schönheit entzücken könnte, würde sie nicht von zahlreichen Hausruinen gesäumt. Sie lassen nur erahnen, wie schwer in dieser Gegend die Kämpfe während des Krieges getobt haben müssen. Einige der zerschossenen Gebäude sind mittlerweile vom Gestrüpp überwuchert und wirken wie Narben in der Landschaft.

Hotel ›Sava‹, Svetog Save 58, Tel. 053/66 01 29, 66 18 23.

Restaurant ›Lovački Rog‹, Svetog Save bb, Tel. 053/66 50 57, 66 19 13.

Derventa

Derventa ist ein unscheinbares Städtchen am fast ebenso unscheinbaren Flüßchen Ukrina. Auf den ersten Blick kann die Stadt ihren Besuchern wenig Interessantes bieten, einen lebhaften Ortsmittelpunkt sucht man vergeblich. Es gibt einige kleine Geschäfte und, etwas versteckt, einen kleinen Markt. Derventa wirkt, als diene es seinen Bewohnern als Wohnstadt und habe seine Schuldigkeit damit getan.

Der Ort begann sich erst im 16. Jahrhundert im Umfeld einer Festung zu entwickeln. Zur Geschichte der Festung ist bis heute wenig bekannt, als sicher gilt jedoch, daß sie der Auslöser für die Entstehung der Ortschaft war. Die Menschen kamen und ließen sich im sicheren Schatten der Burg nieder. Sie war rechteckig angelegt und hatte besonders massive und doppelt geführte Wehrmauern. Bereits 1890 stand sie nur noch in Ruinen und wurde dann völlig geschleift. Daher ist von ihr heute nichts mehr übrig.

Im Jahre 1864 eröffnete die erste Grundschule in der Stadt ihre Tore, zwei Jahrzehnte später das erste Krankenhaus. Das Gymnasium begann noch während des Ersten Weltkriegs mit seiner Arbeit.

Aus dem Zweiten Weltkrieg stammt der Partisanenfriedhof im Ort. 126 Kämpfer aus der Region ließen ihr Leben, insgesamt hatte die Gemeinde Derventa über

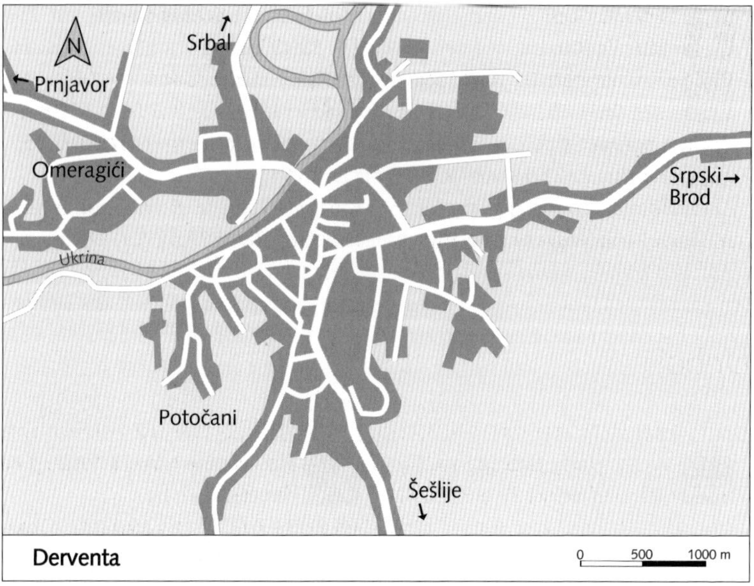

1000 Opfer zu beklagen. Nach dem Zweiten Weltkrieg entwickelte sich schnell eine rege Industrie, besonders im Bereich der Textilherstellung und der Metallverarbeitung trat die Stadt hervor. Größter Betrieb war die Firma ›Ukrina‹ mit 1800 Mitarbeitern.

Vor dem letzten Krieg hatte die Gemeinde 57 000 Einwohner, die Stadt 17 000. Während des Kriegs erlitt sie große Zerstörungen. Die Industriegebäude wurden stark beschädigt, ebenso Schulen, das Energieversorgungssystem und Straßen.

Vor dem Krieg gab es in Derventa die Gradska džamija (Stadt-Moschee), die im 16. Jahrhundert errichtet worden war und über ein schönes steinernes Minarett verfügte. Auch sie wurde im letzten Krieg zerstört. Der alte moslemische Friedhof scheint den Krieg trotz der heftigen Kämpfe in dieser Gegend unbeschadet überstanden zu haben. In der jüngeren Vergangenheit wurde die große serbisch-orthodoxe Kirche errichtet.

In der Umgebung von Derventa wurden Behausungsüberreste aus vorgeschichtlicher Zeit entdeckt. Bei Ausgrabungen stieß man auf keramische Gefäße, Werkzeuge aus Stein und andere Gegenstände. Im Dorf Modran fanden Archäologen die Reste einer Siedlung aus der Bronzezeit.

Wie Srpski Brod ist auch Derventa von sehr schöner Natur umgeben. Der Zauber des Anblicks wird aber auch hier von vielen zerstörten und verlassenen Häusern getrübt.

Vorwahl: 053.
PLZ: 74400.
Busbahnhof, Tel. 33 34 99.

Pension ›Šljuka‹, Sime Šolaja bb, Tel. 33 35 44. Kleine nett eingerichtete und privat geführte Pension. Parkplätze vor dem Haus.

Motel ›Dvor‹, Svetog Save 5, Tel. 33 45 55.

Restaurant ›Koktel‹, Derventski lug bb, Tel. 33 30 50.
Restaurant ›Derventa‹, Njegoševa bb, Tel. 33 17 20.
Café und Pizzeria ›Pronto‹, Kineska četvrt bb, Tel. 33 32 29.

Doboj

Das in einer Höhe von rund 140 Metern gelegene Doboj war seit Urzeiten eine Handelsstadt und zugleich ein wichtiger Verkehrsknotenpunkt. Die Stadt liegt an der Mündung der Flüsse Usora und Spreča in die Bosna.

In offiziellen Dokumenten ist Doboj bereits im Jahr 1415 verzeichnet. Aber schon aus der Steinzeit stammen Funde, die eine Besiedlung des heutigen Stadtgebietes annehmen lassen. Die Kelten und Illyrer gehörten zu den Völkern, die in dieser Gegend siedelten, später ließen sich auch die Römer dort nieder. Sie kamen während der ersten Jahrhunderte unserer Zeitrechnung und errichteten ein Militärlager. Später besiedelten die Slawen im Zuge von Völkerwanderungen den Balkan und ließen sich auch in der Region Doboj nieder. Im 15. Jahrhundert drangen die Türken nach Bosnien-Herzegowina vor und lieferten sich in den folgenden Jahrhunderten immer wieder Kämpfe mit den Österreichern. Zweimal gelang es den Österreichern, den Türken die Region Doboj abspenstig zu machen. Aber erst nach 1878 und bis zum Ersten Weltkrieg erhielten sie offiziell die Verwaltungsvollmacht für Bosnien-Herzegowina und somit auch für Doboj.

Die Burg, die auf einem Berg über der Stadt thront, wurde erstmalig im Jahr 1415 erwähnt. Auch sie wurde sehr wahrscheinlich viel früher und auf den Fundamenten einer zuvor dort errichteten Festung gebaut.

Die Kämpfe zwischen den Türken und Österreichern hinterließen große Zerstörungen an der Festung. Nachdem sich die Türken aus Bosnien-Herzegowina zurückgezogen hatten, erneuerten die Österreicher die Burg grundlegend. Sie ist bis heute recht gut erhalten, wenn auch seit dem Krieg kaum noch gepflegt. Die Burg ist zu Fuß zu erreichen, es läßt sich aber auch bequem mit dem Auto bis vor die Festungstore fahren. Von der Anlage bietet sich dem Besucher ein schöner Blick auf die Stadt.

Im Zentrum von Doboj gibt es zwei große Warenhäuser, das Kaufhaus ›Belgrad‹ und das Robna kuća. Hier befindet sich auch ein großer kostenpflichtiger

Der Eingang zur Festung

Parkplatz. Neben dem Parkplatz stehen zwei große neue Geschäftsgebäude mit kleinen Läden und Cafés im Parterre. Bis hierher stehen werktags die Verkaufsstände, die, wenn man ihnen einige Meter folgt, zum großen Marktgelände von Doboj führen. Dort ist, wie auf bosnischen Märkten üblich, von der Batterie bis zur Stereoanlage alles zu finden. Neben den dicht an dicht stehenden Marktständen gibt es kleine Geschäfte, die Burek und Pita anbieten, aber auch Bäckereien und kleine einfache Cafés. Neben der Burg hatte Doboj vor dem letzten Krieg in Bosnien-Herzegowina einige weitere Sehenswürdigkeiten wie beispielsweise die Selimija džamija. Sie stand im Schatten der Burg und wurde im 16. Jahrhundert erbaut.

Während des Krieges wurden die Moscheen der Stadt zerstört, ebenso wie die katholische Kirche. Jetzt, in Friedenszeiten, wurde die kleine katholische Kirche in der Stadtmitte neu errichtet. Einen Steinwurf entfernt steht die neugebaute große Moschee mit einem gewöhnungsbedürftigen rosa Anstrich. Neben der Moschee leuchtet der türkische Uhrturm im gleichen Farbton. Auch eine weitere Moschee wurde erst in der jüngeren Vergangenheit fertiggestellt. Die orthodoxe Kirche befindet sich am nördlichen Ortseingang, und in der Nähe ein Denkmal, das an 5000 Jugoslawen erinnert, die in einem Gefangenenlager in Doboj während des Ersten Weltkrieges ihr Leben verloren.

Bahnhof von Doboj, Tel. 23 24 51.

Hotel ›Bosna‹, Kneza Lazara 2, 74000 Doboj, Tel. 053/24 20 12, 24 20 57, Fax 24 20 57.
Motel ›Konak‹, Mravići bb, 74203 Doboj Matuzići-Doboj, Tel. 032/69 24 15, Fax 69 24 15.

Restaurant ›Kolo‹, N. Tesle bb, Tel. 24 23 53.
Restaurant ›SG‹, Šešlije, Tel. 68 21 03.

Museum von Doboj, Vidovdanska 4, 74000 Doboj, Tel. 23 12 20.

Maglaj

In Straßenkarten ist Maglaj nur als kleiner Ort an der Landstraße E73 unterhalb von Doboj eingezeichnet, der einen Besuch kaum rechtfertigt. Wer sich dennoch die Zeit nimmt, wird sehr angenehm überrascht werden. Maglaj ist ein kleines freundliches Städtchen mit langen, von schattenspendenden Bäumen gesäumten Alleen. Durch die Stadt fließt die Bosna, verbunden werden die Stadtteile durch eine breite neuere Brücke. Sie stellt kein architektonisches Meisterwerk dar wie die alten türkischen Brücken, erfüllt aber ihren Zweck und ist nett anzusehen. Überquert man die Brücke, erreicht man auf dem linken Bosnaufer den sehenswerten islamisch geprägten Stadtteil von Maglaj. Einen Blickfang stellt die über 400 Jahre alte Kuršumli-Moschee dar. Bekannt war sie auch unter dem Namen Kalavun-Jusuf-Paša-Moschee. Eine Besonderheit sind die bleigedeckten Kuppeln. Um die Moschee gruppieren sich einige alte moslemische Gräber. Die Moschee hat den letzten Krieg unbeschadet überstanden, nicht aber den Zahn der Zeit. Der hat an den Außenmauern der Moschee, den Verzierungen und Bemalungen seine Spuren hinterlassen.

An der Moschee vorbei führt eine schmale Straße zur alten Festung von Maglaj. Es empfiehlt sich, das Auto gegenüber der Moschee abzustellen – Parkmöglichkeiten sind zahlreich vorhanden – und dann den Berg und anschließend die Festung zu Fuß zu erklimmen. Die 15 Minuten Fußmarsch lohnen sich. Die Festung steht Besuchern offen, Eintritt wird nicht verlangt. Hat man das alte Gemäuer betreten, liegt dem Besucher die Stadt buchstäblich zu Füßen. Von dort oben hat man einen attraktiven Rundblick auf Maglaj, die Bosna, die Moscheen und das Umland.

Die Festung war immer wieder Anlaß für blutige Schlachten um ihren Besitz. Erwähnung fand sie erstmals 1408; sie wurde aber, so wird angenommen, bereits gegen Ende des 13. Jahrhunderts erbaut. Die Anlage diente einem Feudalherrn während der Zeit des ersten bosnischen Staates als sicherer Sitz. Er ließ die Burg erweitern, zusätzliche Verteidigungswälle und Wachtürme bauen und auch ein Gefängnis einrichten. Zu Beginn des 16. Jahrhunderts eroberten die Türken die

Junge Touristin in der Festung

Festung. Als die Österreicher 1697 die Türken angriffen, wurde die Burg stark in Mitleidenschaft gezogen, aber später restauriert und erweitert. Die Türken stationierten bis zu ihrem Abzug eine komplette Garnison in der Festung. Die Burg gilt als eine der beeindruckensten Bauten ihrer Art in Bosnien-Herzegowina. Unterhalb der Festung sind die Häuser in typischer islamischer Bauweise mit einer überstehenden ersten Etage errichtet worden.

Zu den weiteren Sehenswürdigkeiten von Maglaj gehört die Sukija-Moschee, die älteste Moschee der Stadt. Sie wird auch Čaršijska džamija genannt. Als Besonderheit weist sie ein hölzernes Minarett auf. Aus dem 18. Jahrhundert stammen die Fazli-Paša-Moschee und der Uhrturm. Vor den Toren von Maglaij befindet sich das in Türbeform gebaute Grab eines Derwisches.

Auf der Bosna finden Kajakwettkämpfe statt. Der Kajakclub von Maglaj residiert in einem eigenen Vereinsheim am rechten Bosnaufer.

Vorwahl: 032.
PLZ: 74250.

Busbahnhof, Peta ulica bb, Tel. 60 36 40, befindet sich im Ortszentrum.

Bahnhof, Peta ulica bb, Tel. 60 31 94.

Hotel ›Galeb‹, S. Omerovića bb, Tel. 60 30 27, 60 34 80.

Motel ›Chicago‹, Magistralni put M17 bb, Tel. 061/64 50 48.

Apotheke ›Stari Grad‹, Viteška 16, Tel. 60 38 99.

Gračanica

Gračanica befindet sich im Tal des gleichnamigen Flüßchens rund 20 Kilometer östlich von Doboj. Der Ort liegt etwas abseits der Hauptstraße, die abzweigende Ortsstraße erreicht nach etwa einem Kilometer das kleine sympathische Städtchen. Am Ortseingang wird der Besucher von einer neuerrichteten großen Moschee empfangen. Bald darauf sind die Post und etwas später der Busbahnhof erreicht. Von Gračanica bestehen gute Busverbindungen nach Tuzla, nach Doboj und, mit Umsteigen, auch in alle anderen Landesteile.

Es wird angenommen, daß bereits im Mittelalter eine erste Siedlung auf dem heutigen Stadtgebiet gegründet wurde. Seine Glanzzeit erlebt Gračanica im 16. Jahrhundert. Die Türken waren bis in die Region vorgerückt und errichteten zahlreiche islamische Bauten. Die Stadt verfügte damals über elf Moscheen, zwei Koranschulen, eine islamische Schule für Kinder und eine Bibliothek. Sie galt zu dieser Zeit als kulturelles Zentrum der Region.

Nach 1945 gab es nur noch fünf Moscheen in Gračanica. Zu den schönsten gehört die zuletzt ganz in Weiß gestrichene Ahmed-Paša-Moschee nahe der kleinen Fußgängerzone. Sie wurde im 16. Jahrhundert erbaut und zu Beginn des 20. Jahrhunderts renoviert. Die Bevölkerung nennt sie auch die Čaršijska džamija.

Die Gotteshäuser der drei großen in Bosnien ansässigen Glaubensrichtungen haben den Krieg fast unbeschadet überstanden. Die kleine katholische Kirche von 1921 steht in friedlicher Nachbarschaft zur serbisch-orthodoxen Kirche. Am Ende der Geschäftsstraße steht der türkische Uhrturm aus dem 16. Jahrhundert. Der Turm hat einen quadratischen Grundriß und ist mit seinen 27 Metern höher als die meisten anderen Uhrtürme im Land. Bei einem Brand im Jahr 1812 wurde er stark in Mitleidenschaft gezogen, aber nach einigen Jahren wieder restauriert.

Einen Spaziergang wert ist die kleine Einkaufsstraße. Hier befindet sich das Gebäude der ehemaligen Medresse. Heute wird der gut erhaltene, in frischen Farben leuchtende Bau von Anwälten und Geschäftsleuten genutzt, die dort ihre Büros eingerichtet haben. Einige Meter weiter befindet sich der kleine Stadtpark mit dem Partisanendenkmal und gleich daneben der Eingang zum Hotel Tilia.

Nahe Gračanica, auf der anderen Seite des gleichnamigen Flusses, sind die Überreste der Burg Sokograd zu finden. Sie wurde vor 1426 errichtet, war aber seit 1840 ungenutzt und verlassen.

Vorwahl: 035.
PLZ: 75320.

Hotel ›Tilia‹, 22. divizije bb, 75320 Gračanica, Tel./Fax 78 67 61, 78 67 44. Im Zentrum am kleinen Stadtpark, 41 Betten (EZ und DZ), Restaurant, Bar, Gästeparkplatz.

Kleiner Sprachführer

Das kyrillische Alphabet (serbisch)

	Aussprache	Transliteration	Transkription
А, а	›a‹ in ›Vater‹	a	a
Б, б	›b‹ in ›Ball‹	b	b
В, в	›w‹ in ›Wasser‹	v	w
Г, г	›g‹ in ›gut‹	g	g
Д, д	›d‹ in ›dort‹	d	d
Ђ, ђ	›dj‹	đ	dj
Е, е	›je‹ in ›jeder‹	e	e
Ж, ж	›j‹ in ›Journal‹	ž	sch
З, з	›s‹ in ›Rose‹ (stimmhaft)	z	s
И, и	›i‹ in ›Ritus‹	i	i
J, j	›j‹ in ›Junge‹	j	j
К, к	›k‹ in ›Kamm‹	k	k
Л, л	›l‹ in ›Wall Street‹	l	l
Љ, љ	›lj‹	lj	lj
М, м	›m‹ in ›Milch‹	m	m
Н, н	›n‹ in ›Natur‹	n	n
Њ, њ	›nj‹	nj	nj
О, о	›o‹ in betonten, ›a‹ in unbetonten Silben	o	o
П, п	›p‹ in ›Post‹	p	p
Р, р	rollendes Zungenspitzen ›r‹	r	r
С, с	›s‹ in ›das‹ (stimmlos)	s	s
Т, т	›t‹ in ›Tisch‹	t	t
Ћ, ћ	›ch‹	ć	tch
У, у	›u‹ in ›gut‹	u	u
Ф, ф	›f‹ in ›falsch‹	f	f
Х, х	vor a,o,u wie ›ch‹ in ›acht‹, vor i,e wie ›ch‹ in ›ich‹	ch	ch
Ц, ц	›z‹ in ›Zar‹	c	z
Џ, џ	›dsch‹ in Dschungel	dž	dsch
Ч, ч	›tsch‹ in ›Tscheche‹	č	tsch
Ш, ш	›sch‹ in ›Schule‹	š	sch

Aussprachehinweise

V, v
wie ›w‹ in wo

Ž, ž
wie ›j‹ in Journal

Z, z
wie ›s‹ in Nase

C, c
wie ›z‹ in Zinn

Ć, ć
wie ›ch‹

Č, č
wie ›tsch‹ in Tschechien

Đ, đ
wie ›dj‹

Dž, dž
wie ›dsch‹ in Dschungel

H, h
wie ›ch‹

Š, š
wie ›sch‹ in schon

Allgemeine Wendungen

Guten Tag
dobar dan

Guten Morgen
dobro jutro

Guten Abend
dobro veče

Gute Nacht
laku noć

Auf Wiedersehen
do viđenja

Hallo/Tschüß
zdravo

Entschuldigung
izvinite

bitte
molim

danke
hvala

ja
da

nein
ne

Ich verstehe Sie nicht
Ja Vas ne razumijem

Sprechen Sie deutsch? ...englisch?
Govorite li nemački? ...engleski?

Wie geht es Ihnen?
kako ste?

Danke gut
hvala dobro

Es freut mich
drago mi je

Bitte sagen Sie mir
Dali mi možete kazati

Ich heiße
zovem se

Wie heißen Sie?
kako se zovete?

Ich komme aus
ja sam iz

Deutschland
Njemačka

Österreich
Austrija

Schweiz
Švajcarska

Orientierung und öffentliche Einrichtungen

Wo ist...?
gdje je...?

hier
ovde

dort
tamo

links
lijevo

rechts
desno

geradeaus
pravo

nah
blizu

weit
daleko

Norden
sjever

Süden
jug

Osten
istok

Westen
zapad

Straße
ulica

Platz
trg

Markt
pijaca/tržnica

Museum
muzej

Kirche
crkva

Moschee
džamija

Stadt
grad

See
jezero

Kloster
manastir

Brücke
most

Fluß
rijeka

Denkmal
spomenik

Altstadt
stari grad

Wasserfall
vodopad

geöffnet
otvoreno

geschlossen
zatvoreno

Fremdenverkehrsamt
turist biro

Polizei
milicija/policija

Arzt
ljekar/doktor

Apotheke
apoteka

Krankenhaus
bolnica

Post
pošta

Brief
pismo

Briefmarke
poštanska marka

Postkarte
dopisnica

Luftpost
avionom

Einschreiben
preporučeno

Paket
paket

Geld wechseln
mjenjati novac

Bank
banka

Auslandstelefonat
mešunarodni razgovor

Zeitangaben

Montag
ponedeljak

Dienstag
utorak

Mittwoch
srijeda

Donnerstag
četvrtak

Freitag
petak

Samstag
subota

Sonntag
nedelja

Tag
dan

Woche
nedelja/sedmice/tjedan

Monat
mjesec

Jahr
godina

wann?
kada?

jetzt
sada

später
kasnije

sofort
odmah

nie
nikad

Im Hotel

Haben Sie ein Zimmer frei?
Imate li slobodnu sobu?

Ich hätte gerne ein Doppelzimmer/
Einzelzimmer
Šelio bih dvokrevetnu sobu/
jednokrevetnu

Wieviel kostet das Zimmer?
Koliko košta soba?

Mit Frühstück
sa doručkom

Ohne Frühstück
bez doručka

Zimmerschlüssel
ključ od sobe

Gepäck
prtljag

Handtuch
peškir/ručnik

Parkplatz
mjesto za parkiranje

Rechnung
račun

Bett
krevet

Dusche
tuš

Für Männer
muški

Für Frauen
ženski

Reisepaß/Ausweis
pasoš

Transport

Bus
autobus

Busbahnhof
autobuska (stanica)/(kolodvor)

Straßenbahn
tramvaj

Taxi
taksi

Zug
voz/vlak

Bahnhof
željeznička (stanica)/(kolodvor)

Bahnsteig
peron

Abfahrt
odlazak

Ankunft
dolazak

Verspätung
zakašnjenje

Fahrplan
red vožnje

Information
informacije

Fahrkartenschalter
šalter

Fahrkarte
vozna karta

Zuschlag
doplatna karta

1./2. Klasse
prvi/drugi razred

Schiff
brod

Fähre
skela

Hafen
luka

Auto
kola/auto

Tankstelle
benzinska pumpa

Werkstätte
radionica

Reifen
vanjska guma

Rad
točak

Vorder-/Hinter-
prednji/zadnji

Glühlampe
sijalica

Zündkerze
električni užigač

Batterie
baterija

Ölwechsel
izmjena ulja

Kühlwasser
voda za hlađenje

Essen und Trinken

Restaurant
restoran

Wirtschaft
kafana, bife

Café/Konditorei
slastičarna

Ober
konobar

bitte zahlen
da platim

zusammen
zajedno

Wasser
voda

Wein
vino

Rotwein
crno vino

Weißwein
bijelo vino

Bier
pivo

Kaffee
kafa

Tee
čaj

Milch
mlijeko

Obstsaft
voćni sok

Limonade
limunada

Brot
hljeb/kruh

Suppe
supa/juha

Fleisch-/Fischsuppe
čorba

Fleisch
meso

Kalbfleisch
teletina

Rindfleisch
govedina

Schweinefleisch
svinjsko meso

Lammfleisch
jagnjetina

Hühnchen
pile

Wurst
kobasica

Schinken
šumka

Fisch
riba
Gemüse
povrće

Salat
salat

Obst
voće

Kuchen
kolač

Speiseeis
sladoled

Schnitzel
šnicla

vom Rost
sa roštilja

Hacksteak
pljeskavica

gefüllte Paprika
punjene paprike

Zahlen

1
jedan

2
dva

3
tri

4
četiri

5
pet

6
šest

7
sedam

8
osam

9
devet

10
deset

11
jedanaest

12
dvanaest

13
trinaest

14
četrnaest

15
petnaest usw.

20
dvadeset

21
dvadeset jedan
22
dvadeset dva

23
dvadeset tri usw.

30
trideset

40
četrdeset

50
pedeset

60
šezdeset

70
sedamdeset

80
osamdeset

90
devedeset

100
sto

101
sto jedan usw.

120
sto dvadeset usw.

1000
hiljada/tisuću

Reisetips von A bis Z

Anreise mit dem Auto

Von Westen aus führt die Anreise meist über Zagreb. Bis dahin fährt man ausschließlich über Autobahnen und kommt zügig voran. Bei der Routenwahl ist zu bedenken, daß in Österreich Tunnelmaut fällig wird, ebenso in Slowenien, hier aber nur wenige Euro. Die Gebühren sind jede für sich genommen überschaubar, insgesamt kommt einschließlich der Autobahngebühren bei Hin- und Rückfahrt aber eine erhebliche Summe zusammen. Die Strecke Passau–Graz–Zagreb weist wenige Tunnel auf und ist entsprechend günstiger.

Spätestens hinter Zagreb muß man sich entscheiden, über welchen Grenzübergang man nach Bosnien-Herzegowina einreisen will. Möchte man in Richtung Bihać oder Velika Kladuša fahren, ist von Zagreb die Stadt Karlovac das nächste Etappenziel. Möchte man in den Norden Bosniens, bietet sich die Autobahn Zagreb – Belgrad als schnelle Verbindung an. Von dort ist nur die entsprechende Ausfahrt zu nehmen, und schon steht man an der bosnischen Grenze.

Anreise mit der Bahn

Die Fahrt mit der Bahn kann verhältnismäßig lange dauern, da mehrfaches Umsteigen nötig wird und die Reise nicht immer auf dem kürzesten Weg erfolgt. So dauert eine Zugreise von Köln nach Sarajevo beispielsweise planmäßig rund 25 Stunden und führt über Österreich, Ungarn und Kroatien nach Doboj in Bosnien und weiter nach Sarajevo. Allein für das letzte Teilstück von Doboj nach Sarajevo benötigt der Zug über drei Stunden. Das Reisen mit der Bahn nach Bosnien ist bequemer als in den engen Sitzreihen eines Busses, jedoch nicht preiswerter.

Anreise mit dem Bus

Von fast allen größeren deutschen, österreichischen und schweizerischen Städten bestehen Busverbindungen in alle Landesteile Bosnien-Herzegowinas. Die Reise mit dem Bus ist in der Regel erheblich günstiger als mit dem Flugzeug oder der Eisenbahn, dafür aber auch erheblich anstrengender und langwieriger. Beispielsweise dauert die Fahrt von Köln nach Sarajevo 28 Stunden. Das Hin- und Rückfahrtticket ist schon für rund 180 Euro zu haben, Kinder bis zu 12 Jahren fahren zu vergünstigten Preisen. Für die Fahrt von Köln nach Bihać benötigt der Bus immerhin noch 23 Stunden, Erwachsene bezahlen rund 160 Euro für die Strecke in beide Richtungen. Die Busse fahren im Liniendienst mehrmals wöchentlich. Oft sind freie Plätze auch noch kurz vor Abfahrt zu bekommen.

Für die Reise sollte man ausreichend Verpflegung mitnehmen oder aber Geld für Restaurantbesuche ein-

planen. Die Busse machen in regelmäßigen Abständen Pause, meist bei einem Restaurant.
Mehr Informationen und Tickets gibt es online unter der folgenden Adresse: www.eurolines.com.

- Die bosnische Eurolines-Vertretung: www.centrotrans.com.
- Die deutsche Eurolines Vertretung: Deutsche Touring GmbH, Am Römerhof 17, 60486 Frankfurt/M, Tel. 069/79 03 50, Fax 790 32 19; service@deutsche-touring.com, www.deutsche-touring.com.
- Eurolines in Österreich: Eurolines Austria Blaguss Reisen GmbH, www.eurolines.at.
- Eurolines in der Schweiz: www.eurolines-schweiz.ch.

Anreise mit dem Flugzeug

Mit dem Flugzeug reist man sehr bequem und am schnellsten, nicht aber immer preisgünstig. Bosnien-Herzegowina hat vier Flughäfen, die die Bezeichnung ›International‹ in ihrem Namen tragen, tatsächlich wird aber nur der Flughafen von Sarajevo von Linienmaschinen aus Deutschland, Österreich und anderen Ländern angeflogen. Lufthansa bietet von allen relevanten deutschen Flughäfen täglich Verbindungen nach Sarajevo an, allerdings mit München als Umsteigeairport. Der Direktflug von München nach Sarajevo dauert etwa 75 Minuten und kostet mit Lufthansa rund 550, mit Austrian Airlines etwa 450 Euro.
Von Deutschland, Österreich und der Schweiz bieten auch andere Airlines – wie die ungarische Malev, die serbische Jat oder Croatia Airlines – Flüge über ihre jeweiligen Hauptstädte nach Sarajevo an. Die Flugzeit ist dadurch manchmal erheblich

Busbahnhof in Gračanica

länger, und nur in den seltensten Fällen sind die Flugtickets günstiger. Austrian Airlines fliegt von Wien Sarajevo täglich an. Die Flugzeit beträgt etwa 50 Minuten. Zum Einsatz kommen zumeist kleine Flugzeugtypen. Der Internationale Flughafen von Banja Luka wird nur von Air Srpska im Linienflug auf der Strecke nach Wien und Zürich bedient. Die serbische Jat fliegt von Belgrad nach Banja Luka.

Apotheken

Das Land ist mit Apotheken recht gut ausgestattet, und viele von ihnen verfügen über ein Sortiment, das mit westeuropäischen Drogerien vergleichbar ist. Die Apotheken führen die gängigen Medikamente. Benötigt man spezielle Medizin, sollte diese besser von zu Hause in ausreichender Menge mitgebracht werden. Das Preisniveau ist generell sehr niedrig.

Autofahren

In den meisten Landesteilen sind die Straßen in einem überraschend guten Zustand. Etwas anders sieht es in den weniger dicht besiedelten Randgebieten wie beispielsweise auf der Strecke Drvar–Livno oder zwischen Goražde und Sokolac aus. Die Hauptstraße ist vom Krieg gezeichnet und mit zahlreichen Schlaglöchern versehen, aber dennoch zu befahren. Besonders in Gebirgsgegenden ist bei Regenfällen mit Steinschlag, Felsbrocken und Schlamm auf der Fahrbahn zu rechnen. Von November bis April sind Winterreifen in Bosnien-Herzegowina Pflicht. Zu empfehlen ist im Winter auch das Mitführen von Schneeketten, besonders wenn die höher gelegenen Regionen angesteuert werden sollen.
Es ist dringend angeraten, die vorgeschriebenen Höchstgeschwindigkeiten einzuhalten: Die Polizei kontrolliert sehr intensiv. Nicht nur Geschwindigkeitsübertretungen, auch alle anderen Verkehrsverstöße werden mit einem recht üppigen Bußgeld geahndet.
Die Promillegrenze liegt bei 0,5; das Telefonieren am Steuer ist zwar nicht gesetzlich verboten, dennoch ist dringend davon abzuraten.
Sollte es zu einem Unfall gekommen sein, ist unbedingt die Polizei zu verständigen. Sie wird den Unfall aufnehmen und eine Schadensmeldung schreiben, ohne die eine Ausreise nicht möglich ist. Man sollte unbedingt die Personalien der am Unfall Beteiligten und der Zeugen notieren sowie einen europäischen Unfallbericht ausfüllen, den man vor Reiseantritt von seiner Autoversicherung erhält.

Automobilclub

In Bosnien-Herzegowina gibt es drei Automobilclubs. Der ›Bosnisch Herzegowinische Auto Motor Klub‹ – BIHMAK – ist die Vereinigung mit der längsten Tradition: Bereits seit 1947 hilft er auf Bosniens Straßen. Informationen über die Verkehrslage, Straßenzustand und vieles mehr

bekommt man werktags unter der Telefonnummer (0)3 37 77 1 06. Technische Hilfe erhält der Autofahrer unter der Nummer 12 82, aus abgelegeneren Gegenden ist es manchmal nötig, die Vorwahl von Sarajevo zu wählen: 033.
BIHAMK Zentrale, Skenderija 23, 71000 Sarajevo,
Tel. 0 03 87/33 21 27 72, 33 20 76 58, Fax 213-668, info@bihamk.ba.
Informationszentrum, Tel. 003 87/33 77 71 06/07, Fax 77 71 19, info@bihamk.ba.
Pannenhilfe, Tel. 0 03 87/33 12 82, Fax 76 19 02, 77 71 17, dispec@bihamk.ba.

Der Automobilclub ›Auto-Motor-Savez‹ der Serbischen Republik ist auch bei einer Panne oder einem Unfall behilflich. Zu erreichen ist er unter der Telefonnummer 987 rund um die Uhr, wenn man Mitglied ist oder der heimische Automobilclub mit ›AMS‹ kooperiert. Bei einer Autopanne in Bosnien-Herzegowina empfiehlt es sich daher, zunächst den Automobilclub im Herkunftsland zu kontaktieren. Viele Clubs bieten die angebotenen Leistungen auch in Bosnien an.
Auto Moto Savez RS, Bracće Podgornika 8, 78000 Banja Luka,
Telefonnummer der Zentrale: 051/30 14 64; Pannenhilfe: 12 85 und 051 32 28 20,
Verkehrsinformationen: 051/32 28 10 und 32 28 12; kontakt@amsrs.com.

Autoverleih/Mietwagen

In allen größeren Städten findet man Autoverleihfirmen, oft in den größeren Hotels. Neben international bekannten Firmen wie Avis oder Budget gibt es viele regionale Verleiher. In der Regel akzeptieren die Autoverleiher Kreditkarten.

Sarajevo, Flughafen:
Unis, Tel. 46 35 98.
Hertz, Tel. 23 50 50.
Europcar, Tel. 23 48 47 oder 215.
Avis, Tel. 46 35 98.
Budget, Tel. 46 35 98.
In der Stadt:
Avis, Hamdije Čemerlića 2,
Tel. 23 01 80, 64 17 80, 52 30 30.
Budget, Branilaca Sarajeva 21,
Tel. 20 66 40.
Unis, Branilaca Sarajeva 4,
Tel. 61 41 08.

Banja Luka:
Omega, Vidovdanska 57,
Tel. 051/21 33 55; 21 83 24,
Fax 21 83 24; omega@blic.net;
Mo–Sa 8–20 Uhr.
Auto Vucas-Company d.o.o.,
Njegoseva 1a, Tel. 051/31 71 32.

Autowerkstätten

Autowerkstätten findet man in der Regel in jedem Ort. Zu erkennen sind sie an Schildern mit der Aufschrift ›Autoservis‹, ›Automechaničar‹, ›Vulkanizer‹ für Reifenprobleme oder ›Autodijelovi‹ für Ersatzteile. Oftmals kann auch an den zahlreich vorhandenen Tankstellen geholfen werden,

die nicht selten auch über eine Werkstatt verfügen.
In Bosnien-Herzegowina gibt es mittlerweile Vertretungen der bekannten Automarken aus Deutschland, Frankreich, Italien oder Tschechien. Auch die asiatischen Hersteller öffnen zunehmend Autohäuser und Werkstätten. Das Serviceheft des eigenen Autos gibt Auskunft, wo genau in Bosnien-Herzegowina Vertragswerkstätten zu finden sind.

Baden

Bosnien-Herzegowina ist kein typisches Reiseziel für einen Badeurlaub, dennoch gibt es einige mehr oder weniger attraktive Bademöglichkeiten. Der Zugang zum Meer umfaßt nur 20 Kilometer Küste, das Zentrum für den Badetourismus ist die Ortschaft Neum. Möchte man sich nur kurz im Meer erfrischen, ist ein Besuch von Neum sicherlich interessant. Plant man einen längeren Urlaub am Meer, sollte man attraktivere Möglichkeiten beispielsweise im nahen Kroatien oder im nicht sehr weit entfernten Montenegro in Erwägung ziehen.
Bademöglichkeiten gibt es auch an den Seen im Inland. Der Balkanasee bei Mrkonić Grad bietet sich als Ausflugstip an, sehr schön ist auch der See Modrac bei der Ortschaft Lukavac, etwa zehn Kilometer westlich von Tuzla. Schwimmen läßt sich auch im warmen Wasser der bosnischen Thermalbäder, wie beispielsweise in der großzügigen Einrichtung in Teslić oder in Fojnica.

Botschaften und Diplomatische Vertretungen

▶ Die Botschaft von Bosnien und Herzegowina, Ibsenstraße 14, 10439 Berlin, Tel. 030/81 47 12 10, Fax 81 47 12 11;
Sprechzeiten Mo–Fr 9–17 Uhr, Konsularabteilung Mo–Fr 9–14 Uhr.

▶ Die Generalkonsulate:
Friedrich-Wilhelm-Straße 2, 53113 Bonn, Tel. 02 28/35 00 60, Fax 350 06 98; Sprechzeiten Mo–Do 9–13.30, Fr 9–12 Uhr.
Montsalvatstraße 19, 80804 München, Tel. 089/982 80 64, Fax 982 80 79;
Sprechzeiten Mo–Do 9–15, Fr 9–12 Uhr.
Olgastraße 97, 70180 Stuttgart, Tel. 07 11/607 50 32, 607 44 30, Fax 607 54 33;
Sprechzeiten Mo–Fr 9–17, Sa 9–14 Uhr.

▶ Die Botschaft der Republik Bosnien und Herzegowina, Tivoligasse 54, A-1120 Wien, Tel. 0043/(0)1/811 85 55, Fax 811 85 69;
Sprechzeiten Mo–Fr 9–15 Uhr.

▶ Die Botschaft der Republik Bosnien und Herzegowina, Jungfraustraße 1, CH-3005 Bern, Tel. 0041/(0)31/351 10 77, Fax 35 110 93, emb-ch-brn@tiscalinet.ch;
Sprechzeiten Mo–Fr 9–15 Uhr.

Botschaften und Diplomatische Vertretungen in Bosnien-Herzegowina

▶ Botschaft der Bundesrepublik Deutschland, ul. Buka bb, 71000 Sarajevo, Tel. 00387/(0)33/27 50 00, Fax 65 29 78, debosara@mail.bih.net.ba. Postanschrift: PP488, 71000 Sarajewo, Bosnien und Herzegowina. Außenstelle: Ulica Mladena Stojanovica 1, 78000 Banja Luka, Tel. 00387/(0)51/30 39 25, Fax 30 39 28, dboastbl@inecco.net. Keine Wahrnehmung von Rechts- und Konsularaufgaben, keine Erteilung von Visa.

▶ Botschaft der Republik Österreich, Dzidzikovac 7, 71000 Sarajevo, Tel. 00387/(0)33/66 83 38, 27 94 19, Fax 66 83 39.

▶ Botschaft der Schweizerischen Eidgenossenschaft, Josipa Stadlera 15, 71000 Sarajevo, Tel. 00387/(0)33/27 58 50, Fax 66 52 46, vertretung@sar.rep.admin.ch.

Einreise- und Devisenbestimmungen

Bürger der Bundesrepublik Deutschland, Österreichs und der Schweiz benötigen bei der Einreise nach Bosnien-Herzegowina einen gültigen Reisepaß oder Kinderausweis. Der Personalausweis reicht nicht aus, ein Visum wird nicht benötigt. Nach der Einreise muß man sich innerhalb von 24 Stunden polizeilich melden, andernfalls droht eine Geldbuße, im schlimmsten Fall die Ausweisung. Übernachtet der Reisende im Hotel, wird in der Regel von dort die Anmeldung automatisch vorgenommen. Für die Einreise mit dem Auto benötigt man den nationalen Führerschein, die Zulassungspapiere und unbedingt die gültige grüne Versicherungskarte mit dem eingetragenen Landeskürzel BIH. Am Fahrzeug muß das Nationalitätenschild angebracht sein, die EU-Plakette auf dem Kennzeichen reicht nicht aus.
Es wird geraten, bei einer Einreise mit dem Wohnmobil oder dem Caravan eine Liste mit dem wichtigsten im Wohnwagen befindlichen Inventar mitzuführen und sie bei der Einreise vom Zoll bescheinigen lassen, um so möglichen Problemen bei der Ausreise vorzubeugen.
Fremdwährung kann in beliebiger Menge, die Landeswährung in Höhe von bis zu 200 000 K-Mark ein- und ausgeführt werden.

Elektrizität

Die Netzspannung beträgt 220 Volt/ 50 Hertz, die üblichen standardisierten Stecker passen überall.

Feiertage und Schulferien

Allgemeine Feiertage: 1. Januar (Neujahr), 1. März (Tag der Unabhängigkeit), 1. Mai (Tag der Arbeit), 25. November (Tag der Republik).
Religiöse Feiertage: Moslems, Orthodoxe, Katholiken und Juden haben zusätzlich jeweils eigene religiöse Feiertage. Darüber hinaus bekommt jeder Bürger zwei freie Tage im Jahr zur Ausübung seiner Religion.

Fotografieren und Filmen

In allen größeren Städten findet man Fotofachgeschäfte oder -studios, die die bekannten Markenfilme, Cassetten für Videokameras und Zubehör wie beispielsweise Batterien anbieten. In den kleineren Orten wird man oft an Kiosken oder Marktständen fündig. Hier besteht allerdings die Gefahr, daß die Filme überaltert sind oder schlecht gelagert wurden und die entwickelten Bilder später von zweifelhafter Qualität sind. Die Preise für Filme und Zubehör sind vergleichbar mit denen in Deutschland, ebenso wie die Entwicklungskosten. Die Qualität der entwickelten Bilder kann jedoch sehr unterschiedlich sein.
Es ist insgesamt preiswerter, ausreichend Filmmaterial von zu Hause mitzubringen und die belichteten Filme auch dort entwickeln zu lassen.
Fotografieren kann man grundsätzlich alles, ausgenommen sind militärische Einrichtungen. Bei Innenaufnahmen von Moscheen oder Kirchen empfiehlt es sich, vorab zu fragen. Möchte man Menschen, Privateigentum oder in Dörfern fotografieren, sollte man unbedingt vorher um Erlaubnis fragen. Besonders außerhalb der großen touristischen Städte ist für die Einheimischen der Umgang mit Touristen nicht alltäglich. Hier sollte man besonders sensibel sein.

Flughäfen

Sarajevo International Airport, Kurta Schorka 36, 71210 Sarajevo.
Der internationale Flughafen von Sarajevo ist der größte und wichtigste Bosnien-Herzegowinas. Er liegt relativ zentral in Mittelbosnien, so daß die meisten Städte von dort zügig erreicht werden können. Nach dem Krieg wurden die Abfertigungshallen renoviert und vermitteln eine moderne und helle Atmosphäre.
Zwei Restaurants, ein Zeitungsshop, eine Bank, ein Duty-Free-Shop und mehrere Mietwagenfirmen haben sich hier eingerichtet.
Flughafen Banja Luka, Kralja Petra I Karađorđevića 111, 78000 Banja Luka, info@banjaluka-airport.com.
Der Flughafen in Banja Luka wurde 1976 eröffnet. Genutzt wird er überwiegend von Air Srbska, die mit kleineren Propellermaschinen mehrmals wöchentlich Flüge in die Schweiz und nach Österreich durchführt. Vom Flughafen bis in die Stadt Banja Luka sind es etwa 20 Kilometer.
Mostar International Airport, Ortijes bb, P.O. Box 4, Bosnia and Herzegovina, airport-traffic@tel.net.ba, mostar-airport@tel.net.ba.
Der Flughafen von Mostar wurde bereits 1964 als Nationaler Airport eröffnet, seit Sommer 1998 ist er wieder in Betrieb. Genutzt wird er zumeist von Gläubigen aus aller Welt, die mit Charterflügen kommen, um den herzegowinischen Wallfahrtsort Mešugorije zu besuchen. Linienverkehr nach Deutschland, Österreich oder der Schweiz besteht derzeit nicht.

Haustiere

Bei der Mitnahme von Haustieren muß bei der Einreise ein internationaler Impfpass und ein tierärztliches Gesundheitszeugnis vorgelegt werden. Nicht alle Hotels und Restaurants sind auf Haustiere eingerichtet. Manchmal bedarf es etwas Überzeugungsarbeit, bevor man mit einem Hund eingelassen wird. Ähnlich verhält es sich bei Bus- und Bahnfahrten. Daher empfiehlt es sich, den Fahrer oder Schaffner vor Fahrtantritt anzusprechen. Hilft alles nichts, kann ein Trinkgeld manchmal einen Meinungsumschwung bei den Verantwortlichen herbeiführen.

Höhlen

In der zerklüfteten Gebirgswelt gibt es ungezählte Höhlen und Grotten. Im Nachkriegsjugoslawien wurden die Höhlen, in denen sich Titos Partisanen während des Krieges aufhielten, zur Besichtigungsstätte. Die bekannteste ist sicherlich die Höhle bei der Stadt Drvar, die Tito und dem Obersten Stab eine Zeitlang als Hauptquartier und sicheres Versteck vor den Deutschen diente, die sich vergeblich mühten, seinen Unterschlupf ausfindig zu machen .
Noch sind nicht alle Höhlen in Bosnien-Herzegowina vollständig erforscht, einige sind jedoch zu besichtigen und werden von fachkundigen Führern gezeigt. Zu den bekannten Höhlen gehören, neben der Höhle bei Drvar, die Grotte Bijambara links der Straße von Sarajevo nach Olovo und die Orlovača-Höhle östlich der bosnischen Hauptstadt im Romanijagebirge.

Hygienische Verhältnisse

Die hygienischen Verhältnisse sind insgesamt unproblematisch. Es ist allerdings ratsam, nur frisch gekochte oder gebratene Speisen zu sich zu nehmen. Abzuraten ist von kalten, lauwarmen oder aufgewärmten Nahrungsmitteln. Das Leitungswasser in Bosnien gilt als unbedenklich. Um sicher zu gehen, sollte man mit Mineralwasser, Säften oder ähnlichem seinen Durst stillen. Besonders im Sommer bei sehr heißen Temperaturen können Nahrungsmittel schnell verderben. Eis kauft man dann vorsichtshalber abgepackt im Supermarkt. In Restaurants wird meist frisch Gegrilltes angeboten und heiß serviert. Die Gefahr, sich mit diesen frisch zubereiteten Speisen den Magen zu verderben, ist sehr viel geringer. Magenverstimmungen haben meist mit dem ungewohnten Essen, nicht aber mit hygienisch bedenklichen Speisen zu tun.

Informationen vor Reiseantritt

Gegenwärtig gibt es im deutschsprachigen Raum noch keine Fremdenverkehrsvertretung Bosnien-Herzegowinas. Einige wenige Informationen lassen sich bei den diplomatischen Vertretungen erfragen. Brauchbarere Informationen erhält der Reisende in Bosnien vor Ort. In den größeren touristischen Städten gibt es Touristeninformationsbüros. Dort sind einige Prospekte – meist kostenlos, manchmal gegen eine geringe Gebühr –zu bekommen. Wertvoller sind nicht selten die mündlichen Informationen bezüglich Übernachtungsmöglichkeiten, Sehenswürdigkeiten oder sonstiger Insidertips. Gut ausgestattete Touristeninformationsbüros mit sehr aufgeschlossenem Personal gibt es an zentraler Stelle beispielsweise in Sarajevo, Bihać, Banja Luka, Mostar oder Trebinje.

Darüber hinaus gibt die Tourismusorganisation der Serbischen Republik und die der Föderation Auskunft:

Tourismusministerium der Serbischen Republik, Vuka Karadžića 4,
51000 Banja Luka,
Tel. 003 87(0)51 33 15 10/523,
Fax 33 14 99.

Tourismusorganisation der Bosnischen Föderation, Zelenih Beretki 22 A,
71000 Sarajevo,
Tel. 003 87/(0)33/22 07 21/24,
Fax 21 58 19, tour.off@bih.net.ba.

Kurorte

Es ist kaum bekannt, daß eine Vielzahl von kleineren und größeren Kurorten existiert. Bereits die Römer nutzten die Thermal- und Mineralquellen. Zu den bekannteren Kurorten gehört das nahe bei Sarajevo gelegene Ilidža, im Ort Fojnica, nordwestlich der bosnischen Hauptstadt, befindet sich das große und recht moderne Rehabilitationszentrum. Kuren läßt sich auch im Kozara-Gebirge im Ort Mijecanica oder im kleinen Ort Teslić rund 30 Kilometer südwestlich von Doboj, aber auch bei Banja Luka im Ort Laktaši. Weitere Kurmöglichkeiten gibt es in Olovo, in Vilina Vlas nahe Višegrad, in Slatina vor den Toren Banja Lukas, bei Gradačac im Ort Ilidža und im Nordwesten Bosniens bei Bijeljina im Ort Dvorovi. Dort kommt das Thermalmineralwasser aus einer Tiefe von über 1300 Metern mit einer Temperatur von 75 Grad aus der Erde. Behandelt werden rheumatische und gynäkologische Erkrankungen und Hautkrankheiten. Angeboten werden auch Therapien bei Sportverletzungen. Es gibt ein Hallenschwimmbad und mehrere Freiwasserbecken.

Der Aufenthalt in einem Kurzentrum oder in einem Thermalbad in Bosnien kann sehr viel Spaß machen, sehr erholsam sein und dabei relativ preisgünstig. Dennoch ist das Niveau der Einrichtung und der Behandlung nicht immer mit dem westeuropäischen Standard zu vergleichen.

Landkarten

Eine vom bosnischen Automobilclub AMS herausgegebene Straßenkarte gibt es an vielen Tankstellen oder an Kiosken zu kaufen. Auf der Kartenrückseite sind Stadtzentren einiger größerer Städte wie Sarajevo und Banja Luka eingezeichnet. Zusätzlich finden sich Informationen zu Hotels, Tankstellen und Werkstätten.

Das Tourismusministerium hat eine sogenannte Touristische Karte heraus-

gegeben. Sie ähnelt der normalen Straßenkarte, wurde aber um einige allgemeine Informationen über das Land erweitert. Die Karte sollte eigentlich in den Touristeninformationsbüros ausliegen, was aber selten der Fall ist.
In den größeren von Touristen besuchten Städten findet man in den Touristeninformationsbüros kleine Broschüren, manchmal auch nur ein Faltblatt. Der Informationswert ist meist jedoch eher gering.
Im deutschsprachigen Buchhandel sind mehrere Straßenkarten erschienen, die meist neben Bosnien auch Kroatien, Slowenien, Serbien und Montenegro beinhalten.

Nationalparks

Mit Kozara und Sutjeska gibt es zwei offizielle Nationalparks. Der Kozara-Nationalpark besticht durch mehrere schöne Gebirgsgipfel, die eine einzigartige Aussicht erlauben, sowie durch sein monumentales Denkmal für die in dieser Gegend während des Zweiten Weltkriegs gefallenen Partisanen.
Auch im Sutjeska-Nationalpark steht ein beeindruckendes Monument zur Erinnerung an die berühmte Schlacht während des Zweiten Weltkriegs. Die Natur begeistert durch ihre Vielfältigkeit mit Wäldern, Seen, Schluchten und grünen Ebenen. Teil des Nationalparks ist der Urwald Perućica, der größte noch erhaltene in Europa.
Neben den geschützten Nationalparks hat Bosnien-Herzegowina mehrere Naturparks. Zu den schönsten gehört der Naturpark Hutovo Blato. Er befindet sich in der Herzegowina nahe der Ortschaft Čapljina. Hutovo Blato ist bekannt als großes Vogelreservat mit rund 250 Vogelarten. In den Gewässern des Naturparks sind zahlreiche Fischarten beheimatet, darunter auch Aale. Durch Hutovo Blato werden Bootstouren angeboten. Daneben gibt es noch die Naturparks Bardača, Bildinje, Trebević und Bijambare.

Medizinische Versorgung

Die medizinische Versorgung in Bosnien hat noch nicht die in Westeuropa üblichen Standards erreicht. Ärzte sind oft gezwungen, ihre Patienten mit einfachsten Mitteln zu behandeln, da moderne Technik fehlt. Das ärztliche Versorgungsnetz ist in Bosnien-Herzegowina erheblich großmaschiger als beispielsweise in Deutschland. Während statistisch in Deutschland für 300 Menschen ein Arzt zur Verfügung steht, müssen sich in Bosnien 4500 Patienten einen Mediziner teilen. In den Städten wird man kaum ein Problem haben, einen Arzt zu finden, anders sieht es in den ländlichen Gebieten aus.
Zu bedenken ist auch, daß die hygienischen Verhältnisse in den Praxen und Krankenhäusern nicht immer den Erfordernissen entsprechen. Sollte ein Eingriff nicht zwingend erforderlich sein, sollte man ihn zu Hause durchführen zu lassen.

Öffentliches Telefon in Sarajevo

Es wird geraten, unabhängig von einer im Herkunftsland bestehenden Krankenversicherung eine zusätzliche Reisekrankenversicherung abzuschließen. Die von den Krankenversicherungen verschickten Berechtigungsscheine für eine Behandlung in Bosnien-Herzegowina werden nicht in allen Fällen akzeptiert. Es kann vorkommen, daß eine medizinische Behandlung und Medikamente vor Ort bar bezahlt werden müssen, obwohl zwischen Deutschland und Bosnien-Herzegowina ein bilaterales Sozialversicherungsabkommen besteht. Auch wenn Auslandskrankenscheine akzeptiert werden, wird manchmal eine Zuzahlung für die Behandlung und Arzneimittel verlangt.

Gut beraten ist der Reisende mit einer gut sortierten Reiseapotheke und besonders bei längeren Aufenthalten in Bosnien-Herzegowina mit einem zusätzlichen Auslandskrankenversicherungsschutz sowie einer Rückholversicherung. Die Reiseapotheke sollte neben den üblichen Medikamenten Tabletten gegen Durchfallerkrankungen, einen Mückenschutz sowie ein Gel enthalten, das bei Insekten- und Zeckenstichen wirkt.
Andererseits sollten sich Reisende nicht scheuen, medizinische Hilfe in Anspruch zu nehmen. Die bosnischen Ärzte sind gute Mediziner, die auch ohne teure Apparaturen die richtige Diagnose stellen und eine gute Behandlung durchführen.

Notrufnummmern

Landesweit ist bei Autounfällen oder Straftaten die Polizei (Policija) unter der 92 zu erreichen. Die Feuerwehr (Vatrogasci) hat die Notrufnummer 93, der Rettungswagen (Hitna pomoć) die 94.
Streikt das Auto, hilft der Pannendienst, Telefonnummer 987. Die Zeitansage hat die 95, der Telegrammdienst die 96, die Telefonauskunft die 988.

Öffnungszeiten

Die Öffnungszeiten sind nicht einheitlich geregelt. Lebensmittelgeschäfte haben oft bereits ab 7 Uhr geöffnet und schließen um 20 Uhr. Fachgeschäfte öffnen meist um

10 Uhr und sind ebenfalls bis 20 Uhr, einige auch nur bis 19 Uhr für ihre Kunden da. Banken haben in der Regel von 8 bis 16 Uhr geöffnet. Viele Geschäfte, die Waren für den täglichen Bedarf anbieten, arbeiten besonders in den größeren Städten nicht selten rund um die Uhr. Den Non-Stop-Service bieten auch einige Tankstellen an vielbefahrenen Hauptverkehrsstraßen.

Ortszeit

Es gilt die Mitteleuropäische Zeit (MEZ). Wie in den meisten Staaten Europas, wird die Uhr Ende März eine Stunde vorgestellt und am letzten Sonntag im Oktober eine Stunde zurück.

Reisen im Land

Die schnellste und preisgünstigste Art in Bosnien zu reisen, bietet der Bus. Das landesweite Busnetz ist sehr gut ausgebaut. Jeder kleine Ort hat einen Busbahnhof oder aber mindestens eine Bushaltestelle und ist durch regelmäßigen Linienverkehr mit der nächsten Stadt verbunden. Die großen Städte sind ebenfalls im Linien-

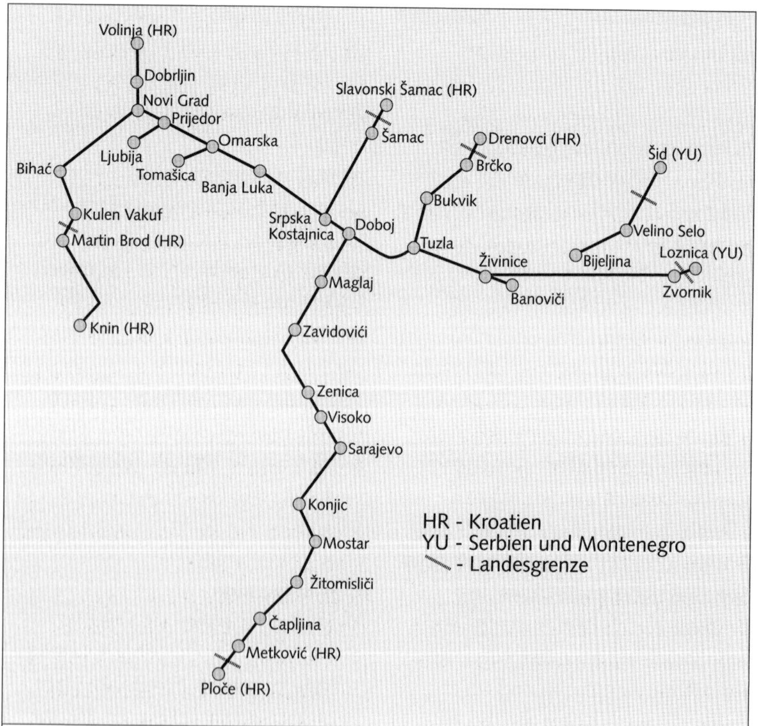

Das Streckennetz der Eisenbahn

verkehr miteinander verknüpft. Fahrscheine gibt es am Schalter im Busbahnhof und im Bus, wenn es keinen Schalter gibt.
Bosnien-Herzegowina verfügt über insgesamt rund 1000 Schienenkilometer. Zwei Strecken verlaufen durch das Land. Die eine verbindet den Westen mit dem Osten, von Bihać über Bosanski Novi/Novi Grad, Banja Luka, Doboj, Tuzla bis nach Zvornik. Die andere Strecke verläuft in Nord-Süd-Richtung über Doboj, Zenica und Sarajevo und dann weiter nach Mostar und zur kroatischen Adriaküste.
Die kroatisch-moslemische Föderation und die Serbische Republik unterhalten mit der BH und der ŠRS eigene Bahnunternehmen.
Internationale Direktverbindungen bestehen nach Belgrad, Budapest und Zagreb. Von dort läßt es sich in fast alle Länder Westeuropas weiterreisen.

Reiseveranstalter

Bosnien-Herzegowina ist kein typisches Pauschalurlaubsreiseland und in den Programmen der großen Reiseveranstalter nicht vertreten. Einige kleinere Reiseveranstalter aus dem deutschsprachigen Raum bieten mehrmals im Jahr organisierte Reisen nach und durch Bosnien an. Oft ist Bosnien auch nur eine Station auf einer organisierten Reise durch mehrere Balkanländer.
Balkan Tours GmbH, Förstereistr. 34, 01099 Dresden, Tel. 0351/810 87 58, Fax 810 87 59, info@balkantours.de, www.balkantours.de. Reiseangebote für Bosnien, Kroatien, Montenegro und Bulgarien, Individual- und Gruppenreisen, Studien- und Wanderreisen. Außerdem wichtige Reiseinformationen von Einreisebestimmungen bis Telefonieren vor Ort.

▶ Diamir Erlebnisreisen GmbH, Loschwitzer Str. 58, 01309 Dresden, Tel. 0351/202 54 44, Fax 202 55 56, info@diamir.de, www.diamir.de.

▶ Ex Oriente Lux Reisen GmbH, Brachvogelstr. 1, 10969 Berlin, Tel. 030/39 60 38 71, Fax 39 60 38 79, info@eol-reisen.de, www.eol-reisen.de. Gruppen-, Individual- und Kombinationsreisen u.a. nach Sarajevo und Mostar.

▶ Green Visions, Radnika bb, 71000 Sarajevo, Tel./Fax 003 87/33/71 72 90, mobil: 003 87/061 21 32 78, sarajevo@greenvisions.ba, www.greenvisions.ba. Seite auf Englisch oder Französisch. Green Visions bieten umweltbewußten Tourismus in Bosnien-Herzegowina an, Natur und Kultur des Landes stehen im Mittelpunkt. Wanderungen, Rafting- oder Mountainbiketouren, Ausflüge in die Bergwelt und in die Nationalparks stehen auf dem Programm.

▶ StattReisen Berlin e.V., Malplaquetstraße 5, 13347 Berlin, Tel. 030/455 30 28, Fax 45 80 00 03, studienreisen@stattreisenberlin.de, www.stattreisenberlin.de. Studienreisen nach Ost- und Mitteleuropa, auf den Balkan u.a. nach Mostar und Sarajevo.

Post

Ein Postamt findet man in jedem größeren Ort. In Bosnien-Herzegowina gibt es zwei große Post- und Telekommunikationsunternehmen. In der Serbischen Republik ist die Telekom Srpska, gebietsübergreifend ist die PTT BIH tätig. Im kroatischen Teil der Herzegowina gibt es noch die HRT (Kroatische Telekom) mit Sitz im kroatischen Teil von Mostar.
Zu erkennen ist das Postamt an seinem schwarz-gelben Schild mit der Aufschrift PTT für Post, Telefon und Telegraph. Die Postämter sind in der Regel montags bis freitags von 8 bis 18 und samstags bis 12 Uhr geöffnet.

Skifahren

Nicht erst seit den Olympischen Winterspielen von 1984 ist Bosnien als Wintersportgebiet bekannt. Zu den bekanntesten Wintersportregionen gehören Jahorina, der Berg Igman und das Bjelašnica-Gebirge. Das Jahorina-Gebirge verfügt über Skipisten mit einer Gesamtlänge von 20 Kilometern, sieben Seilbahnen und sechs Skilifte.
Die größere Zahl der olympischen Wettkämpfe fand etwa 20 Kilometer außerhalb von Sarajevo auf den Bergen Igman und Bjelašica statt. Die Wintersportregionen mußten während des letzten Krieges größere Zerstörungen der Infrastruktur hinnehmen, werden aber mit dem Ziel erneuert, ein großes Sport- und Erholungsgebiet zu schaffen. Bereits jetzt haben die Hotels geöffnet, über 240 Betten stehen den Gästen im Bjelašica-Gebirge allein im Hotel ›Maršal‹ zur Verfügung, Seilbahnen und eine Kabinenseilbahn transportieren die Besucher bis auf den Gipfel. Die Skiausrüstung kann auch vor Ort gegen eine Gebühr ausgeliehen werden.
Die Wintersportgebiete Bosniens sind zumeist nicht überlaufen wie in vielen anderen Wintersportzentren Europas. Allerdings befinden sich die Infrastruktur und die Hotels noch im Aufbau oder sind nicht mehr ganz auf dem neusten Stand der Technik.

Souvenirs

Bosnien-Herzegowina ist ein Paradies für Liebhaber alter Handwerkskunst. In Sarajevo beispielsweise hat jedes Handwerk eine eigene Gasse oder ein Viertel, auf der Suche nach einem Mitbringsel oder einem Geschenk werden Besucher oft bei den Bronze- und Goldschmieden in Sarajevo und Mostar fündig. Sehr beliebt bei Touristen sind orientalische Teppiche oder traditionelle bosnische Kleidung oder Schuhe, aber auch kunstvolle Holzschnitzereien. Beliebtes Mitbringsel ist aber auch ein typisches bosnisches Kaffeeservice mit kleinen Tassen und der Česma, dem kleinen Kaffeekännchen. Aus den Gebirgsgegenden Bosniens bringen die Bewohner ihre aus Schafs-

wolle selbstgefertigten Pullover, Socken und Mützen zu den Marktplätzen der Städte, um sie dort zu verkaufen.
Die Handwerksbetriebe werden meist seit Generationen vom Vater an den Sohn vererbt. Die Handwerksstraßen mit ihren kleinen Geschäften und Gassen verströmen orientalisches Flair, so gehört es auch dazu, ein wenig zu feilschen.

Sportliche Aktivitäten

Noch in den achtziger Jahren gehörten Floßfahrten auf der Una, der Tara oder der Neretva zu den beliebtesten Touristenattraktionen in Bosnien. Zum Teil gibt es diese Angebote nun wieder. Auf der Una werden Floß- und Kajakfahrten jeden Schwierigkeitsgrades angeboten, die Fahrt durch die Unaschlucht zwischen Bihać und Bosanska Krupa ist ein einzigartiges Erlebnis. Angeboten werden Kajak- und Kanutouren für Anfänger und Leistungssportler, professionelle Führer geben Hilfestellung. Jedes Jahr finden auf der Una Kajak- und Raftingregatten statt. Floßfahrten auf der Neretva werden bei der Stadt Konjic angeboten. Die Touren führen durch tiefe Schluchten, vorbei an wilder unberührter Natur, Stromschnellen und wildem Wasser. Es gibt aber auch viele ruhige Abschnitte mit Stränden an den Ufern und Wochenendhäusern.
Die Tara fließt durch die zweitgrößte Schlucht der Welt. Nur wer auf den Wellen der Tara geritten ist, so wird gesagt, hat sie auch wirklich erlebt. Angeboten werden Floß- und Kajakfahrten.
Die bosnische Tourismusorganisation wirbt mit verschiedenen Extremsportangeboten in Bosnien. Dazu gehören Paragliding am Berg Visočice, Kajakfahrten auf der Tara, Steilwandklettern und auch Fahrradtouren den Berg Prenj hinauf. Tatsächlich haben es bis heute erst wenige gewagt. Wer es ausprobieren möchte, gehört sicherlich zu den Pionieren und wird wahre Abenteuer in wenig erschlossenen Gebieten erleben. Angeboten werden die Aktivitäten von kleinen Veranstaltern vor Ort, die der Reisende auch unbedingt kontaktieren sollte. Wer sich allein auf den Weg macht, kann Gefahr laufen, in ein Minenfeld zu geraten. Professionelle Führer aber kennen die ungefährlichen Routen.

Tankstellen

Bosnien-Herzegowina verfügt mittlerweile über ein dichtes Tankstellennetz. Selbst in vielen kleineren Orten gibt es oft eine, nicht selten auch mehrere Tankstellen. In den Städten gibt es an den Zufahrts- und Ausfahrten meist zahlreiche Tankstellen. Vielen Tankstellen sind Restaurants und Hotels angeschlossen, einige – besonders in den größeren Städten – haben rund um die Uhr geöffnet.
Angeboten werden die üblichen Benzinsorten: bleifrei 91 Oktan, bleifrei 95 Oktan, verbleit 98 Oktan und

Tankstelle in Jaice

Diesel. Der Preis für einen Liter Bleifrei 95 Oktan liegt bei etwa 0,80 K-Mark. In der Föderation ist das Benzin in der Regel etwas günstiger als in der Serbischen Republik, noch preiswerter ist es im autonomen Distrikt Brčko.
Selbstbedienung ist unüblich.

Taxi

Taxis findet man in den größeren Orten an zentral gelegenen Halteplätzen, an Busbahnhöfen und Flugplätzen. Es empfiehlt sich, schon vor Antritt der Fahrt den Preis auszuhandeln.

Telefonieren

Die internationale Vorwahl von Bosnien-Herzegowina nach Deutschland lautet 00 49, nach Österreich 00 43 und in die Schweiz 00 41. Es besteht Direktvermittlung.
Von Deutschland, Österreich oder der Schweiz nach Bosnien ist zunächst die Landesvorwahl 003 87 zu wählen, anschließend die Ortvorwahl ohne die ›0‹ und zuletzt die Teilnehmernummer. Bei überörtlichen Telefonaten innerhalb Bosniens ist bei der Ortsvorwahl die ›0‹ hinzuzufügen.
Öffentliche Fernsprecher gibt es in jeder Post. Dort bekommt man eine Telefonkabine zugewiesen. Das Telefonat bezahlt man nach Beendigung am Schalter. Öffentliche Telefone sind auch in den größeren Städten zu finden, meist im Zentrum. In der Regel handelt es sich um Kartentelefone. Die Karten sind bei der Post oder an Kiosken zu bekommen.

In den Hotels haben die Zimmer meist Telefone mit Direktwahlfunktion. Die Preise pro Einheit können in den Hotels aber dreimal so hoch sein wie üblicherweise.
Wichtige Telefonnummern:
Polizei: 122
Feuerwehr: 123
Erste Hilfe: 124
Telefonauskunft: 11 85
Krankenhaus: 21 67 25
Pannenhilfe: 12 85

Trinkgeld
Die Trinkgeldgepflogenheiten entsprechen dem europäischen Standard. Ist man mit der Bedienung und dem Service zufrieden, kann man der Bedienung etwa zehn Prozent des Rechnungsbetrages zukommen lassen.

Unterkunft
Bosnien-Herzegowina bietet ein breites Spektrum an Unterkunftsmöglichkeiten von einem einfach eingerichteten Privatzimmer bis hin zum exklusiv ausgestatteten Hotelzimmer für mehrere hundert K-Mark. Zur jugoslawischen Zeit hatte auch der kleinste Ort mindestens ein Hotel. Einige sind heute noch in Betrieb, ohne daß seitdem renoviert wurde. Während des Krieges waren dort oft Flüchtlinge untergebracht, entsprechend verlebt sind die Zimmer. Unterkunft findet man auch in Pensionen oder in einem der zahlreichen neuen, nach dem Krieg entstandenen privaten Hotels und Motels mit einer guten Ausstattung. Sie befinden sich oft an den überregionalen Straßen.
Ein größeres Angebot an Übernachtungsmöglichkeiten ist in den touristischen Städten wie beispielsweise Sarajevo, Banja Luka, Mostar, Bihać oder Trebinje zu finden. Behilflich bei der Zimmersuche sind auch die Touristeninformationsbüros.
Die Preise für Unterkünfte differieren sehr stark. Als grober Richwert kann gelten, daß in größeren Orten für ein Doppelzimmer in einem Mittelklassehotel etwa 60 bis 80 Euro zu veranschlagen sind.

Währung, Zahlungsmittel und Preisniveau
Die offizielle Währung ist die ›Konvertible Mark‹, 1,95 K-Mark entsprechen einem Euro. Die K-Mark war ursprünglich 1:1 an die Deutsche Mark gebunden und wird nun zum feststehenden Kurs in Euro gewechselt. In Umlauf sind Münzen im Wert von 10, 20 und 50 Fenig sowie 1 und 2 Mark, Geldscheine im Nennwert von 50 Fenig, 1, 5, 10, 20, 50, 100 und 200 Mark. Sowohl die Serbische Republik als auch die Föderation haben jeweils eigene Motive auf den Geldscheinen, gültig sind sie aber in ganz Bosnien.
Geldtausch ist in den zahlreichen Banken und Wechselstuben möglich, die zumeist in den größeren Städten ansässig sind. Sie sind in der Regel von Montag bis Freitag 8–16 Uhr geöffnet.

Hotel Sanus in Sanski Most

Die meisten Tankstellen, Restaurants, Hotels und oft auch private Geschäfte akzeptieren auch den Euro, man sollte jedoch vor dem Einkauf nachfragen. In der Herzegowina und in Regionen, die überwiegend von bosnischen Kroaten bewohnt werden, wird manchmal auch mit der kroatischen Kuna bezahlt, in der Serbischen Republik mit dem Dinar. Es kann vorkommen, daß mangels Kleingeld versucht wird, Kuna oder Dinar als Wechselgeld herauszugeben. Annehmen muß man die Währung jedoch nicht, da die einzige offizielle Währung die Konvertible Mark ist.

Kreditkarten werden immer öfter in größeren Städten in Hotels, Restaurants und Geschäften akzeptiert, verlassen kann man sich darauf jedoch nicht. Daher ist es ratsam, eine entsprechende Menge Bargeld dabeizuhaben. In den größeren Städten gibt es auch Bankautomaten, an denen man mit EC- oder Kreditkarte Bargeld abheben kann. Dieses Netz ist noch im Aufbau.

Für einen Kaffee oder ein Stück Kuchen bezahlt man oft eine K-Mark, eine große Portion Čevapčići mit zehn Fleischröllchen kostet in Sarajevo zwischen 5 und 7 K-Mark, in Städten wie Zenica und Tuzla oft nur 4 K-Mark. Ein vollständiges Menü in einem recht ordentlichen Restaurant für zwei Personen ist mit rund 25 K-Mark zu veranschlagen. Nicht-alkoholische Getränke kosten etwa 2 K-Mark. Eine bosnische Tageszeitung ist für 50 Fenig zu haben, ein gutes Paar Schuhe bekommt man schon für 80 K-Mark.

In der Baščaršija in Sarajevo kostet

das kleine türkische Kaffeeservice rund 25, das große 50 K-Mark. Mit Verhandlungsgeschick läßt sich der Preis aber etwas verringern. Schnäppchen bei Kleidung oder Parfüm lassen sich auch machen, allerdings weniger in den von Ausländern stärker frequentierten Städten wie Sarajevo oder Mostar. Mit etwas Glück findet man Kleidung, Kosmetika oder auch originale Musik-CDs zu Preisen in K-Mark, wie sie anderswo in Euro zu zahlen sind.

Zeitungen und Zeitschriften

Zu den bekanntesten Zeitungen im Lande gehört ›Oslobodjenje‹. Das landesweit erscheinende Blatt wurde während des Krieges mehrfach mit internationalen Preisen ausgezeichnet. ›Dnevni Avaz‹ und ›Jutarnje novine‹ werden ebenfalls in Sarajevo gemacht und gehören zu den meistgelesenen Blättern, ebenso wie die in Banja Luka erscheinenden ›Glas srpski‹ und ›Nezavisne novine‹. Die Zeitungsmacher kämpfen alle mit den mangelnden finanziellen Mitteln. Kaum ein Bürger kann es sich leisten, jeden Tag eine Zeitung zu kaufen. Die Blätter sind mit rund 50 Fenig für westeuropäische Verhältnisse sehr preisgünstig, nicht aber für bosnische.

Zu den einflußreichsten Wochenzeitungen gehören die in Sarajevo erscheinenden Blätter ›Ljiljan‹, ›Dani‹ und ›Slobodna Bosna‹ und die in Banja Luka erscheinenden Magazine ›Reporter‹ und ›Nezavisne novine‹.

Internationale Zeitungen und Zeitschriften, darunter auch deutschsprachige, werden in Sarajevo angeboten. In Tuzla gibt es im Einkaufszentrum ›Mecator‹ ebenfalls einen Kiosk mit internationaler Presse.

Zollbestimmungen

Gegenstände für den persönlichen Bedarf können zollfrei nach Bosnien-Herzegowina mitgebracht werden, Bargeld kann unbeschränkt eingeführt werden. Erlaubt sind auch 200 Zigaretten oder 20 Zigarren oder 200 Gramm Tabak, ein Liter alkoholische Getränke sowie Parfüm für den persönlichen Gebrauch. Akzeptiert werden auch Geschenke im Wert von bis zu 75 Euro.

Strengstes Einfuhrverbot herrscht unter anderem für Drogen, Betäubungsmittel und Waffen. Elektronische Geräte müssen an der Grenze angemeldet werden. Keine Probleme gibt es im Normalfall bei der Mitnahme eines Fotoapparates, einer Video- oder Schmalfilmkamera oder Radio, CD- und Cassettenspieler. Es kann jedoch ratsam sein, die Gegenstände an der Grenze den Beamten anzuzeigen.

Glossar

Beg
im Osmanischen Reich Titel eines Provinzialstatthalters

Bezistas
überdachter Markt

Dolap
mit Pferdekraft betriebene Bewässerungsanlage

Han
Karawanserei

Medresse
Koranschule

Pascha (Paša)
im Osmanischen Reich Titel der obersten Offiziere und Beamten

Polje
Feld

Robna kuća
großes Kaufhaus

Serail (Saraj)
großes mehrräumiges Haus;
zumeist wird mit diesem Begriff ein osmanischer Sultanspalast bezeichnet

Stećci
Grabsteine der Bogumilen

Tambour
zylindrischer oder polygonaler, Unterbau einer Kuppel

Trompe
nischenartige Wölbung zwischen zwei rechtwinklig aneinanderstoßenden Mauern zur Überführung eines quadratischen Raums

Türbe
meist turmartiges Mausoleum auf rundem oder polygonalem Grundriß mit Kegeldach

Bosnien-Herzegowina im Internet

Überblick/Einstieg

www.ewis.de
Umfangreiche Seite des East West Information Service mit zahlreichen Links, ausführlichen und übersichtlichen Informationen zu den verschiedenen Ländern Osteuropas.

www.osteuropa-infoseite.de
Länderinformationen vom Baltikum bis zum Balkan.

www.tol.cz
Englische Seite des Magazins ›Transitions online‹, das sich in unterschiedlichen Rubriken und Artikeln mit Osteuropa auseinandersetzt; Politik, Gesellschaft, Kultur.

Reisevorbereitung, Wetter, Reisemedizin, Einreisebestimmungen

www.auswaertiges-amt.de
Einreisebestimmungen, Sicherheitshinweise, Zollvorschriften und medizinische Hinweise, außerdem Informationen zu Politik, Geschichte, Wirtschaft und Kultur.

www.fmzbih.co.ba
Bosnisch-englische Seite des Federal Meteorological Institute in Bosnien. Aktuelle Wetter- und Klimadaten zu den einzelnen Städten.

www.fit-for-travel.de
Ausführliche Seite mit über 300 Reisezielen, Impfempfehlungen, Klimatabellen, Gesundheitsrisiken.

www.crm.de
Seite des Centrums für Reisemedizin, ausführliche Angaben zu den einzelnen Reiseländern. Klima, empfohlene Impfungen, Ratschläge zur Reiseapotheke und Auslandskrankenversicherung.

Informationen zu Bosnien-Herzegowina

www.mvp.gov.ba
Die offizielle Seite des Außenministeriums von Bosnien-Herzegowina auf Bosnisch und Englisch; Struktur des Landes, Verfassung, Botschaften und Konsulate.

www.saray.net
Webseite von Sarajevo (auf Englisch) mit zahlreichen Adressen: Hotels, Restaurants, Fremdenverkehrsbüros, Theater, Galerien und Museen, Banken und internationale Organisationen in der Stadt.

www.bhtourism.ba
Seite auf Deutsch und Englisch, Tourismus in Bosnien-Herzegowina, von Wintersport, Mountainbike und Wandern bis zu Kajaktouren, aber auch Informationen zu den Städten, Hotels und Touranbietern im Land.

www.bosnia-herzegowina.starttips.com
Umfangreiche, übersichtliche Linksammlung zu Bosnien-Herzegowina: zu Mostar, Tuzla, Bihać, aber auch den kleineren Städten im Land, außerdem zu Politik, Geschichte, Wirtschaft, Geographie, Wintersport und vielen weiteren Stichpunkten.

www.hercegovina.ba
Touristeninformationen zu zahlreichen Städten im Land, auch englischsprachig.

www.bosnia.org.uk
Seite des Bosnian Institutes, gegründet 1997 in London, dessen alle zwei Monate online erscheinendes Magazin ›Bosnia Report‹ aktuelle Berichte zu Politik und Gesellschaft Bosniens und der Nachbarländer liefert. Außerdem bietet www.bosnia.org.uk eine Online-Bibliothek und eine umfassende Liste der Museen und Galerien in Bosnien-Herzegowina.

Literaturhinweise

Geschichte, Politik, Zeitzeugen

Balić, Smail, Das unbekannte Bosnien. Europas Brücke zur islamischen Welt, Köln u. a.O. 1990.

Bartl, Peter, Grundzüge der jugoslawischen Geschichte, Darmstadt 1985.

Calic, Marie-Janine, Krieg und Frieden in Bosnien-Hercegovina, Frankfurt a. M. 1996.

Drakulić, Slavenka, Keiner war dabei. Kriegsverbrechen auf dem Balkan vor Gericht, Wien 2004.

Genscher, Hans-Dietrich, Erinnerungen, Berlin 1995.

Giersch, Carsten, Konfliktregulierung in Jugoslawien 1991–1995. Die Rolle von OSZE, EU, UNO und NATO, Baden-Baden 1998.

Koschnick, Hans; Schneider, Jens, Brücke über die Neretva. Der Wiederaufbau von Mostar, München 1995.

Lovrenović, Ivan, Bosnien und Herzegowina. Eine Kulturgeschichte, Wien 1999.

Meier, Viktor, Wie Jugoslawien verspielt wurde, München 1999.

Ders., Jugoslawiens Erben. Die neuen Staaten und die Politik des Westens, München 2001.

Petritsch, Wolfgang, Bosnien-Herzegowina. Fünf Jahre nach Dayton. Hat der Frieden eine Chance? Klagenfurt u.a.O. 2001.

Rathfelder, Erich, Sarajevo und danach. Sechs Jahre Reporter im ehemaligen Jugoslawien, München 1998.

Sundhausen, Holm, Experiment Jugoslawien. Von der Staatagründung bis zum Staatszerfall, Mannheim 1993.

Weithmann, Michael, Balkan-Chronik. 2000 Jahre zwischen Orient und Okzident, Regensburg u.a.O. 2000.

Ders., Der ruhelose Balkan, München 1993.

Belletristik

Andrić, Ivo, Die Brücke über die Drina, München 1997.

Ders., Wesire und Konsuln, München 2001.

Ders., Das Fräulein, Frankfurt a.M. 2003.

Ders., Die verschlossene Tür. Erzählungen, Wien 2003

Boulos, Sargon; Obhodjas, Safeta, Legenden und Staub, Münster u. a.O. 2001.

Drakulić, Slavenka, Als gäbe es mich nicht, Berlin 1999.

Jergović, Miljenko, Sarajevo Marlboro, Wien 1996.

Ders., Karivani, Wien 1997.
Ders., Mama Leone, Wien 2000.
Karahasan, Dzevad, Sara und Serafina, Berlin 2000.
Ders., Tagebuch der Aussiedlung, Klagenfurt 1993.
Ders., Der östliche Divan, Klagenfurt 1994.
Mehmedinović, Semezdin, Sarajevo Blues, Göttingen 1999.
Obhodjas, Safeta, Hana. Ein moslemisches Mädchen aus Bosnien, Ratingen 1995.
Dies., Rache und Illusion. Ein bosnisches Gastmahl, Ratingen 1996.
Dies., Scheherezade im Winterland, Ratingen 1996.
Dies., Das Geheimnis – die Frau. 9 Erzählungen aus Bosnien, Ratingen 1996.
Selimović, Meša, Der Derwisch und der Tod, Salzburg 1994.
Tontić, Stepan, Handschrift aus Sarajevo. Gedichte, Weilerswist 1998.
Zeh, Juli, Die Stille ist ein Geräusch, Frankfurt a. M. 2002.
Zeh, Juli u.a., Ein Hund läuft durch die Republik, Frankfurt a.M. 2004

Der Autor

Marko Plešnik, geboren 1967, aufgewachsen in Remscheid, Studium in Wiesbaden, verheiratet mit einer gebürtigen Bosnierin. Er bereist seit frühester Kindheit das ehemalige Jugoslawien, zunächst nur in den Ferien mit Geschwistern, der deutschen Mutter und dem jugoslawischen Vater zu Besuch bei den Großeltern, später und bis heute auf eigene Faust und bei jeder sich bietenden Gelegenheit. Im Trescher Verlag erschien von ihm bereits der Reiseführer ›Montenegro entdecken‹ (2. Aufl. 2004).

Kartenregister

Stadtpläne

Übersichtspläne

Ortsregister

Personen- und Sachregister

Bildnachweis

Autorenfoto: Dijana Vukasović
Alle Fotos von Marko Plešnik, außer: Balkantours 82o., 233, 294/95, Gudrun Hampel 84, Diana Kosaric 82u., 83o., 83u., Cornelia Rössel 12/13, 150o., 150u., 151u., 184/85, 234o., 234u., 244/45, 301, 302o., 303o., 303u., 304o., 304u.